KB050531

제3판

경찰정보학

문경환 · 이창무 공저

감수 조희현

박영사

추천사

좋은 책 나왔다.

오랫동안 경찰정보학 교과서를 갈망했었다.
몇 해 전에 다른 이가 정보관 경험을 살려 발간한 실무 책은 있었지만,
경찰정보학 이론서는 이제까지 없었다.

경찰 퇴직 후 대학에서 석좌교수를 맡았을 때 마땅한 교재가 없었다.
현역으로 일하면서 만들었던 직원 교육용 자료를 얼기설기 엮어 사용했다.

쓸 만한 책 안 나오나 하며 지냈는데, 이번에 제대로 된 개론서가 출판됐다.
이름하여 경찰정보학.
신예 문경환과 역강 기예한 이창무 교수의 역작이다.

개론서로는 이 책이 최초.
개념부터 실제 활동에 이르기까지 두루 다루었다.
이 정도면 정보분야 종사자의 역량강화에 큰 도움된다.
대학에서 공부하는 학생에게도 입문서로 손색없다.

치안본부 대공분석과장 때 처음 정보업무를 접하였다.

경찰청 정보 2 과장과 서울 정보관리부장을 거치면서 실무이론서의 필요성을 절
감했다.
이십년 가까이 지난 후에야 후학의 책을 보았다.
이 책으로 정보가 드디어 치안기관의 울타리를 벗어났다.
일반인의 품으로도 갔다.

정보에 대한 세간의 오해도 풀릴 듯하다.
정보를 사찰이나 배후 공작활동으로 오인하는 사례가 그렇다.
경찰정보에 대한 정당한 이해가 확산되리라 믿는다.

아쉬운 점도 있다.
이 책의 편제상 경찰정보활동의 전체상을 잘못 알기 쉽다.
집회 및 시위관리가 전부인가라는 인식을 갖게 될 소지가 있다.
중요한 부분이긴 하나 전부는 아니다.

주일 외사협력관과 인터폴 부총재 시절 경찰관의 공통화제는 하나였다.
시민의 일상 안심정보였다.

개정판에서는 이런 면이 보완되길 기대한다.
좋은 책 낸 두 저자에게 박수 부탁드린다.

　　　김중겸(전 서울청 정보관리부장, 충남경찰청장, 경찰청 수사국장 등 역임)

머리말

국가정보활동의 당위적 필요성을 부인하기는 어렵다. 그런 이유로 국가의 안전망 강화를 위해 부득이 국민의 권리가 '침해'당할 수 있다는 사실은 아이러니일 수밖에 없다. 범죄환경의 사전 제압을 위해 국민들의 사생활 침해를 감수하면서도 치안 사각지대 구석구석 CCTV를 설치하는 것과 같은 맥락이다.

미국, 영국, 독일, 프랑스, 러시아, 일본, 이스라엘 등 전 세계 주요 국가들이 정보기구를 통해 국가안전을 지키기 위한 정보활동을 하는 이유도 이와 다르지 않다.

하지만, 국가조직의 정보활동을 통해 무분별하게 국민의 권리가 침해된다면 국가정보활동에 대한 정당성을 찾기 어렵다. 국가정보활동에 대한 국민들의 관심이 높아지면서 최근 국가정보원을 필두로 경찰청 정보국과 국군기무사령부(현 군사안보지원사령부)에 이르기까지 국가정보기구 전반에 대한 정보통제의 필요성이 강조되는 이유이다.

그럼에도 불구하고 동시에 국민의 안전을 지키기 위한 국가정보활동의 효율화, 특히 정보기관 간 정보공유의 필요성을 간과할 수는 없다.

이번 개정판에서는 그런 이유로 정보기관 간의 정보공유에 대해 많은 지면을 할애하였다. 특히, 방첩활동을 전담하는 국내정보조직 간 정보공유 효율화에 중점을 두었다.

여건이 허락치 않아 정보분석·수집기법이나 다양한 집회시위 사례 해석까지 이번에 함께 보완하지 못한 점은 너무나 아쉽다.

초판 이후 줄곧 편집을 맡아주신 박영사 전채린 과장님과 안종만 회장님, 그리고 오치웅 대리님께 다시 한 번 감사의 말씀을 전한다.

그리고, 매번 바쁘신 와중에도 마다않고 꼼꼼히 감수를 맡아 주신 조희현 전 경찰청 정보국장님께도 깊은 감사를 드린다.

아울러 늘 곁에서 인생의 이정표가 되어 준 사랑하는 아내와 힘들 때마다 성장의 동력이 되어 준 두 아들에게 감사의 마음을 전한다.

끝으로 이 책에 기술된 모든 견해는 경찰정보학의 발전적 변화를 기대하는 저자의 개인적 견해임을 분명히 밝혀 둔다.

2019년 2월
저자 대표 문경환

머리말

경찰정보학이 출간된 이후 줄곧 머릿속을 맴돌던 단어는 '아쉬움'이었다.

다른 영역에 비해 상대적으로 충분한 연구가 이루어지지 않은 분야라고는 하나 그래도 마치 덜 익은 과일을 꺼내 놓은 것처럼 아쉬움은 크기만 했다. 그럼에도 불구하고 부족한 이 책에 많은 관심과 애정을 보여 주신 분들에게 진심으로 감사의 말씀을 드린다.

조심스레 다시 개정판을 내놓으면서도 여전히 아쉬움은 크게 남는다. 현장 경찰정보관들에게 필요한 정보수집 및 분석 기법과 관련된 내용이나 집시법 각 조문에 대한 세밀한 해석을 비롯하여 집회·시위 현장에서 필요한 여러 가지 전문 지식들이 충분히 보완되지 못했기 때문이다. 이런 아쉬움들이 다음 개정판을 보다 충실하게 하는 데에 긍정적인 동력으로 작용하길 기대해 본다.

내용에 있어서 이번 개정판에서는 크게 두 부분을 보완하였다. 하나는 경찰의 정보활동과 관련된 법률 근거 부분이고, 다른 하나는 집시법 상 해산명령과 관련된 부분이다. 두 연구 주제 모두 함께 연구를 진행해 주신 백창현 교수님(경찰대학 경찰학과)께 다시 한 번 감사의 말씀을 전한다.

또한, 경찰법 및 경찰관직무집행법 개정 내용에 맞춰 일부 내용을 수정 보완하였고, 제3부 경찰과 집회·시위에서도 집회·시위 현황을 비롯하여 집시법 조문에 대한 추가 해석이 필요한 부분도 함께 보완하였다.

아울러 구성에 있어서도 일부 재편이 이루어졌는데, 제2부 경찰정보의 이론과 실제에서 제2장 주요 국가의 정보경찰조직 및 현황과 제3장 경찰 정보보고서의 순서를 바꾸어 내용 전개 상 이해도를 높였다.

이번 개정판을 출간하는 데에도 여러 감사한 분들의 도움이 있었다. 우선 박영사 안종만 회장님과 강상희 대리님, 그리고 편집을 맡아 주신 전채린 대리님께 감사를 드린다. 그리고, 바쁘신 가운데에서도 기꺼이 다시 감수를 맡아 주시어 내용 전반에 이르기까지 꼼꼼히 조언을 해 주신 조희현 부장님께 깊은 감사의 말씀을 전한다.

2014년 2월
저자 대표 문경환

머리말

국가정보활동은 국가의 안전보장 확보와 유지, 그리고 국가 주요 정책결정에 있어 매우 중요한 역할을 수행한다. 그럼에도 불구하고 정보활동의 특성상 '비밀성' 등을 이유로 하여 이러한 활동의 '과정'이나 '성과'에 대해서는 외부에 제대로 인식되지 못하는 경향이 있다.

경찰정보활동 역시 국가안보의 중요한 축으로서 '공공의 안녕과 질서유지'를 위해 사회 전 영역에 걸쳐 치안 위협요인을 사전 제거하기 위한 '예고' 정보활동을 수행하는 동시에 보다 적극적인 활동으로서 '사회갈등해소' 역할을 수행하고 있다. 또한 '국내정보' 전담 기관으로서 국가정책결정에 필요한 정보제공에도 주력하고 있다.

하지만, 이러한 국가의 정보활동에 대해서는 그동안 '충분한 이해'가 부족했던 게 사실이다. 과거 일부 국가정보활동의 '정치화' 현상이나 군 정보기관의 '민간인 대상 정보활동' 등으로 얼룩지면서 국가정보활동의 본질이 제대로 인식되지 못한 부분이 없지 않다. 경찰의 정보활동에 대해서조차 60여 년이 지난 지금까지 일제 고등경찰의 '사찰정보' 인식이 여전히 잔존해 있는 걸 보면 참으로 안타깝기 그지없다.

이번 경찰 정보학의 발간은 이런 관점에서 중요한 의미를 갖는다고 할 수 있다. 출간기획 당시에는 전국에 있는 경찰 관련학과의 대학교재로 활용됨은 물론 현장의 정보경찰관들에게 다소나마 도움을 주고자 하는 마음에서 출발하였지만, 바라건대 평소 정보활동 영역에 관심 있는 많은 분들과 일반 국민들께도 두루 읽혀져 경찰정보활동에 대한 인식 전환의 계기가 마련되었으면 한다.

이 책은 크게 세 부분으로 구성되었다. 제1편은 국가정보학에 대한 개괄적인 내용을 담아 국가정보의 개념에서부터 정보가 어떻게 수집·생산되는지, 또 정책결정에 있어 정보는 어떤 역할을 수행하는지, 정보기관에 대한 통제는 어떻게 이루어지는지 등에 대한 일반적인 내용을 통해 정보학에 대한 이해도를 높이는 데 주력하였고, 2편에서는 경찰정보활동의 법적 근거와 활동 영역·조직을 주요 국가와 비교하여 기술한 후 경찰에서 생산하는 정보보고서의 종류와 각각의 작성요령 등에 대해 설명하였으며, 3편에서는 집시법에 대한 개괄적 해설과 함께 우리나라와 주요 국가 경찰의 집회·시위관리에 대해 기술하였다.

이 책이 출간되기까지는 많은 분들의 도움이 있었다. 우선 박영사 안종만 회장님과 이구만 이사님, 편집부 전채린 님께 감사드린다.

그리고 무엇보다 경찰대학 경찰학과에 재직할 당시 경찰 정보학의 기틀을 다지신 허경미 교수(現 계명대 경찰행정학과)님과 강기택 경정(現 경찰청 정보국 정보2과 경제계장)님을 비롯하여 체계화를 위해 지속적으로 애써 주신 여러 '정보' 교수님들의 노고에 진심으로 감사드린다. 그 분들의 노력이 없었다면 이 책의 출간은 더 많은 시일이 소요되었을 것이다.

아울러 바쁘신 중에도 기꺼이 감수를 맡아주신 서울청 정보관리부 조희현 과장님, 그리고 부족한 교재에 넘치는 격려의 말씀을 주신 김중겸 前 서울청 정보관리부장(경찰청 수사국장, 충남경찰청장 등 역임)님께도 감사의 말씀을 전한다.

2011년 5월
저자대표 문경환

제 3 장 정보의 순환체계

제 5 장   정보의 통제

제 6 장   정보기구 개괄 및 정보공유

제 2 부
경찰정보의 이론과 실제

제 1 장 경찰정보활동의 이해

제 2 장 경찰정보보고서

제3장 주요 국가의 정보경찰조직 및 현황

제3부
경찰과 집회·시위

제1장 집시법 개관

제1부
국가정보학 개괄

경 · 찰 · 정 · 보 · 학

국가정보의 중요성 및 정보환경의 변화

제1절 국가정보의 역할 및 중요성

　　국제관계에 있어 '힘'의 범주에 군사력·경제력 등과 함께 '정보력'이 중요한 요소로 작용하게 되었음은 부인할 수 없는 사실이다. 과거 냉전기에 미국과 소련이 군비경쟁을 하는 동시에 CIA와 KGB로 대변되는 정보기관간 경쟁을 벌였던 것만 보아도 이는 쉽게 짐작할 수 있다.[1] 국가정보활동의 목적에 대해 다소간의 이견이 있을 수는 있겠지만, 대체로 크게 대별하면 국가정보활동은 국가안보 및 국가이익과 관련된 활동과 정책결정자를 지원(support)하기 위한 활동이 주된 활동이라 할 수 있다. Mark M. Lowenthal은 특히, 국가정보기관이 존재하는 가장 중요한 이유로서 장기적 전문성(long-term expertise)을 토대로 한 '정책결정과정 지원' 역할 수행을 들고 있지만, 9.11테러나 군사적 기습공격 등을 예시하며 국가의 존립을 위협하는 '전략적 기습공격(strategic surprise) 방지'

---

[1] 탈 냉전기 이후에 국가정보 수요는 오히려 더 다양·다변화되어 국가별로 정보기구의 변화·발전을 모색하고 있는데 이에 대해서는 제2절 「정보환경의 변화와 안보개념의 확대」에서 자세히 후술한다.

또한 정보기관의 주된 역할로 제시하고 있다.[2] Jeffrey T. Richelson도 국가정보의 유용성으로 국가정책결정자에게 '사전 경고(warning)'하는 역할과 함께 '정책결정(policy making) 및 계획수립(planning), 갈등 상황(conflict situation)'에 필요한 정보 제공을 들고 있다.[3]

미국 국가안보법(National Security Act of 1947)이나 정보개혁 및 테러예방법(Intelligence Reform & Terrorism Prevention Act of 2004)에서 국가정보를 '국가안보(national security)와 관련된 정보'로 규정한 것이나 CIA(Central Intelligence Agency)의 임무에 '대통령과 각 정부 부처의 장 등에 대한 정보제공(provision of national intelligence)'이 포함된 것도 이를 뒷받침하고 있다.

'국가안보' 목적 외에 '국가이익'과 관련하여서는 우리나라의 경우 국가정보원법에서 국가정보활동의 목적을 '국가 안전보장'만으로 규정하고 있지만, 미국은 행정명령 13470 제2조 제1항 제1호에서 국가정보활동의 목적을 '외교, 국방 및 경제정책의 수행 및 발전에 관련된 결정과 외국의 안보위협으로부터 국익(national interest)을 보호하는 데에 필요한 정보를 대통령과 국가안보회의, 국토안보회의 등에 제공하는 것'으로 규정하고 있고, 영국의 경우에도 정보기관법(Intelligence Service Act, 1994)에서 비밀정보부(Secret Intelligence Service: SIS)의 임무에 '국방 및 외교정책에 관련된 국가안보'와 함께 '국가이익의 증진(Interests of the economic well-being)'을 명시적으로 포함시키고 있다. 이는 프랑스 역시 다르지 않아 국내중앙정보국[4](Direction Centrale du Renseignement Interieur: DCRI) 임무와 조직에 관한 법령 제1조에서 국가정보활동의 목적을 '프랑스 영토 내에서 국가이익을 해할 위험이 있는 모든 행위에 대해 대처하는 것'으로 규정하고 있다. 우리나라 역시 국가정보활동의 목적에 '국가이익 보호'를 법규 내에 명시적으로 포함시켜야 할 필요성이 제기되는 이유라 하겠다.

여기에 더해 국가안보 확보 및 유지를 위한 중요한 핵심 '축'으로서 경찰의

---

2) Mark M. Lowenthal, Intelligence: From Secrets to Policy(washington, D.C.: CQ Press, 2006), pp. 2-5 참조.

3) Jeffrey T. Richelson, The US Intelligence Community, 5th edition, 2008, pp. 8-9 참조.

4) 국내중앙정보국은 2014년 5월 2일자로 경찰청 소속에서 내무부 소속으로 이전, 개편되어 국내일반안전국(DGSI)로 재탄생하였다. 자세한 내용은 제6장 정보기구 개괄 및 정보공유(프랑스의 국내정보활동 및 조직체계)에서 상세히 기술한다.

정보활동 또한 중요하다 아니할 수 없는데 특히, 경찰법상 규정된 경찰의 주된 임무로서 '공공의 안녕과 질서유지' 및 이를 위한 정책적 판단요소로서의 정보 제공은 경찰정보활동의 가장 주된 목적이라 할 수 있다.[5]

제2절 정보환경의 변화와 안보개념의 확대

탈 냉전기 이후 국가안보는 이미 이념대립을 기반으로 한 군비경쟁 차원의 군사안보를 넘어 테러·경제(에너지)·환경(생태)·사이버 등 다양한 영역에까지 확대되고 있다. 또한, 국가안보에 위협이 되는 주체에 있어서도 '국가' 단위에 국한하던 전통적 개념을 고집할 수 없게 되어 개인은 물론 각종 국제기구, 테러·범죄조직 등도 안보를 위협하는 행위자로 다양화되었다. 이로 인해 국가간의 지리적 경계 역시 모호해져 국외정보(Foreign Intelligence)와 국내정보(Domestic intelligence)의 범위를 명확히 규정하는 것도 쉽지 않은 일이 되어 버렸다. 여러 위해요인들이 복잡하게 연계되어 동시 다발적으로 국가안보를 위협하거나 외국과 연계된(foreign ties) 범죄조직에 의한 활동도 차츰 늘어나고 있다. 이렇게 실제 '안보'의 범위가 무한히 넓어지면서 이에 대응하여야 할 국가정보활동 영역

역시 국내는 물론 국제사회의 전 분야에 걸쳐 다변화되어야 하는 상황에 처하게 되었다.

이런 이유로 이렇게 다각적이고도 복합적인 안보위협에 대응하기 위해서 국가정보활동 또한 새로운 안보환경에 맞추어 활동영역을 다양화하고 각 분야별 전문성과 효율성을 제고함은 물론 이와 동시에 정보기관간 협력, 정보공유 등을 통해 국내·외 또는 안보 영역간 경계를 막론하고 포괄적이고도 체계적인 정보 공동체 조직으로 탈바꿈하여야 할 필요성이 제기되고 있다.

5) 경찰정보활동과 관련하여서는 제2편 경찰정보의 이론과 실제에서 자세히 설명하기로 한다.

국가정보의 개요

제1절 국가정보의 개념 및 관련 개념

1. 국가정보의 개념

국가정보의 개념에 대해 학자별로 다양하게 정의하고는 있지만 대체로 앞에서 살펴본 국가정보활동 목적의 범주에서 크게 벗어나지는 않는다. Mark. M. Lowenthal에 따르면 정보란 '비밀을 그 속성으로 하는 것으로 국방, 대외정책 등 국가안보와 관련하여 그 소요가 제기되고, 수집, 분석을 통해 국가안보정책에 유용하게 반영될 수 있는 하나의 투입변수'라는 것이다. 또한, 국가안보에 영향을 미치는 특정 유형의 첩보들이 요구, 수집, 분석, 배포되는 과정(process) 그 자체, 또는 특정 유형의 비밀공작(covert action)이 계획되고 행해지는 방법이나 이러한 과정을 통해 분석, 생산된 생산물(product), 그리고 이렇게 다양한 기능을 수행하는 조직(organization)도 정보의 개념에 포함하고 있다. 이렇게 볼 때, 국가정보활동은 국가안보에 중요한 첩보들이 요구, 수집, 분석, 생산되어 정책결정자에게 제공되는 과정으로서 여기에는 이러한 활동과 방첩활동(counterintelligence activities)에 의해 생산된 첩보의 보호(safeguarding)는 물론 합법적인 기관에 의해 요청된 비밀공작(covert action)이 포함된다고 정의할 수 있다.[1] 방첩활동, 비밀공작 등 용어의 개념에 대해서는 후술하기로 한다.

Sherman Kent는 Strategic Intelligence for American World Policy에서 국가정보를 '작전 또는 전술정보(operational or tactical intelligence)'와 구분하여 '전략정보(strategic intelligence)'가 되어야 한다고 주장하면서 '지식(knowledge), 첩보(information), 활동(activities) 및 조직(organization)을 포괄하는 개념'이라고 정의하였고, Abraham N. Shulsky는 '소리 없는 전쟁(Silent warfare: Understanding the World of Intelligence)'에서 '국가안보적 이익을 증진시키고 외부로부터의 위협에 대처하는 정부의 정책입안 및 시행에 관련된 첩보'라 하였다.[2]

이미 민간부문에서도 기업정보(business intelligence), 경영정보(management intelligence), 회사정보(corporate intelligence) 등이 사용될 정도로 '정보'라는 용어가 널리 사용되면서 개념의 범위를 넓히고 있지만 일반적으로 '국가정보'는 국가안보 등과 관련된 개념으로서 국가의 안전보장과 국익보호, 국가정책 수행을 위해 국가 정보기관이 수집, 분석, 생산하는 정보라 정의할 수 있겠다.

우리나라의 경우 대표적인 국가정보기관으로 국가정보원[3]이 있고, 경찰청 정보국을 비롯하여 국방부의 국방정보본부와 군사안보지원사령부[4], 그리고 외교부와 통일부, 법무부 등의 정보부서가 국가정보활동을 수행하고 있다.

2. '방첩'의 개념 해석

앞에서 국가정보활동에는 방첩활동과 비밀공작 등이 포함된다고 하였다. 여기서 '방첩'의 개념에 대해 간략히 살펴보면, 우리 현행법상 국가정보원법에는 '방첩'활동을 국내보안정보활동의 하나로 규정하고 있다. 국가정보원법 제 3 조

1) Mark M. Lowenthal, 앞의 책, pp. 1-9.
2) 국가정보포럼, '국가정보학'(2007)에서 재인용, pp. 7-8.
3) 국가정보원은 국가정보원법 개정을 통해 직무범위에서 '국내 보안정보활동'을 삭제하고 기관의 명칭도 '대외안보정보원'으로 변경한 후 대공수사권을 포함한 모든 수사권을 다른 기관에 이관할 예정이라고 밝혔다(한지훈, "국정원 이름 18년 만에 바뀐다… '대외안보정보원' 개명 추진(종합)", 『연합뉴스』, 2017.11.29.).
4) 국군기무사령부는 2018. 9. 1.자 군사안보지원사령부령 시행에 따라 군사안보지원사령부로 개편되었다.

제1항 제1호에는 직무의 범위로 '국외정보 및 국내보안정보(대공·대정부전복·
방첩·대테러활동 및 국제범죄조직)의 수집, 작성 및 배포'를 규정하고 있다. 국외
정보활동에 대비한 '국내'정보활동으로서 '대공·대정부전복·방첩·대테러활동
및 국제범죄조직'에 대한 정보활동을 국가정보원의 임무로 규정하고 있는 것이
다. '방첩' 개념에 대한 해석은 국내정보활동의 범위를 결정하는 데에 있어 매우
중요한 의미를 가질 수 있다. 이는 해석 여하에 따라 활동의 범위가 무한히 확
대될 수도 있기 때문이다.

　　자구(字句)대로 해석할 경우 '방첩(防諜, counterintelligence)'은 '간첩(間諜)활
동을 방어(防禦)하는 것' 또는 '상대의 정보(intelligence)활동에 대응(counter)하는
것'이라 할 수 있는데, 이에 대한 해석은 다소간 차이를 보일 수 있다. Abram
Shulsky는 '방첩'을 '상대국의 정보활동(actions of hostile intelligence services)에
대해 자국 및 자국의 정보활동을 보호하기 위해 수행되는 정보활동과 그 수집
·분석된 정보'라 정의하였고, 이는 정보활동 또는 정보 그 자체의 범위만큼 넓
다고 하였다. 그러면서 동시에 '상대국에 이익이 될 수 있는 지식을 획득하지 못
하도록 저지하는 활동'을 협의의 방첩 개념으로 제시하였다.[5] Jeffrey Richelson
은 Ronald Reagon 대통령의 행정명령(Executive Order) 12333호[6]의 규정에 따
라 "외국 세력이나 조직, 개인, 그리고 국제 테러활동을 위해 수행되는 스파이
활동(espionage) 및 기타 정보활동, 파괴활동(sabotage), 암살을 저지하기 위한
정보활동(activities)과 그 수집된 정보(information)"를 '방첩'이라 정의하였는데,
'방첩(counterintelligence)과 대 스파이활동(counterespionage)'을 구분할 필요성을
제기하면서 '대 스파이활동'은 '방첩'보다 좁은 개념으로 보아 '외국정부의 불법
적인 비밀 획득활동을 저지하는 것'이라 하였다.[7]

　　또 미국의 국가안전보장법(National Security Act of 1947) 제3조(Sec. 3. 50
U.S.C. 401a)에서는 정보(intelligence)가 해외정보(foreign intelligence)와 방첩
(counterintelligence)을 포함한다고 한 후 '해외정보'를 '외국정부와 산하 조직·기
관 및 외국인의 능력·의도·활동 또는 국제테러활동과 관련 있는 정보'라 규정

---

5) Abram N. Shulsky, Silent Warfare: Understanding the world of intelligence, 3rd
　edition, Potomac Books, 2002, p. 99.
6) 행정명령 12333호는 08. 7. 30 행정명령 13470으로 수정되었다.
7) Jeffrey T. Richelson, p. 394.

하고, '방첩(활동)'을 '외국정부·산하 조직·기관 및 외국인에 의하거나 이들을 위하여 행해지는 스파이활동(espionage)과 기타 정보활동, 파괴활동(sabotage) 또는 암살과 국제테러활동을 저지하기(protect) 위한 활동과 그로 인해 얻어진 정보'라 정의하였다. 여기서 정보활동을 크게 해외정보활동과 방첩활동으로 나누고 있음을 알 수 있는데[8] 특히 FBI(Federal Bureau of Investigation)의 임무 가운데 '해외' 방첩활동(foreign counterintelligence)을 국내(domestic) 활동과 구분하여 '미국의 국익에 적대적으로(adversely) 영향을 미치는 정보를 수집하기 위해 외국 정보기관 및 조직이 정보요원이나 기술적 방법을 통해 수행하는 정보활동을 탐지하거나 합법적으로(lawfully) 대응하는 임무'라고 정의함으로써 방첩의 범위가 국내·외 활동을 포함하여 얼마나 광범위하게 해석될 수 있는지를 알 수 있다.[9]

국가정보포럼에서는 방첩활동에 상대국 정보기관의 자국에 대한 정보수집 활동을 색출·견제·차단하는 '방어'적 개념뿐만 아니라 상대국 정보요원을 포섭, 이중 스파이로 활용하거나 상대 정보기관에 대한 침투 및 허위정보 제공 등 상대 기관의 정보활동을 교란하는 '공격적' 개념이 포함된다고 하면서 '경제방첩' 개념을 예시하여 설명하였는데, 여기서 경제방첩(Economic counterintelligence)이란 외국을 위하여 국가 경제와 관련된 기밀을 탐지하거나 영향력을 행사하는 경제 스파이에 대한 대응활동과 국가나 기업의 첨단기술을 탐지하여 외국으로 유출함으로써 결과적으로 국가의 경제이익을 저해하는 외국을 위한 산업스파이(Industrial espionage)에 대한 대응활동을 포괄적으로 일컫는다 하였다.[10]

'방첩정보'라는 용어는 정보의 개념을 구분할 때에는 적극정보로서의 '정책정보(Intelligence for policy making)'[11]에 대비한, 국가안전보장 및 유지 목적의

---

8) 미국의 경우 주지하다시피 방첩활동에 대해서는 국내정보업무를 담당하고 있는 FBI에서 대부분 전담케 하고 있다.

9) 방첩(counterintelligence)을 스파이활동(espionage), 대테러(counterterrorism), 산업스파이(economic espionage) 등과 구분하여 사용하는 경우도 있는 것으로 보아 미국에서도 방첩활동의 범위를 명확히 구분하기는 쉽지 않은 듯 보인다. US intelligence and counterintelligence laws, p. 24 참조.

10) 국가정보포럼, pp. 30−131 참조.

11) 정치, 경제, 사회 등 각 분야별 국가의 중요정책 입안, 계획수립 및 시행 등에 필요한 정보를 말한다.

국가안전 위해 요인 제거를 위한 정보로서 '소극정보'의 의미로서도 사용되는데, 이때에는 방첩정보가 '보안정보(Security Intelligence)'로서의 의미를 갖게 된다. 이에 대해서는 제5절 정보의 분류에서 자세히 살펴보기로 한다.

3. 비밀공작의 개념

비밀공작(covert action)은 경찰의 정보활동과는 관련이 없다 하겠지만, 개념에 대해서만 간략히 살펴보자면 '정보기관이 수행하는 비밀활동(clandestine operation)의 일부로 자국의 대외정책 목표를 달성하기 위해 다른 나라의 정치, 경제, 사회 상황 및 사건 등에 영향을 미칠 목적으로 수행하는 정치적, 경제적, 준군사적 활동과 선전활동을 포함하는 것'이라 정의할 수 있다.12) Mark M. Lowenthal에 따르면 미 카터 행정부 시절 '비밀공작'이란 용어에 대한 부담 때문에 특별활동(special activity)이라는 용어를 대체 사용하게 되었다 하는데, 제3의 옵션(a third option)이라고도 불린다.13) Lowenthal은 비밀공작 활동의 유형을 가장 낮은 단계인 선전·선동활동(propaganda)에서부터 정치활동(political activity), 경제활동(economic activity), 그리고 가장 높은 단계인 준군사활동(paramilitary operation)까지 네 단계로 나누고 있는데, 선전활동에 있어서는 정치적 또는 경제적 불안감 등의 잘못된 소문을 유포하는 방법 등이 사용된다 하였

고, 정치공작은 선전활동과 함께 사용되기도 하는데 대상국가의 정치활동에 직접 또는 간접적으로 개입하여 우호세력을 돕거나 반대 세력을 방해하는 등의 방법이 활용되며, 경제공작활동으로는 선전·선동을 통한 불안감 조성의 단계를 넘어 직접적으로 위조지폐(counterfeit currency)를 유통시키거나 과거 쿠바에

---

12) Leo D. Carl, CIA Insider's Dictionary of US and Foreign Intelligence, Counter-intelligence & Tradecraft, NIBC Press, 1996, p. 128, 국가정보포럼, p. 110에서 재인용.

13) 국가안보에 위협을 받는 상황에서 아무런 조치도 취하지 않고 기다리는 제1옵션과 군사적 조치를 취하는 제2옵션 외 제3의 옵션으로서 정보기관이 비밀공작을 수행하는 것을 의미한다. Mark M. Lowenthal, pp. 157-158.

대해 미국이 사용하였던 무역봉쇄조치(trade embargo) 등이 활용된다고 하였다.
마지막으로 준군사활동의 경우 가장 규모가 크고 폭력적이며 위험한 비밀공작
이라고 하면서 적대 세력에 대해 직접적인 공격을 가하기 위해 대규모의 무장
세력(armed groups)에게 무기를 지원해 주거나 훈련을 시키는 것을 포함한다고
하였다.14)

제 2 절 정보의 개념 구분

　　정보의 사전적 의미는 '관찰이나 측정을 통하여 수집한 자료를 실제 문제
에 도움이 될 수 있도록 정리한 지식 또는 그 자료' 또는 군사용어로서 '일차적
으로 수집한 첩보를 분석 평가하여 얻은, 적의 실정에 관한 구체적인 소식이나
자료', 그리고 컴퓨터 용어로서 '어떤 자료나 소식을 통하여 얻은 지식이나 상태
의 총량으로서 정보원천에서 발생하며 구체적인 양, 즉 정보량으로 측정 가
능한 것'이다.15)

　　하지만, 국가정보학에서는 일반적으로 편의상 정보의 개념을 세 가지로 구
분하고 있는데 정보(intelligence), 첩보(information), 자료(data)가 바로 이에 해당
한다. 여기서 자료는 특별한 의미가 부여되지 않은 상태, 즉 여러 사회현상이나
단순한 사실, 기호 등을 말하고, 첩보는 목적을 가지고 의도적으로 수집된 자료
들이 아직 분석, 정제되지 않은 상태를 의미한다.

　　그리고, 정보는 이러한 첩보를 특정 목적, 즉 국가정책이나 안전보장, 치안
질서 유지 등을 위해 일정한 절차를 거쳐 가공, 처리한 체계화된 지식을 말하는
데 첩보와 정보의 개념 차이에 대해서는 자세히 후술하기로 한다.

1. 첩보(information)와 정보(intelligence)

앞에서 살펴보았듯 정보의 개념은 사전적 의미만으로도 다양하게 사용되고

---

14) Mark M. Lowenthal, pp. 162 – 163.
15) naver 국어사전(www.naver.com)

있음을 알 수 있다. 하지만, 국가안보 분야에서는 첩보(information)와 정보(intelligence)를 편의상 구분하여 사용하고 있고, 개념에 있어서도 차이를 두고 있다.

이러한 개념구분을 필요로 하는 이유는 크게 기술적·절차적 측면과 목적적 측면으로 나누어 볼 수 있는데, 먼저, 기술적·절차적 측면에서 정보(intelligence) 개념을 사용하는 데 평가와 가공이라는 기술적 절차와 과정이 중요한 요소로 취급된다. 평가와 가공(또는 처리)을 거치지 않은 상태를 첩보(information)라고 칭하는 반면 정보는 '첩보를 수집하고 가공한 결과인 생산물(the product resulting from collecting and processing information)'인 것이다.[16]

둘째, 목적적 측면에서는 첩보(information)와 정보(intelligence) 모두 국가안보나 국가 정책결정과의 직간접적인 연관성을 강조하는 개념이라고 할 수 있는데, 특별히 정보의 경우 분석·처리과정을 거치면서 첩보에 비해 보다 더 국가안보나 정책결정을 위한 '목적'에 부합되도록 정제되었다고 볼 수 있다.[17]

이상 살펴본 바와 같이 첩보(information)는 정보(intelligence)로 분석 처리되기 전 단계에 해당되는 개념이라고 할 수 있어 모든 정보(intelligence)는 첩보(information)라고 할 수 있지만 모든 첩보(information)를 정보(intelligence)라고 할 수는 없다.[18]

2. 정보(intelligence)의 개념

국가정보나 경찰정보활동에 있어서 궁극적인 지향점이 국가안보나 국내 치안질서 유지, 그리고 국가 정책결정과정의 지원인 만큼 정보의 개념을 정의·해

---

16) Leo D. Carl, International Dictionary of Intelligence(McLean, VA : Maven Books, 1990)

17) 실제로는 이러한 개념 구분에도 불구하고, 미국 국가안전보장법(National Security Act of 1947)이나 영국의 정보기관법(Intelligence Service Act 1994) 등의 국가정보 관련 법률에서나 Mark M. Lowenthal, Abram N. Shulsky 등 국가정보학 서적에서조차 information과 intelligence가 명확히 구분되어 사용되지 않고 혼용되는 것을 발견할 수 있다.

18) Mark M. Lowenthal, p. 2.

석하는 것은 의미 있는 일이다. 그러나 이와 같이 정보의 개념을 한정하려는 일련의 노력에도 불구하고 정보를 정의하기가 쉽지는 않다.

우선 정보의 개념을 범위에 따라 구분해 보면, 최광의의 정보 개념은 정보(intelligence)가 곧 지식(knowledge)이라는 태도를 따른다. 미국의 CIA의 Consumer's Guide to Intelligence에서 정보가 '우리를 둘러싼 세상의 지식 또는 사전 지식(knowledge and foreknowledge of the world around us)'이라고 정의하고 있는 것이 그 대표적인 예이다.[19] 물론 이러한 태도에서도 그 지식이 단순한 지식이 아닌 '미국의 정책결정자가 결정을 내리거나 행동을 취하는 데 있어서 전조(prelude to decision and action by U.S. policy makers)'가 되는 것이라고 하여 단순 지식(knowledge)과는 구분의 여지를 두고 있다.

둘째, 광의의 정보 개념은 정보를 '국내외의 활동과 국내외(또는 미국의 국토와 적 점령 지역) 지역과 관련된 실제 또는 잠재적 상황과 상태에 관한 첩보를 수집하고 가공한 결과인 생산물(the product resulting from the collecting and processing of information concerning actual and potential situations and conditions relating to domestic and foreign activities and to domestic and foreign or US and enemy-held areas)'이라고 정의한다.[20] Abram N. Shulsky도 이런 입장을 보여 '정부가 국가안보 이익 증진과 실제적 또는 잠재적인 적대 세력으로부터의 위협에 대응하기 위해 정책을 계획하고 실행하는 데에 필요한 (relevant) 첩보(information)'를 '정보(intelligence)'라 하였다.[21]

셋째, 협의의 정보 개념은 정보(intelligence)를 방첩(counterintelligence)이나 범죄정보(criminal intelligence)와 구별하여 개념을 정의하는 태도라 볼 수 있는데 이에 따르면 정보는 곧 대외정보(foreign intelligence)를 의미하게 되며 '외국의 정부와 그 정부 조직, 외국의 조직, 외국인 등의 능력, 의도, 활동에 관한 첩보 (Information relating to the capabilities, intentions, or activities of foreign governments or elements thereof, foreign organizations, or foreign persons)'를 의미하는 것이다.[22] 다만, 이런 협의의 정보 개념은 '대외정보'를 의미하므

19) A Consumer's Guide to Intelligence, Washington, D.C. : Central Intelligence Agency, 1994.
20) Leo D. Carl, 전게서.
21) Abram N. Shulsky, p. 1.

로 일반적인 정보의 개념을 구분하는 데에는 적절치 않을 수 있다.

　　이처럼 보는 관점에 따라 정보에 대하여 다양한 정의를 내릴 수 있지만 국가 정보활동의 입장에서는 일반적으로 '정보란 국가안보 및 국가 중요정책결정을 위하여 수집된 첩보를 평가, 분석, 종합 및 해석한 결과로 얻은 지식' 정도로 정의할 수 있겠다.

제3절 정보의 요건

1. 의　　의

　　정보의 요건이란 정보가 국가안보나 정책결정 등의 목적에 사용되기 위해 정보사용자에게 제공될 경우 가치 있는 '정보'로서 갖추어야 할 기본조건을 의미하는데, 정보는 이러한 요건들을 충족할 때에야 비로소 제대로 된 정보로 평가받을 수 있다. 즉, 정보로서의 요건을 갖추지 못한 지식은 첩보의 수준에 머무른다거나 정보로서의 가치가 없다는 평가를 받게 되는 것이다. 따라서 정보의 요건을 이해하고 이를 첩보나 정보를 평가하는 데 적용하는 것은 매우 중요한 의미를 가지게 된다. 그러한 의미에서 정보로 활용될 개별 '첩보' 역시 이러한 요건을 제대로 갖출수록 그 효용 가치는 더 높아진다고 하겠다. 첩보든 정보든 이러한 요건을 갖추지 못하거나 요건에 있어 흠결이 있을 경우 사용자의 판단에 있어서 치명적인 오류를 야기함으로써 국가안보나 정책결정에 심대한 영향을 줄 수 있다. 왜냐하면 '정보'는 첩보 또는 상대적으로 부분적이라 할 수 있는 개별 정보들을 종합하여 미래를 예측, 전망함으로써 대안을 제시하는 역할을 수행하게 되는데 각각의 첩보 또는 부분 정보들이 충분한 요건을 갖추지 못한다면 그 전망이나 대안에 있어 치명적인 오류가 초래될 수 있기 때문이다.

---

22) National Security Act of 1947, as amended [50 U.S. Code, Chapter 15, 401(a)] 와 Executive Order 12333, 3.4 참조.

2. 정보 요건의 내용

일반적으로 정보의 요건으로는 적실성, 정확성, 적시성, 완전성, 객관성 등을 들고 있다.

(1) 적실성(relevancy)

적실성이란 정보가 현안 문제와 어느 정도 밀접하게 관련이 되어 있느냐의 문제로 목적이나 정책방향 등에의 부합정도를 말한다. 즉, 국가안보나 정책 수립을 위해 제기되는 현안문제에 대한 적합성 또는 관련성을 적실성이라고 할 수 있다.

적실성에 대한 고려는 당연히 '분석' 과정에서 가장 중요하게 검토되어야 하겠지만, 실제로는 '첩보수집' 단계는 물론 그 이전 단계인 '정보요구' 단계에서부터 충분히 고려되어야만 불필요한 인력, 시간, 비용 등의 낭비를 줄일 수 있다. 특히, 정책과 관련되는 사안의 경우 분석단계에서 상당한 시간이 소요될 수 있으므로 실패 비용을 최소화하기 위해서는 요구 및 첩보수집 단계에서부터 적실성 및 향후 활용가치 등에 대한 충분한 고려가 이루어져야 할 것이다.

범죄정보 분야에서 적실성을 평가할 때 이용하는 3단계의 기준[23]은 일반적인 정보에 대한 평가 과정에서도 유용할 것으로 보인다. 이에 따르면 우선적으로 해당 정보가 담당하는 수사 대상과 어느 정도 관련이 있는 정보인지가 평가되어야 한다. 둘째, 해당 정보가 '즉시' 필요한 것인지를 평가하고 그렇다면 해당 정보를 필요로 하는 사용자가 누구인지를 검토하여야 한다. 끝으로, 해당 정보가 현재나 향후에 가치를 가질 가능성이 있는지 등에 대해 검토한다. 이러한 3단계의 평가는 1단계의 '수사의 대상' 대신에 해당 정보기능에서 관할하는 '수집 또는 분석의 대상'으로 치환함으로써 일반적인 정보의 평가에서 활용할 수 있을 것이다.

---

23) John B. Wolf, The Police Intelligence System, The Criminal Justice Center, John Jay College of Criminal Justice(New York. N.Y.: The John Jay Press, 1975) pp. 18－19, 강기택 등, pp. 11－12에서 재인용

(2) 정확성(accuracy)

정확성이란 정보의 사실(fact)과의 일치 여부를 의미한다. 즉, 정보가 사실일 때 이를 정확한 정보라고 평가하고 사실과 일치하지 않을 경우에는 정보로서의 요건을 결여하였다고 보는 것이다. 이때 사실과 부합하는지 여부를 평가하는 방법은 기존 정보나 다른 정보와 해당 정보를 대조하는 것이 가장 일반적이다. 이를 위해 실무에서는 다양한 첩보 출처를 통해 충분한 검증(cross check)을 하게 되는데, 예컨대 여러 정보관을 통한 다양한 출처를 통해 첩보 수집을 하도록 한 후 수집된 정보가 상호 일치하는지 확인하거나 경찰청 정보국에서 지방경찰청을 통해 경찰서에 SRI(Special Requirements for Information, 특별첩보요구)24)를 보낸 후 이를 취합하여 분석하는 방법을 활용하는 것은 이러한 정확성을 담보하기 위함이다.

적실성과 마찬가지로 정확성 역시 첩보 수집에서 분석·생산에 이르는 정보활동의 모든 단계에 걸쳐 정확성에 대한 품질 관리가 이루어져야 한다. 특히, 정확하지 못한 첩보의 수집으로 정확하지 못한 분석 또는 전망이 대안으로 제시될 경우 사용자의 판단에 치명적인 오류를 야기할 수 있기 때문이다.

한편, 정보의 정확성을 평가하기 위한 대표적인 검토사항은 크게 다섯 단계로 나누어 볼 수 있는데, 첫째, 해당 사실이나 정황이 모두 가능(all possible)한 것인가? 즉, 현실타당성이 있는가의 문제로 실제 실현가능하지 않은 첩보의 경우 이런 이유로 분석 과정에서 최초 분류 단계에서부터 면밀한 검증을 통해 제외시키게 된다. 둘째, 첩보 내용이 그 자체로서 일관성이 있는가? 즉, 반복적으로 수집되는 첩보의 내용이 기존의 첩보내용과 일관되게 맥을 같이 하고 있느냐를 검토하는 것이다. 셋째, 해당 첩보내용이 다른 출처로부터 얻어진 정보나 다른 부서의 보고내용과 비교할 때 부합하는가? 앞에서 살펴본 것처럼 여러 출처로부터 얻은 첩보가 타 출처로부터 얻어진 첩보에 부합되어 정확한 첩보로서 확정할 수 있느냐에 대한 검토이다. 넷째, 다른 관련 정보, 특히 정확성이 평가된 정보에 비추어 어떠한 측면에서 일치 또는 불일치하는가? 즉, 기히 분석된 정보와 비교하여 내용이 부합되어 정확성에 있어 별다른 문제를 제기할 필요가

---

24) SRI에 대해서는 제 3 장 제 2 절 3. 정보요구의 방법 참조.

없느냐의 문제이다. 다섯째, 만약 해당 정보가 다른 출처의 정보와 불일치할 경우 어떤 정보가 더 사실일 가능성이 높은가? 실무에서는 이런 경우에 처음부터 다시 첩보를 수집하거나 분석과정에서 특히 많은 노력과 시간을 소요하게 되는데, 이런 문제를 미연에 방지하기 위해 평소 첩보 출처에 대한 신뢰성이나 신빙성을 검증하는 데에 많은 노력을 기울이게 된다. 이처럼 체계적인 평가를 통해 정보의 정확성 여부가 확정될 수 있을 때 비로소 해당 정보가 정보 분석을 위한 소재로 활용될 수 있다고 할 것이다.

(3) **적시성**(timeliness)

적시성은 정보가 국가안보나 치안질서 유지 및 정책결정 등이 이루어지는 시점에 비추어 가장 적절한 시기에 사용될 수 있느냐를 검토하는 것으로 구체적으로는 정보사용자의 사용시점에 비추어 적절히 제공되어야 함을 의미한다. 실제로는 인력·예산·정보활동 환경 등 여러 가지 제약으로 인해 정확하게 사용자가 요구하는 시점에 정보를 제공하는 것이 그리 쉬운 일은 아니지만, 이론적으로는 정책적 판단이 이루어지는 시점에 정보가 존재할 때 적시성이 가장 높은 것으로 볼 수 있다. 정책결정이 이루어지기 이전에 제공되는 정보는 정보사용자의 선호도나 필요성이 낮은 단계에 제공됨으로써 정작 정책결정 시점에 정책결정자가 필요로 하는 정보 범주에 포함되지 못할 가능성이 높고, 정책결정이 이루어진 이후에 제공되는 정보는 정책결정이 끝난 이후라서 해당 정책을 결정하는 데에는 반영되지 못하기 때문에 정보로서의 가치를 인정받기 어렵게 된다.[25]

그러나 앞에서 언급하였듯 실제에 있어서는 정책결정이 이루어지는 시점과 정확하게 일치하는 시기에 정보가 제공된다는 것은 거의 불가능한 일이다. 이는 정보를 가공 분석하는 기술적·절차적 단계에서 소요되는 시간이 필요하기 때문인데 이는 분석관의 인력 규모 및 분석에 필요로 한 기술·장비·예산 등 재정적 여건에 따라서도 영향을 받게 된다. 분명한 건 첩보를 수집하고 분석 생산하여

---

25) 정책결정 과정을 단계별로 보면, 크게 정책의제설정 단계와 정책결정 단계, 정책집행 단계, 정책평가 단계로 나눌 수 있는데, 정보는 이 모든 단계에서 다른 역할 수행을 위해 사용되지만 여기서는 편의상 정책결정 단계만을 중심으로 설명하였다. 이에 대해서는 제 4 장 제 2 절 정책결정과정 단계별 정보의 역할에서 자세히 설명한다.

배포하는 등의 모든 기술적 절차는 정책결정자가 그 최종결과물을 필요로 하는 시점이 언제인가를 고려하여 계획되고 진행되어야 한다는 것이다.

(4) 완전성(completeness)

완전성이란 정보가 그 자체로서 정책결정에 필요한, 가능한 모든 내용을 충분히 망라하고 있는가를 의미한다. 즉, 그 정보를 해석하거나 해당 정책과 관련된 의사결정을 하는 데 있어서 추가적인 정보를 필요로 하지 않는 상태를 의미하는 것이다. 사용자의 입장에서 볼 때 '궁금함이 없도록' 충분히 보고 내용을 완전하게 담았는가의 문제이다.

완전성은 하나의 정보가 이처럼 독립적이고 고유한 정책결정의 투입요소로서의 가치를 가지고 있는지를 평가하는 기준이 된다. 따라서 전술한 적실성, 정확성, 적시성 등의 요건을 충족하는 경우라고 하더라도 완전성을 결여하게 되면 정보의 수준에 이르지 못한 첩보로서 평가되어야 한다. 즉, 완전성은 첩보와 정보를 구분하는 기준이 되는 성질이라고 할 수 있을 것이다.

다만, 현실에 있어서 완전성을 갖추는 건 그리 쉬운 일이 아니다. 정확성이나 적시성과 마찬가지로 여러 여건의 제약으로 인해 충분한 첩보가 수집되지 않거나 분석과정이 원활히 이루어지지 못할 경우 완전성에는 흠결이 발생할 수밖에 없게 된다. 특히, 자료 위주의 분석방법을 통해 가능한 많은 첩보를 수집하여 완전성을 높이려고 할 때에는 분석과정에서 반복적으로 추가 첩보를 다시 요구하게 되는 '무한회귀의 오류'에 빠지게 됨으로써 완전성을 확보하기는 쉽지 않은 과제가 될 수 있다.26)

(5) 객관성(objectivity)

객관성이란 정보가 생산 또는 사용될 때 국익증대와 안보추구라는 차원에서 온전히 객관적 입장을 유지해야 함을 의미한다. 예컨대 정보생산자의 입장에서 정책결정에 사용될 정보를 분석 생산할 때 생산자가 해당 정책과 이해관계를 가지고 있는 경우에는 객관성에 심대한 영향을 받게 될 가능성이 높다. 즉, 정보 생산자가 개인적 이익이나 생산 부서 또는 생산 기관의 이익을 우선하여

---

26) 분석방법에 대해서는 제3장 제4절 정보의 분석·생산 단계 참조.

정보를 왜곡하게 될 때에는 정보가 객관성을 잃게 되어 사용자 역시 객관성을 상실하게 될 가능성이 매우 높게 된다.

생산자가 객관성을 상실하게 되는 이유에 대해서는 앞에서 언급한 개인 또는 부서나 기관의 이익 외에도 자기반사 오류(mirror imaging),27) 지나친 고객지향(clientism),28) 겹층쌓기(layering),29) 집단사고(group thinking)30) 등 다양한 인지적(cognitive) 원인들이 제기되고 있는데, 정보생산자는 이러한 원인들로 인해 객관성을 상실하지 않도록 늘 부단한 자기관리가 필요할 것이다. 객관성 상실로 인한 정보실패에 관해서는 제 4 장 제 4 절(정보 실패요인)에서 자세히 설명하기로 한다.

객관성의 판단 기준은 물론 국가정보활동의 목적에 부합되도록 국가안보나 국익이 되어야 하는데, 간혹 사용자의 요구(need)에 충실해야 한다는 원칙에 지나치게 집착할 경우 사용자가 선호하는 정책을 합리화하기 위한 도구로 전락할 수 있으니 이를 경계하는 것도 중요하다. 국가안보나 국가이익보다 특정 정치권력의 안전과 유지에 지나치게 치중하는, 소위 정보의 정치화, 또는 정치화된 정보(politicized intelligence)를 우려하는 이유이다.

객관성은 정보 생산자는 물론 정보 사용자에게도 동시에 요구되는데, 정책결정과정에 있어 정보 생산자와 정보 사용자간의 관계에 따라 다소간의 차이는 있을 수 있지만, 생산자의 객관적 분석결과에도 불구하고 사용자가 객관성을 상실하게 될 경우에는 마찬가지로 정책결정에 치명적인 오류가 발생하게 됨은 두

---

27) 정보 분석과정에서 가장 흔히 일어날 수 있는 오류로서 '거울이미지'라고도 하는데 정보 대상 국가나 단체, 개인이 자신이 생각하고 있는 목표나 관심사항과 유사할 거라고 생각함으로써 국가간의 차이에 기인한 주요 관심사항, 이해도 및 행동의 차이나 환경의 차이, 이성적 판단의 차이 등을 고려하지 못하게 됨을 말한다(Mark M. Lowenthal, p. 118 참조).

28) 같은 일(issue)을 너무 오랫동안 함으로써 일어날 수 있는 오류로서 너무 과도하게 집중함으로써 오히려 비판할 능력(necessary criticality)을 잃는 것을 말한다(Mark M. Lowental, p. 119 참조).

29) 다른 분석에서의 판단을 그 이후에 생겼을지도 모를 불확실성을 고려하지 않고 그대로 또 다른 분석에 사용하는 것을 말하는데, 먼저의 판단이 불완전한 정보에 근거한 것이라면 특별히 더 위험할 수도 있고, 이전 판단에 더 큰 확신을 갖게 하는 경향이 있어 분석관이나 정책결정자가 잘못 판단하게 할 가능성이 높다.

30) 해당 정보기관의 조직적 특성 때문에 분석관 개인의 개별적 의견이나 판단이 허용되지 않고 집단적으로 사고하는 경향을 말하는데 Lowenthal은 이라크 WMD(Weapons of Mass Destruction, 대량살상무기)에 대한 정보공동체의 분석에 대해 집단사고의 문제를 예시하였다. 국가정보포럼, p. 335 참조.

말할 여지가 없다.

3. 정보 요건간의 관계

앞에서 살펴보았듯 정보는 적실성, 정확성, 적시성, 완전성, 객관성 등의 요
건을 갖추어야 정보로서의 가치가 있다고 할 수 있는데 현실적으로는 이러한
요건들간에 부득이한 충돌 역시 존재할 수밖에 없다. 예컨대 정확성과 완전성에
충실하다 보면 적시에 사용자에게 정보를 제공하기 어려운 경우가 발생하게 되
므로 적시성을 충족시키면서도 정확성이나 완전성이 훼손되지 않도록 적절히
조화시키는 것이 중요하다.

또한, 적실성과 객관성간에도 간혹 상호 충돌하는 경우가 발생할 수 있는
데, 앞에서 언급했던 바와 같이 지나치게 정보사용자의 요구에 부합하기 위해
노력하다 보면 수집 및 분석단계에서 객관성을 상실하게 되어 정보의 ‘정치화
경향’이 나타날 수 있음을 경계해야 한다.

제4절 정보의 효용

1. 의   의

정보의 효용이란 정보를 수집, 분석, 사용함으로써 얻는 가치나 이익을 말
하는데, 특히 사용자의 입장에서 강조되는 것이라 하겠다. 다시 말하면 정보의
효용은 요건을 갖춘 정보가 정책결정과정에 어느 정도 기여했는지를 평가하는
기준이다. 아무리 요건을 갖춘 정보라고 할지라도 효과적으로 사용되지 못한다
면 의미가 없는 것이다. 물론 사용 시점의 상황이나 사용자의 선호도 등에 따라
다소간 차이는 있을 수 있겠지만, 대체적으로 공통의 효용을 가지는데, 일반적
으로 정책결정과정에서 정보가 효과적으로 활용될 수 있기 위해서는 다음과 같
은 요소들이 고려되어야 한다.

2. 정보효용의 내용

(1) 형식효용(form utility)

정보사용자가 요구하는 외형 또는 형식에 부합할 때 효용이 높아진다는 뜻으로 정보 사용자의 수준에 따라 정보의 형식을 차별화함으로써 효용을 극대화할 수 있다. 대통령이나 정부부처의 장 또는 각 정보기관의 장과 같은 고위정책결정자에게는 가급적 중요한 핵심내용만을 간추려 보고하는 형태가 바람직하다. 높은 수준의 정책결정자들일수록 정책적 판단의 기회가 많고 그 영역 역시 방대하므로 세부적이고도 구체적인 정보 내용에 역량을 집중하기 어려워지기 때문이다.

이에 반해 상대적으로 낮은 수준의 정책결정자들이나 실무진에 제공되는 정보는 비교적 상세하고 구체적일 필요가 있다. 이는 고위정책결정자들이 결정한 정책을 추진하거나 집행하는 단계에서 세부적으로 고려해야 할 요소들이 생략되어서는 안 되기 때문이다.

일례로 최고 정책결정자의 경우 다양한 정책결정을 위해 사용하는 정보의 양이나 빈도를 고려하여 가급적 중요한 보고 내용만을 간략히 요약하여 1쪽 내지 2~3쪽 정도의 보고서로 보고하고, 낮은 수준의 정보사용자에게는 비교적 상세하고 구체적으로 통계자료나 도표 등까지도 적극 활용하여 보고하는 것이 좋다.

(2) 시간효용(time utility)

정보는 사용자가 정보를 필요로 하는 시점에 제공될 때 시간효용이 높다는 평가를 받게 되는데 시간효용은 이러한 의미에서 정보 요건 가운데 적시성과 관련이 높다. 즉, 적시성을 갖추어 정책결정이 이루어지는 시점에 제공된 정보가 시간적으로 가장 효용성이 크다고 할 수 있다.

여기서 시간효용과 관련되는 정보 제공의 시기를 크게 두 가지의 경우로 나누어 볼 수 있는데, 첫째는 정보 사용자가 자신이 해당 정보를 필요로 하는 시기 또는 기한을 정하여 생산자에게 요구하는 경우이다. 이 경우 생산자는 그 시기와 기한을 준수하는 것으로 충분하다고 할 것이다.

다음으로는 정보의 사용자가 명시적인 정보 제공의 시기를 제시하고 있지 않아서 생산자가 스스로 판단하여 정보를 제공하여야 하는 경우이다. 이러한 경우 정보의 생산자는 정보사용자가 결정하여야 할 정책의 분야와 함께 관련된 정책 현안들이 무엇인지를 항상 고려하는 자세를 견지해야 한다. 이 과정에서 정보생산자가 정보사용자에게 지침을 요구하거나 주요 관심현안을 문의함으로써 관련된 정보를 제공하는 데에 가장 적절한 시기를 파악하는 것도 좋은 방법이라 하겠다.

(3) 접근효용(approach utility)

접근효용은 정보사용자가 자신이 필요로 하는 정보에 쉽게 접근할 수 있을 때 높아질 수 있다. 이는 생산자 역시 분석과정에서 첩보에 대한 접근이 용이할수록 효용이 높아진다고 할 수 있는데, 접근효용을 높이기 위해서는 우선 정보의 사용절차가 간소화되어야 한다. 분류·기록·관리 등을 전산화하는 방법이 대표적으로 접근효용을 높이는 방법이라 할 수 있다. 하지만, 중요 정보의 경우 대부분 국가안보나 국가이익, 정책과 관련되어 반드시 비밀성을 유지해야 할 필요가 있으므로 아래에서 설명할 통제효용과 어떻게 조화롭게 조율할 것이냐가 중요한 문제로 대두되는 것이다.

결론적으로 접근효용은 통제효용을 저해하지 않는 범위 내에서 국가정보자료들에 대한 접근성을 높이는 방향으로 향상되어야 하는데 이를 위해서는 각급 기관이 공동으로 활용할 수 있도록 하는 등 제도적 장치 마련을 통해 효율적으로 관리함과 동시에 철저한 방호벽 등을 통해 보안을 강화하는 방안을 강구함으로써 해결될 수 있으리라 본다.

우리나라의 경우 국가정보자료의 접근효용을 높이기 위해 정보자료의 전담 관리기관을 지정하여 집중적·체계적으로 관리하는 등의 원칙과 절차를 국가 정보자료 관리규정[31)]에서 규정하고 있다.

(4) 소유효용(possession utility)

소유효용이란 정보의 양이 많으면 많을수록 증대되는 정보의 효용을 말한

---

31) 대통령령 제16211호, 부록 참조.

다. 일반적으로 정보는 상대적으로 많이 소유하는 것이 적게 소유하는 것보다 효용이 크다고 할 수 있다.

국가간의 정보역량의 차이도 결국 어떤 국가가 특정상황에 대해 얼마나 많은 정보를 가지고 있는지에 따라 결정된다고 한다면 정보를 많이 소유한 국가가 그렇지 않은 국가에 비해 더 높은 정보효용을 갖고 있다고 보아야 할 것이다. 실제 국가간의 소위 '정보전쟁'은 첩보수집 능력이나 분석능력 향상을 통해 더 많은 정보를 소유하기 위한 경쟁이라 해도 과언이 아니다. 왜냐하면 정보의 정확성이나 수준 등 여타 여건에 따라 다소간 차이는 있을 수 있겠지만, 정보를 많이 소유한 국가가 그렇지 않은 국가들에 비해 보다 정확한 상황판단을 할 수 있고 이를 통해 최선의 대응책을 선택할 수가 있기 때문이다. 이런 의미에서 '정보는 국력이다'라는 표현은 정보의 소유효용을 가장 잘 나타내 준다고 할 것이다.

(5) 통제효용(control utility)

정보는 정보를 필요로 하는 사람들에게 필요한 만큼 제공될 수 있도록 통제할 수 있을 때 효용이 커진다.[32] 이때의 효용성을 통제효용이라고 한다.

정보의 통제는 국익과 안보를 위해 필요한 경우 정책판단과 정책결정의 비밀성을 유지하기 위한 것이다. 정보의 비밀성이 유지되지 않아서 잠재 적국이 정책의 방향을 미리 입수하게 되었을 경우 그 정책을 채택하여 시행하는 국가의 이익은 훼손될 위험이 크기 때문이다. 따라서 정보는 정책결정과정에 참여하면서 해당 정보를 필요로 하는 사람들에게만 각각의 필요를 감안하여 제한적인 범위 내에서 제공되어야 한다.

---

32) 김윤덕, 국가정보학, 박영사, 2006, p. 21.

제5절 정보의 분류

1. 사용주체 및 사용수준에 따른 분류

정보를 사용주체에 따라 분류하면 국가정보와 부문정보로 나눌 수 있고, 사용수준에 따라 나누면 전략정보와 전술정보로 분류할 수 있다.

(1) 국가정보(National Intelligence)와 부문정보(Departmental Intelligence)

국가정보가 국가의 최고정책결정자가 특정 부처의 필요나 이익을 넘어 국가적 차원에서 종합적으로 사용하는 정보를 지칭하는 데에 반해 부문정보는 외교, 통일, 국방, 경제, 환경 등 특정 부처의 필요나 요구, 이익에 따라 각 해당 정보기관에서 생산하는 비교적 개별적이고 미시적인 관점의 정보를 의미한다. 사용수준에 따라 분류할 때 국가정보는 전략정보에 해당한다고 볼 수 있고, 부문정보는 전술정보에 해당된다고 할 수 있다.

(2) 전략정보(strategic intelligence)와 전술정보(tactical intelligence 또는 operational intelligence)

전략정보와 전술정보는 군사정보에서 사용되었던 용어로 전략정보란 국가 차원의 정책이나 국가의 안전보장 등과 관련하여 비교적 광범위한 분야에 걸쳐 중장기적 관점에서 수집, 분석, 사용되는 포괄적 정보를 의미하여 국가 전체에 영향을 미치는 차원과 수준의 정보, 즉 국가정보(national intelligence)에 해당하고, 전술정보는 비교적 단기적 관점에서 구체적이고 세부적인 현실 사안 해결을 위해 사용되는 정보로 부문정보에 해당된다고 할 수 있다.

전략정보 또는 국가정보의 생산자는 국가정보기관이며 사용자는 국가의 최고정책결정자이다. 이에 반해 전술정보 또는 부문정보의 경우 국방부 정보본부나 정보사령부, 국군기무사령부나 외교통상부 및 통일부 등의 정보 분석실 등과 같이 각 부처 정보기관에서 해당 분야와 관련하여 필요로 한 정보를 생산한다. 우리나라의 경우 대통령 소속하에서 대통령의 지시·감독을 받아 국외정보 및 일부 국내보안정보 등에 관한 직무를 수행하는 국가정보원이 대표적인 국가정보기관이라고 할 수 있고, 경찰청 정보국의 경우 국가 조직 구조로 볼 때는 일종의 부문 정보기관으로 볼 수 있으나 국가안보의 한 축이라 할 수 있는 '치안질서 유지'를 위한 국가 전 분야에 걸친 정보활동을 수행하므로 정보활동 영역이나 성격으로 보아서는 일종의 국가정보기관으로서의 성격을 가진다고 볼 수 있을 것이다.

2. 사용목적에 따른 분류

정보는 그 사용목적이 국가이익을 증대시키기 위한 적극적 정책의 수립을 목적으로 하는지, 아니면 국가의 이익을 외부의 침해로부터 방어하기 위한 소극적·방어적 활동을 목적으로 하는지에 따라 적극정보와 보안정보로 나눌 수 있다.

(1) 적극정보(positive intelligence)

적극정보란 국가이익의 증대를 위한 정책의 입안과 계획 수립 및 정책계획의 수행에 있어서 필요한 정보를 말한다.[33] 정치, 경제, 군사, 과학 기타 각 분야의 국가정책들이 적극정보가 추구하는 정보요소들이며 그 정책과의 연관성을 강조하여 정책정보(policy intelligence, intelligence for policy making)라고 부르기도 한다.

국가정보기관과 부문정보기관이 생산하는 정보 가운데 정책과 관련하여 주요정책 수행상의 문제점 및 정책 환경의 진단, 집행과정상의 문제점 및 정책과 관련된 민심의 동향이나 여론 보고 등이 그 예라고 할 수 있다.

(2) 보안정보(security intelligence)

보안정보는 적극정보와 대비되는 개념으로서 소극정보(negative intelligence), 방첩정보 또는 대(對)정보(counter-intelligence) 등의 용어들과 호환될 수 있다. 이들 용어들은 공통적으로 방어적 의미의 정보로서 국가의 안전을 유지하는 국가경찰기능의 기초가 되는 정보로 정의될 수 있는데, 이러한 의미에서 보안정보의 목적은 국가의 안전보장에 위해가 되는 모든 대내외 세력에 대한 정보와 국

---

33) 경찰대학, 경찰정보론, 1982, pp. 48-49.; 허경미, 2002, 경찰대학, p. 41에서 재인용.

가의 보안적 취약성에 대한 분석과 판단에 있다고 보아야 할 것이다.

경찰정보활동의 법적 근거로 볼 수 있는 경찰법 및 경찰관직무집행법 등에서 '치안정보'34)라는 용어를 사용하고 있는데 이런 관점에서 볼 때에는 치안정보를 경찰이 담당하는 '보안정보'로 보아도 무리가 없을 것이다.

단, 여기서의 '보안정보', 즉 소극정보의 동의어로서의 '보안정보'와 경찰의 기능적 분류를 위해 사용되는 개념인 '보안정보'와는 구별이 필요하다. 후자는 경찰의 보안부서(과거 대공부서)에서 수집, 생산을 담당하며 '간첩 기타 반국가활동 세력과 그 추종분자의 국가에 대한 위해행위로부터 국가의 안전을 보장하기 위해 취급되는 정보'로 정의된다. 즉, 전자의 보안정보는 경찰의 보안부서에서 담당하는 후자의 정보기능을 포함하는 상대적으로 더 넓은 개념으로 보아야 한다.

3. 분석형태에 따른 분류

분석형태에 따른 분류는 원래 국가정보를 시계열(time series)에 따라 분류하는 Sherman Kent의 분류에 따른 것으로서 정보를 과거의 사례를 총괄하여 서술적으로 제공되는 기본정보, 현재 활용 가능한 현용정보, 그리고 미래에 대한 전망과 판단을 가능하게 하는 판단정보로 나누는 방법이다.35) 이때 각각의 정보의 형태가 그 분석형태를 달리하므로 이를 분석형태에 따른 분류라고 한다.

(1) 기본정보(basic descriptive form)

기본정보란 과거의 사실이나 사건들에 대한 정적인 상태를 기술하여 놓은 정보로 현용정보나 판단정보를 작성하는 기초가 되고, 국가안보와 정책결정에 필요한 모든 정보들을 망라하여 놓음으로써 정보사용자가 이를 참고하거나 정보생산자가 정보의 평가나 분석을 위해 활용하게 된다. 인구수, 경제력, 국토면적 등과 같은 다양한 통계자료나 정보기관에서 분석해 놓은 여러 정보자료들이 이에 해당한다.

---

34) 경찰법 제3조 등 부록 참조.

35) Sherman Kent, Strategic Intelligence for American World Policy, (Princeton, NJ: Princeton University, 1966), pp. 11-68.

(2) 현용정보(current reportorial form)

현용정보란 기본정보를 바탕으로 하여 매일매일 국내외의 주요 정세 가운데 국가안보나 정책결정에 영향을 미치는 내용을 선별하여 보고하는 형태의 정보를 말한다. 시계열을 기준으로 할 때 현재에 해당하며 모든 사물이나 상태의 동적인 상태를 보고하는 정보이다.

정책결정자에게 과거 시제에 해당하는 기본정보의 내용 가운데 어떠한 것이 변화되었는지를 알리는 데 그 목적이 있다고 할 것이며 일반적으로 대부분의 국가정보기관은 현용정보를 생산하는 데 역점을 두는 것으로 알려지고 있다. 이는 외교정책이나 국가안보정책을 담당하는 정책 결정자들이 현실적으로 전개되는 상황을 다루어야 하기 때문이다.[36] 대통령에게 매일매일의 정보 상황을 보고하는 PDB(President Daily Briefing, 대통령 일일보고)가 대표적이다. 일반적으로 정보사용자의 선호도가 가장 높다고 할 수 있다.

(3) 판단정보(evaluative form)

판단정보는 과거와 현재를 바탕으로 하여, 즉 기본정보와 현용정보를 토대로 미래 상황을 예측한 평가정보이다. 정보활동의 가장 본질적인 이유라 할 수 있는 '예측'을 주된 목적으로 하는 정보로서 정책결정자에게 정책 결정에 필요한 분석 자료를 제공하는 기능을 수행한다. 종합적인 분석과 과학적 추론을 필요로 하므로 분석형태에 따른 분류에 있어서 가장 정선된 형태의 정보라고 할 수 있을 것이다.

4. 대상지역에 따른 분류

대상지역에 따라서는 크게 국내정보(Domestic Intelligence)와 국외정보(Foreign Intelligence)로 나눌 수 있는데, 다시 국내정보는 국내 보안정보와 국내 정책정보로, 국외정보는 국외 보안정보와 국외 정책정보로 나눌 수 있다. 정보활동 영역의 다각화 및 국가안보 위해 요인의 다양화, 국가간 경계의 모호화 등

---

36) 문정인 외, 국가정보학, 박영사, 2003, p. 29.

으로 정보활동 역시 국내정보와 국외정보를 구분할 실익이 매우 적어진 것은 사실이나 굳이 개념 정의를 하자면, 국내 보안정보는 국내에 침투한 간첩이나 반국가 세력의 안보위협으로부터 국가의 안전을 유지하는 데에 필요한 정보를 의미하고, 국내 정책정보는 국내 경제, 사회, 과학기술 등 국가 내부의 정책결정에 필요한 정보로 정의할 수 있다. 현행 국가정보원법에 따르면 국가정보원은 국외정보 및 국내보안정보(대공, 대정부전복, 방첩, 대테러, 국제범죄조직) 업무를 담당하도록 하고 있으므로 이러한 개념 정의에 따르면 국가정보원은 국외정보(보안정보 및 정책정보)와 국내 보안정보 가운데 대공, 대정부 전복, 방첩, 대테러, 국제범죄조직과 관련된 정보활동을 수행하도록 법에 규정되어 있어 그 외의 국내 보안정보활동과 국내 정책정보활동은 업무 범위에 포함되어 있지 않다고 보아야 한다.

5. 정보출처에 따른 분류

정보출처에 따른 분류란 정보를 그 정보가 얻어진 원천, 즉 출처가 어떠한 성격을 가지느냐에 따라 분류하는 방법이다. 이러한 분류는 출처의 성격을 감안하면 정보 출처의 신빙성과 그 내용의 신뢰성을 평가할 수 있다는 점에서 그 효용을 가진다.

(1) 근본출처 정보(직접정보)와 부차적 출처정보(간접정보)

반드시 그렇다고는 할 수 없지만, 일반적으로 근본출처정보 또는 직접정보가 부차적 출처정보 또는 간접정보에 비해 출처의 신빙성과 내용의 신뢰성 면에서 우위를 점한다고 볼 수 있다.

전자는 정보를 수집하는 데에 있어서 중간매체가 개입되지 않는 경우의 정보를 말한다. 예컨대 정보관 자신이 직접 첩보출처로부터 첩보를 수집한 경우가 이에 해당된다.

이에 대해 후자는 중간매체가 있는 경우의 정보를 의미한다. TV, 라디오, 신문 등의 공개출처정보들이 대표적인 중간매체의 예이다. 정보관이 이들 매체를 통해 직접 정보를 감지하기는 하지만 실제로는 그 내용 자체에 해당 매체의

주관이나 편견이 개입될 소지가 있는 등 근본출처정보에 비해 출처의 신빙성과
내용의 신뢰성이 낮게 평가될 여지가 있기 때문이다.

(2) 비밀출처정보와 공개출처정보

비밀출처정보와 공개출처정보는 출처의 비밀보호의 정도에 따른 분류
이다.37) 즉 비밀출처정보는 그 출처가 외부에 노출될 경우 출처로서의 기
능을 상실하게 되는 것은 물론이고 출처의 입장이 난처해질 우려가 있기 때
문에 외부로부터 강력히 보호를 받아야 하는 출처를 말한다(허경미, 2002,
pp. 36-37). 반면 공개출처정보는 정보출처에 대한 별다른 보호조치가 없더
라도 상시적으로 정보를 획득할 것으로 기대되는 출처로부터 얻어진 정보
를 의미한다.

비밀출처의 예로는 국가정보기관 등에서 비밀리에 정보의 수집과 생산
등에 종사하는 정보관이 대표적이다.38) 또한 이들 정보관이 비밀리에 관리
하는 공작원이나 협조자, 귀순자 등은 물론 외교관, 주재관 등도 비밀출처에
포함된다.

공개출처정보가 얻어지는 출처의 예로는 신문, 방송, 여행객, 전화번호부,
연구기관의 보고서 기타 공개된 자료 등을 들 수 있다.

비밀출처정보와 공개출처정보를 구분하는 효용은 앞서 설명한 두 종류의
출처에 따른 분류와는 다소 차이를 보인다. 즉, 비밀출처라고 해서 반드시 공개
출처에 비해 신뢰성이 높거나 그 반대의 경우인 것은 아니다. 이는 과거 국가정
보기관의 존재 이유로 평가되었던 비밀출처정보의 수집기능이 민주화와 정보화
로 인해 상당 부분 공개출처정보에 그 중요성을 양보하고 있기 때문이기도 하
지만, 시간과 예산 등의 노력과 관리상의 위험 등에도 불구하고 비밀출처
정보 자체가 갖는 내부적 요인, 예컨대 역정보39) 우려 등을 극복하지 못할

---

37) 이병곤, 정보개론, 정양사, 1995, p. 39.
38) 정보관을 수집의 주체로만 취급하는 경우도 있으나 정보관의 활동과 그 생산물 등에
   대한 보안조치가 수반된다는 점, 국가정보기능이라는 관점에서 정보관도 하나의 출
   처라는 점 등에 비추어 본서에서는 이를 비밀출처의 일종으로 본다.
39) 의도적으로 정보를 은폐 또는 왜곡시키기 위해 정보관을 기망, 오도하기 위한 정보
   를 말한다. 제 3 장 제 4 절 정보의 분석·생산 단계 참조.

경우 신뢰성을 담보할 수 없기 때문이다.

따라서 양자를 구분하는 실익으로는 무엇보다 정보기관이 보유하고 있는 인적·물적 자원을 효율적으로 활용하는 데 필요한 평가기준을 제공한다는 점을 들 수 있다. 즉 어떠한 정보기관이 특정한 정보를 획득하기 위해 비밀출처정보를 활용하는 경우 예상되는 소요비용을 공개출처정보의 획득가능성 및 그 소요비용과 비교하여 보다 경제적인 대안을 선택해야 한다는 것이다. 일반적으로는 비밀출처정보의 획득비용이 공개출처정보의 경우에 비해 높은 것으로 평가되는 만큼 우선 공개출처정보의 획득가능성을 평가함으로써 정부기관의 자원의 낭비를 예방할 수 있을 것이다.

(3) 정기출처정보와 우연출처정보

정기출처정보란 정기적으로 정보를 획득할 수 있는 출처로부터 얻은 정보를 말한다. 정보입수의 시간적 간격이 일정하거나 정보입수의 시점을 정보관이 통제하고 있는 경우이다. 이는 다시 공개출처정보와 비밀출처정보로 나누어 살펴볼 수 있는데, 공개출처정보의 경우에는 정기간행물, 일간신문, 정시뉴스 등이 그 대표적인 예이고 비밀출처정보의 예로는 정기적으로 정보를 제공하는 형태로 운용되는 공작원(agent) 또는 협조자[40] 등을 들 수 있다.

이에 반해 우연출처정보란 정보관(Intelligence Officer)이 의도한 정보입수의 시점과는 무관하게 부정기적으로 얻어지는 정보를 일컫는 개념이다.

이는 다시 소극적인 성격의 우연출처정보와 적극적인 성격의 우연출처정보로 나뉜다. 전자는 정보관이 우연한 기회에 공개된 장소에서의 주변 인물의 대화를 듣거나 행동을 관찰하는 경우, 또는 사물의 상태를 관찰하게 되는 경우가 이에 해당한다. 후자는 정보관이 상시적인 정보출처로 관리하지 않은 인물이 자발적인 협조를 통하여 정보를 제공하는 경우가 일반적이다. 이러한 인물도 전술한 협조자로 분류할 수 있을 것이다. 일반적으로 정기출처정보가 우연출처정보에 비해 출처의 신빙성과 내용의 신뢰성 면에서 우위를 점한다고 평가된다.

---

40) 실무상 망원(網員)으로 불리기도 한다.

6. 정보요소에 따른 분류[41]

정보요소에 따른 분류란 정보가 주된 대상으로 삼는 지식을 국가 또는 사회구성요소를 기준으로 나누는 방법이다. 주요한 정보요소로는 정치, 경제, 사회정보 등을 들 수 있으며 군사정보와 과학정보도 정보요소에 따른 분류의 일종으로 볼 수 있다.

(1) 정치정보

정치정보는 한 나라의 국내정치 및 외교 등 국제정치와 관련된 요소들을 대상으로 삼는 정보를 말한다. 따라서 그 내용은 크게 국내정치 분야와 외교 분야로 나눌 수 있다.

국내정치 분야는 ① 정당 및 선거, 정치권력 구조 ② 국가이념 및 선거 등 관련 법률, 기타 제도 ③ 주요 정책결정 기구 ④ 국민들의 정치의식과 정치에 대한 국민 반응 및 태도 ⑤ 기타 정치상황 등을 그 내용으로 한다.

한편, 외교 분야는 ① 외교정책 ② 외교기구 ③ 주요 국가와의 관계 ④ 외교 행태 등이 포함된다.

(2) 경제정보

경제정보는 한 나라의 경제를 구성하고 있는 경제적 요소 또는 경제현상 관련 정보들을 의미한다. 이에는 국내외 경제정책은 물론 다양한 경제주체와 경제활동과 관련된 법률, 제도, 그리고 국내 산업기밀 보호를 위한 산업보안활동과 자원외교 등 국가간 전략자원의 수급 실태 등을 포함한다.

(3) 사회정보

사회정보는 한 나라의 사회를 구성하고 있는 제 요소에 관련된 정보를 말한다. 이에는 ① 인종, 인구, 주민 등의 사회구조 ② 사회문화, 제도 ③ 사회변동 ④ 사회문제 ⑤ 집단행동과 사회운동 ⑥ 사회복지정책 등의 내용이 포함될 수 있다.

---

41) 허경미, 2002, pp. 38－40 참조.

(4) 군사정보

군사정보는 한 나라의 군사적인 제 요소에 관련된 정보를 말한다. ① 군사력의 규모 및 편제 ② 군대의 사기 및 역량, 취약점, 군사정책 등과 관련된 내용이 포함된다.

기타 과학기술정보, 사이버정보, 환경, 테러, 마약 등 다양한 정보 요소를 기준으로 분류될 수 있다.

7. 수집활동에 따른 분류

앞서 설명한 정보출처에 따른 분류가 출처의 성격이 어떠한지를 기준으로 한 데에 비해 수집활동에 따른 분류는 출처에 따라 어떠한 수집방법이 동원되는지가 그 기준이 된다. 이러한 분류는 첩보의 수집과정에서 가능한 출처와 그 수집방법을 검토하는 기준이 되는 동시에 각각의 출처가 가지는 장점과 단점 등을 명확하게 할 수 있다는 효용을 가진다.

수집활동에 따른 분류는 크게 인간정보와 기술정보로 대별되는데, 이 장에서는 이러한 두 가지 분류의 내용을 약술하고 기타의 세부적인 분류와 각각의 상세한 내용에 대해서는 제3장 제3절 첩보 수집에 관한 장에서 후술하기로 한다.

(1) 인간정보(Human Intelligence: HUMINT)

인간정보는 인적 수단을 사용하여 수집한 정보를 말한다. 정보를 수집하는 임무를 수행하는 공무원인 정보관(Intelligence Officer: IO)이 대표적인 인적 수단이다. 이 밖에도 해외에 주재하면서 주재국의 정보를 수집하는 외교관인 주재관(attache)도 공적인 인적 수단이다. 이런 경우를 공직가장(official cover)이라고 하는데, 이와 달리 공직이 아닌 다양한 직업으로 가장하는 비공직가장(Non Official Cover: NOC)의 방법이 사용되기도 한다.[42]

---

42) CIA는 비공직가장의 경우 일부 직업에 대해서는 제한을 하고 있다는데 성직자(clergy)와 평화유지군 자원봉사자(peace corps volunteer)가 이에 해당한다(Mark

공적인 인적수단 이외에도 인간이 정보 수집의 대상이 되는 경우가 있다. 공작원이나 협조자[43] 또는 망명자, 여행객 등이 그 대표적인 사례이다.

(2) 기술정보(Technical Intelligence: TECHINT)

기술정보는 기술적 수단을 사용하여 수집한 정보를 말한다. 기술정보 가운데 시각적 정보를 수집하는 경우 이를 일반적으로 영상정보(imagery intelligence: IMINT)라고 하며 이에는 재래식 항공촬영을 통해 수집한 정보, 인공위성을 이용하여 수집한 정보, 레이더를 이용하여 수집한 시각적 정보 등이 포함된다.

또, 시각적 정보 이외의 각종 신호(signal)를 대상으로 하는 경우 이를 신호정보(signal intelligence: SIGINT)로 분류한다. 신호정보는 과학기술의 발달에 따라 그 대상이 무한대로 확장될 수 있는 특성을 가지는데 인간의 음성, 모르스(Morse) 부호, 전화회선, 이메일 등의 각종 통신수단은 물론 레이더 신호, 레이저 등의 유도 에너지, 적외선의 방사현상, 방사능 물질의 방사현상 등이 이에 포함된다.

기술정보는 원칙적으로 잠재적국의 현황과 취약점 등을 파악하기 위하여 이용되는 것이며 이외에도 영상정보와 신호정보를 제외한 기술수단에 의해 획득한 정보로서 대상 목표의 위치 이동 등을 확인하고 묘사하는 정보로서 징후

계측정보(Measurement and Signature Intelligence: MASINT) 등이 있다. 기술정보 수집의 한계에 관해서는 제 3 장 제 3 절 첩보의 수집에 관한 장에서 후술한다.

M. Lowenthal, p. 96).

43) 협조자에는 자발적 협조자(walk-in agent)도 있는데 반대급부 없이 스스로 협력하는 경우로 이 경우 역정보를 통한 의도적 정보왜곡 등을 반드시 검증하는 과정이 필요하다.

정보의 순환체계

제 1 절 정보의 순환과정

1. 정보순환(intelligence cycle)의 개념

국가가 정보활동을 효율적으로 수행하기 위해 정보기관들을 조직하고 그 정보기관들의 활동원칙 및 절차 등을 정립하여 놓은 상태를 정보체계(Intelligence community)라고 하는데, 국가안보 및 정책결정에 필요한 정보제공을 위해 정보사용자의 요구에 따라 이러한 국가정보체계를 통해 첩보를 수집, 처리 및 분석하여 정보사용자에게 전달하는 유기적인 일련의 과정을 정보순환(Intelligence cycle)이라고 한다.

일반적으로 정보의 순환은 정보요구(requirement), 첩보수집(collection), 정보처리(processing), 정보분석(analysis) 및 정보배포 또는 전파(dissemination)의 5단계를 거치거나 정보처리와 정보분석(생산)을 합하여 정보요구, 첩보수집, 정보분석, 정보배포의 4단계를 거쳐 다시 정보요구로 환류하게 되는데, 정보분석 단계에서는 첩보의 검증 및 정확한 분석 등을 위해 수시로 첩보 수집 과정과 긴밀하게 협력한다.

|그림 1-1| 일반적인 정보순환의 절차

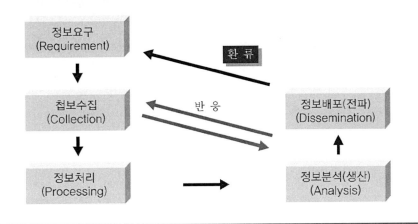

2. 정보순환의 과정

정보순환을 이해하는 데 있어서는 사용자의 요구가 어떤 경로를 통해 다시 정보체계 내로 환류할 수 있는가를 먼저 이해하는 것이 중요하다. 이는 정보순환과정을 구성하는 개별적인 단계들의 관계가 일방적이고 단선적인 흐름을 가지는 것이 아니라 사용자와 정보기관간의 환류와 함께 정보체계 내에서 각 기능간에 발생하는 소순환과정들을 포함하는 유기적인 형태로 움직이고 있기 때문이다.

첫째, 사용자와 정보기관간의 환류는 평가 등 1차 처리만을 거친 ① 수집결과가 사용자에게 제공되는 경우(긴급한 현용정보의 제공 등)와 충분한 분석 및 종합을 거친 ② 분석결과가 사용자에게 배포되는 경우(판단정보의 배포 등)로 나누어 볼 수 있다. 배포된 정보는 사용자에게 새로운 정보요구를 발생시킴으로써 정보체계 내로 다시 환류하게 된다.

둘째, 정보요구의 결정 단계에서 시작되는 정보기관 내의 소순환의 과정으로는 분석단계에서의 추가적인 첩보수집 요구들을 들 수 있다.

분석을 위해 필요한 추가적인 첩보의 내용이 중요성이 높은 경우에는 정보요구를 결정하는 기획 단계로 환류한다. 해당 첩보를 효율적으로 수집하기 위해 수집계획과 수집기관을 재검토할 필요성이 있기 때문이다.

추가적인 첩보요구의 내용이 중요성에 비해 긴급성이 높은 경미한 사항인 경우에는 최초 수집단계로 환류하게 되는데 이러한 경우에는 별도의 기획 및 지시 단계가 필요하지 않기 때문이다.

정보기관이 정보순환의 과정에서 담당하는 기능 또는 단계들에 대한 정보학자들의 견해는 세부적인 부분에서 다소간의 차이를 나타낸다.

로웬탈(Mark M. Lowenthal)은 요구(requirements), 수집(collection), 처리·이용(processing and exploitation), 분석·생산(analysis and production), 배포(dissemination), 소비(consumption), 환류(feedback)라는 7단계로 분류[1]하고 있는데에 반해 존슨(L. K. Johnson)은 CIA의 분류를 참고하여 기획·관리(planning and direction), 수집(collection), 처리(processing), 분석·생산(analysis and production), 배포(dissemination)의 5단계[2]로 분류하는 태도를 보이고 있다. Lowenthal은 이러한 CIA의 순환과정이 지나치게 단순(simple)하고 일차원적 (unidimensional)이라고 지적하면서 실제로는 정책결정자들이 정보순환 과정 중간 단계에서도 수시로 의문을 제기고 해답을 구하려 함에도 '환류'를 명시적으로 도표에 나타내지 않고 있어 완전한 순환주기(cycle)를 완성하지 못하고 있다고 한다. 그런 이유로 순환과정 어느 단계에서라도 그 전 단계로 돌아갈 수 있도록 도표에 명백하게 나타내야 한다는 것이다. 처리 및 이용 단계 또는 분석 단계에서 최초 '요구' 사항과 차이가 날 경우에는 정보요구를 수정하거나 혹은 새로운 정보요구가 요청될 수도 있다고 Lowenthal은 설명하고 있다. 또한 그 이후 단계에서도 정보사용자(consumer)는 정보요구를 수정할 수 있고, 더 많은 추가 정보를 요구할 수도 있다.[3]

Lowenthal은 특히 환류의 중요성을 강조하고 있는데, 그 이유로는 정책결정 그룹(policy community)과 정보생산 그룹(intelligence community)과의 소통 부족을 들고 있다. 정보배포(사용) 이후 사용된 정보가 어떤 부분에서 유용했고, 또 어떤 부분에서 부족했는지, 어떤 부분의 정보가 더 필요하고 강조되어야 하

---

1) Mark M. Lowenthal, pp. 54−67.
2) Loch K. Johnson, America's Secret Power, (NewYork. NY, Oxford University Press, 1989) Chapter 5, 강기택 등, pp. 48−49에서 재인용.
3) Mark M. Lowenthal, p. 66.

| 그림 1-2 | CIA의 정보순환 절차

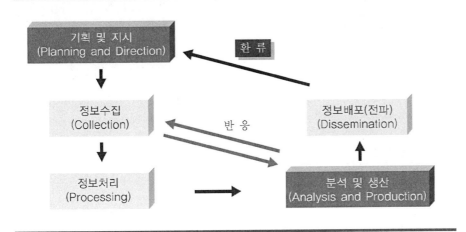

느지 등에 대해 정책결정자가 정보생산자에게 지속적으로 환류해 주어야 한다는 것이다.[4]

제 2 절 정보요구 단계

1. 정보요구의 의의

정보의 요구과정은 존슨(L. K. Johnson)의 분류 중 기획 및 지시과정과 같은 단계이다. 따라서 첩보의 요구과정은 정보사용자가 필요로 하는 정보내용이 무엇인지를 파악하고 각급 사용자가 필요로 하는 시기에 정확한 정보가 제공될 수 있도록 적절한 운용계획을 수립(기획)하여 수집기관에 첩보의 수집을 명령(지시)하는 단계로 정의된다.

정보의 사용자는 대부분의 경우 자신들이 필요로 하는 사항을 하나라도 빠뜨리지 않기 위해 거의 모든 내용에 대해 첩보를 수집할 것을 요구하는 경향이 있다. 이에 반해 정보기관이 갖고 있는 자원(resources), 즉 인원·장비·예산 등

4) Mark M. Lowenthal, p. 66.

은 제한되어 있기 때문에 효율적인 정보활동을 위해서는 적절한 기획, 수집에 투여되는 자원의 효율적 배분, 지속적인 사후 통제가 요구되는 것이다. 여기에 첩보의 요구과정의 중요성이 있다.

정보기관이 정보요구를 결정하기에 앞서 사용자의 요구가 투입되게 되는데 이때 그 사용자가 누구이냐를 기준으로 첩보의 요구를 분류한다. 요구의 주체의 성격은 특히 첩보의 요구단계에서 수집의 우선순위, 수집기관의 선정 등에 영향을 미치게 되므로 중요한 의미를 가진다.

첫째, 정보기관의 상위에 있는 국가지도자 및 정책결정자의 요구(종적 요구)의 경우이다. 행정부의 수장은 대표적인 종적 요구의 주체이며 국가정보의 최우선적 소비자가 된다. 그러나 행정수반이 모든 중요 국가정보를 개별적으로 요청할 수 있는 것은 아니어서 행정수반을 보좌하는 기관, 즉 한국이나 미국의 경우 국가안전보장회의, 안보보좌관, 외교안보수석 등이 대통령을 대신하여 정보요구를 제기할 수 있다.5)

둘째, 정보기관과 횡적 관계에 있는 다른 기관들이 자신들의 임무를 성공적으로 완수하기 위하여 정보를 요구(횡적 요구)하는 경우이다. 산하정보기관을 가진 기관의 경우에도 전문성, 객관성이 높은 정보에 대한 수요가 발생할 수 있으며 외교, 국방, 통상, 통일 등 국가안보정책의 수립, 집행에 직접 관여하는 부서들이 국가정보에 대한 요구를 제기하는 경우가 여기에 해당한다. 특히 해외수집 기능을 결여하고 있는 기관들이 국가정보원에 필요한 정보를 요구하는 경우가 전형적이다. 단, 이러한 횡적 요구의 경우에는 국가정보기관이 모든 횡적 요구를 수용할 수는 없는 것이어서 정보기관이 선택적으로 '협력' 여부를 결정하게 된다.

셋째, 정보생산자는 수집기관으로부터 입수되는 정보를 평가하거나 부여된 문제를 분석, 판단하는 것과 관련된 정보를 필요로 한다(내적 요구). 이를 내부의 교차정보요청이라고도 부르는데 이는 다시 국가정보기관과 부문정보기관간의 교차정보요청, 국가정보기관 내부부서간의 교차정보요청의 경우로 나뉜다.6)

---

5) 문정인 편저, 앞의 책, p. 41.
6) 앞의 책, p. 43.

2. 정보요구의 소순환과정[7]

첩보의 요구과정은 다시 세부적인 단계들로 분류된다. 이들 세부 단계들의 유기적 활동을 다시 소순환과정이라고 부르는데 이는 정보기관의 제한된 자원을 효율적으로 배분하는 데 주안점을 두면서 정보요구의 우선순위 등을 확정하는 과정이다.

(1) 기본요소의 결정

사용자의 요구가 정보의 기본요소에 대한 분류를 기준으로 할 때 어떠한 부문에 해당하는지를 결정하는 단계이다. 요소별 정보의 분류는 학자나 정보기관마다 상이하지만 국가정보의 차원에서 일반적으로 다루어지는 정치·경제·군사·사회·과학정보 등의 분야 중 해당 부문을 확정하게 된다.

(2) 수집계획서의 작성

첩보의 수집계획서는 첩보의 조직적인 수집을 위하여 작성한 논리적인 계획을 의미한다. 첩보수집계획서에는 다음과 같은 내용을 체계적으로 열거함으로써 첩보수집의 지시 및 사후 통제의 기준으로 삼을 수 있다.

1) 기본요소

요구되는 첩보가 포함되는 분야를 정보의 기본요소에 따른 분류를 기준으로 명시하여야 한다.

2) 요구되는 첩보

요구되는 첩보가 부문별 요소의 하위분류인 첩보 기본요소(Essential Element of Information) 가운데 어떤 요소에 해당하는지를 명시하여야 한다. 이때 큰 제목만을 적시하고 내용은 유추할 수 있도록 해야 한다.

3) 요구되는 정보에 관련된 배경첩보

첩보의 의의, 필요성, 수집시 착안사항 등을 간단히 적시하여 수집시 참고할 수 있도록 한다.

---

7) 허경미, 2002, 경찰대학, pp. 105-108 재구성.

4) 수집 대상 첩보

첩보수집기관의 실제적인 활동지침이 되는 내용이다. 가능한 한 세부적이고 구체적이어서 첩보의 수집자가 활동의 준거로 삼을 수 있도록 해야 하는 사항으로서 첩보수집계획서의 내용 중 가장 중요한 부분이라고 할 수 있다.

5) 수집기관

첩보수집을 책임질 기관을 명시한다. 이때 가용 첩보기관의 수집 능력, 수집업무와 수집기관의 임무와의 연관성, 각 수집기관의 업무량 등이 고려되어야 한다. 그리고, 가능한 한 2개 이상의 수집기관을 활용함으로써 비교 평가를 통해 첩보의 신뢰성을 확보할 필요가 있다.

6) 보고시기

분석·배포·사용시기 등 정보순환의 단계 전체를 고려하여 첩보가 입수되어야 할 시기 등을 적시한다.

(3) 명령 및 하달

첩보의 수집계획이 확정되면 해당 수집기관에 이를 지시한다. 지시의 수단은 보안성에 대한 판단을 근거로 하여 구두 또는 문서 등을 선택적으로 이용할 수 있다. 즉 보안성을 유지할 필요가 높은 경우 문서보다는 구두 형태의 지시가 이루어져야 한다. 단, 이러한 경우에도 지시의 정확성이 심각하게 저해되지 않도록 유의하여야 한다.

(4) 수집활동에 대한 조정 및 감독

기획과 지시라는 요구단계의 주요 기능에도 불구하고 지시 이후에 수집기관의 활동에 대한 지속적인 감독과 조정이 없는 경우 수집활동의 효율성은 확보될 수 없다.

이러한 조정 및 감독을 위해서는 요구 부서와 수집 부서간의 긴밀한 협조와 지시·명령의 문제점에 대한 의사소통이 보장되어야 한다. 따라서 수집단계에서 요구 부서의 의도가 무엇인지 추가적으로 파악하거나, 요구 부서의 오류에 대해 의견을 제시하는 방식의 환류가 일어나도록 장려하여야 하는 것이다.

3. 정보요구의 방법

정보의 요구방법은 그 형식에 따라 구두와 서면으로 나뉠 수 있다. 구두에 의한 정보요구에는 대면하여 대화를 통해 요구하는 방법, 전화를 통해 요구하는 방법, 다수의 정보 수집관들에 대해 브리핑 등을 통해 요구하는 방법 등이 포함된다. 서면에 의한 방법에는 공문서의 전달에 의한 방법, 메모 등의 비공식적인 서면에 의한 요구방법 등이 있을 수 있다.

그러나 이러한 정보요구의 형식보다 더 중요한 것은 정보요구의 분류를 통하여 수집의 우선순위를 확정하는 것이라고 할 것이다. 정부기관이나 정보사용자들이 요구하는 정보의 종류는 다양하며 계속적이기 때문에 어떤 정보수요에 대하여 수집 역량을 동원하는 것이 우선순위인지를 고려해야 할 필요가 있기 때문이다. 이처럼 다양한 정보요구 가운데 어떠한 것을 우선적으로 수집할 것인가를 결정하는 것은 제한적인 물적·인적자원을 활용하여 최대의 효과를 달성해야하는 정보기관들로서는 아주 중요한 문제라고 할 것이다.

(1) 국가정보목표우선순위(Priority of National Intelligence Objectives, 이하 PNIO)

이러한 우선순위를 정하는 방법은 국가마다 다소 상이하기는 하나 대부분의 경우 국가정보기관이 주관하여 '국가정보목표우선순위(PNIO)'를 작성하게 된다.[8][9] PNIO란 "국가안전보장이나 정책에 관련되는 국가정보목표의 우선순위"로서 정부에서 기획된 연간 기본정책을 수행함에 있어서 필요로 하는 자료들을 목표로 하여 선정된다(허경미, p. 109).

---

8) 국가정보포럼, p. 39.
9) 정보및보안업무기획·조정규정 제 4 조(기획업무의 범위)
   국정원장이 정보 및 보안업무에 관하여 행하는 기획업무의 범위는 다음과 같다.
   1. 국가 기본정보정책의 수립
   2. 국가 정보의 중·장기 판단
   3. 국가 정보목표 우선순위의 작성
   4. 국가 보안방책의 수립
   5. 정보예산의 편성
   6. 정보 및 보안업무의 기본지침 수립

　　PNIO를 작성하는 데 있어서는 우선 정부 각 부처가 각자의 임무 수행을 위해서 필요한 정보의 내용의 대강을 정부에 보고하는 작업이 선행된다. 이후 이를 통해 취합된 정부 각 부처의 정보수요의 정보의 내용, 정보기관의 정보수집 역량 등을 감안하여 우선순위를 결정하게 되는 것이다.10)

(2) 첩보기본요소(Essential Elements for Information, 이하 EEI)

　　일단 PNIO가 결정되면 각 부문기관에 대한 세부적인 수집임무가 부여되며 각 부문정보기관들은 첩보기본요소(EEI)를 작성하여 수집에 임하게 된다. EEI란 "해당 부서의 정보활동을 위한 일반적인 지침"으로서 계속적·반복적으로 수집되어야 할 사항을 요구하는 방법이다.

　　따라서 1회의 정보수집으로 정보수요가 충족된다든지 정보수요가 발생한 배경이 일시적이거나 특정지역에 국한되는 사안이어서 정보수집의 필요성이 비항구적, 비일반적인 경우에는 EEI 형식의 정보요구를 필요로 하지 않게 된다. 이러한 성격으로 인해 EEI가 후술하는 특별첩보요구(Special Requirements for Information)와의 관계에 있어서 그 상대적인 개념으로 이해되고 있기도 하다(허경미, p. 109). 이때 양자의 대표적인 차이점으로는 정보의 요구에 있어서 사전적으로 첩보수집계획서가 작성되어 활용되는지 여부를 들 수 있다. 즉, EEI는 그 반복적 성격으로 인해 수집계획서를 하달하여 첩보의 수집을 지시하는 데 반해 특별첩보요구의 경우는 그 일회적 성격으로 말미암아 사전적인 계획서의 하달이 필요치 않다는 것이다.

　　첩보기본요소(EEI)란 군사정보 분야에서 유래한 용어이지만 우리나라에서는 비단 정보기관에서뿐 아니라 부문정보기관에서도 널리 활용하고 있다. 정부의 각 부서에서 맡고 있는 정책계획을 수행함에 있어 우선적으로 필요로 하는 첩보요소라고 해석될 수 있을 것이다.11)

---

10) 문정인 외, 앞의 책, p. 87.
11) 이병곤, 앞의 책, pp. 63−64.

(3) **특별첩보요구**(Special Requirements for Information, 이하 SRI)

국가정보기관의 PNIO나 부문정보기관의 EEI가 미래의 정보수요를 완전히 예측한다는 것은 현실적으로 불가능하다. SRI란 이런 경우에 대비하여 "특정지역의 특별한 돌발사항에 대한 단기적 해결을 위하여 필요한 범위 내에서 임시적이고 단편적인 첩보를 요구하는 방법"으로 활용된다(허경미, p. 110). SRI로 요청된 첩보는 그 단기적 효용으로 인해 다른 첩보들에 비해 가장 우선적으로 수집되어야 할 필요성이 있다.

첩보의 수집기관은 전술한 PNIO나 EEI에 의해 국가정보목표를 달성하기 위한 일상적인 수집임무를 수행하게 된다. 그러나 이러한 지침 또는 계획이 매일매일 정책결정자가 필요로 하는 모든 정보수요를 예상하여 충족시켜 줄 것으로 기대한다는 것은 불가능하다고 해도 과언이 아니다.

따라서 정보요구를 담당하는 기관 또는 부서는 PNIO나 EEI가 상정하지 않고 있는 특정한 첩보를 수집하여 보고하도록 임무를 부여할 필요가 생기는 것이다. 이러한 필요에 따라 첩보수집을 지시하는 방법 가운데 가장 실용적인 것이 특별첩보요구라고 할 수 있다.

정보수요의 대상이 되는 사물이나 정황은 수시로 변하는 성격을 가지므로 정기적·반복적으로 이루어지는 첩보요구에 포함되지 않았으나 필요성이 대두된 첩보를 입수하기 위해서 수시로 SRI를 하달하게 되는 것이다. 따라서 SRI를 하달할 때에는 정보수요가 발생한 배경이 되는 지식, 수집하여야 할 첩보의 내용, 첩보의 획득 가능성을 기준으로 한 수집기관별 주요 목표, 첩보의 보고시기 등을 명확히 정해줄 필요가 있다.

(4) **기타정보요구**(Other Intelligence Requirements, 이하 OIR)

전술한 바와 같이 국가의 정보목표의 우선순위는 PNIO에 의해 결정된다. 그러나 각 정부부처가 PNIO 결정에 참여하는 과정에서 미래에 발생할 모든 정보수요를 예측한다는 것은 불가능한 일이다. 이에 따라 PNIO 결정과정에서 미처 고려하지 못했던 정보수요가 대두될 경우 OIR의 필요성이 발생하게 된다. 급변하는 정세의 변화에 따라 현재의 PNIO로서는 충족시키지 못하는 정보목표의 필요성이 대두되는 경우 새로운 정보목표가 확립되어야 하는 것이다.

즉, OIR은 PNIO에 포함되지 않았거나 포함되어 있더라도 후순위의 요소로 취급되고 있어서 그 우선순위의 상향조정이 필요한 경우의 정보요구 방법이다. 따라서 OIR은 "PNIO에 우선하여 작성되어야 하는 정보목표"인 것이다.

한편, OIR은 전국가적이고 장기적인 정보목표라는 측면에서 일시적이고 국지적인 성격을 나타내는 SRI와 구별되게 된다.

제3절 첩보수집 단계

1. 첩보수집의 의의

첩보의 수집(collection)이란 첩보수집기관이 출처를 개척하고 수요첩보를 입수하여 이를 정보작성기관에 전달하기까지의 과정을 말한다(허경미, p. 111). 수집과정에서는 인적 수단이나 기술적 수단을 이용하여 첩보의 수집이 이루어 지며 수집된 첩보를 처리, 생산하는 정보의 분석·생산부서로 전달하게 되는 것 이 원칙이다. 단, 첩보의 내용이 경미하거나 긴급성이 있는 경우 분석과정을 거 치지 않고 사용자에게 전달될 수 있다.

경찰의 첩보수집활동은 경찰법 제3조에 규정된 치안정보의 수집, 경찰관 직무집행법 제2조 3호에 규정된 치안정보의 수집, 작성 및 배포를 그 법적 근 거[12]로 삼고 있다.

2. 첩보의 출처

(1) 개   념

첩보의 출처(source)는 첩보가 얻어지는 존재 원천이다. 첩보를 수집하는 활동은 수집의 대상인 첩보가 어디에 어떠한 형태로 존재하느냐를 확정하는 것

---

12) 이외에도 견문수집의 목적, 수집, 분석, 평가 및 배포에 관한 절차를 규정하는 견문수집및 처리규칙(경찰청 예규 제330호 2005. 1. 6)이 있으나 비밀로 관리되고 있다.

으로부터 출발한다. 조직, 단체, 지역, 인물 등의 첩보 수집목표가 설정되면 이들 목표들로부터 첩보를 수집할 수 있는 구체적 방법 및 경로들을 파악하여야 하는데 이때 이러한 방법 및 경로들을 첩보의 출처라고 한다.

(2) 출처의 종류

다양한 첩보의 출처들을 이해하는 것은 수집목표에 가장 적합한 출처가 어떤 것인지를 이해하는 데 기여하게 된다. 국내의 목표를 대상으로 한 국내정보 수집의 경우 가능한 한 공개출처를 개척함으로써 인권침해의 가능성을 예방해야 하는 반면 국외적인 첩보수집의 경우 기술정보는 물론 비밀출처인 인간정보의 활용 여지가 상대적으로 확대되는 것이다.

첩보의 출처는 정보기관과 학자에 따라 그 분류방법이 다양하다. 개척출처의 비밀성 유무를 기준으로 삼는 경우 공개출처(open source 또는 overt source)와 비밀출처(covert source)로 나누어진다. 정보기관이 정보역량을 집중해야 하는 분야는 비밀출처이다.

첩보의 출처를 구체적인 수집경로 또는 수집방법을 기준으로 분류하면 인간정보(human intelligence: HUMINT)와 기술정보(technical intelligence: TECHINT)로 대별되며 이는 다시 각각 공개출처정보(open-sources intelligence: OSINT)와 비밀출처정보(비밀성의 유무를 기준으로), 영상정보와 신호정보(수집기술을 기준으로)로 나뉜다.

1) 인간정보

인간정보는 인적 수단을 이용하여 수집한 첩보를 말한다. 인적 수단이 공개출처정보를 이용하여 첩보를 수집하는 형태는 신문, 잡지 기타 출판물과 인터넷, 방송매체 등 각종 매스컴 등을 이용하는 것이 일반적이지만 공공기관 방문, 전화 문의, 공개 토론회 등 참석, 기업·전시장에서의 팜플렛 수집 등도 이에 포함된다. 정보경찰의 활동의 대부분이 이러한 공개된 정보에 대한 접근을 통하여 이루어진다고 보아야 할 것이다.

비밀출처정보에 대한 인간정보 활동은 정보기관에 소속되어 주로 첩보의 수집을 담당하는 관리인 정보관(Intelligence Officer: IO), 대상 국가의 대사관의 관원으로서 외교관의 신분을 가진 주재관(attache) 등이 직접 수집하는 경우와 공작원이나 협조자13)를 포섭, 활용하는 경우 및 포로·망명자 등으로부터 추출하는 경우14)로 나뉜다.

2) 기술정보

기술정보는 기술적 수단을 이용하여 수집한 첩보를 말한다. 기술정보는 영상정보(imagery intelligence: IMINT)와 신호정보(signal intelligence: SIGINT)로 대별된다.

전자는 사진이나 영상을 수집수단으로 하며 위성전자사진(satellite electronic photography: SATINT), 레이더 영상(radar imagery: RADINT), 재래식 항공사진 (conventional aerial photograph: PHOTINT) 등을 포함한다.

후자는 음성, 전파 등의 각종 신호를 수집수단으로 하며 인간의 통신수단, 즉 음성, 전신 부호, 전화회선, 공중파, 전자우편 등을 도청 또는 감청하는 통신정보(communication intelligence: COMINT)가 그 대표적인 예이다.

3. 첩보의 수집과정

첩보의 수집단계는 다시 ① 첩보수집계획의 수립 ② 출처의 개척 ③ 첩보수집 활동 ④ 첩보의 정리 및 보고의 네 단계로 나누어 살펴볼 수 있다.

(1) 첩보수집계획의 수립

전술한 바와 같이 정보의 요구단계에서 첩보의 수집계획이 작성된다. 그러나 기획 및 지시부서에서 작성하는 첩보수집계획에도 불구하고 첩보수집부서가 자체적으로 수집계획을 수립해야 할 필요성이 존재하는 것이 일반적이다. 특히, 기획 및 지시과정에서 첩보수집환경 및 현실적 제약 등에 대한 이해가 부족한 경우, 지시가 명확하지 않은 경우, 첩보수집기관의 가용자원이 정보요구를 충족

---

13) 일반적으로 공작원은 보수를 지급하는 대상을 의미하고, 협조자는 실제 소요된 비용 이외의 보수를 지급하지 않는 대상을 의미한다.

14) 우리의 경우 탈북자를 대상으로 한 정보기관의 합동신문이 이에 해당한다. 단, 그 주무부서는 경찰의 보안부서인 것으로 알려져 있다.

|그림 1-3| 첩보의 수집단계

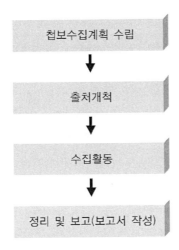

시키기에 충분하지 못한 경우 이러한 계획 수립의 중요성은 더욱 커진다.

1) 정보요구(need)의 결정

정보사용자는 물론 수집지시부서가 필요로 하는 정보가 구체적으로 무엇인지를 확정하는 단계이다. 수집지시가 명확하지 않은 경우 지시부서와의 의사소통을 통하여 사용자의 최초의 정보요구가 왜곡되지 않도록 함으로써 수집부서의 자원을 낭비하지 않도록 해야 할 것이다.

정보를 요구하는 방법에 따라서는 해당 정보를 요구하게 된 배경, 즉 정보가 사용자에게 필요한 이유를 제시하는 경우가 있다. 그러나 이러한 배경의 설명이 요구과정에서의 기술적 한계로 인해 수집부서에 의해 곡해될 수 있는 우려는 언제나 존재한다. 따라서 수집부서는 정보요구의 배경을 수집부서에 축적된 기본정보 또는 공개정보를 통하여 재해석해 보고 그 해석의 결과와 요구부서의 최초의 의도가 일치하는지 여부를 확인하기 위해 노력해야 한다.

한편 정보수집이 수집부서의 자체적인 판단에 의해 이루어지는 경우에도 정보요구의 결정이 필요하다. 정보의 수집이 반드시 요구부서의 명시적인 요구에 의해 이루어지는 것은 아니기 때문이다. 수집부서가 평소의 수집활동 과정에서 획득한 정보가 요구부서가 미리 그 필요성을 제기한 것이 아닌 경우가 이러한 경우이다. 이때에는 수집부서에서 해당 정보가 정보사용자에게 반드시 필요한 것인지를 자체적으로 결정하게 되는 것이다.

2) 첩보수집목표 설정

목표(target)란 실무적으로 첩보수집의 대상이 되는 조직, 단체, 지역, 인물 등을 말한다. 이 단계에서는 전술한 정보요구의 결정 단계에서 결정된 정보요구를 충족시키기 위해 필요한 목표들을 물색하고 결정하게 된다.

물론 정보요구 단계에서 각 수집부서에 가장 적합한 주요 수집목표가 무엇인지를 세부적으로 지정해주는 것이 바람직하다. 그림에도 불구하고 수집부서에서는 이러한 지시를 참조하는 가운데 수집부서에 특수한 사정 등을 감안하여 목표의 타당성을 다시 한 번 점검할 필요가 있는 것이다.

3) 목표의 분석

목표분석 단계란 결정된 대상 목표의 실체 및 현황을 검토하여 첩보수집활동의 바탕을 마련하는 일련의 과정을 말한다. 이때 첩보수집기관이 관할하는 목표들에 대해 평상시에 축적해온 기본정보가 목표분석에 기여하게 된다. 기본정보의 적실성, 정확성, 객관성 등을 검토하여 목표분석을 위해 사전적으로 필요한 첩보의 수집이 필요한지 여부를 결정해야 할 것이다. 목표분석시 파악해야 할 주요내용은 목표의 종류에 따라 달라진다.

먼저, 조직, 단체의 경우에는 그 조직의 연혁·기구·시설 등 현황, 목적·규약은 물론 조직을 구성하는 인적 요소들에 대한 공개된 정보를 우선적으로 분석해야 할 것이다. 이 밖에도 해당조직이 목표로 삼고 있는 주요사업의 내용, 특기할 만한 활동사항과 함께 조직이나 단체 내부의 취약점과 문제점 등을 사전적으로 파악할 필요가 있다.

둘째, 첩보수집의 대상이 되는 지역을 분석하는 경우에는 그 지역의 특성, 행정구역, 면적, 인구, 주요산업 시설, 교통, 통신 등의 기본적 사항에 대한 이해가 선행되어야 한다. 해당 지역의 정치적 성향을 결정하는 지역 내 기관이나 정당, 단체와 각각의 주요 인물과 같은 정치적·인적요소에 대한 이해도 필요하다. 특히, 경찰의 경우 집단사태의 지도와 조정이라는 정보기능의 임무 수행을 위해서는 지역민의 숙원사업 기타 민원 요소 등이 무엇인지를 미리 알아두어야 할 것이다.

끝으로 인물의 경우에는 기본적인 신원사항을 포함하여 수집하고자 하는 정보수요와 관련된 사항들을 착안하여 사전적인 지식을 가지고 면담과 같은 수집활동에 임하여야 한다. 이때 인물의 경우에는 특히 개인의 프라이버시권과의 충돌 가능성을 염두에 두고 경찰목적에 필요한 범위 내에서, 사회적으로 상당한 수단만을 선택하여 목표분석에 임하여야 하는 것이 원칙이다. 이러한 맥락에서 공개된 인물정보를 평상시 파악하고, 필요가 있는 경우 이를 활용할 필요성이 더욱 강조되어야 할 것이다.

4) 첩보수집 우선순위 책정

첩보수집의 우선순위의 책정단계는 정보요구 및 목표분석 결과를 감안하여 어떠한 첩보를 우선적으로 수집하는 것이 전체적인 수집활동에 비추어 효율적인가를 검토하는 과정을 말한다.

우선순위의 결정 문제는 요구과정에서와 마찬가지로 정보수집부서의 물적·인적자원이 제한되어 있다는 고려에 따라 제기되는 것이다. 원칙적으로 요구부서에서 우선순위에 따라 채택한 요구방법에 따라 수집의 우선순위를 정하게 된다.

5) 첩보획득이 가능한 출처 파악

전술한 출처의 종류에 착안하여 어떠한 원천(source)에 첩보가 존재하는지를 파악한다. 이때 유의하여야 할 점은 첩보획득이 가능한 출처가 평상시 어떤 방식으로 수집부서에 의해 관리되고 있느냐 하는 것이다. 이와 관련하여서는 출처의 개척과 관련하여 후술한다.

6) 첩보수집방법의 결정

첩보획득이 가능한 출처가 결정되면 해당 출처의 성격에 비추어 가장 적합한 첩보수집방법이 어떠한 것인지를 결정한다. 인간정보의 경우 공개출처를 활용할 것인지, 비밀출처를 사용할 것인지를 결정하여야 하며 기술정보의 경우 세부적인 기술적 방법들을 결정하게 된다.

7) 첩보수집계획서의 작성

복잡하고 다양한 성격의 첩보를 수집하는 경우 명확한 임무 부여의 필요성이 높아지므로 첩보수집계획서를 작성하여 수집의 사전준비를 하는 것이 바람직하다.

수집계획서에는 ① 수집목표와 방침, ② 수집대상의 수집범위, ③ 수집의 분담과 책임, ④ 수집의 세부 일정 및 계획, ⑤ 수집방법, ⑥ 수집성과의 보고요령, ⑦ 수집상의 유의사항, ⑧ 기타 특별지시사항 등을 포함시켜 작성하도록 한다.[15]

(2) 출처의 개척

1) 개   념

출처의 개척이란 출처, 즉 첩보의 존재 원천을 발견하고 효율적으로 관리하는 일련의 활동을 말한다.

2) 출처 결정시 고려사항

하나의 정보수집부서가 첩보의 존재 원천을 찾아내어 첩보의 수집에 활용할 수 있도록 관리하는 데 있어서는 다음과 같은 사항들을 고려하여야 한다.

첫째, 요구되는 첩보가 어떠한 종류의 것인가를 최초의 정보요구(need)를 감안하여 결정해야 한다. 그 필요성은 첩보수집계획에 관하여 전술한 바와 같다.

둘째, 어떠한 출처가 더 신빙성(reliability)이 있는지를 고려하여야 한다. 인간정보를 출처로 할 경우 대상이 되는 자의 성장환경, 직업 및 교육과 관련된 경력, 해당 첩보와 관련된 사안과의 이해관계, 수집을 담당하는 자와의 신뢰관계 등이 신빙성의 결정근거가 될 수 있다. 언론 기타의 공개정보를 출처로 할 때에는 해당 출처의 공신력, 관련된 사안과의 이해관계 등을 살펴야 한다.

셋째, 수집부서에게 주어진 시간 내에 해당 출처를 개척하여 출처로서 활용할 수 있는지 여부를 검토하는 것도 중요하다. 이를 출처의 접근성, 또는 개척가능성이라고 부른다. 아무리 정보요구를 가장 잘 충족시킬 수 있고 신빙성이 높은 출처라고 하더라도 필요한 시간 내에 정보를 획득할 가능성이 낮다면 수

15) 경찰종합학교, 앞의 책, p. 315.

집부서로서는 이러한 출처를 개척하기 위해 역량을 동원하는 데 따른 부담을 안을 수 있는 것이다.

넷째, 신빙성이 담보되고 수집부서가 개척할 수 있는 출처들 가운데에서도 가장 신속하고 경제적으로 정보를 입수할 수 있는 출처가 어딘지를 선별하여야 한다. 이는 특히 비밀출처와 공개출처의 효용의 비교와 관련된다. 즉, 신빙성 있는 공개출처가 존재한다면 일반적으로 비용이 많이 들고 시간이 소요되는 비밀출처에 대신하여 이를 선택할 필요성이 있다는 것이다.

다섯째, 출처의 신빙성, 접근성, 경제성 등을 감안하되 이를 근거로 단 하나의 출처에 집착하는 것은 바람직하지 않다. 출처로부터 획득한 정보의 내용의 신뢰성(credibility)을 검토하기 위해서는 비교대상이 필요하기 때문이다. 이러한 비교평가를 위해 둘 이상의 출처를 개척하고 이들 출처들로부터 얻어진 정보들을 대상으로 상호 검증의 과정을 거쳐야 하는 것이 원칙인 것이다. 이를 이중성, 가외성(加外性)의 원칙, 또는 이중출처 개척의 원칙이라고 부르기도 한다.

3) 출처의 관리

전술한 바와 같이 정보수집부서의 한 번 개척한 출처는 첩보가치가 상실되지 않는 한 계속 유지될 수 있도록 관리하여야 한다.

(3) 첩보의 수집활동

수집활동이란 수집부서가 실질적으로 필요한 첩보를 획득하는 활동으로서 출처의 종류, 즉 수집방법에 따라 인간정보의 수집방법과 기술정보의 수집방법으로 나누어진다.

1) 인간정보(HUMINT)의 수집방법
① 기본적 수집방법

인간정보의 수집방법은 다시 공개출처정보의 수집방법과 비밀출처정보의 수집방법으로 나뉘는데 대표적인 수집방법인 관찰과 면접은 모든 경우에 적용될 수 있는 기본적인 수집방법이라고 할 것이다.

첫째, 관찰이란 특정된 목적 아래 인간의 실체, 사물의 현상, 사건의 전말을 오관을 통해 감지하는 과정을 말한다. 전체 정보의 94%가 보고 듣는 행위를 통해 수집16)된다고 할 만큼 모든 첩보수집활동의 기본이 된다. 관찰은 다시 관찰 절차의 조직성 여부에 따라 비조직적 관찰과 조직적 관찰로, 관찰대상 집단에의 참여 여부에 따라 참여 관찰과 비참여 관찰로 구분되기도 한다.

먼저 비조직적 관찰이란 관찰의 대상이나 도구를 사전에 명백히 규정하지 않고 대상의 자연적인 상태와 전체적인 유기성(有機性)을 해치지 않고 하는 관찰을 말한다. 반면, 조직적 관찰이란 관찰의 절차와 그 대상을 명백히 사전에 정하여 그의 타당성과 신뢰성을 확보하기 위해 관찰 조건을 표준화함은 물론 질의표나 조사표 등의 보조도구를 사용하여 실시하는 관찰을 말한다.

다음으로 참여관찰이란 관찰대상 집단에 들어가 그 구성원의 일원이 되어 공동생활에 참여하면서 하는 관찰을 말하며 일반적으로 조직적 관찰과 병행하여 이루어진다. 이에 반해, 비참여관찰은 관찰자가 관찰대상 집단의 성원과 일체의 상호작용을 하지 않는 상태에서 제3자의 입장에서 행하는 관찰을 말하는데, 비조직적 관찰에서 흔히 적용되는 방법이다.

둘째, 면담이란 일반적으로 출처인 인물과 마주 대하여 어떤 문제에 대하여 이야기를 나누는 것을 말하며 면접이라고도 한다. 면담은 그 목적에 따라 상대방이 가지고 있는 내용인 특정·불특정의 첩보를 얻어내기 위한 유출(誘出)하는 면담, 상대방이 면담자의 의지나 감정에 따르도록 하기 위한 강요하는 면담, 앞의 양자를 통합한 형태인 상담하는 면담 등으로 구분될 수 있다.

정보관이 첩보를 수집하는 데 있어서 가장 빈번하게 활용하는 면담의 기본적 형태는 유출하는 면담이라고 할 수 있을 것이다.

② 공개출처정보의 수집방법

공개출처정보의 수집활동은 첩보수집의 출발점이다. 정보의 공개가 확산되고 인터넷 및 통신 매체의 급속한 발달로 인해 많은 양의 정보들이 합법적으로 접근 가능한 상태에 놓여지고 있기 때문이다.

정보관은 첩보수집에 앞서서 공개출처를 통해 수집 가능한 첩보의 질과 양을 먼저 검토하여야 한다. 신빙성이 있는 공개출처가 발견되면 우선적으로 그 내용의 신뢰성 등을 판단하여 분석과정에서 활용하여야 할 것이다. 이때 정보의 평가 또는 분석을 위해 추가적으로 필요한 자료 또는 첩보가 공개출처에서 발

---

16) 경찰종합학교, 앞의 책, p. 320.

견되지 않는다면 추가적으로 비밀출처정보를 발굴하여야 한다.

③ 비밀출처정보의 수집방법

비밀출처정보의 수집은 그 주체에 따라 정보관이나 주재관이 직접 수집하는 경우, 공작원이나 협조자를 활용하여 수집하는 경우로 나누어진다.

전자의 경우 외교관 기타 정부의 공식적인 직함을 가진(official cover) 백색정보관(legal officer)과 민간인으로 위장(non-official cover)한 흑색정보관(illegal officer)으로 일반적으로 분류한다.

후자의 경우에는 수집목표에 접근 가능한 인간출처를 찾아내는 ⓐ 물색, 대상과의 접촉을 통해 그 약점을 파악하여 유인 또는 위협하는 ⓑ 포섭(또는 모집), 포섭된 출처로부터 첩보를 제공받는 ⓒ 운용 등의 단계를 거치게 된다.

④ 인간정보 수집의 문제점

인간정보의 수집은 일반적으로 가장 많이 이용되는 첩보의 수집방법으로 알려져 있다. 과학기술의 발달과 함께 기술정보의 수단이 다양화, 첨단화하는 추세 속에서도 인간정보 수집활동은 그 고유한 영역과 중요성을 유지하고 있는 것이다.

이렇게 간과할 수 없는 인간정보 수집활동의 중요성에도 불구하고 그 수단적 특성에 내재하는 여러 가지 문제점들이 있는 것도 현실이다. 인간정보 수집활동을 더욱 효율적으로 수행하기 위해서는 이러한 문제점들에 대한 이해와 대책의 고려가 반드시 선행되어야 할 것이다.

첫째, 첩보의 신뢰성을 검증하기 곤란하다는 문제점이 있다. 정보관, 공작원, 협조자 등의 경우 비밀출처의 문서와 같이 그 자체로서 증명이 가능한 첩보를 제시하는 경우가 있기는 하지만 많은 경우 첩보의 신뢰성을 다른 수단에 의해서 확인하기 불가능한 경우가 많다. 특히 인간정보의 출처(sources)들은 자신의 공적을 과장하거나 더 많은 보상을 받기 위해 첩보를 과장, 왜곡, 조작하는 경우가 많으며, 비록 진실을 말하는 경우에도 인간의 인지능력이 가지는 한계로 인해 사실을 잘못 이해하거나 해석하는 경우도 있게 된다.

이러한 경향은 첩보의 수집목표인 국가, 조직 등이 폐쇄적인 체제인 경우 더욱 두드러지게 나타난다. 탈북자들이 진술한 북한 내 실정에 관한 첩보들의 경우 확인 수단이 존재하지 않음으로 인해 자의적 해석, 왜곡, 과장의 우려가 상존하는 것으로 알려져 있는데 이를 인간정보의 신뢰성의 문제가 발생하는 대표적인 예로 볼 수 있을 것이다.

둘째, 첩보의 수집목표의 보안체제가 강하거나 폐쇄적인 조직인 경우 정보원에의 접근이 곤란하다. 일반적으로 서구국가나 자유세계의 경우 정보원에의 접근이 비교적 용이하고 보안체제도 강력하지 않으나 북한, 이라크, 리비아 같은 폐쇄적인 독재국가들의 경우 간첩사범에 대한 형량이 높으며 방첩 대책이 잘 정비되어 있어 접근 자체가 어렵다. 국제적인 테러조직이나 마약조직의 경우에도 조직의 결속력이 높고 비밀리에 운용되기 때문에 비밀출처의 인적정보수집활동이 제약을 받는다.

국내적으로도 민주화와 정보화라는 사회적 변혁의 과정에서 수집목표인 인물, 조직, 단체 등이 자기정보통제권에 대한 각성을 거듭하면서 정보기관들의 인적정보 수집활동 역량이 위협받고 있는 것이 최근의 경향[17]이다. 국내적인 인적정보활동의 경우 경찰비례의 원칙에 입각한 첩보수집활동, 공개출처정보의 발굴 등을 통해 인권침해 논란이 야기되지 않도록 유의해야 할 것이다.

셋째, 공작원 및 협조자의 사후처리 문제가 야기되는 경우가 있다. 해고된 공작원이나 협조자가 과거의 협조를 미끼로 계속 정치적·금전적 요구를 하는 경우도 있고 비밀활동 내용을 공개하여 정보기관이나 정부의 입장을 어렵게 하는 경우도 있으며 첩보수집과정에서 알게 된 사항이나 인간관계를 다른 목적으로 이용하는 경우도 있다.[18]

---

17) 전국공무원노조는 2002년 "5월 경찰청과 전국 경찰서에 정보부서 경찰관의 무분별한 행정기관 출입을 단속하겠다는 내용의 공문을 보냈다"며 동 공문에 협조하지 않는 경찰에 대해서는 각 지부로부터 해당 경찰관의 불법 관련사항을 보고 받아 고발할 방침이라고 밝힌 바 있다(문화일보, 2002.7.30, 31면).

18) '노조사무실, 현장에 통신망 확보', '신노조 출범 등 반대세력 육성', '회사요원 활용' 등의 노조감시 지침을 담은 1988년 경찰청 내부문서와 '구사대가 사태해결에 도움을 줬다'고 분석한 일선 경찰서의 상부보고서가 공개됐다.
의문사진상규명위원회는 24일 노동자 의문사 사건에 관한 브리핑을 갖고 분규 발생 사업장에 대한 감청·프락치 활동 등의 감시지침과 노조원에 대한 회유방법 등을 명시한 '분규 발생시 정보활동 강화방안'이라는 당시 경찰청 문서 등을 공개, "구사대를 묵인하는 등 사용자 측에 편향된 경찰의 노조 대응은 권위주의 체제의 산물로서 위법한 공권력의 간접 행사로 볼 수 있다"고 밝혔다.
이 문서에는 노조의 쟁의시점을 '분규노출시기'와 '집단행동돌입시기'로 분류해 분규노출 시기에는 ▲타 직장 알선과 사규에 의한 해고 등 주동자 격리 조치 ▲핵심정보원에 대해 취업보장 및 신변보장을 할 것 등 7개 지침을 담고 있다(한국일보, 2002.10.25, 29면).

2) 기술정보(TECHINT)의 수집방법

정보기관이 국내에서 사용하는 기술정보의 대표적인 것으로는 감청(監聽)을 들 수 있다. 대화내용이나 통신내용을 동의 없이 수집하는 감청은 고전적인 기술정보 수집방법이지만 아직도 유용하게 사용되고 있는 것이다.

감청은 몰래 엿듣는 도청(盜聽)과 달리 합법적인 것이다. 국내에서의 감청(또는 도청)은 헌법 제17조와 제18조에서 각각 사생활의 비밀과 자유, 통신의 비밀을 보장하고 있는 데 따른 엄격한 법적 제한의 대상이 된다. 정보수사기관이 고등법원 수석부장판사로부터 받은 감청허가서를 통신 사업자에게 제시하고 통신내용을 확인할 수 있으며 그 대상은 일반전화의 통화내용과 음성사서함, 휴대폰의 문자메시지, 통신사업자 서버에 저장된 이메일 내용 등이다. 통신비밀보호법(7조)은 정보기관의 감청 요건을 '국가 안전보장에 대해 상당한 위험이 예상되는 경우에 한해 정보수집이 필요한 때'로 한정하면서 그 절차 등을 규정하고 있다.

제4절 정보의 분석·생산 단계

1. 정보의 분석·생산의 의의

정보의 생산은 Lowenthal의 처리·이용 및 분석·생산, Johnson의 처리 및 생산·분석에 해당하는 과정이다.

정보의 생산은 정보순환단계의 하나로서, 수집된 첩보를 전달받은 생산부서에서 첩보를 기록·보관하고 평가, 분석, 종합, 해석하는 등의 과정을 거쳐 보고서 기타의 배포형태로 작성하는 과정을 말한다. 이는 다시 정보기관이 매일 산출해 내는 방대한 양의 첩보를 검토, 정선하여 국가안보정책에 활용할 수 있도록 하는 작업으로 정의되기도 한다.[19]

경찰정보에 관한 연구에서 이 단계를 정보의 생산단계로 분류하는 데 비해 국가정보에 관한 연구에서는 일반적으로 이를 정보의 분석과정으로 분류하며 이에 대한 이론적 연구의 분야를 정보분석론이라고 칭하기도 한다.

---

19) 문정인 외, 앞의 책, p. 115.

정보의 분석은 결국 정보사용자를 위하여 가공되지 않은 자료(raw data)를 평가하여 묘사, 설명, 또는 결론의 형태로 전환시키는 과정을 의미한다. 정보의 분석이 이처럼 정보사용자를 지향하고 있기 때문에 정보사용자인 정책결정자가 알고자 하는 내용이 무엇이냐에 따라 정보분석의 결과물은 다양한 형태를 띨 수 있다.

그러나 불행하게도 정보분석 및 생산의 방법론에 관한 연구는 일천하다. 통일적이고 체계적인 일련의 정보 분석·생산 요령이나 정보분석의 성공사례에 대한 이론이 존재하지 않는 것이다.

이는 첫째, 정보에서 다루는 현안들 자체가 매우 다양하고 예측 불가능한 성격을 가지고 있기 때문이다. 이론적 체계를 정립하기에는 지나치게 다양하고 예측 불가능하다는 것이다. 둘째, 정보분석가들이 실용적인 성향(practical-minded)을 가지는 것도 정보분석에 관한 이론적 연구 성과가 전무한 이유이다. 즉, 정보분석가들이 자신들의 직업에 대한 '이론(theory)'과 같이 관념적인 모든 것을 거부하는 경향이 있다는 것이다.

그럼에도 불구하고 정보의 분석은 분명히 가설을 설정하고 수집된 자료를 이용하여 설정된 가설을 검증하고 이를 통해 도출된 결론들을 종합하여 설명, 평가 또는 전망을 형성하는 하나의 절차이다. 이러한 절차는 또한 전통적인 이론 형성에서 채택하는 많은 법칙들과 동일한 법칙들을 따르고 있다.[20]

그러므로 이러한 전통적인 이론 형성의 법칙과 실무적인 분석의 과정 또는 절차들을 결합하여 정보분석가들이 분석과정에서 일으킬 수 있는 오류를 감소시키는 데 정보분석 또는 생산에 관한 이론적 연구의 의의가 있다고 할 것이다.

2. 정보의 분석·생산 절차

전술한 바와 같이 정보의 속성과 정보분석가들의 일반적 성향으로 인해 정보생산의 절차 또는 과정에 대한 통일적인 견해를 찾아볼 수는 없다. 정보분석 과정에 대한 연구자들에 따라서는 절차 또는 과정의 기술보다는 분석과정에서

---

20) Bruce D. Berkowitz, Allan E. Goodman, Strategic Intelligence for American National Security(Princeton, NJ; Princeton University, 1991), pp. 85-86.

발생하는 전형적인 문제점들에 집중하는 경우도 있다.[21]

본서에서는 이와 달리 보다 실무적인 접근을 위해 정보분석가들이 실무적으로 따르는 일련의 절차의 대강과 그 의의를 설명하고자 한다. 이때 정보의 생산과정은 ① 분류 및 기록 ② 평가 ③ 분석 ④ 종합 및 ⑤ 해석의 5단계로 분류하여 살펴볼 수 있다.[22] 이 가운데 종합과 해석의 단계는 분석단계에 포함될 수 있는 것으로 생각된다. 각각에 대하여 살펴보면 다음과 같다.

(1) 분류 및 기록(collation)

분류 및 기록단계는 수집된 첩보 가운데 분석의 대상을 확정하고 이를 기록하는 등의 정보관리(information management)를 행하는 단계로 볼 수 있다.

정보 분석의 대상은 크게 세 가지로 나누어진다. 첫째는 분석 대상을 개념적으로 분류하는 것이고, 둘째는 기능적으로 분류하는 것이며, 셋째는 이를 지역별로 분류하는 것이다.

1) 개념적 분류[23]

개념적 분류란 분석의 대상이 되는 첩보가 다양한 첩보들에서 귀납하여 일반화한 추상적인 개념들 가운데 어느 개념에 가장 부합하느냐에 따른 분류이다. 일반적으로 ① 주지의 사실(known facts) ② 비밀(secret) ③ 역정보(disinformation) ④ 난제(難題, mystery) 등의 개념이 분류의 기준으로 논해지고 있다.

① 주지의 사실(known facts)

주지의 사실이란 공개 출처로부터 수집될 수 있고 원칙적으로 최소한 실제 확실한 것으로 평가될 수 있는 첩보를 말한다. 주지의 사실에는 국제기구에서 발간한 기초적인 지리적 정보 또는 경제 지표 등, 대중매체에서 추출할 수 있는 공식적인 국가정책이나 전략원칙 등이 포함될 수 있다.

주지의 사실에 대한 요구는 분석과정에서 가장 용이하게 수행될 수 있는 것이다. 주지의 사실이라도 가공되지 않은 자료이므로 거의 언제나 상당한 분석

---

21) 앞의 책 참조.
22) Michael Herman, Intelligence Power in Peace and War(Cambridge, NY; Cambridge University Press, 1996), p. 100; NATO, Intelligence Doctrine(NATO Military Agency for Standardization, August, 1984), Annex F; 문정인, p. 115에서 재인용.
23) Bruce D. Berkowitz, Allan E. Goodman, pp. 86-106.

을 필요로 한다. 그러나 이와 관련하여 정보분석가가 가장 중요시해야 하는 것은 해당 첩보를 신속하고 적절한 형태로 입수하는 것이다. 이와 더불어 주지의 사실들을 축적하여 신뢰할 만한 데이터베이스를 구축하여 두는 것이 매우 중요함은 물론이다.

주지의 사실이 중요시 되는 것은 그것이 전망이나 평가의 근거가 되는 많은 지식을 제공하기 때문이다. 또한 새롭게 획득한 첩보를 비교하고 대조하는 기준이 된다는 면에서도 중요성을 가진다.

② 비밀(secret)

비밀이란 정보를 소유한 주체가 해당 사실이 알려지지 않도록 하는 조치들을 취하고 있는 경우를 일컫는 말이다. 비밀은 외국의 정부 또는 알려지지 않은 단체가 의도하고 있는 현안, 상황 또는 절차들에 관한 첩보를 정보 분석가에게 제공하게 된다.

모든 비밀은 실제와의 차이를 가지고 있고 모호하기 마련이다. 따라서 비밀과 관련하여 정보분석과정에서 요구되는 첫 번째 임무는 하나의 최적화된 추정을 도출하는 것이다. 다음으로 정보분석가는 이러한 추정이 내포하는 불확실성의 정도를 파악하여 가능한 한 불확실성을 낮추어야 할 것이다.

③ 역정보(disinformation)

역정보란 의도적으로 정보분석가를 대상으로 은폐, 기망 또는 오도하기 위한 정보를 말한다.

역정보에 따른 위험은 정보판단이 실패하도록 하는 직접적인 위험에 그치지 않는다. 역정보에 따라 판단을 그르친 정보채널에 대해서는 전반적인 신뢰의 상실이라는 결과가 초래되어 해당 정보채널이 수행한 다른 많은 정보판단에 대해 의구심을 낳을 수 있기 때문이다.

따라서 정보분석가의 입장에서는 역정보와 관련하여 두 가지의 문제를 해결하여야 한다. 첫째, 정보분석가는 특정한 정보판단이 정확성을 잃지 않도록 하기 위해 관련된 기망 요소를 파악하여야 한다. 둘째, 정보분석가는 분석대상인 출처가 전반적으로 신뢰할 수 있는 것인지에 대한 정확한 평가를 유지하여야 한다.

④ 난제(難題, mystery)

난제 또는 미스터리는 정보의 분석이나 비밀의 수집을 통해 해결할 수 없는 문제 또는 현안을 말한다. 즉, 모든 정보를 가지고 있더라도 여전히 최적의 전망을 내놓을 수 없거나, 둘 이상의 예측 또는 전망 가운데 어느 것이 더 가망성이 높은 것인지를 결정할 수 없는 상태일 경우이다.

이처럼 난제가 해결 불가능한 이유는 단순히 정보가 부족한 이유보다는 해결해야 할 문제의 성격 자체에서 기인하는 경우가 많다. 예를 들어 어떠한 하나의 문제와 관련하여 하나 이상의 결론이 논리적으로 가능하고 이들이 모두 설득력이 있는 경우 난제가 발생하는 것이다.

쉬운 예를 들어 정상적인 동전을 던져 앞면이 나타날 것인지 뒷면이 나타날 것인지를 분석하라는 요구가 있다면 그 분석결과는 각각의 확률이 50%라는 것이 될 것이다. 이러한 결론은 논리적인 것이기는 하지만 결국 동전을 던져서 나타나는 면이 어느 것인지에 대한 판단으로서는 아무런 효용도 발휘하지 못하는 것이다.

이러한 요구는 수많은 변수를 내포하고 있는 정치과정에서 흔히 나타난다. 정치과정에서 발생하는 요구가 원천적으로 정보의 분석을 통해서 해결할 수 없는 지나치게 모호하거나 불특정한 것인 경우가 많기 때문이다.

난제의 중요성은 이처럼 정보와 정책의 경계를 설정하는 잣대가 될 수 있다는 데 있다. 정보기관의 임무는 전술한 세 종류의 정보분석의 대상들을 최대한 수집하는 것이다. 그럼에도 불구하고 정보기관들은 정보사용자로부터 난제를 검토하도록 요구받게 된다. 그러나 정보분석과정에서 봉착하게 되는 난제를 극복하는 것은 정책결정자들의 몫이다. 난제의 경우 필요한 것은 정보분석이 아니라 종국적으로 정치적 결단이라고 해야 할 것이기 때문이다.

2) 기능적 분류

국가정보 차원에서 기능적 분류는 정치, 군사, 경제, 사회, 문화, 그리고 과학기술 등의 정보분석의 대상에 따른 분류를 의미한다. 일반적으로 수집대상에 따라 분석대상이 결정된다고 보면 무방할 것이다.[24]

---

24) 문정인, p. 121.

이와 같은 기능적 측면에서 살펴볼 때 한 국가의 정보분석의 대상은 매우 가변적이다. 국가가 처한 환경이나 정책결정자의 필요에 따라 해당 분야가 급변하고 있는 실정이기 때문이다. 우리나라의 경우 과거 북한을 대상으로 한 안보분야에 정보분석의 우선순위를 두었던 데 반해 최근에는 국제조직범죄, 테러리즘은 물론 경제정보의 분석이 그 중요성을 인정받고 있다.

경찰의 정보부서에서 분석대상으로 삼는 기능적 측면들은 경찰청의 정보국을 기준으로 할 때 정치, 경제, 노동, 사회, 학원, 종교, 문화 등의 분야로 볼 수 있다.[25]

3) 지역별 분류

지역별 분류란 정보분석의 대상이 지역에 따라 나누어지는 것을 말한다. 국가정보기관들은 정보분석을 기능과 지역으로 나누어 이원화하고 있는 것이 일반적이다. 우리나라의 국가정보원이 그 조직을 해외·국내·북한으로 나누고 있는 것도 지역별 분류의 경우에 해당한다고 할 것이다.

경찰의 정보조직은 서울지방경찰청의 정보관리부, 경기도지방경찰청과 기타 경찰청의 정보과 등으로 지역적으로 분류되고 다시 각 지방경찰청에 하부조직으로 설치되는 경찰서에까지 전담부서를 설치하고 있다.[26] 이처럼 지역별 정보조직에서 수집된 정보를 분석대상으로 삼는 경우 지역별 분류를 이용할 수 있는 것이다.

(2) 평가(evaluation)

1) 평가의 의의

첩보에 대한 평가란 첩보의 내용과 그 대상이 된 사실과의 차이를 찾아 해당 첩보의 진실성 여부를 검토하는 작업을 말한다.[27] 첩보의 평가는 해당 첩보를 분석과정에서 이용할 것인지 여부를 결정하게 된다는 점에서 매우 중요한 의미를 가진다.

---

25) 경찰청과 그 소속기관 등 직제(일부개정 2004. 5. 24 대통령령 제18399호) 제14조.
26) 경찰청과 그 소속기관 등 직제(일부개정 2004. 5. 24 대통령령 제18399호) 제6장(지방경찰관서) 참조.
27) 이병곤, p. 80.

첩보의 평가과정이 어떠한 기준들에 의해 이루어지는지에 대해서는 정보기관이나 문헌에 따라 다른 실무관행과 견해가 있을 수 있다. 첩보의 적합성, 출처의 신뢰성, 첩보내용의 정확성 등에 대해 평가한다는 견해[28]가 있는가 하면 첩보의 적절성, 출처의 신뢰성, 첩보내용의 가망성(probability) 등을 평가의 구성요소로 한다는 견해[29]가 있기도 하다.

여기서는 개념구분이 모호한 평가기준들이 제시되는 데 따른 혼란을 피하기 위해 첩보의 평가기준을 크게 첩보의 출처의 신빙성(reliability)과 그 내용의 신뢰성(credibility)으로 나누는 견해[30]를 따르기로 한다.

2) 출처의 신빙성(source reliability)에 대한 평가

먼저 출처의 신빙성(source reliability)이란 첩보를 획득한 인물, 기관 또는 기타의 공개출처나 비밀출처 등을 해당 첩보의 원천으로 믿고 사용할 수 있는 성질을 말한다. 즉, 출처 자체에 대한 신용의 평가이다. 출처가 신빙성이 없는 경우에는 해당 첩보를 신용할 수 없는 것이 일반적인 경험칙인 만큼 평가과정에서 절대 불가결한 요소라고 할 것이다.

신빙성에 대한 평가의 실제에 있어서는 출처 등이 첩보를 왜곡할 가능성이 있는지 여부를 검토하는 것이 바람직할 것이다. 신문·언론·인터넷 자료 등의 공개출처의 경우 작자의 의도, 조사방법, 작성 당시 정치 기타 환경 등이 일반적인 검토 근거가 된다. 정보원·협조자 등의 비밀출처에 대해서는 능력, 지식, 훈련 및 경험, 성실성, 수집환경, 과거업적 등을 평가하고 문서에 의한 증거와 같은 자료가 있는 경우 이와 비교하여 검토하게 된다.

신빙성에 대한 평가의 결과는 기록(documented)하여 검토하는 것이 원칙이다. 신빙성의 평가와 기록의 방법은 정보기관의 실무관행에 따르는 것이지만 많은 정보기관들이 출처의 신빙성에 대해 영어 알파벳을 사용하여 A, B, C 등의 형태로 이를 기록하고 각각의 등급의 개념을 정하고 있는 것으로 알려지고 있다.[31][32]

---

28) 앞의 책, pp. 80-81.
29) 경찰대학, 경찰정보론, 2004, pp. 112-119.
30) Michael Herman, Intelligence Power in Peace and War(Cambridge: Cambridge University Press, 1996), p. 100.
31) 경찰대학, 앞의 책, p. 118.
32) "정부는 나름의 분석과 평가를 거쳐 설(說)을 A, B, C 등급으로 분류한다. 초상화 철거는

3) 첩보내용의 신뢰성(contents credibility)에 대한 평가

전술한 신빙성(reliability)이 첩보를 획득한 원천, 즉 출처에 관한 것이라면 신뢰성(credibility)이란 획득된 첩보의 내용(contents)을 대상으로 하는 개념이다. 따라서 첩보내용의 신뢰성은 첩보의 내용이 사실과 일치하는 성질을 의미한다.

첩보내용의 신뢰성을 평가할 때는 첩보의 내용에 전후 모순이 없는지, 내용이 구체적이고 상세한지, 상식과 경험에 비추어 타당한지, 다른 출처의 첩보와 대조할 때 일치하는지 여부 등을 검토하게 된다.

신뢰성에 대한 평가도 기록을 거쳐 검토하는 것이 원칙이다. 그 기록의 방법 역시 정보기관의 실무관행에 따르게 될 것이지만 많은 정보기관이 숫자를 이용하여 이를 표시함으로써 출처의 신빙성과의 차별화를 도모하는 것으로 알려져 있다.

첩보내용의 신뢰성에 대한 평가에 있어서도 이와 같은 통일적이고 구체적인 평가기준을 마련하여 활용하는 것이 중요하다. 관련 첩보들을 종합하여 분석하는 과정에서 상대적으로 신뢰성이 높은 첩보를 활용할 수 있을 것이기 때문이다.

(3) 종합(integration)

종합이란 분석을 거친 단편적인 정보들을 관련된 정보들과 결합하는 작업이다. 이렇게 결합된 정보들은 다음 단계에서 해석을 위한 틀로 기능하게 된다.

(4) 해석(interpretation)

해석이란 분석·종합된 정보를 문제에 적용하는 작업이다. 현재의 문제를 진단하고 해결방안을 서술하는 데 있어서 최종적으로 종합된 정보를 활용하는 것이다. 해석은 이처럼 정보에 바탕을 둔 미래에 대한 예측이나 판단, 전망 등의 형태로 나타난다.

통일부 관계자 등이 방북시 목격했기 때문에 A급, 김 위원장 피격설은 출처도 의심스럽고 적절한 뒷받침 자료도 없어 C급으로 분류된다"(출처: 동아일보, 2004.11.28, A8면).

3. 정보분석 기법

(1) 정보분석의 개념

광의의 정보분석 개념은 정보기관이 매일 산출해 내는 방대한 양의 첩보를 검토하고 정선하여 국가안보정책에 활용할 수 있도록 하는 일련의 작업33)을 의미한다. 이러한 개념 정의에 따르면 전술한 분류 및 기록, 평가 등은 모두 분석과정의 일부로 다루어지게 된다.

이에 반해 협의의 정보 분석 개념은 전술한 평가단계에서 정선된 첩보에 정책적 함의를 부여하고 관련되는 정책의제를 해결하기 위한 가설들을 논리적으로 검증하는 일련의 과정을 뜻한다고 할 수 있다.

전술한 바와 같이 종합(integration)과 해석(interpretation)의 단계를 엄밀히 분석단계로부터 분리할 수도 있다. 그러나 이들 단계들이 분석과정의 하나로 수행되는 것이 더 일반적인 것으로 생각된다. 따라서 종합과 해석의 단계는 분석의 방법에 관한 설명에서 함께 다루고자 한다.

(2) 분석방법의 이론적 배경

정보의 분석은 사회과학적 분석의 경우와 달리 국익의 증대라는 수단적 성격이 강하며 비밀출처의 정보를 그 대상으로 삼는 비중이 상대적으로 크다. 그럼에도 불구하고 원칙적으로 정보분석의 방법은 사회과학적 분석방법과 크게 다르지 않다.34) 일반적으로 사회과학적 분석은 사물과 현상의 서술, 설명, 예측, 통제 등을 목적으로 한다. 정보의 분석도 그 결과물이 지향하는 목적들이 서술, 설명, 예측, 통제의 범주를 크게 벗어나지 않기 때문이다. 즉, 기본정보 또는 현용정보의 경우 서술과 설명이 주된 목적이며 판단정보의 경우 예측과 통제가 그 주된 목적이라고 볼 수 있다는 것이다.

이로 인해 정보분석의 방법의 이론적 배경들은 사회과학적 분석방법의 이론들과 그 궤를 같이 한다. 이와 관련하여 가장 주된 분석의 방법에 관한 이론으로는 자료 위주의 분석(data-driven analysis)과 개념 위주의 분석방법

---

33) 문정인 등, p. 115.
34) 문정인, p. 129.

(conceptually driven analysis)을 들 수 있다.35)

1) 자료 위주의 분석방법(data-driven analysis)

자료 위주의 분석방법이란 소요가 제기된 현안문제에 대해 가능한 모든 첩보를 수집하고 수집된 첩보를 종합하여 현안문제에 대한 결론을 제시하는 분석방법이다. 자료 위주의 분석방법은 분석보다는 수집에 우선순위를 두는 형태로 볼 수 있다. 정보분석의 정확성이 결국 정확하고 완전한 첩보의 수집에 의존하게 되기 때문이다.

그러나 자료 위주의 분석방법은 이처럼 수집에 의존하는 데 따른 한계를 가진다. 첫째, 수집 가능한 첩보의 양이 부족한 경우 부분적인 첩보에 의존하여 최종적인 결론을 도출해야 하는 단순화의 우려가 있다. 둘째, 첩보의 양이 부족한 경우 분석을 포기하고 반복하여 첩보의 수집을 요구하게 되는 무한회귀의 오류(fallacy of infinite regression)에 빠질 수도 있다.

단, 수집 가능한 첩보의 양이 많다고 해서 자료 위주의 분석방법이 반드시 장점을 발휘하는 것도 아니다. 대량으로 유입된 첩보를 분류하고 평가하는 작업에 따른 부담, 또는 수집된 첩보 내용간의 상충 등으로 인해 분석의 정확성을 해치는 경우가 발생할 수도 있기 때문이다.

2) 개념 위주의 분석방법(conceptually driven analysis)

개념 위주의 분석방법은 이러한 자료 위주의 분석방법의 대안으로 등장한 것이다. 즉, 어떠한 현안문제와 관련해서도 완벽한 정보란 수집될 수 없는 것이므로 하나의 이론적인 모형을 미리 정하여 둔 상태에서 첩보의 수집과 분석에 임하는 방법이 개념 위주의 분석방법인 것이다. 이를 통해 첩보수집과 관련된 분석상의 난관에 봉착하더라도 이론적인 모형에 입각하여 추정하고 예측함으로써 정보분석의 정확성을 높일 수 있다는 것이다.

개념 위주의 분석방법에서 이용되는 대표적인 이론적 모형은 크게 세 가지로 나눌 수 있다. 첫째, 상황논리(situational logic)는 정보분석에 있어서 가장 일반적으로 이용되는 것으로 알려진 이론적 모형이다. 상황논리를 적용할 경우 정

---

35) Richards J. Heuer Jr., Psychology of Intelligence Analysis(Washington, D.C.; Center for the Study of Intelligence, CIA, 1999) Ch. 4 참조.

보 분석가는 분석의 대상이 되는 현안을 구성하는 구체적인 사실들과 해당 지역 또는 시간의 특수성들부터 출발하여 그 상황이 논리적으로 어떠한 방향으로 전개될 것인지에 대한 결론을 도출하게 된다. 특정 지역 또는 산업을 지원하려는 국가정책과 관련한 여론의 향배를 분석하는 데 있어서 대상 지역이나 산업 분야가 가지는 특성, 해당 정책과의 이해관계 등을 우선적으로 고려하는 방식이 그 예라고 할 수 있다.

둘째, 이론 적용(applying theory)의 분석방법은 보편적인 이론을 현안에 적용하여 결론을 도출하는 방식이다. 이러한 방법을 채택하는 경우 정보분석가는 현안과 관련된 보편적인 이론들을 검토하여 가장 적합한 이론에서 제시하는 결론에 충실한 전망을 내놓게 된다. 학생운동의 전개 방향을 전망하는 과정에서 학생운동을 주도하는 계파가 주창하는 이론적 배경을 우선적으로 검토하는 것을 그 예로 볼 수 있을 것이다.

마지막으로 역사적 상황과의 비교(comparison with historical situations)에 의한 분석의 방법이 있다. 이 방법에 따르면 정보분석가는 현재의 분석대상이 과거의 사례들과 비교할 수 있는 유사성을 가지는지를 우선 검토하게 된다. 유사한 사안이라는 판단이 가능한 경우 현안에 관하여 수집된 첩보를 바탕으로 분석이 불가능한 부분에 대해 과거의 사례에서 발견된 요소들을 대입한다.

이러한 분석을 통해 과거와 유사한 결과가 나타날 것이라는 전망을 제시하거나, 과거에 발생했던 결과를 회피하기 위해 필요한 정책적 고려를 제시하게 되는 것이다. 예를 들어, 특정 단체의 집회와 관련한 정보분석에 있어서 해당 단체가 과거 수회의 폭력시위 전력이 있었으므로 유사한 결과를 회피하기 위해 금지통고의 처분이 필요하다는 판단을 제시한다면 이를 역사적 상황과의 비교에 의한 분석의 결과로 볼 수 있을 것이다.

역사적 상황과의 비교분석방법은 상황논리에 의한 분석에 필요한 충분한 자료가 확보되지 않거나 적용 가능한 보편타당한 이론이 존재하지 않는 경우에 사용되는 방법이다. 또한 가장 간편하고 용이하며 분석시간을 줄일 수 있는 방법으로 이해되고 있기도 한다.

물론 이 방법은 과거의 사례가 현재 분석을 필요로 하는 현안과 정말 유사한 것인지를 판단하기 곤란하다는 단점이 있다. 앞에서 예시한 금지통고의 사례에서도 법원은 판단 대상인 사안과 전례들간의 유사성을 부정한 전례가 있다. 즉, 폭력시위의 전력을 가진 단체가 해당 집회를 주최하는 다수 단체들 가운데 하나일 뿐이며, 이들 다수 단체들이 주최한 종전의 집회가 폭력시위로 된 경우 가 없었다는 점을 들어 금지통고처분을 취소하여야 한다는 판단에 이른 것이 다.36) 결국 이는 정보분석에 있어서 현안과 과거 사례간의 유사성을 입증할 수 있는 요소들에 대한 고려가 부족했던 사례로 보아야 할 것이다.

(3) 분석방법의 실제

전술한 이론적 분석방법들 가운데 어느 하나도 모든 사안에 반드시 가장 적합한 것은 아니다. 분석에 필요한 가설들을 설정하고 획득가능한 모든 정보들 을 최대한 활용하기 위해서는 모든 이론적 방법들이 동원되어야 하는 것이다.

이러한 이론적 분석방법들을 바탕으로 하여 정보분석가들이 실제 분석을 행하는 데 있어서 중요시 되는 것이 분석의 단계들이다. 이러한 분석의 단계들

---

36) "(전략) 피고는 원고가 신고한 위 집회참가인원 중 60~70%를 차지하는 한국대학총학생 회연합(이하 한총련이라고 한다)이 1994년도에 총 27회의 폭력시위를 주도하였고, 다른 시도의 학생들까지 동원하여 집회에 합류시킬 예정인 점 등에 비추어 이 사건 옥외집회가 집단적인 폭력행사로 공공의 안녕과 질서유지에 직접적인 위협을 가할 것이 명백하고, 또 한 행진을 하고자 하는 서울역 광장에서 미 8 군 사령부간 도로는 주요도로로서 다수 인원 이 방송차량을 앞세워 행진을 하게 되면 교통소통 및 통행에 막대한 지장을 초래할 것이 명백하므로, 집회 및 시위에 관한 법률(이하 법이라고 한다) 제5조 제1항 제2호, 제12 조 제1항에 해당한다는 이유로 법 제8조 제1항에 의하여 원고의 이 사건 옥외집회를 금지하는 이 사건 처분을 한 사실은 당사자 사이에 다툼이 없다(중략).
원고는 위 한총련과 서총련 이외에도 민주주의민족통일전국연합 자주통일위원회, 전국노 동운동단체협의회, 한국교회여성연합회 등 총 23개 사회단체가 그 가입 회원단체로 되어 있는 사실, 원고는 1992.11.17.경부터 1995.4.21.경까지 사이에 약 30회에 걸쳐 적법한 집 회신고를 거쳐 옥외집회를 개최하였고 그 대부분의 경우 한총련 소속 학생들이 적게는 약 10명, 많게는 약 650명 정도가 참가하였으나 그 과정에서 집단적인 폭력을 행사하거나 참 가인원 중 폭력행사나 법규위반으로 형사처벌을 받은 자가 없는 점 및 헌법 제21조에서 집회 결사의 자유를 보장하면서 그에 대한 허가제를 인정하지 아니하고 있는 취지와 그 밖에 이 사건 집회의 목적과 내용 등을 종합해 보면, 비록 앞서 본 바와 같이 원고의 회원 단체인 한총련이나 서총련이 종전에 개최한 집회에서 수차 집단적인 폭력행사가 있었다고 하더라도 그러한 사정만으로는 원고가 주최하는 이 사건 옥외집회에서 집단적인 폭력행사 가 있을 개연성이 명백하다고 단정할 수 없고, 달리 이 사건 옥외집회가 집단적인 폭력행 사로 공공의 안녕과 질서유지에 직접적인 위협을 가할 것이 명백하다고 인정할 만한 자료 가 없으므로, 이 점을 내세우는 피고의 위 주장도 이유 없다(후략)" (서울고등법원 1995.5. 30. 95구6146).

|그림 1-4| 정보분석 단계

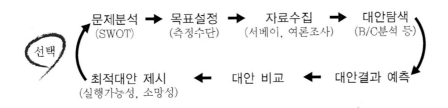

은 정보분석과정에 이용되는 사고과정(mental process)이라고 할 수 있다.

정보분석가들은 자신들의 결론을 과신하는 경향이 있다. 정보분석의 과정에 대한 이해는 정보 분석가들의 이러한 경향을 해소하는 데 도움이 된다. 정보분석가들이 분석의 과정을 잘 이해하여야만 정보분석에서 발생하는 문제들의 핵심을 파악할 수 있게 되는 것이다.[37]

1) 문제의 분석

정보분석은 분석의 대상이 되는 문제(problems)가 무엇인지를 분명히 하는데서 출발한다. 문제의 파악이 중요한 이유는 정보요구를 제기한 정보사용자가 자신이 필요로 하는 정보가 어떤 것인지에 대해 심사숙고하지 않았을 수도 있고 전달되는 과정에서 정보요구가 왜곡될 수도 있기 때문이다. 정보분석가는 불명확한 정보요구를 출발점으로 삼아서는 안 된다. 최초에 제기된 정보요구가 무엇인지를 명확하게 하기 위해 요구부서 또는 정보사용자에게 직접 질의하는 태도가 바람직하다.

문제의 파악은 분석의 대상을 확정(defining the problem)하는 단계로 볼 수 있다. 이렇게 확정된 분석의 대상을 보다 명백하고 완전하게 이해하기 위한 단계가 문제의 분석단계이다. 이 과정에서 고려해야 할 요소는 다음과 같다.[38]

첫째, 반대의 결과를 생각해 보아야 한다. 이는 가로놓인 장애가 제거되지 못하였을 경우에 일어날 현상을 예측해보는 것이다. 정보의 분석을 통해 대안이나 해결책을 제시하지 않았을 경우 어떠한 결과가 야기될 것이냐를 가정해 봄

37) Richards J. Heuer Jr., Ch. 14 참조. 저자는 분석의 단계를 "분석가의 체크리스트 (Checklist for Analysts)"로 칭하고 있다.
38) 이병곤, pp. 153-156 참조.

으로써 더욱 적극적인 문제해결의 의지를 가질 수 있고 이는 문제의 실질적인 인식에도 보탬이 된다.

둘째, 문제의 원인을 밝혀야 한다. 문제가 제기된 원인을 살펴봄으로써 문제를 보다 구체적으로 분석할 수 있는 것이다. 문제에 따라서는 그 원인이 판단착오나 오해로 인한 것이어서 중대한 정책결정 없이도 쉽게 제거되는 경우가 있다.

셋째, 문제를 자기능력 안에서 다루어질 수 있도록 제한해야 한다. 만약에 분석의 대상인 문제를 분석관의 시간적인 제한이나 능력의 한계를 생각하지 않고 크게 잡는다면 그 해결책은 피상적이거나 비현실적인 것이 되기 쉽다. 반대의 경우 분석의 대상을 너무 좁게 잡으면 정보로서의 가치가 없게 될 것이다.

넷째, 문제의 잠정적인 서술이다. 우리가 설정한 범위 안에서 어떻게 원인을 제거할 것인가를 서술하는 단계이다. 달리 말하면 문제점에 대한 임시적인 답을 내려보는 것이라고 할 수 있다. 이 작업은 어디까지나 임시적인 성격으로서 다음 단계에서 자료를 수집하고 문제해결을 해나가는 과정에서 수정되기 마련이다.

2) 목표의 설정 및 분석

문제정의(definition) 및 분석이 이루어지고 나면 목표설정을 위한 분석이 이루어져야 하는데, 목표를 설정할 때에는 가능한 구체적이고 명확한 목표를 설정하여야 하며 목표간 충돌이 없도록 해야 한다.[39] 또한 최상위 단계의 목표에서부터 최하위 단계 목표에 이르기까지 가능한 객관 타당성을 유지할 수 있도록 노력을 기울여야 한다. 목표의 분석 및 설정은 문제분석과 함께 정보사용자의 요구에 부합되도록 하는 데에 있어 가장 중요한 과정이라 할 수 있는데, 적실성에 부합되도록 목표를 분석 설정하여야 최고정책결정자로 하여금 올바른 판단을 할 수 있는 분석 결과를 도출해 낼 수 있게 된다. 이렇게 설정된 목표에 대한 달성도를 측정하기 위해서는 측정수단으로서 적절한 측정지표를 마련해야 하는데 보통 계량적 평가가 가능한 지표를 사용하는 것이 일반적이다.

3) 자료의 수집 및 평가

자료는 광범위하게 수집하되 분석을 위해 필요성이 충분한 것만을 수집해야

---

39) 강근복, p. 87 참조.

한다. 분석과정에서 수집되는 자료를 사실, 가정, 기준 등으로 분류하기도 한다.

'사실'이란 증명될 수 있는 내용을 말하고, '가정'이란 진실일 수도 있고 아닐 수도 있는 것이어서 추후 검증이 필요하다. 또한 '기준'은 해결방안이 도출된 후에 적용시키게 될 표준이다. 대안의 검증에 사용되는 제한이나 요구사항 등이 이에 해당한다. 자료의 평가는 이렇게 수집된 자료들을 이용하기 이전에 그 필요성과 신뢰성 등을 검증하고 선별하는 과정이라 할 수 있다.

4) 대안의 탐색

최적의 대안을 선택하기 위해서는 다양한 대안들을 광범위하게 탐색할 필요가 있다. 여러 대안들을 빠짐없이 비교 평가한 후에야 비로소 각각의 대안들에 대한 예측을 통해 최적의 대안을 선택할 수가 있기 때문이다. 대안을 탐색하기 위해서는 일단 제기된 문제에 대해 가능하면 모든 가설들을 제시하는 것이 필요하다. 첩보들에 대해 여러 시각에서 해석을 붙이고, 광범위한 영역에 걸쳐 많은 추리를 하며 2개 이상의 가설을 설정하여 오류를 회피할 수 있도록 해야한다.

5) 대안결과 예측 및 대안 비교

예측의 방법은 주로 투사(projection), 예견(prediction), 추측(conjecture)을 통해 이루어지는데 투사는 현재까지의 역사적 경향을 장래로 연결하여 미래를 예측하는 방법으로 '사례분석'에 자주 사용되고, 예견은 명확한 이론적 가정을 통해 법칙이나 유추 등의 형식으로 이루어지며 '보편 이론적 접근방법'에 사용되며, 추측은 미래 상태에 대한 주관적 판단이나 직관적 진술의 형태를 취하게 되는데 '간주관적 접근법'에 사용된다.[40] 실무에서는 이러한 예측방법 외에도 분석관의 직관이나 축적된 경험 등에 의존하게 되는데 김병우(2007, pp. 208-214)에 따르면 실제 분석관들은 인터뷰 결과, 시간에 쫓겨 간주관적 방법을 활용하기보다는 보편 이론적 접근법이나 과거 사례분석의 방법을 즐겨 활용한다고 한다.

예컨대 과거 사례분석방법은 충분한 배경첩보가 수집되지 않았을 경우 과거의 유사한 사례를 분석하여 미래에 일어날 일을 투사함으로써 미래를 예측하

---

40) 최신웅 등, 행정기획론(서울; 박영사, 2003), p. 106, 김병우, 2007, p. 207에서 재인용.

는 방법이고, 보편 이론적 접근방법은 경제예측이나 정치변동, 국제관계 등과 관련된 정보 생산시 유용한 방법으로 주로 전문가 집단을 사용한다. 즉, 관련 분야의 다수의 전문가에게 분석대상에 대한 의견을 묻고 공통적인 의견과 이견이 있는 부분을 추출한 다음 이견이 있는 부분에 대해서는 다시 전문가 그룹에 의견을 교차 수렴함으로써 보편적인 이론에 가까운 결론을 도출해 내는 것이다. 또 간주관적 접근법은 보편적인 주관을 이용하여 대상을 분석하는데 주로 사회적 갈등이 향후 어떤 방식으로 진행되어 갈지를 추측하는 데에 사용된다. 분석관의 직관이나 경험, 능력에 따라 예측 결과에 차이가 있을 수 있는 방법이라 하겠다. 즉, 특정한 지역이나 계층, 집단의 주요 현안에 대한 분석시 그 특수성을 감안하여 분석자 개인의 주관이나 선입견을 배제하고 상호주관적인 태도로 현안을 분석함으로써 진행상황을 예측하게 되는데 '상황논리(situational logic)'라고도 한다.

6) 최적 대안 제시 및 선택

분석의 최종적인 단계로서 제기된 문제에 대한 종합적인 분석의 틀을 제시하게 된다. 가설들이 경쟁관계에 있을 때에는 가장 가능성이 큰 가설을 선택하여 제시하게 되지만 결론가설보다 가능성이 낮은 가설들에 대해서도 가능성의 정도를 비교하여 제시할 필요가 있다. 실제적으로는 후술하는 종합 및 해석의 단계를 포함하게 된다.

제시된 결론은 정책적 측면에서는 문제 해결방안의 형태를 띠게 된다. 소망성(desirability)과 실현가능성도 함께 고려하여야 하는 이유이다. 복수의 해결방안이 제시되면 전술한 자료의 수집단계에서 수집된 '기준'을 적용하여 최적의 해결방안을 선택하는 대안의 검토와 분석작업이 뒤따르게 된다. 해결방안이 충족해야 할 표준 또는 요구사항, 한계 등을 포함하는 기준이 경쟁 가설 또는 대안들의 적부(適否)를 결정하는 척도가 되는 것이다. 이때 적용되는 기준들은 각각의 비중을 달리 해야 하며 정책결정에 있어서 보다 중요한 기준에 상대적으로 큰 비중을 두어 판단하여야 한다.

제 5 절 정보배포 단계

1. 정보배포의 개념

정보의 배포(dissemination)란 정보순환절차에 따라 수집·분석·생산된 정보를 사용자(정책결정자)의 수준에 맞춰 적합한 형태를 갖추어 사용자가 필요로 하는 시기에 제공하는 과정을 말한다. 일반적으로 분석·생산된 모든 정보는 당연히 정보사용자에게 전달된다는 전제하에 정보순환절차에 있어서 정보수집이나 분석단계에 비해 상대적으로 중요도가 낮을 것으로 평가되는 경향이 있으나 실제로는 Lowenthal의 지적처럼 아무리 중요하고 정확한 정보를 생산했다 하더라도 그 정보가 필요한 대상에게 적절히 전달되지 않는다면 정보의 가치는 상실되고 마는 것이므로 '배포' 역시 정보순환단계에 있어 매우 중요한 '핵심적' 역할(key role)임을 인식할 필요가 있다(Lowenthal, p. 64).

배포의 대상이 되는 정보의 사용자는 정책결정자인 사용자뿐만 아니라 동일 정보기관 내부의 각 부서와 관계기관 등도 포함된다. 정보의 생산자들도 자신의 분야에서 정보를 분석하는 데 있어서 관련되는 다른 분야의 정보를 필요로 하기 때문이다.

배포된 정보는 정보의 사용자가 정책결정을 하는 과정에서 ① 정책의 결정이라는 결과를 낳거나 ② 추가적인 정보의 수요를 발생시키게 된다. 후자의 경우는 물론 전자의 경우에도 정보는 환류를 계속하게 된다. 하나의 정책이 결정되었다고 해서 정보체계가 종국적으로 순환을 멈추지는 않는 것이다. 특히, 정책의 시행결과 정보판단에 어떠한 오류가 있었을 개연성이 발견되는 경우, 또는 시행된 정책의 수정이나 변경을 위해 새로운 정보수요가 발생하는 경우 등이 이에 해당한다.

2. 정보배포의 원칙

정보배포의 주된 목적은 정책입안자 또는 정책결정자가 정보를 바탕으로 건전한 정책결정에 이르도록 하는 것이다. 이에 덧붙여 정보생산자의 정보분석에 필요한 정보를 제공하는 것도 정보배포의 또 다른 목적이라고 할 수 있다. 정보의 배포에 있어서 이와 같은 정보배포의 목적을 효과적으로 달성하기 위해서는 다음과 같은 원칙들을 고려하는 것이 바람직하다.

(1) 적 시 성

적시성의 원칙이란 정보의 배포가 정보사용자의 필요에 비추어 가장 적절한 시기에 제공되어야 한다는 원칙이다. 이를 위해서 정보의 배포부서는 항상 정보사용자가 정보를 필요로 하는 시기를 계속적으로 연구하여야 한다. 이때 누가 어떤 정보를 언제, 어떻게 사용할 것인가를 고려하는 것이 중요하다. 정보배포의 적시성에 영향을 미치는 요소들로는 배포의 시기와 범위, 배포의 우선순위와 배포수단 등을 들 수 있다.

1) 배포의 시기

배포의 시기는 정보를 '언제' 사용할 것인가에 관한 고려사항이다. 정보배포의 시기는 정보의 최종사용자가 정보를 언제 필요로 하느냐에 따라 결정되어야 한다.

이를 위해서는 우선 해당 정보와 관련된 정보 상황이 변화하기 이전에 배포가 이루어져야 한다. 정보 상황이 변화되어 정보의 가치가 상실되거나 새로운 정보생산이 필요한 수준에 이르면 이미 정보의 배포는 무의미해지게 된다.

다음으로 최종사용자가 배포된 정보를 평가하고 해석하는 등의 판단을 거쳐 정책결정에 필요한 계획을 수립하는 데 소요되는 시간이 고려되어야 한다. 최종사용자가 정보를 활용하는 데 요구되는 최소한의 시간적 여유를 보장해주지 못하는 배포는 시기적으로 지연된 것으로 평가될 것이다.

2) 배포의 범위

배포의 범위는 정보를 '누가' 사용할 것인가에 관한 고려사항이다. 최종적인 정보사용자 이외에 정보를 추가적으로 배포하는 대상을 어디까지로 정할 것인지가 배포의 범위와 관련된 문제이다.

배포의 범위는 일반적으로 후술할 배포의 보안성 원칙과 관련되어 논해진다. 배포의 범위가 지나치게 넓은 경우 정보가 누설될 가능성이 증가하기 때문이다. 그러나 배포의 보안성을 강조한 나머지 정책결정이나 정보생산에 해당 정보를 필요로 하는 배포대상을 제외하는 우를 범해서는 안 될 것이다.

3) 배포의 우선순위

배포의 우선순위도 '어떤 정보를 사용할 것인가'에 관한 고려사항으로 볼 수 있다. 정보의 배포순위는 정보의 중요성과 긴급성에 따라 결정된다. 정보상황이 긴박할수록 정보는 폭증하기 마련이다. 그러나 정보사용자가 이처럼 급증한 모든 정보를 필요로 하는 것은 아니다. 따라서 정보사용자가 해당 정보를 필요로 하는지, 필요로 하는 시기는 언제인지 등을 고려하여 중요하고 긴급한 정보를 우선적으로 배포해야 한다.

4) 배포의 수단

배포의 수단은 정보를 '어떻게 사용'할 것인가에 관한 고려사항이다. 정보의 배포수단은 수단의 신속성과 보안성을 함께 고려하여 결정하게 된다. 중요하고 긴급성이 요구되는 현용정보나 정보판단서 등은 보안성이 있고 가장 신속하게 배포할 수 있는 수단을 선택해야 한다. 배포수단의 상세한 내용에 관해서는 후술한다.

(2) 보 안 성

정보기관 또는 정보부서가 생산하여 배포하는 정보가 누설되었을 경우의 부작용은 매우 크다. 정책결정자 또는 정부의 의도가 미리 알려짐으로써 정책의 효과적인 결정이나 집행이 원천적으로 불가능해질 수 있기 때문이다.

누설된 정보가 초래하는 부작용은 해당 정보가 완전성을 가진 정보이냐 첩보의 수준에 머무르느냐를 불문한다. 정보기관의 정보수집이나 배포가 있었다는 사실이 알려지는 것만으로도 정보기관이나 정보부서가 일반의 신뢰를 상실할 우려가 있기 때문이다.[41]

---

41) "제주지법 심우용 판사는 22일 제주경찰청 정보문건 유출사건과 관련해 신청한 제주경찰서 정보과 임00(56) 경사와 한나라당 제주도지부 김00(38) 조직부장 등 2명의 구속영장을 기각했다.
  심 판사는 "직무상의 비밀은 외부적으로 알려지지 않는 것이 국가기능에 도움이 되는 사항"이라며 "경찰이 작성해 유출한 문건의 내용은 외부에 알려져 국가의 기능에 지장을 초래하지 않는 성질의 것인 만큼 직무상비밀누설죄를 적용하기 어렵다"고 밝혔다.

특히 배포과정이 정보생산자와 정보사용자를 연결하는 과정이라는 측면에서 이러한 정보누설의 위험성이 가장 크다고 할 수 있다. 따라서 배포과정에서 정보보안을 위한 정보관리의 일반원칙들인 정보의 분류조치, 인사·통신 분야에서의 보안조치 및 물리적 보안조치 등에 더욱 유의해야 한다.

1) 정보의 분류조치

정보의 분류조치란 정부가 주요문서와 같은 정보들을 여러 등급으로 분류하여 각각의 관리방법과 열람자격 등을 규정함으로써 정보의 유출을 막는 일련의 조치들을 말한다. 문서에 비밀임을 표시하거나 관련 정보나 문서를 열람하는 자격을 제한하는 등의 조치가 그 예이다. 관련 문서의 배포범위를 제한하거나 폐기 대상인 문서를 파기하는 등의 관리방법도 배포과정에서 유의하여야 할 보안조치의 일종이다.

2) 인사보안조치

인사보안은 정부 차원에서 민감한 정보를 취급할 가능성이 있는 공무원을 채용하고 관리하는 데 있어서 해당 정보들이 공무원이 될 자 또는 공무원에 의해 유출될 가능성을 차단하는 것을 말한다. 정보의 배포과정에서는 배포 담당 공무원의 채용과 임명 과정에서의 보안심사 또는 보안서약의 징구, 이들에 대한 보안교육 등의 조치가 이에 포함된다.

3) 물리적 보안조치

물리적 보안이란 정부가 보호가치 있는 정보를 보관하는 보호구역을 지정하여 관리하고 그 시설에 대한 보안조치를 실시하는 방안들을 총칭하는 것이다. 일반적으로 정보관리 부서가 속한 건물에 대한 보호구역의 설정과 시설보안의 분야로 분류된다. 정보부서의 소재지 또는 소재 시설물에 대한 보안조치의 성격이 강한 분야로서 배포과정에는 적용될 여지가 낮다. 그러나 정보배포기관 또는 부서, 정보배포를 위한 이동수단 등에 대해서는 적절한 물리적 보안조치가 필요하다고 할 것이다.

경찰은 지난 21일 경찰정보 문건을 팩스로 주고받은 이들에 대해 공공기관기록물관리법 위반과 직무상비밀누설 혐의로 구속영장을 신청했다(하략)"(한겨레, 2001.10.23. 1면).

4) 통신보안조치

종래 통신보안이란 전선과 전파를 이용한 통신이 도청당하는 것을 방지하는 일련의 조치들을 의미하였다. 그러나 정부의 주요한 통신수단으로 컴퓨터 통신이 등장함에 따라 이에 대한 침입을 방지하기 위한 일련의 조치들을 포함하는 개념으로 확장되어 왔다. 특히, 컴퓨터 네트워크에 대한 보안조치는 오늘날 통신보안의 가장 중요한 분야로 간주된다.

정보의 배포수단으로 전선과 전파, 또는 컴퓨터 네트워크를 이용할 경우 정보유출을 방지하기 위한 보안조치는 필수적이다. 보고서를 인편으로 전달하던 전통적인 배포수단보다는 전화, 팩스, 컴퓨터 네트워크를 활용하는 현대적인 배포수단과 관련하여 그 중요성이 더욱 강조된다.

(3) 계 속 성

정보배포의 계속성의 원칙이란 어떤 정보가 필요한 정보사용자에게 배포되었다면 그 정보와 관련된 새로운 정보가 생산되었을 때 이를 해당 사용자에게 계속 배포해 주어야 한다는 원칙이다. 정기적으로 생산되는 정보가 이전의 정보와 비교하여 변동사항이 없다고 하더라도 이전의 정보를 사용한 자에게 변동사항이 없다는 취지를 알려야 하는 것도 계속성의 원칙에 입각한 것이다.

한편, 이미 배포된 정보와 동일한 주제의 정보를 요구하는 정보사용자가 있는 때에는 그 전에 배포된 정보의 내용을 확인하여 새로이 얻어진 정보나 변동사항이 있는지 여부를 확인하여 이를 분명히 밝혀주어야 한다.

3. 정보배포 방법

(1) 배포수단의 결정

실무에서는 정보요구단계에서 정보사용자가 배포수단까지 특정하여 요구하는 것이 일반적이다. 그럴 경우에는 사용자가 필요로 하는 시기에 필요로 하는 배포방법에 따라 정보를 전달하면 된다. 하지만 사용자의 명확한 요구를 얻기 어려운 경우나 정보생산부서에서 자체적으로 수요가 발생하여 정보가 생산되었을 경우에는 사용자에게 어떤 방법으로 배포할 것인지를 판단하는 데에는 여러 가지 고려하여야 할 문제들이 있다. 대통령 일일정보보고(President's Daily Brief)와 같이 배포방법이 정형화된 경우에는 관행에 따라 전파를 하면 되지만, 그렇지 않을 경우에는 우선 구두로 보고할 것인지, 서면으로 보고할 것인지부터 결정하는 것이 쉽지만은 않다.

예컨대 우선적으로 정보의 비밀 수준이나 사안의 급박성, 보고분량 등이 고려되어야 할 것이나 이에 수반한 보안성이나 책임성의 문제 역시 함께 고려되어 크게 구두보고와 서면보고 중 어느 방법을 택하는 것이 가장 적절할 것인지, 서면보고의 경우에는 구체적으로 어떤 방법을 선택할지를 따져 보아야 한다. 대표적 구두보고방법인 브리핑(Briefing)의 경우 보고시간을 줄일 수 있어 긴급성을 요하는 현용정보보고의 경우에 비교적 적합한 방법이나 사용자 입장에서 볼 때에는 정확성이나 완전성, 책임성 면에 있어서 상대적으로 서면보고에 비해 떨어진다고 볼 수 있다. 반면에 서면보고의 경우 생산자와 사용자 모두 책임 소재를 분명히 할 수 있고 정확성이나 완전성 측면에서 상대적으로 강점을 갖고 있으나 보안성이나 신속성에 있어서는 구두보고에 비해 낮게 평가된다.

배포수단으로는 브리핑, 메모, 일일정보보고, 특별정보보고 등의 방법이 사용된다.

(2) 배포수단

1) 브 리 핑

브리핑(briefing)은 대표적인 구두보고방법으로 실무에서 가장 빈번히 사용되는 방법이라 할 수 있다. 일일정보보고의 형태로 매일 보고되는 내용 외에 필요시 정보사용자의 요청에 따라 혹은 생산자의 판단에 따라 매 시간 변화되는 정보상황을 보고하는 경우에 주로 사용된다. 경찰에서는 특히 집회·시위관리를 위한 대책회의시 정보사용자 개인이나 참석자 다수를 상대로 서면보고 방법과 병행하여 브리핑의 방법을 사용한다.

2) 메   모

브리핑과 함께 비교적 자주 사용되는 방법으로 브리핑을 위한 보조방법으로 활용되기도 한다. 정보보고 내용이 많지 않고, 특히 신속성을 요하는 보고의 경우 활용도가 높다. 핵심적인 내용 위주로 보고하기 때문에 일단 메모보고를 한 후에는 별도의 완전성을 갖춘 보고서로 추후 다시 보고하는 것이 일반적이다. 구두보고인 브리핑과 서면보고의 중간형태라 할 수 있다.

3) 일일정보보고서

일일정보보고서는 대통령 일일보고서(President's Daily Brief)가 대표적이다. 현용정보보고시에 주로 활용되며, 매일 아침 혹은 저녁 등 일정한 때에 정기적으로 보고된다. 지속·반복적으로 보고됨으로 인해 일반적으로 미리 마련된 일정 '형식'에 따라 작성하여 보고한다. 미국의 경우 과거 CIA 국장인 DCI (Director of Central Intelligence)가 보고하던 것을 9.11테러 이후 신설된 DNI (Director of National Intelligence)가 대통령에게 보고한다. Lowenthal에 의하면 이와 별도로 국가일일정보보고(National Intelligence Daily)라 불리는 Senior Executive Intelligence Brief가 CIA 등 정보기관에 의해 생산되어 워싱턴 D.C. 에 근무하는 수백 명의 고위 관료 등에게 매일 아침 제공된다고 한다(Lowenthal, p. 62).

4) 특별보고서

일일정보보고서 외에 부정기적으로 보고할 때 주로 작성한다. 실무에서는 SRI(Special Requirements for Information, 특별첩보요구) 등 다양한 사용자의 요구에 따라 작성되는데, 반드시 그러하지는 않지만 대체로 일일정보보고서에 비해 특히 보안성이 높은 경우가 많아 배포에 있어서도 각별히 유념해야 할 필요가 있다.

정책결정과 정보

제1절 정책결정과정

일반적으로 정책결정과정은 사회문제 중에서 일부를 정책문제로 채택하고 다른 것은 방치하기로 결정하는 '정책의제설정' 단계, 정책목표를 설정하고 여러 대안들 가운데 하나를 채택하는 '정책결정' 단계, 이러한 정책을 현실적으로 실현하는 '정책집행' 단계 및 정책효과의 발생여부를 검토하는 '정책평가' 단계로 분류[1]될 수 있다. 모든 사회문제가 정책의제로 채택되는 것은 아니고, 정책의제로 채택되는 경로 및 과정도 다양한데, 정책의제로 설정되는 경로는 대체로 ① 사회문제가 곧바로 정책의제로 설정되는 경우, ② 사회문제가 사회적 쟁점이 된 후 정책의제로 설정되는 경우, ③ 사회문제가 곧바로 공중의제로 되어 최종적으로 정책의제로 설정되는 경우, 그리고 ④ 사회문제가 사회적 쟁점으로, 다시 공중의제로 설정된 후 최종적으로 정책의제로 설정되는 4가지 유형이 있을 수 있다.

---

1) 정정길, pp. 18-19.

|그림 1-5| 정책의제설정과정 및 정책결정단계

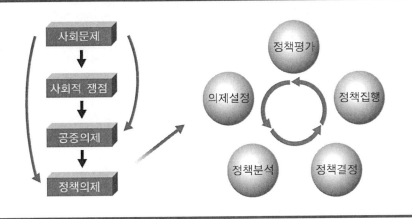

정책결정(policy making)이란 어떤 정책문제가 거론되면 이의 해결을 위해 정책목표를 설정하고 이 목표를 달성할 수 있도록 여러 대안을 고안, 검토하여 하나의 정책대안을 채택하는 일련의 활동을 말하는데, 이렇게 사회문제가 정책의제로 채택되어 정책적 대안을 마련해 가는 과정을 정책결정과정이라 한다.

정보와 정책결정의 관계를 이해하는 데에 있어서는 정책결정과정에서 정보의 역할 한계를 살펴보는 것 외에 이들 각 과정마다 정보가 어떠한 지원역할을 수행하는지를 살펴보는 것 또한 중요한 의미를 가진다. 정보의 특성상 투입된 정보와 정책결정사이의 뚜렷한 연결고리를 찾는 것이 현실적으로 쉽지는 않은 일이지만, 여기서는 각 정책결정단계별로 정보가 대략적으로 어떤 역할을 수행하고 있고, 수행해야 하는지에 대해 간략히 살펴보도록 하겠다.

정보와 정책결정과의 가장 이상적인 결과는 판단정보가 사용자의 인식에 그대로 옮겨지는 상태라고 하겠지만 대부분 정책결정자의 전문적 식견, 선호정보, 정치적 감각 등 여러 정책결정 인자들이 종합적으로 작용하기 때문에 현실적으로는 가능치 않은 일이다. 이러한 어려움은 정보요구와 수집, 정보생산 및 배포과정에서의 정보독점, 정보왜곡, 정보소외(정책결정자들의 정보기관에 대한 거부감 등) 등에 기인하기도 하는데, 그럼에도 불구하고 정보의 역할은 정책결정자에게 예측할 수 없는 미래에 대한 판단자료들을 주고 현재의 고려요소들을 알려줌으로써 불확실성을 제거하고 정책결정자의 오판과 실수의 개연성을 최소화하는 데 목적이 있다 할 수 있는 만큼 이러한 오류나 부작용을 최소화함으로써 보다 정확한 예측을 바탕으로 올바른 정책적 판단을 할 수 있도록 노력하여야 할 것이다. 정책결정과정에서 정보의 역할 한계나 정보사용자와 생산자간의 관계, 또 정책결정자의 오판에 영향을 주는 생산자 또는 사용자로 인한 정보실패 요인에 대해서는 다음 절에서 상세히 설명하기로 한다.

제2절 정책결정과정 단계별 정보의 역할

1. 정책의제설정 단계

정책의제설정(agenda setting 또는 agenda building)이란 정부가 일반 공중 또는 언론·이익집단·사회단체들이 제기한 사회문제를 정책문제로 채택하는 과정 또는 행위, 즉 사회문제가 정책문제로 전환되는 과정이나 행위를 말한다. 여기서 말하는 정책문제(policy problem 또는 policy issue)란 정부가 정책적 해결을 위하여 심각하게 검토하기로 결정한 문제를 뜻한다.

앞에서 살펴본 것처럼 정책의제설정과정에서 정부가 어떤 단계에서 인지되느냐, 혹은 누구에 의해서 인지되느냐의 문제는 정책 신뢰성 및 사회안보 확보에 관건이 되므로 여기에서 정보의 역할은 매우 중요하다. 일례로 일반 공중, 이익집단·사회집단들이 대규모 집회·파업 등을 통해서 자신의 주장을 사회적 쟁점(social issue) 및 공중의제로 삼고 그때서야 정부가 정책의제로 다루려고 한다거나 문제의 심각성을 미처 인식하지 못해 정책의제로 채택하지 않아 사회적 혼란을 가져온다면 원활한 국정운영을 기대하기 어려울 것이기 때문이다.

정보는 사회갈등 등 다양한 사회문제에 대한 전반적이고도 계속적인 점검 및 정책보고를 통해 정책결정자들의 주의를 환기시키는 한편, 정책의제 채택을 통해 정책적 해결을 유도하는 데 결정적인 기여를 한다. 특히 집단민원의 경우 계속된 문제의 제기에도 불구하고 정부에서 무관심하거나, 사회적 조정 및 타협이 미진할 경우 당사자집단은 집단의 힘에 의존하여 극단적인 분쟁행태를 보이

게 되는데, 정보의 사전 문제제기 및 당사자집단의 입장전달 창구로서의 역할
은 사회갈등으로 촉발된 불필요한 사회적 비용을 최소화함으로써 국가경제력
손실을 방지하는 데에 있어 매우 중요하다. 2003년 5월 화물연대의 운행거부로
수출중단 등 국가 물류대란을 초래한 사례는 대표적인 정책의제화 실패사례라
하겠다.

전국운송하역노조 화물연대가 최초로 지입 화물차주의 노동자 인정과 지입제
철폐, 다단계 알선근절, 경유가 인하 등 소위 대정부 12개 요구사항을 공식 제기
한 것은 2003년 3월 31일로 이날 1천 700여 명의 화물 차주들이 과천정부청사 앞
에서 집회를 개최한 뒤 화물차주 대표와 관계부처 실무과장간 면담과정에서 이 같
은 요구사항을 전달했다. 그러나 정부는 이때만 해도 화물연대의 요구를 의례적인
'집단민원'수준으로 접근했고 재경부와 건교부, 산자부, 노동부 등 해당부처는 각
부처별 소관사항에 대해 지난달 12일 서면답변을 제출하기는 했으나 대부분의 요
구사항에 대해 원칙적으로 받아들일 수 없다는 입장만을 반복했다. 이런 과정에서
4월 27일 화물연대 포항지부 소속 박모(34) 씨가 '지금 진행 중인 투쟁에서 꼭 승
리해 달라'는 유언을 남기고 음독자살하자 그동안 철강업체 등으로부터 부당한 대
우를 받았다고 생각하고 있는 화물연대 소속 차주들의 감정이 폭발하기 시작했다.
또한 화물연대의 12개 요구사안의 소관사항이 여러 부처로 나눠져 있다보니 어느
한 부처가 대표성을 갖고 협의에 임하지 못한 점도 사태해결이나 화물연대 관계자
에 대한 설득작업이 제대로 이뤄지지 못한 이유 중 하나로 지적되고 있다.

출처: 연합뉴스, 2003.5.7.

(1) 정책환경의 진단

정책의제설정 단계에서 정보의 역할을 크게 두 가지로 나누면 하나는 정책
환경 진단이고 또 하나는 안보위해 상황이나 정책적 판단이 필요한 사회적 이
슈에 대한 조기경고라 할 수 있다.

먼저 정책의제설정 전후로 가장 우선적인 과제는 정책환경을 진단하는 것
이다. 국익증대를 위한 국내외 정치·경제·군사·과학기술·사회 등 광범위한 분

야에 걸쳐 여건을 분석하고 정책에 대한 국제여론·국민여론·지역여론·계층여론 등을 파악함으로써 정보는 정책결정자로 하여금 현재의 상황을 인식토록 해주고, 정책결정자의 정책의 수립과 조정에 필요한 판단에 기여한다. 또한, 이 같은 환경진단을 통해 현 정책의 문제점을 파악하도록 하고 새로운 정책수립과 정책의 조정방향에 대해 자료를 제공한다. 즉, 사회의 다양한 갈등으로 빚어진 여러 사회문제 가운데 어떤 문제를 정책의제로 설정하여야 할지 여부를 정책결정자가 판단할 수 있도록 지속적으로 정책환경을 진단하여 갈등상황이나 여론반응, 정책적 판단자료 등을 보고하는 것이 정보의 역할이라 할 수 있다. 예컨대 교역대상국의 정치·경제적 상황, 국제유가 및 국제환시장 변동상황 등은 경제정책 수립과 조정에 판단의 자료가 된다.

(2) 조기경보

다음으로 이렇게 분석된 정책환경 진단결과를 토대로 향후 예견 가능한 안보위해 상황이나 국가 경제력의 손실 최소화를 위해 정보 사용자에게 조기경보 기능을 수행하는 것이 정보의 역할이다. 조기경보를 통해 돌발적인 안보상황에 대한 효과적 대응을 취하도록 하는데, 군사적인 안보에서부터 금융위기, 환경재난, 전염병, 테러·마약밀매 등 국제성 범죄에 이르기까지 국가안보를 위협하는 요인에 대한 추적과 사전정보 입수를 통한 경보 기능은 '국가의 사활적 가치를 보존하는 것'이라는 정보의 존립목적을 고려할 때 정보가 가지고 있는 최상의 유용성일 것이다. 과거 제3공화국 시절 당시 카터 미 행정부가 한국정부에 통보 없이 주한미군을 감축하고 있을 당시, 미군부대 주변에서 생산되는 음식쓰레기의 양이 줄어들고 있다는 첩보확인에서 비롯된 '미군감축이 시작되고 있다'는 경찰의 정보보고[2]는 안보상황에 대한 경고기능을 훌륭히 해낸 사례라 하겠다. 정책결정자는 이러한 경보에 따라 대응책을 강구하여 자국의 피해를 최소화하거나, 사태발생을 미연에 방지할 수 있게 된다.

---

2) 경찰청, 기획정보과정, 지방경찰학교 교재, 2004, p. 39.

2. 정책결정 단계

정책결정(policy making)이란, 어떤 정책문제가 거론되면 해결을 위한 정책목표를 설정하고 이 목표를 달성할 수 있는 여러 가지 대안을 고안·검토하여 하나의 정책대안을 채택하는 등의 일련의 모든 활동을 말한다.

(1) 미래상황의 예측에 대한 판단제공

미래의 정책환경은 국내외의 여러 변수에 의해 매우 불확실하며 가변적이다. 정책결정에 있어 이러한 가변적 미래상황에 대한 정보는 필수적인데, 미래상황의 변동에 따라 구체적인 정책 대응방안도 달라지기 때문이다. 정책결정단계에서 정보는 정책의제로 설정한 후 올바르게 정책을 결정할 수 있도록 미래상황을 예측하고 정책결정에 필요한 판단자료를 제공하는 역할을 수행하는데 중요현안에 대해 정확한 현재상황의 인식을 토대로 사태의 발전 가능성을 판단하여 정책부서에 제공함으로써 합리적인 정책선택이 이루어지도록 기여한다.

대표적인 것으로는 미국의 「국가정보 예측판단보고서」(National Intelligence Estimates: NIEs)를 들 수 있다. NIEs는 중요현안의 정보판단으로 미국의 정보공동체(intelligence community: NIC) 전체를 대표하는 '국가정보협의회'(National Intelligence Council)에서 대통령의 정보요구 또는 정보공동체 자체요구에 따라 작성된다. 다음 사례는 미 행정부의 주요현안인 탄도미사일 위협에 관한 NIEs[3]로 2015년까지 북한과 이란, 그리고 이라크의 탄도미사일 위협에 직면하게 될 것을 예측, 판단하고 있다. 2001년 1월 부시 미국 대통령은 이러한 NIEs에 기초하여 연두교서에서 이란, 이라크, 북한을 '악의 축'이라 명명하고 이들에 대한 억지와 봉쇄를 미국 국방정책의 기본축으로 한다는 것을 천명한 바 있다.

---

3) National Foreign Intelligence Board, Foreign Missile Developments and the Ballistic Missile Threat Through 2015(Washington, D.C.: NFIB, 2002); 문정인 등, pp. 141–142 에서 재인용.

외국의 미사일 개발과 2015년까지 탄도미사일 위협에 대한 주요 정보판단: 미 NIEs

미 정보공동체 산하의 대부분의 기관들은 러시아와 중국의 전통적인 미사일 공격력을 논외로 한다 하더라도 미국이 2015년까지 북한과 이란, 그리고 심지어는 이라크로부터도 이들 국가들의 정치노선이 상당히 변화하지 않는 한 대륙간 탄도미사일(ICBM) 위협에 직면할 가능성이 아주 높은 것으로 전망하고 있다.

- 중략 -

수백 kg에 달하는 핵무기를 장착하고 미국 본토의 일부를 공격할 수 있는 북한의 다단계 대포동 2호는 이미 실험발사 준비가 완료된 것으로 보인다. 그러나 2001년 5월 북한은 미국과의 미사일 협상이 진행되는 한, 장거리 미사일 실험발사에 대한 자발적 유예를 2003년까지 연장하겠다고 밝힌 바 있다. 1998년 대포동 1호의 실험발사 때와 마찬가지로 대포동 2호의 실험발사 역시 우주발사 체제의 형태로 행해질 가능성이 크다. 북한은 지금도 미사일 개발을 진행하고 있다.

이란은 단거리, 장거리 미사일 능력을 보유하기 위해 노력하고 있다. 이란 정부는 국제분쟁시 발사할 수 있는 사거리 1300km의 중거리 탄도미사일 Shahab 3을 보유하고 있다. 이란은 현재 ICBM/SLV(우주발사체) 시스템을 개발 중이다. 모든 정보기관들이 이란이 향후 5년 이내에 발사를 시도할 수 있다는 데에 의견을 같이했지만, 이란 정부는 5년 이후에나 ICBM/SLV의 실험발사를 시도할 것으로 보인다. 반면에 한 정보기관은 이란이 2015년까지도 실험발사에 성공할 확률은 거의 없다고 천명하고 있다.

국제적인 제재와 봉쇄에 의해 제약받고 있지만 이라크는 아직도 장거리 미사일 개발을 희구하고 있는 동시에 변형된 소형 스쿠드미사일을 보유하고 있다. 만약 UN의 제재조치가 풀리거나 상당 부분 완화된다면, 이라크는 수년간에 걸쳐, 단거리 탄도미사일(SRBM)을 다시 보유하기 위해 노력할 뿐 아니라 고체연료 추진체의 개발, 배치와 더불어 중거리 탄도미사일(MSBM)을 확보하려고 노력할 것이다. 모든 정보기관들은 만약 수년 이내에 UN의 대이라크 제재조치가 철회된다면 2015년 이전에 또 다른 형태의 ICBM 실험 발사할 가능성을 배제할 수 없지만 대부분의 정보기관들은 유엔의 제재가 해제될 경우, 이라크가 2015년 전에 SLV로 위장한 ICBM을 실험할 가능성이 있으며 만약 외국으로부터의 기술 이전이 있다면 이 실험은 2010년으로 앞당겨질 수도 있다고 전망했다.

- 후략 -

출처 : 문정인 외, 국가정보론, 박영사, p. 141.

(2) 정책결정에 있어 필요한 고려사항(판단자료)의 제공

정책이 생존하려면 조직·인력 등의 기술적 실현가능성, 예산상의 재정적 실현가능성, 그리고 여론에 따른 정치적 실현가능성이 있어야 한다.[4] 정보는 이에 대한 스크린(screen, 예비검토)을 함으로써 정책대안들을 비교·검토하는 데 필요한 판단을 제공한다. 또한 정책대안들의 집행과정에서 나타날 수 있는 문제점, 부작용, 파장, 정책효과 등을 분석·예측함으로써 정책선택에 있어 중요한 역할을 한다. 예를 들면 불법·폭력적 노사분규 사업장에 대한 공권력 투입이라는 정책결정에 앞서 경찰력 투입시 문제점 및 향후 노사(勞使)관계, 노정(勞政)관계 등을 사전 검토하여 정책결정의 판단을 제공한다든지, 민심전달을 통해 국정운영의 방향키로서의 역할을 담당한다. 다음은 김대중 정부시절 발생한 '옷로

축소된 정보·민심보고 채널

국정원이나 검찰, 경찰, 기무사 등 수사 및 정보기관을 통해 민심동향에 관한 크로스 체크가 제대로 이루어지지 못하고 있는 것도 문제로 지적되고 있다. 모 정보기관이 옷로비 사건과 관련해 실시한 여론조사 결과가 김대통령에게 보고된 것은 김대통령 귀국 후인 6월 3일. 이 기관의 기관장이 청와대를 방문, 독대를 한 자리에서였다. 정보기관이 실시한 여론조사 결과는 청와대가 실시한 여론조사와 정반대의 결과를 담고 있었다. 우선 고급옷 사건과 관련 80%가 넘는 국민이 "검찰이 어떤 결과를 내놓더라도 안 믿는다"는 입장을 밝힌 것으로 집계됐다. 청와대 여론조사와는 상당한 차이를 보여준 것이다. 정보기관의 여론조사 결과가 말해주는 또 하나의 심각성은 사회지도층에 대한 국민들의 엄청난 불신인데, 정보기관 여론조사 결과 "국민 76%가 고위층에 부정부패가 만연됐다"고 인식하고 있는 것으로 조사됐다는 것이다. 하지만 김대통령에게 정보기관의 이러한 조사결과가 보고된 것은 이미 김대통령이 '김장관을 경질할 필요가 없다'는 청와대 여론조사 결과를 토대로 경질불가 방침을 천명하고 난 뒤였다. 정보기관의 민심정보를 통한 대통령에 대한 '국정보좌기능이 크게 약화됐음을 단적으로 보여주는 사례다.

출처 : 신동아, 1999. 7월호

---

4) 정정길, p. 417.

비 사건'에 연루된 검찰총장의 진퇴를 둘러싼 청와대 등 여권핵심부의 정책판단과 정보기관의 민심보고의 혼선을 지적한 기사내용이다.

이와 관련된 또 하나의 사례로는 쿠바 위기 당시의 미 행정부의 정보사용을 들 수 있다. 당시 미국 행정부가 구 소련과 쿠바 내 미사일 기지 건설을 둘러싸고 대치하면서 강경한 정책을 선택할 수 있었던 배경을 보여주는 정보사용의 예이다.5)

1962년 10월 22일 케네디대통령은 TV연설에서 공격용미사일이 쿠바에서 발견되어 봉쇄를 단행하며, 봉쇄조치는 제1단계에 불과한 것임을 강조하고 미사일 제거를 위하여 필요하다면 직접적인 군사력을 행사할 것이라고 역설하였다. 쿠바봉쇄 후의 4일간 미국과 구 소련은 전쟁직전사태에 놓이게 되었다. 미국은 펜코프스키(영국 SIS의 공작원)가 제보한 첩보 및 기타출처로부터 입수한 정보를 통해서 구 소련이 전쟁준비태세가 완비되어 있지 못하다는 약점을 간파하고 있었기 때문에 쿠바봉쇄라는 강경한 조치를 취할 수 있었다.

(3) 정책적 대안 제시

경제정책분야의 경우 정당, 한국개발연구원(KDI), 민간 경제연구소, 경제단체, 사회·노동단체, 대학의 경제학자, 언론 등이 정책문제에 대한 해결책으로서의 정책대안을 공식적·비공식적으로 제시하고 있다. 이 같은 정책관련자나 집단들은 모두 스스로에게 유리한 정책대안을 준비하고 있는 경우가 많다. 정보는 이들의 주장·대안을 정책부서에 전달하면서 그 의도 및 배경을 분석하여 객관성을 검증하는 한편, 자체대안을 제시하기도 한다. 미국의「국가정보예측판단보고서」(NIEs)의 작성과정에서도 정책결정자들이 고려할 수 있는 반대의견과 대안이 반드시 포함된다. 1973년 미국의 키신저 국무장관은 중동전쟁 당시 CIA에 시나이 반도상의 철수라인을 분석·보고하라고 지시하였고, CIA는 모두 8개의 대안을 제시하였다. 이 대안들이 키신저 국무장관이 이집트 및 이스라엘과 협상

---

5) John Ranelagh, The Agency: The Rise and Decline of the CIA, A Touchstone Book, pp. 400-402: 김윤덕, p. 40에서 재인용.

에 임하는 과정에서 커다란 도움을 주었다고 한다.6)

3. 정책집행단계

정책집행(policy implementation)은 정책의 내용을 실현시키는 과정이다. 그런데, 정책내용을 실현시키는 과정에서 정책목표가 달성되는 경우도 있고 그렇지 않은 경우도 있다. 정보는 이런 이유로 정책집행 단계에서 정책목표 달성을 위한 역할을 수행하게 되는데, 예컨대 권한과 지위 면에서 수평적인 관계에 있는 행정부 내 정책부처들이 하나의 정책목표를 달성하기 위해 정책을 분담하여 집행할 경우, 부처간 협조와 조정이 어려워서 집행이 중단되거나 시간이 지연되기도 하고 소관이 애매할 경우 어느 부처도 책임지려 하지 않는 '부처할거주의(parochialism)' 행태가 나타나거나 또는 정책집행과정에서 예기치 않은 변수가 발생하거나 모순 또는 현장갈등이 수시로 야기될 때 정보는 이러한 문제점에 대한 지속적인 모니터링(monitoring)을 통해 정책조정(전환) 및 정책부작용 최소화에 기여한다. 그 일례로서 의약분업 시행 초기에 일반시민 불편, 의약재정의 문제점, 관련 부처들간의 혼선 등에 대한 정보보고가 지속적으로 제기되었던 것으로 알려져 있다. 2003년 미국과 이라크간의 전쟁 이후 CIA의 이라크현지 정세보고가 미국의 정책전환을 가져왔다는 기사는 이러한 점을 반증하는 것이라 하겠다.

이라크 정세의 급격한 악화와 함께 부시행정부의 당황해 하는 모습이 역력하다. 부시행정부는 13일(현지시간) 이제까지의 태도를 180도 바꿔 최대한 빨리 이라크인에게 통치권을 이양하겠다고 밝혔다.
- 중략 -
이번 정책전환의 결정적 계기가 된 것은 미 중앙정보국(CIA) 현지 지국장의 정세보고서인 것으로 알려졌다. 이 보고서가 미 고위관리들에게 전달된 것은 지난 10일. 그런데 '극비'로 분류된 이 보고서의 주요 내용이 바로 다음날인 11일부터

6) Tyrus G. Fain, ed., The Intelligence Community(New York : P. R. Bowker, 1977), p. 248; 김병우, 앞의 논문, p. 79에서 재인용.

필라델피아 인콰이어러, CNN 등 미국의 주요 언론에 잇따라 보도되기 시작했다. 워싱턴의 정치분석가 짐 로브에 따르면 미 정부 내 고위관리들이 그 내용을 의도적으로 언론에 유출했기 때문이다. 이유는 이 보고서가 체니 부통령, 럼스펠드 국방장관 등 강경파들에 의해 차단돼 부시대통령에게까지 전달되지 않을 가능성을 우려했기 때문이다. 체니 등 강경파들은 그동안 이라크 상황에 관한 왜곡된 정보로 이라크전쟁을 밀어붙였다는 비난을 받고 있다.

이 보고서의 구체적 내용을 살펴보기 전에 그 성격을 짚어볼 필요가 있다. 이 보고서는 '특별현지보고(AARDWOLF)'로 워싱턴의 고위 관리들이 대외문제와 관련한 중대한 정책결정을 위해 작성을 요구해서 만들어지는 것이다. 이 보고서는 CIA 바그다드 지국장의 지휘 아래 이라크 전역에서 활동하고 있는 2백 75명 이상의 현지 요원들이 수집한 정보를 바탕으로 작성된 것이다. 따라서 현재의 이라크 상황에 대한 가장 광범위하고도 정확한 보고서라고 할 수 있다. 특히 이 보고서에는 이례적으로 폴 브레머 최고군정관의 동의 의견까지 첨부돼 있다. 영국 일간지 가디언의 분석에 따르면 자신의 직속 상관인 럼스펠드를 우회해 부시 대통령에게 직접 이라크 상황의 엄중함을 알리기 위해서였다는 것이다.

미 언론에 보도된 이 보고서의 주요 내용은, 점점 더 많은 이라크인들이 미국의 점령 의도를 의심하고 있고, 미국에 의해 임명된 24인 과도통치위원회 위원(거의 대부분이 망명자 출신)은 이라크 국민들의 지지를 거의 받지 못하고 있으며, 특히 인구의 60% 이상을 차지하고 있는 시아파 회교도와 미 군정간의 관계도 점점 악화되고 있다는 것이다.

- 중략 -

이 보고서는 결론적으로 "신속하고도 과감한 정책전환이 없을 경우 우리는 (이라크에서) 패배의 운명을 맞게 될 것"이라고 지적했다.

자료: 프레시안, 2003.11.15.

4. 정책평가단계

정책평가(policy evaluation)란 집행결과 정책효과의 발생여부를 검토하는 것, 즉 정책이 좋았는지 나빴는지를 검토하는 활동을 말한다. 정책평가는 공식

적으로 이뤄지는 국정감사·감사원감사 외에도 언론·시민사회단체·학계·관련
당사자 등에 의해 끊임없이 이뤄지고 있는데, 정보도 정책집행과정에서 나타났
던 문제점·효과·반응 등에 대해 분석·평가하여 보다 바람직한 집행방향 제시
및 정책 재수립의 판단을 제공한다. 여기서의 문제점·효과·반응 등에 대한 평
가는 정책의제설정의 단계로 환류 된다는 데 의의가 있다.

제 3 절 정책결정과정에서의 정보의 역할 한계

1. 전통주의와 행동주의

　　Mark M. Lowenthal은 정책결정자(정보사용자)와 정보기관(정보생산자) 사이
에는 반투과막(semipermeable membrane)이 존재하여 정책결정자는 언제라도 필
요에 따라 생산자의 영역으로 넘어갈 수 있지만, 생산자는 절대로 반투과막을
통과하여 사용자의 영역을 침범하여 정책결정에 직접적으로 간여해서는 안 된
다고 하였다.7) 이는 정보가 정책결정에 깊이 간여하는 경우 객관성이나 공정성
을 상실함으로써 정보의 정치화(politicized intelligence)나 정치예속화될 수 있음
을 우려한 것이다.

　　그렇다면, 정보와 정책은 어느 정도 밀접한 관계를 유지하는 것이 바람직
한 것일까? 정보학자 셔먼 켄트(Sherman Kent)는 "정보는 정책결정을 안내하기
위해 필요한 만큼 밀접해야 하지만, 판단의 독립성을 보호하기 위해 충분한 이
격을 유지해야 한다"고 주장했는데 이와 같이 정보와 정책에 대한 일정수준의
분리의 필요성을 강조한 입장을 '전통주의'라고 한다.8)

　　전통주의에 입각한 학자들은 정보생산자가 정보사용자와 직접적인 상호작
용을 추구해서는 안 되며 단지 정보사용자의 자료나 분석의 요구에 부응해야
한다고 주장하였다.

　7) Mark M. Lowenthal, pp. 4−5.
　8) Arthur S. Hulnick, Relations Between Intelligence Producers and Policy Consumers,
　　Intelligence and Intelligence Policy in a Democratic Society, Transnational Publishers,
　　1987, pp. 129−134.

반면 1950년대 후반 "정보생산자와 사용자의 관계가 불균형적으로 되어 가고 정보가 정책결정으로부터 멀어지고 있다"는 반성에서 '행동주의'가 등장하게 된다.9) 이들은 정보와 정책이 공생관계에 있기 때문에 상호간에 밀접히 연결되어야 한다고 믿었다.

2. 양자간의 바람직한 관계

정책결정에 있어 정보는 필수적인 것이나 정보와 정책이 밀접해지게 될 경우 부작용이 발생할 수 있다. 정보가 정책을 합리화하는 수단으로 작용함으로써 정확성과 공정성을 잃게 될 우려가 현실로 나타날 수 있는 것이다. 그렇다고 해서 정책수립에 정보가 소외되어서도 안 된다.

정보의 역할은 정책에 요구되는 상황에 대한 철저한 검토와 정책문제가 제공하는 모든 대안에 대한 객관적이고 공정한 탐색이라고 할 수 있다. 이러한 역할수행에 있어 정보생산자가 정책결정 상대 파트너와 정기적으로 만남으로써 정보사용자들을 교육시키는 효과를 가짐과 동시에 정보생산자는 자신의 정보가 갖추어야 할 형식효용, 시간효용 등을 연구하는 데 기초자료를 마련할 수 있게 된다. 또한 이를 통해 정보와 정책간의 환류를 가능하게 함으로써 양자간의 연관성과 유용성에 대한 정보생산자의 이해를 도모하게 되는 것이다. 따라서 정보의 정치예속화·정치화를 경계하면서 정보와 정책이 상호간 밀접히 연결되었을 때 정보의 역할에 보다 충실할 수 있을 것이다.

CIA가 창설되던 시기에는 전통주의자들의 시각이 팽배했었기 때문에 1947년에서 1955년까지 CIA는 전통주의적인 시각을 추구했다. 그러나 CIA의 정보역량이 장기적인 판단정보보다는 현용정보에 과도하게 집중되고 정보들이 정책결정에 미치는 영향이 미진하다는 문제점이 줄곧 제기되면서 1982년 CIA는 '행동주의'를 채택하게 된다.10)

---

9) 대표적 학자인 Roger Hilsman의 견해를 살펴보면,
　　① 정보생산자는 정책과정에 대해 연구하고 이해해야 한다.
　　② 정보생산자는 정보사용자에게 의미가 있는 사안들에 정보역량을 동원해야 한다.
　　③ 정보와 정책간에 환류체제가 필요하다.
10) 김윤덕, p. 85.

Mark M. Lowenthal은 "정보는 지원(support) 역할에 충실해야 하며 객관성을 견지하여 특정 정책에 대한 선택이나 결정을 강요해선 안 된다"고 하였다. 또 정책결정에 영향을 주는 정도를 넘어 정책결정자가 특정 선택을 하도록 하기 위해 정보를 조작(manipulate)해서는 안 된다고 하였다. Lowenthal이 제기한 '반투과막'은 이런 의미에서 매우 중요한 지적이라 하겠다.

3. 정보생산자와 사용자간의 관계

정보생산자는 통상 정보의 생산과정에 참여하는 모든 정보관 또는 정보기구를 의미하고 정보사용자란 정보를 제공받는 정책결정에 관련이 있는 공무원을 의미한다. 일반적으로 최고의 정보사용자는 대통령 또는 수상을 지칭한다. 그러나 민주화와 더불어 국가정보기관이 대국민·기업을 대상으로 한 직접적인 정보제공을 확대[11]하고 있다. 국정원의 경우 웹사이트를 통해 북한에 대한 정보를 포함하여 다양한 정보제공을 시도하고 있다. 이땐 국민 일반이 정보소비자라 할 것이다.

그러면 정보소비자들은 무엇을 원하는가? 정책결정자는 현재 부각된 현안에 대한 정보를 집중적으로 요구한다. 그러나 정보생산자는 현안과 직결되는 정보(예컨대, 현용정보 등)의 제공뿐 아니라, 향후 정보사용자가 관심을 가져야 할 정책분야에 대한 전반적인 정보제공(예컨대, 판단정보 등)을 통해 새로운 정책의 수립이나 기존정책의 조정에 대한 판단에 기여해야 한다. 왜냐하면 정보사용자의 요구에만 맞추어 생산할 경우, 지금은 정보사용자의 관심이 적지만 향후 중요한 관심분야로 부각될 사안에 대한 충분한 사전정보 제공에 실패할 수 있기 때문이다. 따라서 정보생산자는 비교적 비중이 적은 문제에 대해서도 지속적인 관심을 가지고 생산활동을 하고 있다. 이 점이 정보요구에 있어 정보생산자와 정보소비자간 시각의 차이이다.

정보수집에 있어서도, 정보사용자는 부각된 현안에 대해 정보생산자가 많

---

11) 미 CIA의 경우 website를 통해 각종 '국가정보 예측보고서(NIEs)'를 비밀해제한 후 국민에게 공개하는가 하면 CIA World Factbook은 250여 개 국가 및 국제기구에 대한 가장 충실한 기본정보를 제공해 주고 있다(www.cia.gov 참조).

은 정보를 가지고 있다고 기대하고 있는 반면, 정보생산자는 자원의 제약으로 인해 정보사용자가 기대하는 수준의 정보를 항상 수집할 수 있는 것은 아니다.

정보사용자는 가끔 정치적 신념과 노선에 입각하여 정책결정을 하는 경우가 있다. 이 경우에도 정보사용자는 자신이 선호하는 정책대안을 지지하는 정보판단을 기대한다. 그러나 정보생산자는 정보사용자의 정책대안에 대한 선호도에 관계없이 객관적인 입장에서 정보판단을 하게 된다. 정보판단이 정보사용자의 요구에 따라 객관성을 상실하게 되면, 정보는 정책을 지지하는 도구로 전락하게 된다.

이와 같은 정보생산자와 정보소비자 사이의 시각 차이로 갈등을 유발하기도 하고, 정보소외·정보불신·정보의 사용화(私用化) 등의 부작용을 초래하기도 한다. 정보생산자나 정보소비자가 서로의 시각 차이를 충분히 인식하고, 정보에 접근하고, 이를 활용함으로써 합리적인 정보효과를 기대할 수 있을 것이다.

제4절 정보(정책) 실패요인

1. 정보(정책) 실패의 개념

정보실패란 일반적으로 국가안보나 정책결정과 관련하여 첩보수집 및 정보분석과정의 오류로 인해 정보상황을 정확히 예측하지 못함으로써 국가적 손실이 발생한 경우를 의미한다. 하지만 정책결정과정에서 실패가 발생하는 경우는 비단 정보기관 등 정보생산자만의 오류가 아닌 정보사용자로 인한 실패 역시 포함되어야 하므로 이러한 경우 정보의 실패는 사용자 책임까지를 포함하는 정책실패로 보아야 한다.

실제로 정보기관만의 실책이 아닌 정책결정자의 오판이나 의도적 왜곡 등으로 발생하는 경우도 있을 수 있으므로 여기서는 정보기관의 단순한 예측 또는 경고실패(warning failure)를 넘어 정책실패를 포함하는 넓은 의미의 정보실패에 대해 살펴보기로 한다.

2. 정보(정책) 실패의 원인 유형

(1) 정보생산자로 인한 요인

우선 정보생산자로 인한 요인을 살펴보면, 크게 두 가지 요인으로 나눌 수 있는데, 하나는 인지적 요인으로 인한 실패(cognitive failure)이고 또 하나는 능력상의 요인으로 인한 실패(capacity failure)이다.

1) 인지적 요인

첫 번째 요인으로는 자기반사 오류(mirror imaging)를 들 수 있다. 이는 분석과정에서 상대방의 처지나 의도가 자신의 상황이나 생각과 같을 것이라 착각하는 현상을 말하는데, Lowenthal은 이를 분석관들에게 가장 흔히 일어나는 오류(frequent flaws) 중 하나라고 하면서 "분석관 자신에게 가장 친숙한(familar) 동기(motivation)나 목표(goals)를 다른 나라의 지도자나 국가, 단체 역시 같이 갖고 있을 거라고 가정하는 것"을 의미한다고 하였다. 그러면서 mirror image를 통해 분석할 경우 국가간의 차이와 환경의 미묘한(subtle) 차이, 인식의 차이 등에서 비롯된 동기(motivation)나 지각(perception), 행동의 차이를 고려하지 못하게 될 수 있다고 했다.12)

두 번째로는 고객 과신주의(clientism)를 들 수 있는데, 이는 같은 업무를 오랫동안 반복하다 보면 정보대상(client)에 대한 지나친 신뢰감으로 정보대상에 동화되어 오히려 객관성을 상실하게 된다는 것이다. 실제 이런 현상은 실무에서도 자주 접하게 되는데 정보관이 자신이 담당한 업무나 기관에 대해 지나치게 잘 알게 됨으로 인해 오히려 정보대상이나 기관을 옹호하는 입장을 취하게 되는 경우라 하겠다.

세 번째로는 겹층쌓기(layering)로 이는 반복되는 정보상황이 발생할 경우 과거의 분석결과에 현재의 상황을 충분히 반영하지 않고 과거의 분석결과가 성공적이었다는 이유로 그대로 답습하는 현상인데, Lowenthal은 "이후에 추가로 발생했을 수도 있는 불확실성(uncertainties)을 고려치 않고 일단 한번 분석되어 결정된 판단을 다시 다른 분석에 그대로 사용하는 것"을 의미한다고 하였다. 그

---

12) Mark M. Lowenthal, p. 118.

러면서 그 이전의 판단이 미약한(meager) 출처로부터 얻어진 첩보라면 특히 더 위험할 수 있음을 경고하였다.13)

그 외에 인지적 오류를 발생시키는 요인으로 집단사고(group thinking)가 있는데 이는 조직 내 문화적 특성 때문에 분석관 개인이 자신의 의견이나 주장을 내세우지 못하고 집단의 판단에 따르게 되는 경향을 말하는데, 이는 국가나 사회에 따라 다소간 차이는 있을 수 있겠지만 실제로 어쩌면 가장 흔히 일어날 수 있는 현상이 아닐까 생각된다. Lowenthal은 집단사고 현상의 원인으로 정책결정자들이 성향상 합의된 의견을 선호하기 때문이라 하였는데, 합의된 의견은 정책결정자들이 다양한 의견들을 검토해야 하는 수고를 덜어주기 때문이라고 하였다.14)

2) 능력상 요인

위에서 살펴본 인지적 요인 외에도 정보생산자의 능력에 따라서도 정보실패는 일어날 수 있는데, 그 중에 대표적인 것만 몇 가지 제시하자면, 우선 첫 번째로 수집첩보의 불완전성 및 부정확성, 그리고 적시성이나 객관성의 흠결을 들 수 있다. 이는 출처 개척능력에서부터 출처 관리능력 등 다양한 원인들이 상호 관련될 수 있는데 어쨌든 정보생산자가 수집과정에서 이러한 기초적인 정보요건들에 있어 흠결된 상태를 야기할 경우에는 분석과정에서 객관적이고 정확하면서도 완전한 정보를 적시에 사용자에게 제공하기 어렵게 된다. 이는 비단 수집관의 문제에 국한된 것이 아니고 분석관의 경우에도 마찬가지로 해당된다.

또한, 정보생산자의 판단력이나 결단력 부족 및 관련 법률 등의 전문지식과 분석기법이나 암호해독 등의 분석에 필요한 전문지식의 부족 역시 주된 이유라 할 수 있다. 이에 대해서는 더 부연하지 않아도 될 것이라 생각된다.

아울러 객관성을 침해할 수 있는 요인으로 정보생산자 개인의 정치신념이나 가치관, 교육수준, 성실성 부족 등도 중요하다 하겠다. 특히 지나친 정보사용자에 대한 충성심은 '정보의 정치화(politicized intelligence)'나 정보의 정치예속화 우려가 있어 이 또한 경계해야 할 요인이라 하겠다.

---

13) Mark M. Lowenthal, p. 119.
14) Mark M. Lowenthal, p. 123.

(2) 정보사용자로 인한 요인

① 정보사용자(정책결정자)의 선호도 및 우선순위

정책결정자의 정치적·사상적 신념, 가치관, 관심분야, 선거공약 등에 기인한 정보에 대한 선별적 선호와 거부는 정책결정과정에서 흔히 나타난다. 정책결정자는 이미 선호정책과 그 결과에 대해서 생각하고 있으며, 그것을 뒷받침할 수 있는 정보를 원하게 마련이다. 자신이 선호하는 정보(선호정책을 지지하는 정보)와 반대되거나 모순되는 정보가 제공될 경우 이는 편향된 것으로 비판하면서 무시해 버린다. 정보사용자의 이러한 경향은 정보생산자로서 해결해야 할 가장 어려운 문제 중 하나이다. 또한 이런 이유로 인해 정보사용자의 구미에 맞는 정보를 제공하고자 하다 보면 '정보의 정치화'마저 우려되는 것이다.

② 정보사용자의 정보불신 또는 과도한 기대

정보사용자들은 정보판단이 이루어지는 메커니즘과 정보판단에 참여했던 정보관들의 개별적인 신상이나 성향 등에 대해 모르기 때문에 정보의 신뢰성을 종종 의심한다. 정보판단의 적중비율이 낮을 경우 더욱 그러하다. 또한 정책결정자는 자신의 선호정책에 반대하는 정보에 대해 자신의 입지를 약화시키기 위해서 자신의 라이벌과 정보생산자가 결탁했다는 의심을 할 수도 있다. 아무리 객관적인 분석이나 판단을 제공하더라도 이를 정보사용자 자신이 추진하려는 정책에 의도적인 영향을 주려는 시도나 음모로 비춰질 때, 정보불신의 골도 깊어질 뿐 아니라 정보기관의 권위도 약화되게 된다.

이런 현상은 간혹 특정 정보관이나 정보기관 전체, 심지어 모든 '정보' 자체에 대한 신뢰도 저하나 불신으로 이어져 정보사용자가 수용 자체를 거부할 경우 심각한 정책실패로 확대되게 된다.

이는 과도한 기대의 경우에도 같은 결과를 초래할 수 있다. 일반적으로 정책결정자들은 정보생산자의 인력이나 예산 등 자원의 제약을 고려하지 않고 지나치게 많은 정보를 요구하는 성향이 있다. 그래서 정보생산자가 자신이 원하는 시점에 원하는 수준의 정보를 제공하지 못할 경우 불쾌감을 넘어 정보불신으로 이어지는 경우가 발생할 수 있다. 정책결정자가 정보기관이나 정보의 매커니즘에 대해 이해가 부족한 경우에는 이러한 현상이 더욱 심화될 수 있다.

③ 현용정보의 과다선호 및 판단정보의 소외

또 한 가지의 문제는 정책결정자들이 판단정보에 비해 현용정보를 지나치게 선호한다는 것이다. 미국의 고위관리들은 국가정보판단(NIEs)이나 특별국가정보판단(SNIEs)을 정기적으로 읽지 않고 참모진들에게 검토를 지시하는 것으로 알려져 있다. 반면에 현용정보는 오히려 높은 관심도를 유지하고 있는데, 이는 대부분의 정책결정자들은 당장 해결해야 할 보다 긴박한 현안들에 관심을 집중하고 있기 때문이다.

Lowenthal에 따르면, 정책결정자들의 높은 선호도(request)로 인해 현용정보가 정보공동체의 존재 이유가 된다고 하는데, 이런 이유로 분석관들은 좌절한다(frustrate)고 한다. 분석관들의 입장에서는 전문지식과 분석기법을 바탕으로 장기적인 판단정보를 작성하고 싶어 하지만 정책결정자들의 선호도가 낮기 때문이다. 더구나 판단정보에 대해 정책결정자들의 선호도가 낮은 이유가 흥미의 부족(lack of interest) 때문이 아닌 시간의 부족(lack of time)이나 당면한 급박한 문제(pressing matters)로부터 잠깐이라도 벗어날 수 없기 때문이다.15)

이외에도 지나친 자존심으로 인해 정보사용자가 정보생산자로부터 제공된 정보를 무시하거나 중간 관료가 의도적 혹은 다른 여러 이유로 중간에서 정보사용자에게 객관적으로 판단할 수 있는 정보를 적시에 그대로 전달하지 않는 경우, 또 정보의 외부환경 요인 등으로 정보사용자가 정확하고도 객관적인 판단을 할 수 없는 경우 등이 있을 수 있다.

---

15) Mark M. Lowenthal, p. 111.

정보의 통제

제 1 절 정보통제의 개념 및 필요성

1. 정보통제의 개념

정보의 통제란 '국가정보기구 등 정보기관의 활동에 대해 업무범위와 책임의 소재 및 한계를 분명히 함으로써 권한을 자의적으로 오용 또는 악용하지 않도록 법, 제도, 기타 여러 통제방법을 통해 견제하고 이를 통해 보다 효율적이고도 안정적으로 목표에 부합되는 업무를 수행할 수 있도록 하는 일련의 조치'를 말한다. 국가정보포럼의 정의에 따르면, 정보의 통제란 정보기구에 대한 통제주체들이 정보기구의 활동이 조직목표에서 일탈하는 것을 방지하기 위하여 특정한 통제기준을 설정한 후 다양한 통제수단과 자원을 동원하여 정보기구를 평가, 시정 조치해 나가는 활동 전반을 의미한다고 한다.[1]

2. 정보통제의 배경 및 필요성

국가정보기관의 존재 이유는 국가안보를 위한 것이며 결코 체제안보나 정

---

[1] 국가정보포럼, p. 360.

권안보를 위해 존재하는 것이 아니다. 그러나 정보의 독점, 은밀성, 그리고 지휘
·감독체계의 집중성 등으로 인해 대통령 등 국가수반이 국가정보기관을 자의적
으로 오용·악용할 수 있는 가능성이 상존해 있고, 국가정보기관 자체의 관료화
로 인해 국가안보라는 측면보다는 자신의 이익을 근거로 움직이려는 관성을 보
이기 마련이다. 이외에도 견제세력의 부재, 정보의 남용·오용에 대한 검증의 어
려움, 인력과 비용의 절대적 우월성 등 정보기관의 구조적 특성 때문에 정보기
관에 대한 민주적 통제는 필수적이라 할 것이다.

현실적으로 정보기관에 대한 통제의 필요성이 제기된 건 정보화 사회의 진
전이나 민주주의의 발전으로 인한 인권의식의 확산과 사생활 보호 요구, 탈권력
화 등에 기인한다고 할 수 있다. 과거 정부가 독점하던 정보에 대해 국민들이
알 권리를 주장하면서 정보공개를 청구하게 되고, 이런 과정을 통해 정보기관의
권력 지향적 활동으로 인한 국민 기본권 침해에 대해 손해배상 청구 등의 적극
적인 문제 제기가 이루어지면서 정보기관에 대한 법률 또는 제도적인 통제 강
화의 필요성이 구체적으로 표출되었다고 할 수 있다.

여기서 통제라는 용어를 좀 더 자세히 살펴보면, 사전적으로는 주로 규제,
감독, 강제, 억제하는 행위를 의미하고, 이러한 제재를 통해 소기의 성과를 달성
하는 것을 의미하지만, 실제로는 이러한 부정적 측면 외에 미리 정보기관에 대
해 올바른 방향을 제시함으로써 자발적으로 순응할 수 있는 기회를 제공하는
긍정적 측면도 있다. 정보기관의 입장에서도, 정보기관에 대한 통제가 그 활동
범위에 대한 일정한 기준이 될 수 있으며, 책임소재를 분명히 함으로써 조직 스
스로를 보호할 수 있게 한다.2) 국민의 세금으로 운용되는 정부기관으로서 예산
에 대한 감시를 받고 그에 따른 책임을 져야 함은 당연하다 하겠다.

다만, 정보기관에 대한 통제는 정보활동의 위축으로 연결될 수도 있고, 정
보활동의 공개로 인한 보안의 취약성과도 직결될 수 있는 만큼 적절한 수준에
서 정보활동의 비밀유지와 공개적 통제가 이루어지도록 하는 것이 바람직하다.

통제의 방법에는 공식적 통제와 비공식적 통제, 내부통제와 외부통제 등이
있는데 여기서는 공식적 외부통제로서 최고정책결정자에 의한 통제와 법률이나

---

2) 미국의 역대 CIA 국장들 9명 중 7명은 정보기관이 의회와 같은 조직으로부터 민주적 감
시와 통제를 받는 것이 정보기관을 오히려 편하게 해주며, 부담을 덜어주게 된다는 점에
동의했다.: 문정인 외, p. 289.

예산을 통한 의회의 통제, 그리고 여론을 기반으로 한 언론의 통제 등을 중심으로 살펴본다. 외부통제와 별도로 정보기관 스스로 내부 윤리규정이나 교육 등을 통해 정보관들로 하여금 자발적으로 통제할 수 있도록 하는 조치를 병행하는 것도 필요한데, 실효적인 입장에서 보자면 통제 주체가 통제 수단을 결여할 경우 실질적인 통제가 이루어지기 어려우므로 정보의 통제를 위해서는 우선적으로 미리 목표나 기준을 설정함은 물론 통제의 실효성 확보를 위해 통제에 필요한 수단과 자원의 확보를 선결하는 것도 중요하다 하겠다.

제 2 절 정보통제 방법

1. 최고정책결정권자에 의한 통제

(1) 인사권 및 조직개편 권한

최고정책결정권자는 공무원의 임명 및 해임 등 인사권을 행사함으로써 정보기관에 대한 통제가 가능하다. 즉, 대통령이나 총리, 수상 등이 믿을 수 있는 측근을 정보기관의 책임자로 임명함으로써 직간접적으로 통제한다는 것이다. 또한 대통령은 정부조직들을 개편할 수 있다. 예를 들면 우리나라의 경우 김영삼 정부 당시 군 기무사의 축소, 김대중 정부초기 국가정보원 제 3 차장제 폐지 또는 신설의 경우가 대표적인 예가 될 수 있다. 이런 과정에서 간혹 정보기구가 사(私)조직화할 수 있음을 함께 경계하여 정보기관의 실효적 통제와 객관성 유지가 적절히 조화될 수 있도록 하여야 할 것이다. 국가정보원법 제 7 조 제 1 항에 의하면, 국가정보원장은 국회의 인사 청문을 거쳐 대통령이 임명하고 차장 및 기획조정실장은 원장의 제청으로 대통령이 임명하도록 규정한 것은 이를 반영한 것이라 하겠다.

(2) 직속기관(국가안전보장회의, NSC)을 통한 통제

미국의 경우 국가안전보장회의(NSC)가 정보기관을 통제할 수 있는 가장 대표적인 기관이다. CIA는 정보자료를 NSC에 제공하고, 국가안보와 관련한 행정부 각 부처 및 정보기관의 정보활동을 NSC에 건의하여 조정한다. NSC의 본래 목적이 국가안보와 관련하여 대통령을 보좌하기 위한 조직체인 만큼 미국 대통령들은 NSC를 적절히 활용함으로써 정보기관들을 통제하고 있다.

우리나라도 「국가안전보장회의법」 제10조에 '국가정보원장은 국가안전보장에 관련된 국내외 정보를 수집·평가하여 이를 회의에 보고함으로써 심의에 협조하여야 한다'고 규정하고 있다. 즉 국가안전보장회의3)를 보다 효율적으로 진행하기 위해 정보기관이 관련정보를 보고하도록 규정함으로써 정보기관의 활동을 간접적으로 점검할 수 있는 것이다.

최고정책결정권자의 정보기관에 대한 직접통제는 당연하다. 그러나 완전한 통제·장악으로 인해 자칫 국내정치 개입 등 정보기관의 사유화·정치화 가능성이 점증될 수 있을 뿐 아니라, 정보기관에 대한 지나친 의존으로 연결될 수도 있다. 그러나 미국의 레이건 대통령 당시, CIA주도로 이루어졌지만 대통령과 부통령 모두가 관련정보로부터 소외되어 있었던 Iran－Contra 사건4)에서 보듯이 대통령에 의한 정보기관의 통제에는 현실적으로 한계가 존재하고 있다.

2. 의회에 의한 통제

(1) 입법권 행사

법률에 의한 통제는 국회의 가장 강력한 통제라 할 수 있는데 정보기관 역시 과거에는 의회의 통제 권한 밖에 있었던 것으로 생각되어 오다가 도청 및 민간인 사찰 등의 불법행위나 정치활동 관여 등으로 사회문제로 불거지면서 차츰 법률적 통제가 강화되는 추세이다. 미국의 경우 1970년대 초반 칠레의 Allende 정권에 대한 CIA의 개입과 Watergate 사건5)이 발생한 직후 정보기관을 견제하

---

3) 대통령, 국무총리, 통일부장관, 외교통상부장관 및 국가정보원장과 대통령이 임명한 약간의 위원으로 구성.

4) 1986년 11월 니카라과 반군(니카라과 콘트라)에 대해 무기를 지원하기 위해 미국은 이란에 무기를 판매하였고 여기서 확보된 자금을 스위스 비밀구좌를 통해 니카라과 반군측에 제공하였다. 이 과정에서 미국은 타국정부의 전복을 위한 비밀공작을 금지한 의회의 결의를 위반한 데다 우방국에게 대이란 무기판매 금지를 요청한 상황에서 무기밀매를 자행하여 큰 정치적 문제로 비화되었다.

5) 1972년 6월 닉슨대통령의 재선을 도모하는 비밀공작반이 워싱턴의 워터게이트빌딩에 있는 민주당 전국위원회 본부에 침입하여 도청장치를 설치하려다 발각·체포된 미국의 정치

기 위한 의회의 조치가 본격화되면서 입법활동이 전개된다. 가장 대표적인 법안은 1974년에 제정된 「휴즈－라이언(Hughes－Ryan) 법안」이다. Hughes－Ryan 법안은 정보기관이 비밀작전을 수행하기 전에 대통령의 확인을 거치도록 했고, 적절한 시기에 의회의 관련 위원회에게 관련사실들을 보고하도록 규정해 놓았다. 이후 「해외정보감시법」(the Foreign Intelligence Surveillance Act, 1978), 「정보감시법」(the Intelligence Oversight Act, 1980)의 제정 또는 개정을 통해 정보기관에 대한 의회의 감시를 보다 강화시켜 나가게 된다.

한국의 경우 민주화과정을 거치면서 형성된 사회분위기 속에 정보기관에 대한 감시와 통제의 필요성에 대한 논의가 활발히 전개되어 오면서 1994년 국회에 의한 정보기관들에 대한 감시, 감독이 현실화되었다. 1994년 개정된 국회법에서 정보위원회가 신설된 것이다. 또한 1994년 안기부법(현 국가정보원법) 개정에서 정치관여 금지의 대상을 전 직원으로 확대시키고 또한 직권남용 금지조항까지 신설하는 등 강력한 법률적 통제를 진행하고 있다. 그러나 그 이후 국회의 감시활동 확대를 위한 추가적인 법제화 작업은 이루어지지 않고 있는 것으로 평가받고 있다.[6]

(2) 정보위원회 설치 및 운영[7]

법률적 통제 외에 정보기구 통제를 위한 별도의 상임위원회, 즉 정보위원회를 구성하여 통제하는 방법이 있는데, 정보위원회는 국정조사나 국정감사, 청문회 등을 통해 정보기구를 통제한다. 무엇보다도 정보활동에 대한 예산계획의 수립부터 집행, 결산에 이르기까지 심사할 수 있는 권한을 부여함으로써 실질적인 통제가 가능하도록 하고 있다.

미국의 경우 이를 위해 1976년에는 상원에 '상원정보특별위원회(the Senate Select Committee on Intelligence: SSCI)'를 설치하였고, 1977년에는 하원에 '하원상임정보특별위원회(the House Permanent Select Committee on Intelligence: HPSCI)'를 설치하였다. 미국 의회 내 정보위원회의 주요 임무는 첫째, 정보기관들의 예

적 사건을 말한다.
6) 문정인 외, p. 332.
7) 세계에서 의회에 정보위원회가 구성되어 있는 나라는 미국, 독일, 영국, 한국 정도이다.: 김윤덕, p. 303.

산과 지출을 심의·의결하는 것이고, 둘째는 정보기관들의 활동을 통제하기 위한 법안들을 작성하는 것이다. 셋째로는 필요하다고 판단되는 사안에 대해서는 청문회 개최 등을 주도하고, 넷째로 정보기관과 관련된 특별보고서를 작성하며, 경우에 따라서는 이를 공개하기도 한다. 예를 들면 1985년 상원 정보위원회가 필리핀의 마르코스 대통령에 대한 미국의 지지여부와 관련된 보고서를 작성하였는데, 이 보고서는 CIA의 정책결정에 상당한 영향을 미치기도 했다.[8]

한국 국회의 정보위원회는 1994년 국회법 개정을 통해 신설되었다. 국회법 제37조에서 정보위원회 소관업무로 ① 국가정보원 소관에 속하는 사항, ② 국가정보원법 제3조 제1항 제5호에 규정된 정보 및 보안업무의 기획·조정 대상부처 소관의 정보예산안과 결산심사에 관한 사항을 규정하고 있고, 정보위원회의 구성은 '의장이 각 교섭단체 대표의원으로부터 당해 교섭단체소속 의원 중에서 후보를 추천받아 부의장 및 각 교섭단체 대표의원과 협의하여 선임'한다. 다만, 각 교섭단체 대표의원은 정보위원회의 위원이 된다'고 규정하고 있다. 또한 국회법 제54조의 2에서는 특례조항을 두어 정보위원회 회의는 공개하지 못하도록 하고, 정보위원회 활동과 관련하여 직무수행상 알게 된 국가기밀은 공개하거나 누설하지 못하도록 규정해 놓고 있다. 국가정보원법 제12조 제5항에는 정보위원회의 예산심의를 비공개로 하며, 국가정보원의 예산내역을 공개하거나 누설하지 못하도록 규정되어 있다.

이외에도 공청회, 청문회, 특별위원회 구성 및 운영, 예산 및 결산에 대한 심사, 안건심의, 대정부 질문, 국정감사 및 국정조사의 실시 등 국회법에 규정되어 있는 정보기관에 대한 감시·감독·통제 방안은 여러 가지가 있지만, 국가정보원법상의 비공개 규정과 국회에 대한 증언이나 답변거부 규정[9] 등으로 인해 국회의 정보기관에 대한 감시기능에 있어 현실적 한계가 지적되고 있다. Mark. Lowenthal도 미국의 경우 위원회의 정치성 및 객관성(objectivity) 문제, 정보기관

---

8) Pat M. Holt, Secret Intelligence and Public Policy, pp. 225-229; 문정인 외, p. 317에서 재인용.
9) 국가정보원법 제13조에서는 '국회에서 자료의 요청 및 증언을 요구받은 경우에 군사·외교·대북관계의 국가기밀에 관한 사항으로서 그 발표로 말미암아 국가안위에 중대한 영향을 미치는 사항에 한하여 그 사유를 소명하고 자료의 제출, 증언 또는 답변을 거부할 수 있다'고 규정.

의 활동 등에 대한 전문지식 흠결, 집권 정치세력의 의도적 사실 은폐(whitewash)
나 위력 사용(lynching) 등으로 인해 통제에 현실적인 어려움이 있을 수 있음을
지적하였다.[10]

3. 언론 등에 의한 통제

언론은 정보기관의 권력남용을 폭로하고 불법행위 사례를 보도함으로써 국
민여론을 조성, 정보를 통제하는 기능을 수행한다. 언론이 정보기관을 통제한다
는 것은 '국민의 알 권리'와 직결되는 것으로 정보기관이 얼마만큼 국가안보를
위해 충실하게 일해 왔는가를 언론이 확인하고 감시한다는 것이다. 언론의 '공
개성'과 정보기관의 '은밀성'은 쉽게 조화되기 힘들고, 국가이익에 대해서도 상
반된 입장을 보이고 있다. 정보기관은 '은밀성'의 유지가 국가이익에 직결된다고
주장하고, 언론은 정보기관의 활동에 방해가 되더라도 '공개'를 통한 국민의 알
권리를 충족시키는 것이 국가이익에 부합된다는 입장이다.

미국의 경우 이러한 입장 차이에도 불구하고, 1950~60년대 냉전시대에는
양자간에 협력관계가 지속되었다. 언론이 '국가이익'이라는 측면에서 정보기관
들의 요구사항들을 가능한 수용하고 협력하는 모습들을 보였던 것이다. 1960년
New York Times誌는 미국의 정찰기인 U-2기가 소련 영공을 침공하였다가
격추당했다는 사실을 알면서도 보도하지 않았으며, 1961년 Times誌도 쿠바 피
그만 사태[11]가 발생했을 때 침투한 쿠바인들이 완전히 철수할 때까지 보도하지
않았다. 그러나 언론과 정보기관의 상호 공생적인 모습을 보이던 양상은 워터게
이트(Watergate) 사건을 계기로 크게 변화했다. 언론이 더 이상 정보기관에 대
한 보도를 자제하거나, 지연, 축소하는 것을 기대하기 어려운 상황이 전개되기
시작했다. 또한 과거에 비해 훨씬 빨라진 언론보도는 점점 정보기관의 부담으로
작용하고 있다. 1991년 걸프(Gulf)전 당시 CNN과 같은 뉴스 매체들의 보도는
정보기관들의 정보망보다 더 빠르고 더 효과적인 정보를 생방송으로 전파하였

---

10) Mark M. Lowenthal, p. 195.
11) 1959년 쿠바에서 카스트로의 공산혁명이 성공하자, CIA는 카스트로 정권전복을 위해 마
    이애미에 거주하던 1,500여 명의 쿠바 망명자들을 규합, 무기 및 장비를 지원하여 1961년
    쿠바에 침투시켰으나, 상륙을 기다리고 있던 카스트로 군대에 의해 궤멸된 사건.

다. 이러한 일련의 변화들은 언론에 대한 정보기관들의 통제와 협력요청이 과거
와 달리 제한적일 수밖에 없다는 것을 예시하고 있다.12)

　　한국의 경우 장기간 지속된 군사정권하에서 언론의 감시기능은 매우 취약
하였다. 1980년대 초반까지만 해도 언론에 대한 보도지침이 강력한 힘을 발휘
하면서 정보기관에 의해 언론이 통제되는 양상을 보여 왔다. 그러다가 민주화가
진행되면서 정보기관에 대한 언론의 감시13)와 폭로기능이 회복되었다. 특히
2001년 소위 '수지 김' 사건14)은 언론의 추적과 폭로에서 시작되었던 것으로서
정보기관의 권한남용에 경종을 울린 사례였다.

　　이외에도 사회단체 등에 의한 통제 역시 국민 여론을 형성함으로써 정보기
관을 통제한다고 할 수 있겠다.

---

12) 문정인 등, p. 320.
13) "어디에 얼마나 썼나? … 안기부 예비비," 주간동아, 제255호, 2000년 10월 19일자.
14) 1987년 수지 김(당시 35살)은 홍콩으로 건너가 호스티스 생활을 하던 중 상사원으로 나와
　　있던 윤00(당시 28살)과 결혼하게 되었지만 결혼 석 달 만에 남편에 의해 살해되었다.
　　2000년 '당시 안기부 주도로 북한이 연루된 해외 상사원 납치 공작 사건으로 조작되었다'
　　는 국내 언론보도를 시작으로 전모가 밝혀졌다.

정보기구 개괄 및 정보공유

제1절 정보기구의 의의 및 분류

1. 정보기구의 개념

정보를 수집, 분석·생산하여 최고정책결정자로 하여금 국가안보나 국가의 주요 정책결정 등에 사용할 수 있도록 제공하기 위하여 특별히 교육·훈련된 인력과 시설, 장비 등으로 조직된 유기체를 정보기구라 하는데, 대부분의 국가들은 인간정보와 기술정보활동을 분리하거나 또는 통합적으로 운영·관리할 수 있는 정부차원의 정보기구를 갖고 있고, 정보환경의 변화에 맞춰 지속적인 변화를 모색하고 있다. 정보기구는 활동의 특성상 정보수요 진단에서 첩보수집, 분석 및 배포에 이르기까지 유기적으로 업무를 수행할 수 있는 통합 조직이어야 하면서 동시에 첩보수집이나 분석 및 배포 등 각 기능별로 전문화하여야 할 필요가 있어 이에 대한 적절한 조화가 매우 중요하다(국가정보포럼, pp. 173-177).

2. 정보기구의 분류

정보기구의 활동은 주로 첩보수집 및 정보분석, 비밀공작, 방첩활동 및 정책정보생산 등으로 대별할 수 있는데 정보의 분류에서 살펴보았듯 정보를 기준에 따라 다양하게 분류할 수 있듯 정보기구 또한 분류기준에 따라 다양하게 분류될 수 있다. 예컨대 수집활동에 따라 정보를 분류할 경우 인간정보와 기술정보, 그리고 다시 기술정보를 신호정보와 영상정보 등으로 분류할 수 있는데, 이렇게 분류할 경우에는 정보기구 역시 인간정보활동을 전문적으로 하는 정보기구와 기술정보, 특히 신호정보를 전문으로 하는 정보기구로 구분할 수 있다. 미국의 국가안보국(National Security Agency: NSA)이나 영국의 정보통신본부(Government Communications Headquarters: GCHQ), 러시아의 연방통신정보국(FAPSI) 등은 대표적인 신호정보기구라 할 수 있고, 미국의 중앙정보국(Central Intelligence Agency: CIA)이나 연방수사국(Federal Bureau of Investigation: FBI), 러시아의 연방보안부(FSB)나 해외정보부(SVR), 영국의 비밀정보부(Secret Intelligence Service: SIS)나 보안부(Security Service: SS), 프랑스의 해외안보총국(DGSE)이나 국내일반안전국(DGSI), 독일의 연방정보부(BND)나 연방헌법보호청(BFV), 중국의 국가안전부, 일본의 내각정보조사실, 이스라엘의 모사드와 신베쓰 등은 인간정보활동을 전문으로 하는 정보기구라 하겠다.

이를 다시 정보활동 대상지역에 따라 해외정보기구와 국내정보기구로도 나눌 수 있는데 이럴 경우에는 미국의 CIA나 영국의 SIS, 러시아의 SVR, 프랑스의 DGSE, 독일의 BND, 이스라엘의 모사드 등은 해외정보기구로, 미국의 FBI나 영국의 SS, 러시아의 FSB, 프랑스의 DGSI, 독일의 BfV, 이스라엘의 신베쓰 등은 방첩활동을 주로 하는 국내정보기구로 분류할 수 있다.

또한 인간정보와 기술정보 모두를 포함하여 비밀공작이나 방첩활동 등에 이르기까지 대부분의 정보활동을 통할하여 수행하는 정보기구도 있는데, 구 소련의 KGB(국가보위부)나 중국의 국가안전부, 우리나라의 국가정보원 등이 대표적이다. 이를 통합형 정보기구라 한다. 다음 도표는 이해하기 쉽도록 편의상 해외정보기구와 국내방첩정보기구, 신호정보기구와 영상정보기구로 구분하여 보았다.

|표 1-1| 정보기관의 기능별 분류

국 가	해외정보	방첩활동	신호정보	영상정보
미 국	중앙정보국(CIA)	연방수사국(FBI)	국가안보국(NSA)	국가정찰국(NRO)
영 국	비밀정보부(SIS)	보안부(SS)	정부통신본부(GCHQ)	
러시아	해외정보부(SVR)	연방보안부(FSB)	연방통신정보국(FAPSI)	
프랑스	해외안보총국(DGSE)	국내일반안전국(DGSI)		
독 일	연방정보부(BND)	연방헌법보호청(BfV)	통신감청국	
중 국	국가안전부	국가안전부	기술부	
이스라엘	모사드(Mossad)	신베쓰(Shin-Beth)		
일 본	내각정보조사실			
북 한	국가안전보위부			

제2절 주요 국가의 국내정보 조직체계[1]

1. 개괄

앞에서 보았듯 정보활동 대상 지역에 따라 정보기구는 해외정보기구와 국내정보기구로 나눌 수 있다. 우리나라의 경우 미국이나 영국, 프랑스, 독일 등의 예처럼 국내정보 전담기구가 별도로 조직되어 있지 않고 경찰청 정보국에서 그 역할을 대신하고 있다.

여기서는 경찰의 정보활동을 구체적으로 살펴보기에 앞서 미국을 비롯하여 영국, 프랑스 등 주요 국가의 국내정보 조직체계 및 활동에 대해 우선 개괄적으로 살펴보기로 한다.

아울러 국내안보상황을 위협하는 다양한 '정보 위해요인'들에 대한 대응,

---

1) 문경환, 2014, 주요 국가의 국내정보활동 및 조직체계 연구, 한국경호경비학회지 제41호, 153-183면을 재구성한 것임.

즉 대테러, 대스파이(Counter-espionage), 방첩(Counterintelligence), 대사보타지(Sabotage) 활동 등 적극적이고도 선제적인 정보활동을 수행할 수 있는 국내정보기구(Domestic Intelligence)의 신설 필요성 등 우리나라 정보조직 또는 활동영역의 재편 가능성에 대해서도 함께 검토해 보았다.

이를 위해 미국의 대표적인 국내정보조직이라 할 수 있는 연방수사국(FBI: Federal Bureau of Investigation)과 국토안보부(DHS: Department of Homeland Security), 그리고 9.11 테러 이후 미국이 높은 관심을 보이고 있는 영국의 국내정보기관으로서 보안부(SS: Security Service) 모델과 최근 신설된 프랑스 국내정보조직으로서 국내일반안전국(Direction générale de la sécurité intérieure, DGSI)이나 이러한 DGSI의 전신인 국내중앙정보국(DCRI: Direction centrale du Renseignement intérieur) 등에 대해 집중적으로 검토한 후 우리나라에의 적용 가능성 등을 살펴본다.

2. 영국·미국·프랑스의 국내정보활동 및 조직체계

(1) 영국의 국내정보활동 및 조직

1) 영국의 정보조직 체계 개괄

영국의 정보기구는 해외정보기구로서 정보기관법(Intelligence Service Act 1994)에 근거한 비밀정보부(SIS: Secret Intelligence Service)와 국내정보기구로서 보안부법(Security Service Act 1989)을 근간으로 하는 보안부(SS: Security Service), 그리고 기술정보(Technical Intelligence)를 담당하는 정부통신본부(GCHQ: Government Communication Headquarters)와 군 정보조직으로서 국방정보본부(DIS: Defense Intelligence Staff)로 조직되어 있다.

비밀정보부와 정부통신본부는 총리(Prime Minister) 아래 외무부(Foreign and Commonwealth Secretary) 소속 하에 있고, 보안부는 내무부(Home Secretary)에, 국방정보본부는 국방부(Defense Secretary)에 소속되어 있다(Jackson, 2009: 129; Burch, 2007: 6).

법률적으로는 보안부법에 의해 보안부의 정보활동과 관련된 활동 규칙이나 임무, 기능이 규정되어 있고, 정보기관법 제정으로 의회의 '정보 및 안보 위원회 (ISC : Intelligence and Security Committee)'를 통해 비밀정보부(SIS)나 정부통 신본부(GCHQ), 그리고 보안부(SS)의 예산과 행정, 정책을 감독한다.

영국은 오랜 기간 동안 대테러 정보역량 강화를 위해 노력해 왔는데, 그 중 에서도 가장 중요한 변화 중 하나는 2007년 5월 형사사법(criminal justice) 영역 을 내무부로부터 법무부로 이관하고 내무부는 정보수집과 대테러활동 및 범죄 예방 등 경찰활동에 집중한 것이라 하겠다. 이러한 활동을 감독하기 위해 영국 은 안전 및 대테러국(OSCT: Office for Security and Counter-Terrorism)을 신설하 였고, 총리 주재 하에 매월 국가안전위원회(National Security Committee)를 개최 하는 한편 매주 내무 비서관(Home Security) 주관 회의도 개최한다(Jackson, 2009: 115-116).

영국에서 국내안보에 대한 잠재적 위협과 관련된 정보의 수집과 이러한 위 협에 대한 선제적 대응을 위한 정보의 사용은 오랜 역사를 갖고 있는데, 1829년 에 런던경찰청(Metropolitan Police Force)이 탄생하면서 경찰이 범죄 예방과 질서 유지에 필요한 정보를 수집하던 중 1883년에 아일랜드공화국군의 테러에 대응 하기 위해 중앙정보국(Central Bureau of Intelligence)이 탄생하였고, 1887년에는 특수활동국(Special Branch)이 설립되었다.

이렇게 영국의 경우에는 역사적으로 국내정보기구인 보안부와 경찰청 특수 활동국의 관계가 오래도록 지속되어 왔는데, 국외정보기구 및 전자정보나 기술 정보 전담 정보기구의 필요성에 따라 비밀정보부(SIS)와 정부통신본부(GCHQ) 역시 보안부의 주도 아래 설립되었다(Burch, 2007: 6).

2) 영국의 국내정보 조직체계 및 활동의 특징

영국의 국내정보 전담조직으로서 보안부(SS, MI5)는 테러리즘이나 방첩 (counterintelligence), 대량살상무기 확산, 조직범죄를 포함하는 광범위한 안보 위 협에 대응하기 위한 정보활동을 수행한다(Burch, 2007: 6). 보안부법에는 보안부 의 역할과 책임을 이렇게 규정해 두고 있다.

보안부의 기능은 국가안보의 보호인데, 특히 국외세력 정보원의 스파이활동(Espionage)이나 테러리즘, 사보타지로 인한 위협과 정치적, 산업적, 폭력적 수단에 의해 의회 민주주의를 전복시키거나 약화시키려는 활동으로부터의 보호이다. 또한 국외위협으로부터 영국의 경제적 안정을 지키는 기능을 수행한다.

이러한 보안부는 두 가지 특징을 갖고 있는데, 하나는 이렇게 광범위한 정보활동을 수행하면서도 미국의 연방수사국(FBI)와 달리 독립적인 체포권을 갖지 않고 있다는 것이고 다른 하나는 국외정보를 담당하는 비밀정보부를 포함하여 런던경찰청을 비롯한 지방경찰청 특수활동국(Provincial Special Branches) 등 영국 내 56개 경찰관서와 긴밀한 협력체계를 갖추고 있다는 것이다.

특히, 정보공유와 관련하여 실질적이고도 효과적인 정보공유를 위해 보안부는 비밀정보부(SIS)나 정부통신본부(GCHQ)는 물론 중대범죄수사청(SOCA: Serious Organized Crime Agency)[2]과 같은 법집행기관과도 긴밀하게 협력하고 있다(Jackson, 2009: 130). 특히, 대테러활동에 있어서 경찰의 역할이 매우 큰 비중을 차지하고 있는데, 예컨대 런던 수도경찰청(Metropolitan Police Service)은 대테러활동에 있어서 국가차원의 조정 역할을 수행하고 있고, 2006년에는 대테러국(Anti-Terrorist Branch)과 특수활동국(Special Branches) 업무를 통합하여 대테러본부(Counter-Terrorism Command)를 창설함으로써 정보 분석과 수사 및 활동 지원까지를 담당하고 있다(윤태영, 2010: 87-89).

보안부는 국가수준의 대테러정보는 물론이고 구역 단위(regional level)나 지역 단위(local level) 수준의 테러 상황에 대해서도 각 경찰관서의 특수활동국(Special Branches)과 긴밀한 협력 관계를 유지한다. 보안부에서는 부령(Ministerial guidelines)을 통해 각 특수활동국에 기본적인 활동지침을 제공하는

---

2) 2006년 설립된 중대범죄수사청(Serious Organized Crime Agency, SOCA)은 2013년 10월 국가범죄수사국(National Crime Agency, NCA) 창설로 그 기능과 조직이 흡수되었는데, NCA는 중대범죄나 조직범죄 외에도 경제범죄(사기)와 사이버범죄, 아동 및 청소년 대상 성범죄, 국경 보호(무기, 마약 등 수입 금지물품 밀수) 등 업무를 담당하고, 대테러 업무는 런던경찰청과 보안부에서 계속 수행한다.(www.nationalcrimeagency.gov.uk, 2014. 10. 4 검색)

데, 특수활동국의 가장 중요한 역할은 국가안보와 관련된 비밀정보활동을 수행하는 것이다. 9.11 테러 이후 이렇게 여러 해를 거쳐 발전된 조직 체계를 통해 경찰과 보안부는 상호협력 하에 아일랜드공화국군이나 국내외 테러 및 극단주의자들로부터의 테러에 대해 실질적인 변화를 이루어냈다.

이러한 변화 가운데 가장 두드러진 성과는 52개 경찰관서와 보안부 간의 관계라 할 수 있는데, 이를 반영하듯 경찰은 구역단위 수준의 대테러정보부(CTIUs: Counter Terrorism Intelligence Units)와 대테러부(CTUs: Counter Terrorism Units)를 신설하였고 보안부 역시 구역 단위의 8개 지부를 새롭게 신설함으로써 이러한 관계를 촉진하였다(Jackson, 2009: 130-131).

또한 2003년에 보안부 감독 하에 설립된 합동테러리즘분석센터(JTAC: Joint Terrorism Analysis Center)에 각 정보기관으로부터 파견된 분석관들을 함께 근무토록 함으로써 정보기관 간의 장벽을 깨고 실질적인 정보공유가 이루어지도록 하였다(Burch, 2007: 6). 실질적이고도 효과적인 정보공유를 위해 합동테러리즘분석센터(JTAC)에는 보안부를 비롯하여 경찰, 그리고 비밀정보부를 비롯한 11개 정부부처로부터 파견된 분석관이 보안부장 책임 하에 국가수준(national level)의 국내외 테러위협에 대한 정보분석 역할을 수행하여 테러리즘의 경향과 조직, 가능성 등에 대한 심층적인 보고서를 생산하고 있다. 합동테러리즘분석센터장은 보안부장에게 보고하도록 되어 있으며 합동테러리즘센터의 분석관들은 특별히 보안부의 국제대테러(International Counter Terrorism) 및 대스파이(Counter Espionage), 대대량무기확산(Counter Proliferation) 부서와 긴밀히 협력하고 있다. 보안부에서 수집, 분석된 정보는 총리 산하 합동정보위원회(JIC: Joint Intelligence Committee)를 통해 장관(Minister)을 비롯한 정부 각료(senior officials)에게 보고된다(한국국가정보학회, 2013: 425).[3]

이렇듯 영국 보안부의 가장 큰 장점으로는 '정보공유 체계'(mechanism to coordinate sharing of intelligence)라고 할 수 있다. 특히, 법률에 근거한(well defined set of national laws) 강력한 협력체계(well defined executive structure, strong executive coordination)와 독립적인 평가체계(independent assessment

---

3) 합동정보위원회에는 각 정보기관에서 파견된 인력과 지역별 및 분야별 분석팀이 모여 각종 위협과 위험을 평가한 후 일일정보보고서 등을 통해 총리 및 내각에 보고한다.

process), 그리고 잘 갖춰진 통제(감독) 조직과 절차(oversight structure and procedure)를 장점으로 들 수 있다.

(2) 미국의 국내정보활동 및 조직체계

1) 미국의 정보조직 체계 개괄

미국은 9.11 테러 이후 대테러활동의 효율적 통합 조정을 위해 2002년에는 국토안보부법(Homeland Security Act of 2002)을 제정하여 국토안보부(DHS : Department of Homeland Security)를 설치하였고, 2004년에는 정보개혁 및 테러 예방법(Intelligence Reform and Terrorism Prevention Act of 2004) 제정을 통해 국가정보장(DNI : Director fo National Intelligence)을 신설함으로써 정보기관 간 정보 공유 협력 강화를 시도하였다.

미국의 정보공동체는 2004년 신설된 대통령 직속의 국가정보장 아래 16개 정보기구로 구성되어 있다. 여기에는 중앙정보부(CIA: Central Intelligenc Agency)를 비롯하여 국방정보부(DIA: Defense Intelligence Agency), 국가정찰국(NRO: National Reconnaissance Office), 국가안보국(NSA: National Security Agency)는 물론 연방수사국(FBI: Federal Bureau of Investigation)의 국가안보처(National Security Branch)와 국토안보부(Department of Homeland Security)의 정보분석국(Offfice of Intelligence & Analysis)도 포함된다.

대통령 직속 하에 독립적으로 운영되는 중앙정보국을 제외하고는 여타 정보기구는 모두 특정 행정부처에 소속되어 정보업무를 수행한다. 연방수사국과 마약단속국(DEA: Drug Enforcement Administration)은 법무부에 소속되어 있고, 국방정보부(DIA)와 국가안보국(NSA), 국가정찰국(NRO), 그리고 국가지리공간정보국(NGIA: National Geospatial Intelligence Agency)은 국방부 소속의 정보기구이다.

정보개혁 및 테러방지법에서는 국가정보장(DNI)의 임무를 '정보공동체의 책임자로서 대통령 및 국가안보회의(National Security Council), 국토안보회의(Homeland Security Council) 등에 대한 자문과 정보 보고 책임, 합동정보공동체회의(JICC: Joint Intelligence Community Council) 주관, 국가정보프로그램(National Intelligence Program) 운영 및 감독, 국가대테러센터(NCTC: National

Counterterrorism Center) 감독 및 여타 국가정보 관련 센터 설립 등'으로 규정하고 있다. 또한, 중앙정보국장에 대해서는 경찰권이나 소환권, 법집행 권한과 국내정보기능을 제외하고 인간정보활동을 통한 국외정보의 수집과 다른 정보기구 및 부처 간의 조정 역할 등을 임무4)로 규정하고 있다.5)

또한, '정보개혁 및 테러예방법'을 토대로 설립된 국가대테러센터(NCTC)와 국가정보센터(National Intelligence Center)는 국가정보장(DNI)의 요구에 따라 ① 테러 및 대테러와 관련되어 미국 정부가 보유한 정보를 분석, 종합하고 ② 대테러활동에 대한 전략적 실행계획(Strategic operational planning)을 수립하며 ③ 정보기관이 임무 달성에 필요한 정보에 접근할 수 있고, 이를 제공받을 수 있도록 하며 ④ 이미 알려져 있거나 혐의가 있는 테러리스트와 국제 테러단체들에 관한 정보를 통합하고 공유하는 역할을 수행한다.6)

2) 미국의 국내정보활동 및 조직 체계

미국의 대표적인 국내정보조직으로는 연방수사국(FBI)과 국토안보부(DHS)를 들 수 있는데, 연방수사국의 경우 정보기능과 수사기능을 동시에 수행한다. 정보기능은 국가안보처(National Security Branch)에서 수행하는데, 그 아래에는 대테러과(Counterterrorism division)와 방첩과(Counterintelligence division), 정보과(Directorate of Intelligence), 그리고 대량살상무기과(Weapons of Mass Destruction Directorate)를 두고 있다. 수사는 'Criminal, Cyber, Response and Services Branch'에서 수행하는데 하위 조직으로 범죄수사과(Criminal Investigation Division)와 사이버수사과(Cyber Division), 중요사건대응팀(Critical Incident Response Group), 국제범죄수사과(International Operations Division) 등을 두고 있고, 과학기술처(Science and Technology Branch)와 정보통신처(Information and Technology Branch), 인사처(Human Resources Branch) 등도 별도로 운영하고 있다.

국토안보부(DHS)는 9.11 테러를 계기로 테러 공격의 사전예방 및 테러발생

---

4) Executive Order 12333에 의하면, CIA의 주요 임무는 해외정보 및 방첩정보의 수집, 생산, 배포와 마약 생산 및 거래에 관한 해외정보의 수집, 생산, 배포, 그리고 국외 방첩활동 및 국가정보장과 법무장관 승인 범위 내 국내 방첩활동, 대통령이 승인한 특수공작 등이다.

5) Intelligence Reform and Terrorism Prevention Act of 2004, section 1, sec 1011

6) US Intelligence and Counterintelligence Laws and Regulations Handbook, 제1021조, pp.130 − 133; p.151

시 사태 수습을 목적으로 2002년 11월 제정된 국토안보부법(Homeland Security Act)에 근거하여 22개 행정부처를 통합, 약 17만 명의 인원을 흡수하여 탄생하였다. 주요 임무는 중앙정보국이나 연방수사국 등 관련 정보기구와 협조체계를 구축하여 국내외 정보를 수집하고 핵무기, 생화학 무기 등 대량살상무기 및 테러 공격 등에 이용될 수 있는 무기의 제조, 반입을 사전에 예방하는 것이다. 국경경비와 재난대비, 화생방 대비, 세관 관리 및 이민업무 등도 수행한다(국가정보포럼, 2006: 190).

특히, 미국 내 테러리스트의 공격예방 및 테러에 대한 미국의 대응능력 강화, 테러 발생 시 피해의 최소화 및 재건 등의 임무를 부여받았는데, 이에 따라 테러예방 및 대책에 관한 종합적인 국가전략 수립 및 이에 따른 부처 간 조정, 테러정보수집, 그리고 이렇게 수집된 정보를 연방수사국에 제공하는 등의 역할을 수행한다(이호용, 2009: 240).

국토안보부에서 정보업무를 핵심적으로 수행하는 부서는 정보분석국(Office of Intelligence & Analysis)이라 할 수 있는데, 정보분석국의 주요 임무로는 정보분석을 통한 위협의 인식과 국내안보에 필요한 정보수집과 공유 및 정보관리 등이다. 정보분석국에는 국장 아래 분석팀, 미션 지원팀, 계획 및 정책, 성과 관리팀, 정보 공유 및 관리팀, 방첩팀, 대테러팀(Homeland counterterrorism), 현용정보팀(Current Intelligence), 국경안전팀, 작전팀, 사이버 및 기반시설팀 등을 두고 있다.[7]

정보분석국은 정보공동체 내에서도 독특한 권한을 갖고 있는데, 그것은 바로 각 주나 지방정부, 그리고 민간영역에 이르기까지 정보를 공유할 수 있는 권한이다. 국내 안보와 관련된 위협에 대응하고 이를 예방하기 위한 전략(Homeland Security Enterprise)을 주도하는 한편 'State and Major Urban area Fusion Center'를 운영함으로써 연방정부와 주정부, 지방정부 간에 양방향 정보공유의 허브 역할을 수행하고 있다.[8]

3) 미국의 국내정보 전담기구 설립 논의

미국의 경우 연방수사국이나 국토안보부 등 국내정보를 담당하고 있는 정

---

7) www.dhs.gov/xlibrary/assets/org—chart—ianda.pdf

8) www.dhs.gov/state—and—major—urban—areas—fusion—centers

보기구를 운영하고 있음에도 여전히 국내정보를 '전담'할 독립된 조직의 필요성에 대한 논의가 진행되고 있다(Burch, 2007: 7).

이에 대해 Burch는 효과적인 국내정보활동 조직체계 구축과 관련하여 세 가지 중점 과제를 제시하고 있다. 첫 번째는 법집행기관과 정보기관의 활동 목적의 차이를 극복할 수 있는 조직의 구상인데, 즉 법집행기관은 처벌(prosecute)을 목적으로 하고, 정보기관은 정보수집을 최우선 목적으로 하기 때문에 협조에 한계가 있다는 것이고, 두 번째로는 정보공유를 위한 국가차원의 융합(fusion)조직의 필요성, 세 번째는 시민의 자유보호와 효과적인 감독방안 마련이라 할 수 있다(Burch, 2007: 1).

① 새로운 국내정보 전담 기구의 신설을 주장하는 입장

Burch(2007: 2)는 미국 내 이러한 국내정보 전담기구의 도입에 있어서 실현가능성(feasibility), 적합성(suitability), 수용성(acceptability)을 중심으로도 검토하였는데, 새로운 정보기구의 신설 필요성을 주장하는 입장에서 제시하는 장점으로는 우선 향후 발생 가능한 새로운 테러 공격 예방을 위한 정부 차원의 강력한 대응으로서의 '상징적' 의미가 있다는 것이고, 두 번째로는 법집행기관과 정보기관 간의 경쟁적 관계 유지에 있어서 장점이 있다는 것이다. 예컨대 FBI의 경우에 있어서 정보활동은 결국 법집행을 위한 부수적인 활동에 그칠 수밖에 없는데, 독립적인 정보기구가 신설될 경우에는 이러한 문제를 극복할 수 있다는 것이다. 또한, 세 번째 장점으로는 독립적인 국내정보 전담기구를 신설할 경우 비노출 활동을 수행하거나 그러한 인력을 채용하는 데에 있어서 훨씬 더 용이하다는 점을 들고 있다.

연방수사국의 문제점을 지적하는 입장에서는 여전히 연방수사국이 두 가지 기능, 즉 국내정보기관으로서의 역할과 안전 또는 법집행기관으로서의 역할을 동시에 수행해야 한다는 점을 지적하는데, 그런 이유로 영국의 보안부(SS)와 같은 수사권을 가지지 않은 완전한 '국내정보 전담기구'가 필요함을 주장하고 있다(Svendsen, 2012: 383-395).

9.11 의회 조사 보고서에서 지적된 FBI의 문제점 가운데 몇 가지를 살펴보면, 첫 번째로는 연방수사국의 분권화된 조직구조와 적절치 못한 정보기술이 관

련된 정보들을 유기적으로 분석할 수 없도록 하였다는 것이고, 두 번째로는 많은 연방수사국 요원들이 대테러 정보를 높은 우선순위에 두지 않아 알카에다에 대한 정보를 충분히 갖고 있지 못했으며, 세 번째로는 연방수사국의 이러한 단편적인 수사정보가 정책 결정자에게 국가 차원의 테러로까지 이를 수 있음을 전달해 주지 못했다는 것이다.

그런 이유로 미국의 경우 국토안보부를 신설하였고, 국가정보장과 국가대테러센터(NCTC)도 신설하였다. 또한 연방수사국 조직을 개편하여 현장정보단(FIGs: Field Intelligence Groups) 제도도 시행하고 있다. 하지만 그럼에도 불구하고 여전히 국가대테러센터와 주 또는 지방 조직들 간의 명확한 연결고리가 마련되지 않았다는 것과 정보 공유에 있어서 조직 간 장벽이나 내부 갈등이 잔존하고 있다는 것이 문제로 지적되고 있다.

그런 의미에서 앞에서 언급한 국토안보부 내 정보분석국에서 운영 중인 'State and Major Urban area Fusion Center'는 연방정부와 주정부, 지방정부 간에 양방향 정보 공유의 허브로서 매우 중요한 역할을 수행한다고 할 수 있다.

② 새로운 국내정보 전담 기구 신설을 반대하는 입장

새로운 국내정보 전담기구 신설에 대한 반대 의견의 경우에는 연방수사국과 연계하느냐 아니면 완전히 독립된 기구를 신설하느냐의 문제에 있어서, 우선 완전히 독립된 새로운 정보기구를 신설할 경우 정보공유의 효과성에 있어서 오히려 더 큰 문제가 야기될 수도 있다는 우려를 제기한다. 또한, 당연히 시민의 자유와 통제에 있어서 문제가 발생할 수 있다는 우려도 제기된다.

다만, 새로운 국내정보 전담기구 신설을 반대하는 입장에서 독일의 국내정보 기구가 법집행기관으로부터 분리되어 있는 점을 예시하는 지적의 경우에는 독일의 역사적 배경을 고려할 필요가 있다. 즉, 독일의 경우 과거 동독의 정보기관이 정보와 수사 권한을 동시에 가지면서 권한을 남용했던 점을 이유로 법집행기관으로부터 국내정보조직을 분리했던 점을 상기할 필요가 있다. 결국 국내정보 전담조직의 신설 여부는 시민의 권리와 공공의 안전, 이 두 가지 문제를 어떻게 해결해야 하느냐에 달려 있다고 하겠다(Burch: 16-18).

결과적으로 미국의 경우 결과적으로 국내정보 전담조직을 신설하기 보다는 다른 대안으로서 국가대테러센터와 국가정보장, 그리고 국토안보부를 신설하는 것으로 결론지었다. 하지만 여전히 중요한 과제로 남아 있는 건 법집행 기관과 정보기관의 융합된 형태의 조직 신설이냐 아니면 독립된 국내정보 전담조직의 신설이냐의 문제라기보다는 보다 효율적인 조직개편과 정보공유, 그리고 이러한 조직에 대한 감독일 수밖에 없다.

Burch는 이에 대해 국가정보장과 국가대테러센터의 신설로 국내정보 및 해외정보를 통합하고, 국토안보부와 연방수사국 정보기능의 전문화를 실현했음에도 불구하여 여전히 이러한 시도들이 엄청난 발전을 이루거나 의미 있는 변화를 이루었는지에 대해 의문을 제기하고 있다(2007: 19).

9.11 테러 이후 국가정보장 및 국토안보부의 신설이나 연방수사국의 변화와 함께 또 하나의 중요한 변화로 볼 수 있는 것이 국가방첩실(ONCIX: Office of the National Counterintelligence Executive)의 조직 변화이다. 기존 FBI 아래 두었던 국가방첩실은 2004년 정보개혁 및 테러방지법에 따라 국가정보장 아래로 재편되었다(장노순, 2009: 188). 국가방첩실의 책임자인 국가방첩관(NCIX: National Counterintelligence Executive)은 매년 국가정보전략(NIS: National Intelligence Strategy)에 따라 국가방첩전략(National Counterintelligence Strategy)을 수립하고, 국외로부터의 정보위협을 평가 분석하며, 정보수집활동 등에 있어서 우선순위를 결정하는 등의 업무를 수행한다.[9]

③ 새로운 국내정보 전담 기구 모델 검토

Jackson(2009)은 미국에 있어서 새로운 국내 정보기구 신설과 관련하여 몇 가지 모델을 제시했는데, 크게는 현재 운용되고 있는 대표적인 미국의 정보기관, 즉 중앙정보국(CIA)이나 연방수사국(FBI), 그리고 국토안보부(DHS)를 중심으로 그 아래에 국내정보 전담기구를 두는 방법과 또 한 가지는 새롭게 변형된 신설조직을 창설하는 방법으로 나눌 수 있다.

우선 첫 번째로는 연방수사국(FBI) 아래에 국내정보 전담기구를 두는 방법이다. 이는 가장 간편하면서도 비용이 절감되는 방법이라 할 수 있다. 왜냐하면, 연방수사국은 기히 법집행과 국내 대테러, 그리고 국내 방첩업무를 맡고 있고,

---

9) http://www.dni.gov/index.php/about/organization/office-of-the-national-counterintelligence-executive-what-we-do

9.11 테러 이후에는 국내 대테러활동에 있어서는 가장 중요하고도 핵심적인 역할을 맡고 있기 때문이다. 이 경우 특히 합동대테러 태스크포스(JTTFs: Joint Terrorism Task Forces)와 현장정보팀(Field Intelligence Group 등), 그리고 법집행기관의 분석팀 등과의 관계를 강화하는 데에 있어서 매우 유리할 수 있다. 다만, 이 경우 앞에서 보았듯 정보 기능에만 전념할 수 없다는 문제점과 함께 법집행기능과 정보기능 간 책임의 문제, 그리고 (수사/정보 간) 직업 문화의 차이로 인해 쉽게 맞물려 돌아가기가 여의치 않을 것이라는 우려가 제기된다. 예컨대 FBI 내 국가안보처(National Security Branch) 아래 대테러과와 방첩과, 정보과 등이 존재하지만, 정보과에서 국가안보와 관련된 정보활동을 하는 동시에 일반적인 범죄정보활동을 하고 있고, 대테러과나 방첩과 역시 법집행과 관련된 부분도 책임을 지고 있기 때문이다.

두 번째 모델로는 중앙정보국(CIA) 내에 국내정보 전담기구를 두는 방법이다. 이 경우에는 국내정보와 국외정보 모두를 통할할 수 있고, 양측 모두 정보활동을 하는 업무 성격 상 문화적 차이도 적어 상호 정보 공유를 하는 데에 있어 효과적일 거라는 것이다. 또한 비슷한 분석 기술을 가진 분석관들끼리 상호 병렬적이거나 위임하는 형태 등으로 분석 업무를 협력하여 수행할 수 있고 통합적인 정보관리도 가능하다는 장점이 있다. 하지만, 이 모델의 경우에는 보다 더 투명하고 공개된 활동으로 국외 정보활동에 비해 훨씬 더 높은 수준의 국민 신뢰가 선결되어야 한다는 문제가 제기된다. 역사적으로 권한 남용 등에 기반한 중앙정보국 활동에 대한 국민들의 두려움을 해소하기 위한 투명성 제고가 우선되어야 한다는 것이다.

세 번째 모델은 국토안보부(DHS) 내에 하부 조직으로 두는 방법이다. 이 경우 이미 국토안보부 내에 설립, 운영 중인 국가기반시설 위험분석센터(HITRAC: Homeland Infrastructure Threat and Risk Analyis Center)나 이민국(USCIS: Citizenship and Immigration Services), 해안경비국(USCG: Coast Guard) 등과도 정보 공유가 매우 유용할 것이라는 장점이 있다. 다만, 이 경우 국토안보부 내 여러 기능과 여타 기관들 간의 관계를 어떻게 설정할 것인지 등 조직 편제에 있어서 복잡한 문제가 발생할 수 있다는 것이고 비용 역시 만만치 않을 것이라는 지적이 있다. 또한 절차에 있어서도 매끄럽지 못할 것이라는 우려가 제기된다. 예를 들어 허리케인 카트리나(Katrina)에 대한 대응에 있어서 FEMA(Federal Emergency Management Agency)의 효율성 문제가 제기된 바 있다.

위에서 본 세 가지 모델은 모두 기히 설립되어 있는 정보기구, 즉 중앙정보국과 연방수사국, 그리고 국토안보부 조직 내에 하위 조직으로서 대테러나 방첩 등 국내 정보활동을 전담할 기구를 설립하는 모델들이나 네 번째 모델의 경우에는 이와 달리 '독립된' 별도의 기구를 설립하는 방안이다.

이러한 방안의 경우에도 Jackson(2009)은 좀 더 구체적으로 세분하여 두 가지의 유형을 제시하였는데[10], 첫 번째 모형은 기존의 정보 기구들, 즉 중앙정보국과 연방수사국, 국토안보부는 그대로 둔 채 별도의 예산을 편성하여 연방 수준의 조직을 신설하여 국내정보, 특히 대테러 정보활동을 위한 중앙 허브(central hub)로서의 역할을 수행하고 주(state) 단위와 구역(region) 단위, 지방(local) 단위 조직과의 관계도 유지하게 하는 것이다. 구체적인 예로 국가대테러센터와 같이 중앙정보국의 대테러센터(Counterterrorism Center), 연방수사국의 방첩과(Counterterrorism division)를 비롯하여 최소 10여 개의 정보 관련 기구로부터 파견 나온 분석관들이 활동하도록 하는 모형이다. 이 모형의 단점으로는 여전히 기존의 기구들 가운데 법집행 기능을 수행하는 기구, 즉 연방수사국이나 국토안보부 같은 기구와의 관계에 있어서 법집행 기능을 완전하게 분리해 내지 못한다는 것이다. 이는 법집행기관과 정보기관 간의 문화적인 차이 역시 극복하기 쉽지 않다는 문제를 안고 있다. 또한, 정책결정자(정보사용자) 입장에서는 보다 정확한 정보를 얻을 수 있다는 장점을 가질 수 있겠지만, 국가대테러센터와 같은 기존의 조직과 중복(redundancy)됨으로써 효율성 저하 및 기관 간 업무중첩(duplication)의 문제가 발생할 수 있다. 기관 간 책임회피와 책임분산의 문제 역시 고려할 필요가 있다.

두 번째 모형은 현재의 시스템을 단순화하는 방안이다. 즉 현재 국내정보활동을 담당하는 기구의 역할을 강화하여 그 강화된 기구에 여타 국내 정보기구, 즉 연방수사국이나 국토안보부의 '정보' 기능만 이전하는 것이다. 이는 첫

---

10) Jackson은 완전한 집권형 모델도 제시하였는데, 이는 기존의 모든 조직을 완전히 없애고 대신 새롭게 이를 대체할 기구를 신설하자는 것인데 이는 지나치게 이상적인 모델로 여기서는 별도로 설명하지 않기로 한다.

번째 모형과 같이 별도 조직을 신설하지 않음으로써 업무의 중첩이나 조직의 중복을 피할 수 있는 장점이 있고 조직 신설을 위한 별도의 예산 추가도 필요치 않다. 다만, 이러한 하이브리드(hybrid) 국내 정보조직의 경우 현재 국토안보부 가 겪고 있는 문제, 즉 제각각 독립적인 정보기구들 간의 실질적인 정보 공유나 협조가 쉽지 않다는 것이다.

이 외에도 현재의 국내정보조직 체계를 유기적으로 상호 연결(interconnect) 하는 방안이 제시될 수 있는데, 이는 기존의 체계를 그대로 유지하되 기관 간 관계를 더욱 강화하는 모형이다. 이 모형의 장점은 현재의 상태를 가장 잘 유지 한 상태에서 국내정보활동, 특히 대테러 활동과 관련된 정보 기구 간 정보공유 와 협력체계를 발전시킨다는 것이다. 즉, 이 모형의 특징은 기관 간 연결과 정 보공유 강화가 핵심이다. 정보 공동체는 물론 주 정부와 구역 단위 및 지방 정 부의 법집행기관이나 민간영역에 이르기까지 테러 정보의 공유를 강화하기 위 해 이미 시행 중인 ISE(Information Sharing Environment)와 유사한 방식이다. 다 만, 연방정부와 주 정부 및 지방 정부와의 양 방향 정보공유와 민간영역과의 정 보공유가 '실질적으로' 어느 정도 이루어질 수 있는 지가 가장 중요한 관건으로

|표 1-2| 미국 국내정보 전담기구 신설 논의 주요 모델

구 분		특징 및 장단점
기존 조직 내 신설	FBI 내 신설	비용은 절감되나 법집행기능과 정보기능 간 책임회피 및 문화적 차이 등으로 갈등 우려
	CIA 내 신설	국내외 정보를 통합하여 효과적인 정보공유 및 관리가 가능하나 정보공개의 투명성 확보 등에 있어서 문제가 제기됨.
	DHS 내 신설	DHS의 조직구조 상 더욱 복잡한 관계로 인해 처리절차 지연 등의 문제가 발생함.
별도 독립기구 신설	FBI/DHS의 상위조직 신설	FBI와 DHS 내 국내정보활동만 통합 관리하는 상위조직 신설방안으로 기존 조직 간 업무중첩 문제가 제기됨.
	FBI/DHS의 국내정보기능만 이전, 통합	실질적인 정보공유 방안 마련이 핵심
기존 조직 간 연계 강화		연방정부와 주정부, 지방정부 간 양방향 정보공유체계 및 프로그램, 절차 마련이 핵심

남게 된다. 이를 극복하기 위해서는 새로운 정보공유 체계와 표준화 된 계층화, 그리고 운용 프로그램과 절차 등의 표준화 마련이 필요하다. 특히 연방정부로의 (to the federal level) 정보 전달만이 아닌 연방정부로부터의(from the federal level) 정보 전파의 문제가 제기될 수 있다(Jackson, 2009: 123－147).

(3) 프랑스의 국내정보활동 및 조직체계

1) 프랑스의 정보조직 체계 개괄

프랑스의 정보기구는 국내정보를 담당하는 내무부 아래 국내일반안전국 (DGSI: Direction générale de la sécurité intérieure)과 해외 정보를 담당하는 국방부 소속의 대외안보총국(DGSE), 그리고 군사정보부(DRM)와 국방보안부(DPSD) 등으로 구성된다.

해외 정보 업무를 담당하는 대외안보총국(DGSE)은 1982년 설립되었는데 전략국, 첩보국, 공작국, 기술국, 행정국 등으로 조직되어 있고, 국내정보를 담당하는 국내일반안전국(DGSI)은 정보활동국과 기술국, 일반 행정국 등으로 구성되어 있다.[11]

국내일반안전국(DGSI)은 2008년에 설립되었던 국내중앙정보국(DCRI: Direction centrale du Renseignement intérieur)이 폐지되면서 2014년 5월 2일 신설되었는데, 기존 국내중앙정보국(DCRI)의 업무를 승계하여 주로 대스파이, 대테러, 대량살상무기 확산방지, 경제주권 수호 등 각종 위협에 대응한 정보활동 등을 수행한다.

2) 프랑스의 국내정보활동 및 조직체계

프랑스에서 국내정보를 담당하고 있는 국내일반안전국(DGSI)은 기존 국내중앙정보국이 2008년 7월 1일자로 경찰청 소속의 기존 일반정보국(RG: Renseignements Généraux)과 국토감시국(DST: Direction de la Surveillance du Territoire)을 통합하여 내무부 아래 신설되었다가 2010년 국내중앙정보국이 사르코지 대통령에 관한 악성루머를 공식적으로 조사한 것을 계기로 개인의 사생

---

11) http://www.lemonde.fr/societe/article/2014/05/12/la－dcri－se－transforme－en－dgsi_
4415032_3224.html

활침해 문제 및 정치적 문제 등으로 비화되면서 2014년 4월 30일 데크레(Le décret du 30 avril 2014)를 통해 2014년 5월 2일 경찰청 소속에서 내무부 소속으로 이전, 재편되었다.[12)]

국내일반안전국의 전신인 국내중앙정보국은 우리나라의 경찰청 정보국과 매우 유사하여 경찰청 내에 소속되어 있었는데,[13)] 대테러국(Terrorism), 대스파이국(Counter-Espionnage), 폭력 및 파괴행위 전담국(Violent Subversion), 경제보호국(Economic Protection), 기술국(Intelligence Technology), 국제문제국(International Affairs), 행정국(General Administration) 등으로 구성되어 "프랑스 영토 내에서 국가 이익 침해를 야기할 수 있는 모든 활동들에 대한 대응"을 기본으로 하여 테러 및 국가의 권위와 안전에 대한 비밀 또는 국가이익에 대한 침해 활동의 예방과 처벌, 국가의 안위에 대한 침해를 야기할 수 있는 전자통신의 감시 및 전자통신기술과 관련된 범죄에 대응하는 활동을 주된 임무로 하였다. 여기에는 극단적 성격, 동기, 행동 방식에 의해 국가안전(sécurité nationale)의 침해를 야기할 수 있는 개인, 단체 및 조직에 대한 감시와 사회현상 분석업무까지를 포함하였다.[14)]

3. 우리나라 국내정보활동 및 조직체계와의 비교

(1) 우리나라의 국내정보활동 및 조직 개관

1) 조직 체계

앞에서 언급하였듯 우리나라의 경우 영국이나 미국, 현재의 프랑스와 같은 형태의 국내정보 전담기구는 존재하지 않는다. 프랑스의 국내안전관리국(DGSI)의 전신인 국내중앙정보국(DCRI)과 유사하게 경찰청 정보국에서 대부분의 국내정보활동을 담당하고 있고, 국내보안정보[15)]활동 가운데 '대공, 대정부전복, 방

---

12) http://www.interieur.gouv.fr/Actualites/L-actu-du-Ministere/Reforme-du-renseignement-interieur

13) www.police-nationale.interieur.gouv.fr/Organisation/Direction-Centrale-du-Renseignement-Interieur

14) 데크레 제2008-609호 제1조, 2008년 6월 27일 제정

15) 정책정보와 구분되는 개념으로 보안정보 또는 방첩정보라는 용어를 사용하는데, 국가정보원법 제3조 제1항에서는 대공, 대정부전복, 방첩, 대테러 및 국제범죄조직과 관련된 정보

첩, 대테러 및 국제범죄조직'과 관련된 정보활동에 대해서만 국가정보원에서 맡도록 국정원법(제3조 제1항)에 규정되어 있다.[16]

대테러정보와 관련하여 국가정보원은 테러정보통합센터(Terrorism Information Integration Center)를 통해 테러정보를 수집·분석하고, 통합 관리한다.

국가정보원 외에 우리나라의 대표적인 국내정보기관으로서 경찰청 정보국의 조직체계 및 활동에 대해서는 제2부 경찰정보의 이론과 실제에서 자세히 살펴보기로 한다.

2) 업무의 범주

국가정보원의 경우 앞에서 보았듯 국가정보원법에서 대테러 및 방첩 등 국내 보안정보활동에 대해 업무의 범주를 명확하게 규정하고 있지만, 경찰의 정보활동과 관련해서는 구체적으로 살펴볼 필요가 있다.

경찰의 정보활동 범위와 관련하여서는 경찰법과 경찰관직무집행법, 그리고 대통령령인 경찰청과 그 소속기관 직제에 잘 나타나 있는데, 우선 경찰법 제3조에는 국가경찰의 임무 중 하나로 '치안정보의 수집·작성·배포'를 규정하고 있고, 경찰관직무집행법(이하 경직법) 제2조 제3호에는 경찰의 직무 범위 안에 '치안정보의 수집 작성 및 배포'를 포함하고 있다. 또한, 대통령령인 경찰청과 그 소속기관 직제 제14조에서는 경찰청 정보국의 직무 분야를 '정치·경제·사회·학원·종교·문화 등'은 물론 '정책정보'까지 포함한다고 규정하고 있다.

여기서 경찰청의 '치안정보' 활동에 국내 정보활동 가운데 가장 핵심적인 활동이라 할 수 있는 '방첩활동'이나 '대테러정보활동'이 포함되는 지가 중요한 논점이라 하겠다.

경찰법이나 경찰관직무집행법에서 규정하고 있는 '치안정보'의 개념에 대해 살펴보자면, 현행법 상 '치안정보'의 용어에 대해 명확한 규정을 두고 있지는

활동을 국내보안정보로 규정하고 있다.

16) 국가정보의 개념을 정의하는 데에 있어서 넓은 의미에서 범죄정보까지를 포함하는 경우가 있기도 하나, 일반적으로는 포함시키지 않으므로 여기에서는 범죄정보활동을 수행하는 대검찰청이나 경찰청에서 수행하는 범죄정보활동은 제외하기로 한다(문경환·이창무, 2014: 13 이하 참조). 또한, 통일부나 외교부에서도 일부 정보활동을 수행하나 여기서는 국가정보원법이나 경찰청법 또는 경찰관직무집행법 등 법률에 규정된 국가정보활동 수행기관만을 중심으로 설명하기로 한다.

않다. 다만, 경찰청과 그 소속기관 직제 제14조 제3항에서는 경찰청 정보국장의 사무로 '정치·경제·노동·사회·학원·종교·문화 등 제 분야에 관한 치안정보'라고 규정하여 경찰정보활동 영역에 있어서 수집·분석 대상이라 할 수 있는 '치안정보'를 구체적으로 예시·열거함으로써 '경찰정보'활동의 영역이나 범위와 다르지 않음을 알 수 있다. 이렇게 볼 때 '국민의 생명·신체 및 재산보호, 범죄의 예방·진압·수사 등 공공의 안녕과 질서유지'나 '국가 사회의 안녕과 질서를 유지 보전'하는 경찰의 활동에 대테러활동이나 방첩활동이 포함될 수 있다고 보면, '치안정보활동'의 범주에도 대테러 정보활동이나 방첩활동이 포함될 수 있다고 보아야 한다. 다만, 경찰청 경비국 내에 대테러 활동을 전담 수행하는 위기관리센터 대테러계를 두고, 보안국 내에 대북 및 방첩활동을 수행하는 부서를 두어 전국의 지방경찰청과 경찰서에서 수행하고 있는 대테러활동 및 방첩활동을 실질적으로 지도·조정하고 있는 것과 별개로 이러한 활동을 위한, 특히 대테러 및 방첩과 관련된 정보활동을 위한 보다 명확한 법률적 기반을 마련하는 노력은 매우 중요하다 생각된다. 경찰정보활동의 법률적 근거나 업무범주와 관련해서는 제2부 경찰정보의 이론과 실제에서 자세히 살펴보기로 한다.

(2) 영국·미국·프랑스 국내정보조직체계와의 비교 및 시사점

1) 국내정보 조직체계 비교

국내정보기구의 조직체계 비교에 앞서 우선 '국내정보활동'에 대한 범주를 설정하는 것이 필요한데, 이미 안보 위협요인의 복잡 다양화로 인해 안보의 개념이나 영역이 무한히 확대되면서 지리적 또는 물리적 경계를 통해 국내와 국외 정보활동을 구분하는 것 또한 별다른 의미를 갖기 어려운 상황임을 감안할 때 여기서는 주요 국가들의 '국내 정보기구'의 공통적인 활동 영역을 통해 범주를 설정하는 것이 적절할 것으로 생각된다.

영국이나 미국, 프랑스의 예를 통해 살펴보면 [표 1 – 3]에서 보듯이 국내정보기구의 활동 영역은 대체적으로 방첩(Counterintelligence)과 대테러활동(Counterterrorism), 그리고 조직범죄나 대량살상무기 확산 방지 등의 활동으로 규정지을 수 있겠다. 특히 방첩과 대테러활동이 국내 정보기구의 역할 가운데 가장 핵심적인 역할이라 할 수 있겠다.

영국과 미국, 프랑스의 국내정보조직체계의 경우에는 앞에서 보았듯 영국은 내무부 소속의 독립된 국내정보 전담기구로서 보안부(SS)를 운영하고 있는데에 반해, 미국은 독립적인 국내정보 전담조직을 두지 않고, 연방수사국(FBI)과 국토안보부(DHS) 내에 국내정보활동을 담당하는 부서, 즉 연방수사국의 경우에는 국가안보처 아래에 대테러과와 방첩과, 정보과, 대량살상무기과를 두고 있고, 국토안보부에는 정보분석국을 두어 이러한 역할을 수행토록 하고 있다. 또한, 프랑스의 경우에는 기존 경찰청 소속의 국내중앙정보국(DCRI)을 최근 내무부로 이전하여 국내일반안전국(DGSI)으로 명칭을 변경하였지만, 여전히 기존의 국내중앙정보국과 같이 대테러, 방첩을 비롯하여 대량살상무기 확산 및 조직범죄와 관련된 정보활동을 전담 수행하고 있다.

우리나라의 경우에는 이들 나라와 달리 대테러, 방첩, 국제범죄조직을 비롯하여 대정부전복이나 대공과 관련된 정보활동을 국가정보원에서 담당하도록 국가정보원법에 규정해 두고 있는데, 이는 곧 국가정보원이 국외정보활동과 동시에 대표적인 국내보안정보활동이라 할 수 있는 대테러와 방첩 업무까지 병행하고 있음을 알 수 있다. 또한 앞에서 살펴보았듯 경찰청 정보국에서 맡고 있는 치안정보의 범주에 대테러나 방첩 관련 정보활동도 포함되는 것으로 보아 경찰청 정보국 역시 이러한 업무를 동시에 수행하고 있다고 할 수 있다.

| 표 1-3 | 영국·미국·프랑스 및 우리나라의 국내정보활동 조직 비교

구 분	정보 기구	소속 및 업무 범주
영국	보안부 (SS)	내무부 소속 대테러, 방첩, 대량살상무기 확산, 조직범죄 등
미국	연방수사국(FBI) 국가안보처	법무부 소속 대테러, 방첩, 대량살상무기 확산 등
	국토안보부(DHS) 정보분석국	대테러, 방첩 등
프랑스	국내일반안전국 (DGSI)	내무부 소속 대테러, 대스파이, 방첩, 대량살상무기 확산 등
한국	국가정보원	국외정보 및 대테러, 방첩, 대정부전복, 대공, 국제범죄조직
	경찰청 정보국	치안정보(대테러, 방첩 등), 정책정보

(2) 시사점

국내안보상황을 위협하는 다양한 정보 위해요인들에 대응할 수 있는 국내 정보 전담조직, 특히 대테러 및 대스파이활동, 그리고 방첩활동을 보다 적극적이고 선제적으로 수행할 수 있는 조직의 신설 또는 현재 조직체계의 개편 가능성을 검토하는 데에 있어서 논의의 핵심은 크게 두 가지로 요약될 수 있다.

첫 번째로는 대테러 및 대스파이, 방첩활동 등 국내정보활동을 전담하여 수행할 '국내정보기구'가 과연 필요한가의 문제를 들 수 있고, 두 번째로는 국내정보 전담기구가 필요하다면 어떤 형태의 정보기구가 적당할 것인가의 문제로 귀결될 수 있다.

국내정보 전담기구 신설과 관련된 핵심논제 가운데 첫 번째 논제, 즉 대테러 및 대스파이, 방첩활동 등 국내정보활동을 전담하여 수행할 '국내정보기구'가 과연 필요한가의 문제에 있어서는 미국의 예를 주시할 필요가 있는데, 미국의 경우 9.11 테러 이후 테러 정보의 효율적 통합 및 조정을 위해 정보 공유 강화 차원에서 국가정보장(DNI)을 신설하는 외에 테러 정보를 통합적으로 운영하기 위한 전담 조직으로서 국토안보부(DHS)를 신설하였다. 또한 연방수사국(FBI) 개편을 통해 대테러 기능과 방첩 기능을 강화하였다. 다만, 그럼에도 불구하고 여전히 미국 내에서는 국내 정보 '전담 조직'의 필요성에 대한 논의가 진행 중이고 영국의 보안부(SS) 모델에 대한 적극적인 검토가 진행 중이다.

우리나라의 경우에는 현재 대통령 직속의 국가정보원이 국외정보활동은 물론 국내정보활동 가운데 보안정보 활동, 특히 방첩과 대테러, 대정부전복, 국제범죄조직, 그리고 대북 정보활동 임무를 맡고 있다. 물론 조직 내 편제를 통해 국외정보기능과 국내정보기능을 분리하여 운영하고는 있지만 조직 전체로 볼 때에는 국외정보활동과 국내정보활동을 모두 아우르고 있는 것으로 평가된다. 또한 일부 특별범죄에 국한되어 있기는 하나 내란이나 외환죄를 비롯하여 반란죄나 암호부정사용죄, 그리고 군사기밀보호법 상 규정된 죄와 국가보안법 관련 범죄에 대한 수사권한도 법적으로 부여받고 있다. 이런 이유로 미국 내에서 제기되고 있는 것처럼 국외정보활동 기능과 국내정보 기능의 분리 필요성이나 정보기구로부터의 수사권한 분리 필요성에 대한 논의가 제기된다고 할 수 있다.

또한, 무엇보다 중요하다 할 수 있는 정보공유에 있어서 테러정보통합센터를 통해 테러정보를 통합 관리하고는 있으나 실질적으로 국외정보를 전담하는 국가정보원과 국내정보를 담당하는 경찰청 정보국이 유기적으로 정보를 공유하는 데에는 근본적인 한계가 있을 수밖에 없다. 특히, 테러 및 방첩 관련 정보를 '수집'하는 데에 있어서는 인력이나 조직상의 한계 등으로 인해 국내정보를 담당하고 있는 경찰청 정보국과의 정보공유가 무엇보다 중요하다고 할 수 있는데, 현행 국가정보원법상으로는 국가정보원에서 대테러 및 방첩 정보활동을 수행하도록 규정되어 있어 경찰청 대테러센터를 중심으로 테러 발생 시 대응체계를 구축한 것과는 별개로 경찰에서는 테러정보나 방첩정보를 수집하는 전담조직을 운영하지는 않고 있다.

이런 이유로 테러 및 방첩과 관련된 정보활동에 있어서 국가정보원과 경찰과의 업무 중첩 해소는 물론 영국의 예에서와 같이 적극적이고도 효율적인 정보공유체계 마련이 시급하다 하겠다.

물론 영국의 보안부나 미국의 FBI, DHS, 프랑스의 DCRI의 역사적 탄생 배경을 통해서 보았듯이 국내 정보기구를 새롭게 신설할 필요성이 있는가의 문제와 신설한다면 어떤 모델을 따르는 것이 바람직한가의 문제는 매우 어려운 문제일 수밖에 없는데, 이는 역사적 배경이나 국가 및 사회적 상황, 국민들의 인식 등 매우 다양한 문제들이 복잡하게 작용할 수밖에 없기 때문이다.

집중화를 통한 통합적이고도 독립적인 정보기구를 신설함으로써 대테러 및 방첩 활동의 효율성을 극대화 하는 것과 이러한 집중화로 인해 국민의 자유나 권리의 침해가 더욱 심각할 수 있다는 우려는 오랜 논쟁의 핵심이라 하겠다.

두 번째 논제인 '국내정보 전담기구가 필요하다면 어떤 형태의 정보기구가 적당할 것인가'의 문제는 결국 효율적인 정보공유와 보다 발전적인 형태의 정보체계 마련이 가장 중요한 과제라 할 수 있는데, 국내정보 전담기구의 바람직한 형태와 관련해서는 미국의 사례를 주의 깊게 살펴 볼 필요가 있다.

예컨대 연방수사국 내에 국내 '정보' 기능만을 전담하는 조직을 두는 경우에는 연방수사국 조직 특성 상 법집행기능을 수행하는 조직과 정보활동을 수행하는 조직이 병존함으로 인해서 신설되는 '국내정보 전담기능' 역시 현재 연방수사국 내 국가안보처(National Security Branch) 아래 대테러과와 방첩과, 정보과에서 '범죄정보활동'을 동시에 수행하는 문제점을 그대로 드러낼 수 있다는 것이고, 국토안보부 내에 두는 경우에는 국토안보부의 조직 특성 상 22개의 부처가 통합 구성됨으로 인하여 신설되는 '국내정보 전담조직' 역시 내부 편제 상 여러 기능과의 관계 설정이나 프로세스에 있어서 매우 복잡한 문제가 발생할 수 있다는 것이다.

또한 국외정보 전담기구인 중앙정보국(CIA) 내에 국내정보 전담기구를 두는 경우에는 모두 정보활동을 수행하는 '문화적 동질성'이나 실질적인 '정보공유', '업무처리방식의 유사성' 등 많은 장점에도 불구하고 과거 권한남용 등으로 인해 실추된 국민 신뢰 등 조직 이미지가 결정적으로 부정적으로 작용할 수 있다는 데에 주목할 필요가 있다. 이는 우리나라 사례에도 투영해 볼 문제이다.

기존 조직 내에 설치하는 방안과 달리 독립적인 별도기구를 신설하는 방안에 있어서는 현재 시스템을 강화함으로써 조직을 단순화 하는 방안이나 현재 시스템을 유지하면서 '기관 간 협력체계'를 강화하는 방안을 적극 검토할 만한데, 우리나라의 경우 프랑스의 국내중앙정보국(DCRI)처럼 현재 국내정보활동을 수행하는 경찰청 정보국으로 하여금 방첩 및 대테러, 대스파이 활동을 전담케 하는 방법과 국가정보원 업무 가운데 방첩 및 대테러, 대정부전복, 국제범죄조직, 대북 정보활동과 관련된 국내보안정보 활동을 분리하여 별도 정부부처 아래 독립적인 국내정보 전담기구를 신설하는 방안을 고려할 수 있다. 이 경우 영국 보안부 내 합동테러리즘분석센터(JTAC)나 미국 DNI 산하 국가대테러센터(NCTC) 및 국가정보센터(NIC)와 같이 대테러 및 방첩활동과 관련하여 유관기관 간 적극적이고도 실질적인 협력이 가능한 협의 및 실행조직을 마련하는 것이 병행되어야 할 것이다. 특히 영국 보안부와 같이 경찰은 물론 국외정보를 전담하는 국외정보기구를 비롯하여 방첩활동 및 대테러 활동과 관련된 유관 기구들의 실질적인 협력을 담보할 수 있도록 분석관 파견 등의 적극적인 노력이 수반되어야 한다.

또한, 미국의 사례와 같이 연방수사국이나 국토안보부 등 국내 정보를 전담하는 조직을 신설해 두고도 '법집행 기능'을 병행하도록 함으로써 빚어지는 구조적 문제들을 치유하기 위해서 정보기구 기능 가운데 '법집행기능'을 완전하게 배제함으로써 순수한 정보조직으로 운영하는 방안도 함께 고려하여야 한다.

다만, 프랑스 모델과 같이 경찰청 정보국의 역할을 강화하여 대테러, 대스파이 및 방첩정보활동을 수행하게 하거나 완전히 독립된 국내정보 전담기구를 신설할 경우에는 미국의 예와 같이 국내외 정보를 통합 관리 및 공유할 수 있는 상위 조직 신설 역시 함께 검토되어야 할 것이다.

국내정보 전담기구의 신설 필요성이나 도입 방향 등과 관련해서 가장 중요하게 논의되어야 할 부분은 정보공유의 효율성 제고를 통한 국가안보의 확보와 기관 간 견제를 통한 국민의 자유와 권리보장 간의 간극을 어떻게 조율하느냐에 달려 있다고 해도 과언이 아닐 것이다. 그리고 결과적으로 도입 가능한 바람직한 모델 구상과 함께 중요하게 고려되어야 할 부분 중 하나가 미국의 예에서 보았듯 이러한 정보기구 신설과 관련된 국민의 인식이나 신뢰의 문제임은 부인할 수 없는 사실이다.

미국의 연방수사국(FBI)이나 국토안보부(DHS) 등 국내 정보조직의 여러 문제점을 통해서 볼 때, 영국의 보안부나 프랑스의 국내일반안전국과 같이 별도의 정부부처 아래 방첩 및 대테러 등의 업무를 수행하는 독립적인 국내정보전담조직을 신설하거나 프랑스의 기존 조직형태인 국내중앙정보국(DCRI)과 같은 경찰청 정보국 모델을 고려할 수 있는데, 이 경우 영국의 보안부 또는 미국의 국가정보장(DNI) 산하 국가대테러센터(NCTC)나 국가정보센터(NIC)와 같이 유관기관 간의 적극적이고도 실질적인 정보공유 및 협력을 위한 실행조직 마련이 반드시 병행되어야 한다.

아울러 이러한 논의의 핵심이 국가안보에 있어서 무엇보다 중요한 국가정보활동의 효율화와 이를 통한 국민의 자유, 권리 보호에 있음은 재삼재사 강조할 필요가 없다. 또한, 그런 이유로 이러한 국가정보조직체계에 대한 변화 시도의 목표가 보다 강력한 정보기관의 위상 정립에 있다는 사실도 간과해서는 안 된다.

제3절 한국 정보기구의 발전방향 및
방첩기관 간 정보공유

1. 한국의 정보체계 개괄

우리나라의 대표적인 국가정보기구로는 국가정보원이 있고, 군 정보기구로는 국방부 산하의 정보본부와 군 방첩을 담당하는 군사안보지원사령부가 있고, 합동참모본부 산하의 국군정보사령부가 있다. 또한 국내정보활동을 담당하는 경찰청 정보국과 통일부 정보분석국, 외교부의 외교정책실 등이 있다.

국가정보원의 전신인 중앙정보부는 1961년 6월 10일 '국가안전보장과 관계되는 국내외 정보사항 및 범죄수사와 군을 포함한 정부 각부의 정보수사활동을 조정·감독'하는 기능을 중앙정보부법에 규정하면서 출범하였다. 이후 국가안전기획부를 거쳐 현재의 국가정보원이라는 명칭으로 변경되었다. 국가정보원은 국가정보원법에 따라 현재도 우리나라의 정보 및 보안업무의 기획·조정 업무를 맡고 있으며, 국가정보기관으로서 국외정보활동과 국내보안정보활동 가운데 대공, 대정부전복, 방첩, 대테러, 국제범죄조직과 관련된 정보활동을 수행하도록 규정되어 있다.

보다 구체적으로 법에서 규정하고 있는 국가정보원의 임무는 ① 국외 정보 및 국내보안정보(대공, 대정부전복, 방첩, 대테러, 국제범죄조직)의 수집·작성·배포 ② 국가기밀에 속하는 문서·자재·시설·지역에 대한 보안업무 ③ 국가안보관련 범죄수사 ④ 국정원 직원의 직무와 관련된 범죄수사 ⑤ 정보 및 보안업무의 기획·조정이다.

국가정보원의 조직 및 예산, 인원 등은 비밀로 규정하여 공개를 금지(국가정보원법 제 6 조)하고 있으나 국민의 정부 이후 대대적인 조직 개편을 단행하여 명칭과 부훈을 변경하고 인력 역시 다소 감축하였으며 북한 담당인 제 3 차장을 폐지한 것으로 알려져 왔다. 그러나 남북정상회담 준비 등의 과정에서 북한 관련 업무의 증가에 부응하기 위해 대북 3차장제를 부활하고 안기부 시절과 동일한 1(해외)·2(국내)·3(대북)차장제로 환원된 이후 현재에 이르고 있는 것으로 알려져 있다.

군사안보지원사령부(구 국군기무사령부)는 1948년 5월 육군본부 정보국 산하 특별 조사과(Special Intelligence Section: SIS)가 독립부대로 발전한 기관으로 특무과, 특별조사대, 방첩대(Counter Intelligence Corps: CIC), 보안사령부(약칭 보안사) 등으로 불리다 1990년대에 민간인 불법사찰 사건 등을 계기로 국군기무사령부로 개칭한 후 2018년 9월 1일 시행된 군사안보지원사령부령에 따라 군사안보지원사령부로 명칭을 변경하여 국방부 장관 소속하에서 군 보안 및 방첩정보 전문기관으로 활동하고 있다.

군사안보지원사령부와 경찰 정보조직에 대해 자세한 내용은 후술하기로 한다.

2. 한국 정보기구의 발전방향

(1) 논의의 배경

국가정보기관의 조직과 구조를 논하는 데 있어서 가장 일차적으로 거론되는 것은 통합과 분리 가운데 어떤 방향이 바람직한 것이냐에 관한 논쟁이다. 이러한 논의는 국가정보기관의 기능에 따른 분류에 입각하여 국외정보를 주로 담당하는 국가정보기관과 방첩[17]기관을 통합된 하나의 기관으로 조직하는 것이 바람직한지, 아니면 복수의 정보기관들로 분리하여 상호 견제·보완하게 하는 것이 바람직한 것인지에 대한 논의로 귀결된다.

한국은 국외정보와 국내보안정보 등의 대부분 기능을 국가정보원이라는 하나의 국가정보기관이 총괄하는 통합형 국가정보체계를 유지하고 있다. 이에 따라 분리론자들은 국내보안정보, 즉 방첩활동을 해외정보업무 및 배포업무와 분리해 별도의 정보기관이 담당하도록 하자는 주장을 펼쳐오고 있다.

(2) 통합론의 주장

1) 한국의 특수성

통합론자들이 가장 우선적으로 내세우는 논거는 북한과 대치하고 있는 한

---

17) 우리 법제하에서 "보안정보"와 대응되는 개념인데 자세한 내용은 제 2 장 제 1 절 2. 방첩의 개념에서 자세히 설명하고 있다.

국의 특수성이다. 대부분의 국가들이 분리형을 채택하고 있으나 대북 관련 업무가 국정원 업무의 70~80%를 차지하는 현실에서 국내와 해외업무를 분리하는 것은 국가안보 역량의 치명적인 손실을 가져올 수 있다는 주장이다.

2) 분리에 따른 조정의 곤란

국가정보기관의 조직원칙에 관한 통합주의와 분리주의의 견해가 대립되는 일반론적 논거이다. 복수의 국가정보기관들이 존재하는 경우 정보경쟁, 차단의 원칙 등으로 인해 업무협조의 지체가 발생하게 되며 이는 정보실패를 초래하는 원인이 된다는 주장이다.

9/11 테러 이후 미국이 국가정보장(Director of National Intelligence: DNI)을 신설하는 등 정보기관간의 정보공유·통합관리를 강조하는 것 등이 이런 주장의 논거가 될 수 있다.

3) 안보위협의 다원화

최근 내외국인이 연계되는 국제테러리즘, 마약밀매와 국제조직범죄의 새로운 경향 등이 나타나는 데 따른 논거이다. 즉, 탈냉전, 세계화, 정보화의 추세에 따라 국내외의 경계가 불분명해지고 있으므로 정보기관도 이러한 안보문제를 통합하여 담당해야 한다는 것이다. 이에 대해서는 제1장 제2절에서 살펴보았다.

(3) 분리론의 주장

1) 권위주의 시대의 유산

통합적 정보기관이 한국 정치사상 권위주의 시대의 유산이라는 주장이다. 이는 특히 북한의 존재라는 한국적 특수성을 내세우는 견해에 대응해서 논의되는데 이스라엘과 같은 전쟁위험 국가에서도 모사드(해외)와 신베쓰(방첩)로 분리된 정보기관을 운영하고 있다는 것을 논거로 삼는다.

2) 견제와 균형의 원칙

여러 국가정보기관들이 상호간에 권한의 집중을 견제하고 균형을 도모해야 한다는 민주주의의 일반원칙으로부터 예외가 되어서는 안 된다는 주장이다.

3) 인권의 보장

정보기관은 그 본질상 비밀주의를 속성으로 하고 있다. 이러한 비밀주의는 강제수사를 주된 수단으로 삼는 수사기관에서는 인권보장을 위해 전적으로 배제되어야 할 요소이다. 국가정보원의 수사권을 국가안보 관련범죄(내란·외환·반란죄, 군사기밀보호법·국가보안법 위반범죄)로 제한하고 있는 태도도 정보기관에 대해 필요최소한도의 수사권만을 부여하겠다는 취지에서 비롯된 것이다.

(4) 외국의 사례

외국 사례에 대한 비교고찰은 분리주의자들에게 절대적으로 유리한 이론적 배경이 된다. 사실상 대부분의 국가들이 분리형을 채택하고 있기 때문인데 미국은 CIA가 해외정보를, FBI가 국내보안정보를 담당하고 있으며 영국의 경우도 외무부 산하의 비밀정보부(SIS)가 해외정보를, 내무부 산하의 보안부(SS)가 국내보안정보를 담당하고 있다.

또한, 독일 역시 연방정보국(BND)이 비밀공작 등 해외정보를 맡고 있고, 연방헌법보호청(BfV)이 대테러 등 국내 정보활동을 담당하고 있다. 특히 프랑스의 경우에는 2008년 7월 1일자로 과거 방첩업무 등 국내정보활동을 담당하던 국토감시국(DST)과 경찰청 일반정보국(DCRG)을 통합하여 국내정보활동 전담 기구인 내무부 경찰청 소속의 국내중앙정보국(Direction Centrale du Renseignement Intérieur: DCRI)을 출범시켰으나 국내중앙정보국(DCRI)이 폐지되면서 2014년 5월 2일 국내일반안전국(DGSI: Direction Générale de la Sécurité Intérieure)이 신설되어 기존 국내중앙정보국(DCRI)의 업무를 승계, 대스파이, 대테러, 대량살상무기 확산방지, 경제주권 수호 등 각종 위협에 대응한 정보활동 등을 수행한다.

(4) 결어

북한의 존재와 전쟁위험이라는 안보환경은 한국의 특수한 국가정보환경임을 부인할 수 없다. 또한 세계화와 정보화의 진전으로 국내외의 경계와 국가 개념 자체가 모호해진 현실도 해외와 국내라는 정보대상의 구분을 유명무실하게 하고 있는 것이 사실이다.

그러나 미국, 영국, 독일, 프랑스 등 대부분의 선진 정보국가들이 해외정보 전담기구와 국내방첩전담기구를 분리하여 운영하고 있고, 구 소련의 KGB 역시 소련의 붕괴로 해체되어 현재는 국내방첩정보를 담당하는 연방보안부(FSB)와 해외정보를 담당하는 해외정보부(SVR)로 분리된 점 등으로 볼 때 우리나라 역시 해외정보기구와 국내정보기구를 분리·운영하는 것에 대해 진지한 검토가 필요 하다고 보여지고, 특히 프랑스의 예에서 보듯 내무부 소속의 국내일반안전국 (DGSI)이 주요 국가기관 및 국가 중요경제시설 등에 대한 대테러활동 등 방첩활 동을 수행하도록 한 것은 업무의 효율성이나 기관간 견제와 균형차원에서 볼 때에도 상당히 의미가 있다 하겠다.

다만, 분리형 국가정보보안체계에 대한 논의는 항상 전체 정보보안체계에 대한 조정의 중요성을 간과해서는 안 되는 만큼 해외업무를 담당하는 정보기관 과 국내보안정보 또는 수사업무를 담당하는 기관으로의 분리라는 입법론적 고 찰에 있어서 양자 또는 다자의 정보기관들을 어떠한 독립된 기관이 어떠한 방 식으로 조정하고 상호 협력하도록 통제할 수 있을 것인가에 대한 고려 역시 함 께 논의되어야 할 것이다.

2. 방첩기관 간 정보공유[18]

(1) 정보공유의 필요성

테러 주체 및 위협 요인의 다양화로 최근 국가안보에 대한 위협 수준이 증 대되면서 국가정보활동에 있어서도 선제적이고 적극적인 대응이 그 어느 때보 다 중요하게 되었다. 특히 정보활동 영역에 있어서 국내·외 경계마저 모호해 지 면서 정보기관 간 정보공유는 매우 시급한 과제로 떠올랐다. 하지만, 메르스 사 태나 구제역, 조류독감 등을 비롯하여 다양한 국가안보 위해요인들로 인해 국가 의 질서 및 안보 침해에 대한 국민 불안감이 증폭되고 있음에도 국가안보에 있 어서 가장 중요하다고 할 수 있는 안전망으로서 국가정보체계, 특히 방첩활동 체계가 내실화, 효율화 되지 못함으로 인해 또 다른 국민 불안을 야기하고 있는

---

18) 문경환, 2018, 방첩기관 간 정보공유 효율화 방안 연구, 국가정보연구 제11권 제2호, 51－83면을 재구성한 것임.

만큼 미국, 영국 등 주요 국가 사례 분석을 통해 국가정보원[19] 및 경찰, 군사안
보지원사령부 등 국내 방첩조직 간의 유기적 정보 공유체계 구축 방안 모색이
시급한 실정이다.

  독일의 공공정책 분야 싱크탱크라 할 수 있는 아델피(Adelphi)에서 최근 발
간한 '지구 온난화 속 반란과 테러리즘, 조직범죄' 보고서에 의하면 테러리스트
조직들이 기후변화에 따른 물 부족이나 식량부족을 기회로 조직원 확충을 통해
세를 확산해 나갈 것으로 전망했고, 더 나아가 물이나 광물 등 천연자원을 일종
의 전쟁무기로까지 활용하게 될 것으로 예상하고 있다[20]. 2015년 개최된 파리
기후변화협약에서도 각 국 정상들이 '기후변화가 미래 안보에 대한 위협요인이
될 것'이라는 데에 동의하면서 이산화탄소나 메탄 등 온실기체 방출 제한을 약
속한 것만 보아도 새로운 안보위협요인들로 인해 국가의 안보가 침해될 수 있
다는 사실은 쉽게 짐작할 수 있다[21].

  여기서는 국가정보원의 국내정보 전담조직(2차장실)[22]을 비롯하여 경찰청
정보국, 군사안보지원사령부 등 방첩활동을 담당하거나 이와 관련된 정보기관
간의 정보공유, 특히 방첩정보활동을 보다 효율적이고 유기적으로 통합할 수 있
는 연계 체계 마련에 중점을 두어 국내 안보상황을 위협하는 다양한 '국외' 정보
위해요인들에 대한 대응, 특히 대테러, 대방첩 활동(Counterintelligence), 대스파
이(Counter-espionage) 및 대사보타지(Sabotage) 활동 등을 비롯하여 에너지, 금
융, 기후 등 다양한 新안보위협요인에 대한 적극적이고도 선제적인 방첩활동을
수행할 수 있도록 방첩기관 간 실질적인 정보공유 방안 등에 대해 중점적으로
살펴보았다.

---

19) 국가정보원은 국가정보원법 개정을 통해 직무범위에서 '국내 보안정보활동'을 삭제하고
  기관의 명칭도 '대외안보정보원'으로 변경한 후 대공수사권을 포함한 모든 수사권을 다른
  기관에 이관할 예정이라고 밝혔다(한지훈, "국정원 이름 18년 만에 바뀐다....'대외안보정
  보원' 개명 추진(종합)", 『연합뉴스』, 2017.11.29.).
20) 권혜진, "기후변화로 물·식량부족 심화.... 테러리즘 확산 부채질", 『연합뉴스』, 2017.4.20.
21) 김성, "물·식량부족, 생존권·안보위협…일촉즉발 사태 야기", 『국방일보』, 2017.4.21.
22) 국가정보원 개혁발전위원회의 조직쇄신 태스크포스(Task Force)에서 방첩 및 대테러 등
  국내보안정보 수집 활동은 계속하되 국내정보를 담당하는 2차장 산하 정보보안국과 정보
  분석국을 폐지한다는 입장을 밝혔다(강윤혁, "국정원 국내파트 정보보안·정보분석국 폐
  지", 『서울신문』, 2017.7.27.).

(2) 우리나라의 방첩조직 및 정보공유 체계

1) 방첩활동의 범주 및 방첩기관의 역할

대통령령 제29289호 '방첩업무 규정'(2018. 11. 20. 시행)에 따르면 '방첩'이란 국가안보와 국익에 반하는 외국의 정보활동을 찾아내고 그 정보활동을 견제·차단하기 위하여 하는 정보의 수집·작성 및 배포 등을 포함한 모든 대응활동으로 규정되어 있다. 하지만 국가안보에 영향을 미치는 위해요인들이 테러를 비롯하여 기후환경이나 생태계, 천연자원 등 각종 경제·사회요인에 이르기까지 다양화되면서 방첩 환경 역시 과거에 머무를 수 없는 상황이 되어 버렸다. 미국 국가정보위원회(National Intelligence Council)의 미래예측보고서에 따르면 2030년이 다가오면 세계인구가 83억에 육박하고 전 세계적으로 고령화가 심화되어 연금수령자가 급증하게 된다. 그리고 이러한 변화는 사회적 결속의 완화나 갈등의 원인이 될 수 있다. 또한, 기후변화와 맞물려 식량, 물, 에너지 등 자연자원 부족으로 인한 국가 간 분쟁 가능성마저 우려하고 있다. 예컨대 계속된 식량 가격 인상이나 식량 품귀 등으로 촉발되는 갈등이 국가의 안보에 위협이 될 수 있다는 것이다.

과거 '군사' 안보에만 머물던 안보의 개념이 테러나 사이버 영역으로까지 확대되었고, 안보의 위협 주체 역시 과거 '국가' 차원을 넘어 '비국가행위자'까지 확대되었다. 정치적 또는 종교적 원인에 머물던 테러의 범주도 뉴테러리즘으로 확대되면서 위협 요인이 다각화된 것처럼 사이버 영역으로의 확장 등으로 국가 간 경계가 모호해지면서 이제 더 이상 특정 국가, 특정 지역의 위협이나 특정 범주 내 위해요인들이 그들만의 문제로 단정 짓기 어려운 상황이 되었다. 특히 정보기술이나 무기체계, 로봇공학의 발달 등으로 미래의 안보환경은 더더욱 예측조차 힘들어 지는 상황이 되면서 이러한 안보환경에 대응하기 위한 방첩기관의 노력은 더욱 절실하고 중요한 과제가 되었다.

미국은 9.11 테러 이후 대테러활동의 효율적 통합 조정을 위해 2002년에는 국토안보부법(Homeland Security Act of 2002)을 제정하여 국토안보부(Department of Homeland Security, DHS)를 설치하였고, 2004년에는 정보개혁 및 테러예방법(Intelligence Reform and Terrorism Prevention Act of 2004) 제정을 통해 국가정보

장(Director of National Intelligence, DNI)을 신설함으로써 정보기관 간 정보 공유 협력 강화를 시도하였다.

국토안보부(DHS)는 국토안보부법에 의해 미국 내 테러리스트의 공격 예방 및 테러에 대한 미국의 대응능력 강화, 테러 발생 시 피해의 최소화 및 재건 등의 임무를 부여받았는데, 이에 따라 테러 예방 및 대책에 관한 종합적인 국가전략 수립 및 이에 따른 부처 간 조정, 테러정보 수집, 그리고 이렇게 수립된 정보를 FBI에 제공하는 등의 역할을 수행한다.

미국의 2016－2020 국가방첩안보센터 전략계획(National Counterintelligecne and Security Center Strategic Plan)에 따르면, 미국 방첩전략의 목표는 외국이나 기타 적국의 위협에 대응하기 위한 정보와 능력을 증대시키고, 미국의 주요 인프라와 시설, 비밀 네트워크와 중요 정보 및 요인을 보호하며, 조직 효율화를 통한 임무 완수 등이라고 할 수 있다.

2) 한국의 방첩기관 조직체계 및 활동 실태
① 한국의 방첩조직 체계 개요

대통령령인 '정보 및 보안업무기획·조정 규정'[23]에서는 '정보(국외정보와 국내보안정보, 통신정보[24]를 포함) 및 보안업무와 정보사범 등의 수사업무를 취급하는 각급 국가기관'을 정보수사기관이라 규정하고, 국가정보원장은 국가정보 및 보안업무의 통합기능 수행을 위하여 필요한 합리적 범위 내에서 이러한 정보수사기관의 업무와 행정기관의 정보 및 보안업무를 조정하도록 하고 있다.[25] 또한, 정보 및 보안업무에 관하여 국가정보원장이 행하는 조정 대상기관과 업무의 범위를 규정하고 있는데, 과학기술정보통신부의 1) 우편검열 및 정보자료의 수집에 관한 사항, 2) 북한 및 외국의 과학기술 정보 및 자료의 수집관리와 활용에 관한 사항, 3) 전파감시에 관한 사항과 외교부의 1) 국외정보 수집에 관한 사항, 2) 출입국자의 보안에 관한 사항, 3) 재외국민의 실태에 관한 사항, 4) 통신보안에 관한 사항, 통일부의 1) 통일에 관한 국내외 정세의 조사분석 및 평가

23) 대통령령 제28211호, 2017.7.26. 시행
24) 위 대통령령 제2조 제3호에서 통신정보란 전기통신수단에 의하여 발신되는 통신을 수신·분석하여 산출하는 정보라고 규정하고 있다.
25) 위 대통령령 제3조(정보 및 보안업무의 기획·조정)

에 관한 사항, 2) 남북대화에 관한 사항, 3) 이북5도의 실정에 관한 조사·분석 및 평가에 관한 사항, 4) 통일교육에 관한 사항, 법무부의 1) 국내 보안정보의 수집·작성에 관한 사항, 2) 정보사범 등에 대한 검찰정보의 처리에 관한 사항, 3) 공소 보류된 자의 신병처리에 관한 사항, 4) 적성압수금품 등의 처리에 관한 사항, 5) 정보사범 등의 보도 및 교도에 관한 사항, 6) 출입국자의 보안에 관한 사항, 7) 통신보안에 관한 사항, 국방부의 1) 국외정보·국내보안정보·통신정보 및 통신보안업무에 관한 사항, 2) 정보사범 등에 대한 검찰정보의 처리에 관한 사항, 3) 공소 보류된 자의 신병처리에 관한 사항, 4) 적성압수금품 등의 처리에 관한 사항, 5) 정보사범 등의 보도 및 교도에 관한 사항, 6) 군인 및 군무원의 신원조사업무지침에 관한 사항, 행정안전부의 1) 국내 보안정보(외사정보 포함)의 수집·작성에 관한 사항, 2) 정보사범 등의 내사·수사 및 시찰에 관한 사항, 3) 신원조사업무에 관한 사항, 4) 통신정보 및 통신보안 업무에 관한 사항, 문화체육관광부의 1) 공연물 및 영화의 검열·조사·분석 및 평가에 관한 사항, 2) 신문·통신 그 밖의 정기간행물과 방송 등 대중전달매체의 활동 조사·분석 및 평가에 관한 사항, 3) 대공심리전에 관한 사항, 4) 대공민간활동에 관한 사항, 산업통상자원부의 국외정보 수집에 관한 사항, 국토교통부 및 해양수산부의 국내보안정보(외사정보 포함)의 수집·작성에 관한 사항, 방송통신위원회의 1) 전파감시에 관한 사항, 2) 그 밖에 통신정보 및 통신보안 업무에 관한 사항 등으로 규정하였다.

이 규정에 따르면 현재 우리나라에서 국내정보활동을 담당하는 조직은 국가정보원 2차장실의 국내정보파트를 비롯하여 법무부와 국방부, 행정안전부와 국토교통부 및 해양수산부(해양경찰청) 등임을 알 수 있다. 다만, 또 다른 대통령령으로서 '방첩업무 규정'[26]에서는 방첩기관을 국가정보원과 경찰청 및 해양경찰청, 그리고 국군기무사령부[27]로 규정하고 있고, '방첩기관 외 기관으로서 정부조직법 또는 그 밖의 법령에 따라 설치된 국가기관과 지방자치단체 중 국정원장이 국가방첩전략회의의 심의를 거쳐 지정한 지방자치단체, 공공기관의 운영에 관한 법률에 따른 공공기관 중 국정원장이 국가방첩전략회의의 심의를

---

26) 대통령령 제29289호, 2018.11.20. 시행
27) 현재의 군사안보지원사령부

거쳐 지정하는 기관'을 방첩 '관계기관'으로 규정하고 있어 여기서는 연구 목적
및 연구 범위에 맞춰 국내 '방첩기관'인 국가정보원과 (행정자치부 산하) 경찰청
및 (국방부 산하) 군사안보지원사령부와 '방첩 관계기관'에 초점을 맞추어 살펴
본다.[28]

② 한국 방첩기관의 조직 및 활동

우선 국가정보원의 방첩활동에 대해 살펴보자면, 현행 국정원법 제3조 제1
항에는 '국외정보'와 '국내 보안정보' 가운데 '대공, 대정부전복, 방첩, 대테러 및
국제범죄조직'과 관련된 정보활동을 국정원의 직무로 명확히 규정해 두고 있다.
국정원의 경우 국외정보를 담당하는 정보기구임에도 영국의 보안부(SS)나 미국
의 FBI 또는 DHS와 같은 국내 정보 기구가 전담하고 있는 핵심적인 국내정보
활동이라 할 수 있는 '방첩활동'과 '대테러정보활동', 그리고 '대정부전복'과 관련
된 정보활동을 직무 범위에 포함시키고 있다.

또한, 우리나라의 대표적인 방첩기관의 하나로 경찰청 정보국을 들 수 있
다. 경찰의 정보활동은 이러한 정보국을 중심으로 한 '정보' 기능의 활동 외에도
대북 정보활동을 수행하는 보안 기능 및 외국인 관련 정보활동을 수행하는 외
사 기능을 비롯하여 수사·형사 경찰과 심지어 전국의 지구대 소속 경찰관들에
이르기까지 모든 경찰의 정보활동을 포함한다고 보아야 하는데, 여기에는 범죄
정보활동을 포함하여 치안질서를 위협하는 모든 정보활동을 포괄하고 있다고
볼 수 있다. 특히, 경찰청과 그 소속기관 직제 제14조 제3항에서는 경찰청 정보
국장의 사무로 '정치·경제·노동·사회·학원·종교·문화 등 제 분야에 관한 치안정보'
라고 규정하여 경찰의 정보활동 영역에 있어서 수집·분석 대상이라 할 수 있는
'치안정보'를 구체적으로 예시 · 열거함으로써 경찰정보활동의 영역이나 범위와
다르지 않음을 짐작하게 한다. 이렇게 볼 때, '국민의 생명·신체 및 재산보호, 범
죄의 예방·진압·수사 등 공공의 안녕과 질서유지'나 '국가 사회의 안녕과 질서를

---

28) 해양경찰청의 경우 2017. 7. 26. 해양수산부 산하 외청으로 다시 공식 출범하였으나 세월
호 침몰사고로 인해 지난 2014. 11. 17. 국민안전처 소속 해양경비안전본부로 개편되면서
'해양에서의 경비·안전·오염방제 및 해상에서 발생한 사건의 수사·정보에 관한 사무'만으로
업무범위가 제한되면서 해경의 수사정보 인력 감소 및 이로 인한 활동의 약화가 심각한
수준에까지 이르렀다. 그런 이유로 여기서는 해양경찰청의 정보활동과 관련하여서는 논의
하지 않기로 한다.

유지 보전'하는 경찰의 활동에 대테러활동 등이 포함될 수 있다고 보여 진다.

여기서 '방첩업무 규정'(대통령령 제29289호) 상 '방첩'의 개념을 '국가안보와 국익에 반하는 외국의 정보활동을 찾아내고 그 정보활동을 견제·차단하기 위하여 하는 정보의 수집·작성 및 배포 등을 포함하는 모든 대응활동'으로 정의한 것으로 볼 때, 국내정보활동, 특히 '정책정보' 활동과 '치안질서 유지'를 목적으로 하는 경찰의 정보활동의 경우 '외국의' 정보활동에 대응하는 활동이기 보다는 '국내' 치안질서 유지와 국가의 정책결정과 관련된 정보활동이 주된 역할이니만큼 방첩업무 규정 상 정의된 방첩활동의 범주에 포함시키기에는 해석상 논의가 필요할 것이라 생각된다. 다만, 경찰의 정보활동에는 앞에서 언급했듯 대북 정보활동과 외국인 대상 정보활동, 그리고 대테러 정보활동 등이 포함되는 것으로 여겨져 방첩활동의 범주에 포함되는 것으로 보아야 할 것이다.29)

경찰청 외 방첩조직으로는 대표적인 군 방첩기관으로서 군사안보지원사령부(구 국군기무사령부)를 들 수 있다. 군사안보지원사령부는 대통령령 제29114호 군사안보지원사령부령30)을 근거로 국방부장관 소속 하에 설치되어 군사보안 및 방첩 등을 담당하는 군 정보기관으로서 사령관 아래에 국방부 직할 부대와 기관 및 합동참모본부 지원 기무부대, 각 군 본부 지원 기무부대, 군사안보지원부대, 정보보호부대, 군사안보지원학교, 방위산업청 군사안보지원부대, 국방보안연구소 등을 두고 있다. 보다 구체적으로 주요 업무는 군 보안 및 군 방첩, 군 및 군 관련 첩보의 수집·처리, 정보작전 방호태세 및 정보전 지원, 방위산업 관련 군사보안 업무 지원 등이다. 광복 이후 좌우익의 첨예한 대립과 정치·경제, 사회질서의 혼란 속에서 대공 업무 전담기구의 창설 필요성이 대두되면서 1948년 5월 조선경비대 정보처 내에 특별조사과가 설치되었고, 이후 1948년 11월 특별조사대를 거쳐 1949년 10월 육군본부 정보국 특무대로 개편되어 간첩 검거

---

29) 방첩의 개념 및 범주와 관련하여 미국의 국가안전보장법(National Security Act of 1947) 제3조에서는 해외정보를 '외국정부와 산하 조직·기관 및 외국인의 능력·의도·활동 또는 국제테러활동과 관련 있는 정보'로 규정하고 있고, 방첩활동은 '외국정부·산하조직·기관 및 외국인에 의하거나 이들을 위하여 행해지는 스파이활동과 기타 정보활동, 파괴활동(sabotage) 또는 암살과 국제테러활동을 저지하기 위한 활동과 그로 인해 얻어진 정보'라고 정의하고 있다.

30) 2018. 9. 1.자로 시행 중인 군사안보지원사령부령에서는 제4조에서 직무 범위를 규정하고 있다.

및 부정부패자 색출 업무를 담당하였다. 이후 1950년 10월에는 육군 특무부대로 확대되었는데 이후 1953년 1월에는 해군 방첩대가 창설되었고, 1954년 3월에는 공군 특별수사대가 창설되었다. 1960년 7월에는 방첩부대로 개칭 후 지하조직 침투 간첩 검거 및 좌익세력 척결에 주력하였는데 국군 월남파병에 맞춰 1965년 9월에는 한국군사령부 방첩대로 창설되었다. 국방부 및 육·해·공군에 대한 보안·방첩지원 체계 마련을 위해 장관 직속으로 3군의 보안부대를 통합하여 1977년 10월에는 국군보안사령부를 창설하였고 이후 1991년에 국군기무사령부로 개칭하여 대테러 및 경호활동, 국방 정보통신 체계 보호 및 정보전 대응 지원체계 구축 등을 담당하다가 현재의 군사안보지원사령부에 이르고 있다.[31]

경찰의 정보활동과 마찬가지로 군사안보지원사령부의 방첩활동 역시 해석상 논의가 필요할 것으로 여겨지는데, 현행 군사안보지원사령부령에는 '군 방첩' 활동에 대해 명확한 정의나 범주에 대해 규정하고 있지 않다. 다만 법 규정 상 '방첩'이라는 용어를 직접적으로 사용하고 있고, 첩보 수집의 대상 범주를 '국외·국내의 군사 및 방위산업에 관한 첩보와 대정부전복, 대테러 및 대간첩 작전에 관한 첩보' 등으로 규정하고 있어 '대정부전복 및 대테러, 대간첩 작전 등과 관련된 국내외 군사 첩보활동'을 군 방첩 정보활동으로 짐작할 수 있도록 하고 있다.

③ 한국의 방첩기관 간 정보공유의 문제점

정보 및 보안업무 기획·조정 규정 제3조에는 국가정보원장으로 하여금 국가정보 및 보안업무에 관한 정책의 수립 등 기획업무를 수행하며, 정보 및 보안업무의 통합기능 수행을 위하여 필요한 합리적 범위 내에서 각 정보수사기관의 업무와 행정기관의 정보 및 보안업무를 조정하도록 규정하고 있다. 또한, 기획업무의 범위를 '국가 기본정보정책의 수립과 국가정보의 중장기 판단, 국가정보목표 우선순위의 작성, 국가 보안방책의 수립, 정보예산의 편성, 정보 및 보안업무의 기본지침 수립'으로 명시하고 있고, 앞에서 보았듯 조정업무의 범위 또한 대상기관과 업무의 범위까지 명시적으로 규정하고 있다.

이렇게 볼 때, 경찰의 외사정보를 포함한 국내보안정보 활동을 비롯하여 국방부 군사안보지원사령부의 국외정보 및 국내보안정보, 통신정보 등의 군 방

---

31) 자세한 내용은 군사안보지원사령부 홈페이지(www.dssc.mil.kr) 참조

첩활동, 해양수산부 산하 해양경찰청의 정보활동을 비롯하여 외교부의 국외정보활동, 법무부의 국내보안정보활동 등 방첩 관계기관의 정보활동을 국가정보원장이 조정하도록 법률적 근거를 두고 있다. 다만, 그럼에도 불구하고 실질적으로 국가정보원이 경찰청을 비롯하여 군사안보지원사령부 등 대표적인 국내방첩조직과 관계기관으로부터 수집·분석되는 정보를 통합, 사용하는 데에 어려움이 있다면 이에 대해서는 법률적·제도적 문제 등에 대해 몇 가지 검토가 필요할 것으로 생각된다.

우선 법률 기반과 관련하여서는 직무규정과 권한규정의 해석 문제와 '조정'과 '통합' 등 권한 및 임무의 한계에 대한 논의가 필요할 것이다. 예컨대, 국가정보원법을 비롯하여 경찰관직무집행법, 군사안보지원사령부령 등 대부분의 정보기관과 관련된 법률 규정은 현재 권한규정이 아닌 직무규정으로 되어 있다. 여기서 직무규정을 권한규정으로 해석할 수 있느냐의 문제는 매우 중요한 문제라 할 수 있다. 이는 헌법 제37조에서 국가의 안전보장이나 질서유지 또는 공공복리를 위하여 필요한 경우에 국민의 자유와 권리를 침해하는 경우에라도 반드시 '법률'로써만 제한할 수 있도록 규정하고 있고, 제한하는 경우에라도 본질적인 영역은 침해할 수 없도록 규정하고 있기 때문이다. 이러한 법률 근거를 권한 규정이라 한다. 요약컨대, 현재 국가정보원법을 비롯하여 경찰관직무집행법, 군사안보지원사령부령에서는 정보활동과 관련된 법률 규정을 모두 '직무'의 범주로 규정하고 있다. 즉, 국가정보원의 국외정보활동과 대북·대정부전복·대공·방첩·국제범죄조직과 관련된 국내보안활동에 대해 국가정보원의 '직무'로 규정하고 있고, 경찰관직무집행법에서도 경찰의 '치안정보 수집·작성·배포' 활동을 경찰의 '직무' 범주에 포함시키고 있다. 마찬가지로 군사안보지원사령부령 역시 '군 및 군 관련 첩보수집·처리' 등 군 방첩활동을 군사안보지원사령부의 '직무'로 규정하고 있다. 다시 말해서, 정보활동을 할 수 있는 '권한' 규정이 아닌 단순히 '사무관할', '업무 범주'에 대한 직무규정으로 명시해 두고 있는 것이다. 다만, 이에 대해서는 판례에서 직무 규정을 권한 규정으로 해석할 수 있는 여지를 두고 있는 점과 과거 독일 통일경찰법모범초안 등의 규정 역시 '직무' 규정에서 현재처럼 '권한' 규정으로 분화된 점, 독일 외 대다수 국가에서도 여전히 직무규정을 근거로 정보활동을 하고 있는 점 등을 이유로 추후 명확한 '권한' 규정의 필요성

이 인정된다는 점과는 별개로 현재의 직무규정을 권한규정으로 해석할 수 있는 것으로 요약할 수 있다.[32]

아울러 같은 맥락에서 현재 '정보 및 보안업무 기획·조정 규정' 제3조에서 국가정보원장으로 하여금 '정보 및 보안업무의 통합기능 수행을 위하여 필요한 합리적 범위 내에서 각 정보수사기관의 업무와 행정기관의 정보 및 보안업무를 조정'하도록 하고 있는 법 규정 역시 단순히 '조정'하도록 직무 범주를 규정한 것이 아닌 '조정할 수 있는' 권한을 부여한 것으로 해석할 수 있는지에 대한 논의와 함께 '조정 및 통합·활용'까지 할 수 있는 권한 규정이 추후 필요한 지에 대한 법률적 검토가 필요할 것이다.

아울러 실질적으로 국내 방첩기관 간 정보공유와 활용이 이루어질 수 있는 실행조직 구성 및 운영체계 마련이 무엇보다 중요한데, 이에 대해서는 후술하는 미국, 영국의 사례를 토대로 설명하기로 한다.

(3) 주요 국가의 방첩전략 및 방첩기관 간 정보공유 체계

1) 영국·미국의 국가방첩 전략 및 대응체계

① 영국의 국가방첩 체계

영국의 경우 국내정보를 담당하는 보안부(Security Service, MI5)는 국외정보를 담당하는 비밀정보부(Secret Intelligence Service, MI6)와 구분되어 테러리즘이나 방첩(counterintelligence), 대량살상무기 확산, 조직범죄를 포함하는 광범위한 안보 위협에 대응하기 위한 정보활동을 수행하는데(James Burch, 2007: 6), 보안부법(Security Service Act of 1989)에 따라 국외 세력 정보원의 스파이활동(Espionage)이나 테러리즘, 사보타지로 인한 위협과 정치적, 산업적, 폭력적 수단에 의해 의회 민주주의를 전복시키거나 약화시키려는 활동으로부터의 보호 역할을 수행한다. 또한 국외 위협으로부터 영국의 경제적 안정을 지키는 기능을 수행하는데, 이러한 임무를 수행하는 보안부는 이렇게 광범위한 정보 대상에 대해 국내 감시활동을 수행하면서 런던경찰청을 비롯하여 'Provincial Special

---

32) 정보활동의 법률 근거 해석과 관련하여 직무규정과 권한규정의 문제에 대해서는 문경환·백창현, "경찰정보활동의 공공갈등 조정 역할에 대한 법적 근거 연구", 『한국경찰연구』 제11권 제4호, pp.151－178 참조

Branches'를 포함하는 영국 내 56개 경찰관서와 긴밀한 협력체계를 갖추고 있다. 특히, 9.11 테러 이후에는 아일랜드공화국군(Irish Republican Army, IRA)을 중심으로 한 이슬람 테러 위협 외에도 다양한 국가적 위협에 대응하기 위해 예방(Prevent), 추적(Pursue), 보호(Protect), 준비(Prepare) 등 네 가지 전략적 접근을 토대로 한 방첩 전략, 즉 'CONTEST(Counter−Terrorism Strategy)'를 시행하고 있다.

정보기관 간 활동의 조정 및 감독을 위해 총리 아래에 합동정보위원회(Joint Intelligence Committee, JIC)를 두어 보안부(Security Service, SS) 및 비밀정보부(Secret Intelligence Service, SIS), 정부통신본부(Government Communication Headquarters, GCHQ), 국방정보본부(Defense Intelligence Staff, DIS) 등 각 정보기관에서 파견된 인력과 지역별, 분야별 분석팀이 활동하게 하는데, 각종 위협과 위험을 평가하여 일일정보보고서 등을 통해 총리 및 내각에 보고한다(한국국가정보학회, 2013: 425).

또한, 2003년에는 보안부(SS) 감독 하에 합동테러리즘분석센터(Joint Terrorism Analysis Center, JTAC)를 설립하여 각 정보기관으로부터 파견된 분석관들을 함께 근무하도록 함으로써 실질적인 정보공유가 이루어지도록 하였다(James Burch, 2007: 6).

합동테러리즘분석센터(JTAC)에는 보안부를 비롯하여 경찰, 그리고 비밀정보부를 비롯한 11개 정부 부처로부터 파견된 분석관이 국가 수준(national level)의 국내외 테러 위협에 대한 정보 분석 역할을 수행하여 테러리즘의 경향과 조직, 가능성 등에 대한 심층적인 보고서를 생산하고 있는데, 합동테러리즘분석센터장은 보안부장에게 보고하도록 되어 있으며 JTAC의 분석관들은 특별히 보안부의 국제대테러(International Counter Terrorism) 및 대스파이(Counter Espionage), 대대량무기확산(Counter Proliferation) 부서와 긴밀히 협력하고 있다(Brian A. Jackson, 2009: 127).

합동테러리즘 분석센터(JTAC) 외에 또 하나의 반독립적인(semiautonomous) 정보기구로서 국가기반시설보호센터(Center for the Protection of National Infrastructure, CPNI)가 존재하는데, CPNI는 2007년 2월에 설립되어 매우 중요한 국가 기반시설이나 요소들로 구성된 조직이나 사업들에 대해 모든 측면에서 전문적인 자문을 제공함으로써 국가 안보를 보호하는 역할을 맡고 있다.

CPNI 역시 JTAC와 같이 보안부를 비롯하여 GCHQ 등 전자통신보안 그룹과 경찰 등 여러 부처로부터 파견된 분석관들로 구성된 조직으로 센터장은 보안부장에게 보고 책임을 지고 있다(Brian A. Jackson, 2009: 128).

보안부는 구역 단위(regional level)나 지역 단위(local level) 수준의 테러 상황에 대해서도 각 경찰관서의 특수활동국(Special Branches)과 긴밀한 협력 관계를 유지하는데, 보안부에서는 부령(Ministerial guidelines)을 통해 각 특수활동국에 기본적인 활동 지침을 제공한다. 특수활동국의 가장 중요한 역할은 국가 안보와 관련된 비밀정보활동을 수행하는 것인데, 9.11 테러 이후 발전된 조직 체계를 통해 보안부와 상호 협력 하에 아일랜드공화국군이나 국내외 테러 및 극단주의자들로부터의 테러에 대해 실질적인 변화를 이루어냈다(Brian A. Jackson, 2009: 130).

② 미국의 국가방첩 체계

미국 국가정보장실(Office of the Director of National Intelligence) 국가방첩안보센터(National Counterintelligence and Security Center)의 '2016 국가방첩전략(National Counterintelligence Strategy of USA 2016)'에 따르면 미국은 미국의 경제력 및 국방력 약화나 에너지, 재정, 국방 등에 위협 요인이 될 수 있는 정보의 보호를 위해 외국의 정보기관이나 테러집단은 물론 비국가 행위자의 인간정보 활동이나 기술정보 활동에 대응하여 기관 간 협력 강화 및 정보 공유를 통해 이를 추적, 저지, 억제할 수 있는 조직화된 국가방첩전략을 수립, 운영 중이다.

이를 위해 최근 사이버스파이(Cyber-espionage) 대응 활동에 주력하면서 재정적, 기술적 변화는 물론 문화적 환경 변화까지 추구해 왔다. 그럼에도 불구하여 여전히 위협을 감지하는 데에는 어려움을 겪고 있어 특히, 사이버영역에서의 주요 정보 및 네트워크 보호를 포함하는 국가 방첩 가이드라인을 마련하였다.

이러한 국가방첩전략은 외국의 정보기관은 물론 테러조직, 사이버 침입자, 악의적 내부자와 국제범죄조직 및 국제산업스파이까지를 대상으로 하는데 5개의 임무 목표(mission objective)와 2개의 실천 목표(enabling objective)로 구성되어 있다.

5가지의 임무 목표 가운데 첫 번째 임무목표는 미국의 국익이나 주요 정보, 자신에 대한 외국 정보기관의 계획이나 의도, 역량, 정보활동 및 기술에 대한 이해도를 제고하는 것인데, 이를 통해 정책 결정자에게 적절하고도 믿을 만한, 통찰력 있는 정보를 제공할 수 있게 된다. 두 번째 목표는 외국 정보기관의 역량이나 계획, 활동을 억제하는 것이고, 세 번째 목표는 내부자로부터의 위협을 추적하고 저지하며 완화시키는 것이다. 특히 내부자의 위협은 조기 추적이 중요한데, 지속적인 이상행동(anomalous behavior) 진단 및 평가 프로그램 시행을 통해 분석할 수 있는 체계를 갖추어야 한다. 네 번째 목표는 외국 정보기관으로부터 경제적, 군사적, 기술적 우위를 점할 수 있는 중요 정보나 자산을 지키는 것으로 이러한 권한이나 임무, 책임을 토대로 하여 미국의 정보체계와 주요 국가 기능 및 주요 기반시설이나 기술을 보호하고, 취약요소를 찾아내는 한편, 법집행 기관과의 협력체계를 확대하여 불법유출을 차단한다. 다섯 번째 목표는 컴퓨터 네트워크를 이용하여 미국의 중요 정보를 부당하게 이용하거나 사용을 방해 또는 유출하고자 하는 외국 정보기관의 사이버활동을 탐지하여 대응하는 것인데, 이를 위해 미국의 네트워크에 영향을 줄 수 있는 외국 정보기관의 사이버 역량이나 활동, 의도를 감지하고, 사이버 공격이나 부당 이용을 저지하며, 위기를 완화할 수 있도록 분석한다.

실행목표의 경우 첫 번째 실행목표는 확고한 협력체계 구축 및 책임 있는 정보공유와 수호, 그리고 효과적인 협력 강화이다. 외국의 정보조직은 비밀정보는 물론 중요정보와 자산에도 위협을 가하는 만큼 민간영역이나 국제적 동반자까지를 포함하여 전 정부적으로 외국정보조직의 위협에 대해 공동 대응하고 정보를 공유할 수 있는 체계를 구축하여야 한다. 또한 위협요인을 탐지하기 위해 민간영역을 포함하여 정부 차원의 대응 차원에서 교육 및 탐지 프로그램을 발전시키는 것도 필요하다. 아울러 이러한 위협에 대응하여 보고 및 분석, 조사, 해결하기 위한 프로세스를 발전시키기 위해 정부와 민간 및 국제적 협력을 통해 얻어진 교훈이나 우수 사례를 공유할 필요가 있다. 두 번째 실행목표는 외국 정보조직으로부터의 위협에 맞대응하기 위한 국가 수준의 프로그램 개발이다. 외국 정보조직은 물론 내부 위협의 복잡성에 대응하기 위해 위협요인에 대응할 수 있는 적합한 장비와 자원을 포함하여 방첩정보 프로그램 및 프로세스를 향상시켜야 한다. 또한 위협에 대응하기 위한 전문 기술과 역량을 발전시킬 수 있는 교육과 전문 프로그램을 제공하고, 전략과 정책 및 통제 체계도 발전시켜야 한다.

2) 미국의 방첩기관 간 정보공유 체계 및 사례

① 미국의 방첩기관 간 정보공유 체계

미국의 경우에는 FBI(Federal Bureau of Investigation)와 DHS(Department of Homeland Security)가 주로 방첩활동을 담당하는데, FBI의 경우 국가안보처(National Security Branch)에서 대테러과(Counterterrorism division)와 방첩과(Counterintelligence division), 정보과(Directorate of Intelligence), 그리고 대량살상무기과(Weapons of Mass Destruction Directorate)를 두어 방첩정보활동을 수행하고 있고, 국토안보부(DHS)는 9.11 테러를 계기로 테러 공격의 사전 예방 및 테러 발생 시 사태 수습을 목적으로 2002년 11월 제정된 국토안보부법(Homeland Security Act)에 근거하여 22개 행정부처를 통합, 약 17만 명의 인원을 흡수하여 탄생하였는데, CIA나 FBI 등 관련 정보기구와 협조체계를 구축하여 국내외 정보를 수집하고 핵무기, 생화학 무기 등 대량살상무기 및 테러 공격 등에 이용될 수 있는 무기의 제조, 반입을 사전에 예방하는 역할을 수행한다. 국토안보부에서 정보 업무를 핵심적으로 수행하는 부서는 정보분석국(Office of Intelligence & Analysis)이라 할 수 있는데, 정보분석국의 주요 임무로는 정보분석을 통한 위협의 인식과 국내 안보에 필요한 정보 수집과 공유 및 정보 관리 등이다. 정보분석국에는 국장 아래 분석팀, 미션 지원팀, 계획 및 정책, 성과 관리팀, 정보 공유 및 관리팀, 방첩팀, 대테러팀(Homeland counterterrorism), 현용정보팀(Current Intelligence), 국경안전팀, 작전팀, 사이버 및 기반시설팀 등을 두고 있다.[33]

정보분석국은 각 주나 지방정부, 그리고 민간영역에 이르기까지 정보를 공유할 수 있는 독특한 권한을 갖고 있는데, 구체적으로는 국내 안보와 관련된 위협에 대응하고 이를 예방하기 위한 전략(Homeland Security Enterprise)을 주도하는 한편 'State and Major Urban area Fusion Center'를 운영함으로써 연방정부

---

33) www.dhs.gov/xlibrary/assets/org-chart-ianda.pdf(2017. 4. 24 검색)

와 주정부, 지방정부 간에 양방향 정보 공유의 허브 역할을 수행하고 있다.[34] 9.11 테러 이후 9.11 조사위원회의 제안에 따라 민간 영역까지를 포함하여 전 정부 차원에서 정보공유를 촉진하기 위해 국토안보부 주도로 퓨전센터(Fusion Center)를 설립하였는데, 퓨전 센터의 목표는 안보 위협을 줄이기 위해 법집행이나 정보 영역에서의 관련 정보를 종합적으로 분석하는 것이다. 2013년 8월 기준으로 주(state) 또는 지방(local)의 주요(primary) 또는 공인된(recognized) 퓨전 센터가 78개 설립되었다.[35] 일부는 테러리즘에 대응하기 위해 설립되었고, 일부는 마약 차단이나 범죄통제 또는 지역 협력 등 법집행을 위해 설립되었다.

또한, '정보개혁 및 테러예방법'을 토대로 설립된 국가대테러센터(National Counter Terrorism Center)와 국가정보센터(National Intelligence Center)는 국가정보장(DNI)의 요구에 따라 ① 대테러와 관련되어 미국 정부가 보유한 정보를 분석, 종합하고 ② 대테러활동에 대한 전략적 실행계획(Strategic operational

|그림 1-6| 국토안보부 정보분석국의 정보공유 체계

34) www.dhs.gov/state−and−major−urban−areas−fusion−centers(2017. 4. 24 검색)
35) 이 중 53개는 주요 퓨전 센터이고, 25개는 공인된 퓨전 센터였다. 주요 퓨전 센터는 공인된 퓨전센터의 협력을 받아 주요 정보의 공유를 담당한다.

planning)을 수립하며 ③ 정보기관이 임무 달성에 필요한 정보에 접근할 수 있고, 이를 제공받을 수 있도록 하며 ④ 이미 알려져 있거나 혐의가 있는 테러리스트와 국제 테러단체들에 관한 정보를 통합하고 공유하는 역할을 수행한다.[36]

9.11 의회 조사 보고서에서 지적된 FBI의 문제점 가운데 몇 가지를 살펴보면, 첫 번째로는 FBI의 분권화된 조직구조와 적절치 못한 정보기술이 관련된 정보들을 유기적으로 분석할 수 없도록 하였다는 것이고, 두 번째로는 많은 FBI 요원들이 대테러 정보를 높은 우선순위에 두지 않아 알카에다에 대한 정보를 충분히 갖고 있지 못했고, 세 번째로는 FBI의 이러한 단편적인 수사정보가 정책결정자에게 국가 차원의 테러로까지 이를 수 있음을 전달해 주지 못했다는 것이다.

그런 이유로 미국의 경우 DHS를 신설하였고, DNI와 National Counter Terrorism Center를 신설하였다. 또한 FBI를 개편하였고, 현장정보단(Field Intelligence Groups, FIGs) 제도를 시행하고 있다. 하지만 그럼에도 불구하고 여전히 국가대테러센터(NCTC)와 주(state) 또는 지방 조직들 간의 명확한 연결고리가 마련되지 않았다는 것과 정보 공유에 있어서 조직 간 장벽이나 내부 갈등이 잔존하고 있다는 것이 문제라 할 수 있다(James Burch, 2007: 16).

그런 의미에서 앞에서 언급한 국토안보부 내 정보분석국에서 운영 중인 'State and Major Urban area Fusion Center'는 연방정부와 주정부, 지방정부 간에 양방향 정보 공유의 허브로서 매우 중요한 역할을 수행한다고 할 수 있다.

9.11 테러 이후 국가정보장 및 국토안보부의 신설이나 FBI의 변화와 함께 또 하나의 중요한 변화로 볼 수 있는 것이 국가방첩실(Office of the National Counterintelligence Executive, ONCIX)의 조직 변화이다. 기존 FBI 아래 두었던 국가방첩실은 2004년 정보개혁 및 테러방지법에 따라 국가정보장(DNI) 아래로 재편되었다(장노순, 2009: 188) 국가방첩실의 책임자인 국가방첩관(National Counterintelligence Executive, NCIX)은 매년 국가정보전략(National Intelligence Strategy, NIS)에 따라 국가방첩전략(National Counterintelligence Strategy)을 수립하

---

36) US Intelligence and Counterintelligence Laws and Regulations Handbook, 제1021조, pp.130－133, p.151

|그림 1-7| 안보위협에 대한 미국의 정보공유 프로세스

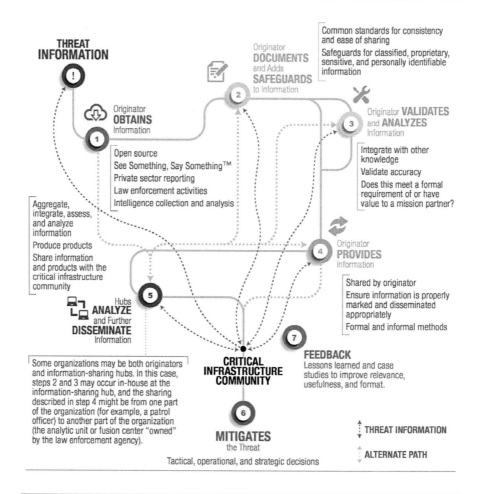

출처 : <Critical Infrastructure Threat Information Sharing Framework : A Reference Guide for the Critical Infrastructure Community, 2016. 10., Homeland Security>

고, 국외로부터의 정보위협을 평가 분석하며, 정보 수집활동 등에 있어서 우선
순위를 결정하는 등의 업무를 수행한다.37)

---

37) http://www.dni.gov/index.php/about/organization/office−of−the−national−counteri
ntelligence−executive−what−we−do(2014. 2. 4 검색)

| 그림 1-8| Categories of Threat Information-Sharing Entities

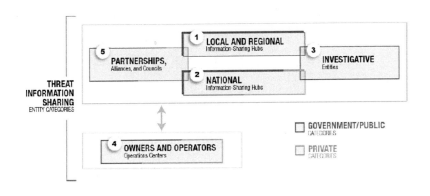

출처: Critical Infrastructure Threat Information Sharing Framework : A Reference Guide for the Critical Infrastructure Community, 2016. 10., Homeland security

② 미국의 방첩기관 간 정보공유 사례

미국의 정보공유 사례를 살펴보면, 우선 안보위협에 대한 정보공유 프로세스는 [그림 1－7]과 같다. 이는 특히 국가 중요시설에 대한 위해 정보가 수집되었을 때 공식적인 채널 또는 비공식적인 채널을 통해 유연하고도 다각적인 네트워크를 이용하여 정부 기관 간 및 민간 영역과 정보를 교류하는 흐름을 보여준다. 첫 번째 단계로 정보가 공개정보활동 또는 비밀수집활동 등을 통해 다양한 출처로부터 수집되면, 두 번째 단계에서 언제, 어떤 방법으로 위협요인이 다른 기관에 보고되어야 하는지를 검토하여 비밀 수준 등에 따라 각 기관별로 정해진 프로세스를 따라 보고·전파한다. 세 번째 단계는 정보의 정확성과 타당성 등을 고려하여 정보를 통합하는 단계이다. 네 번째 단계에서는 규정에 정해진 바에 따라 접근 권한이나 사용 제한 등을 고려하여 정보를 제공하게 된다. 보통의 경우 국토안보부의 정보 네트워크와 같은 보안 전자체계를 통해 정보공유 허브(Information－sharing hub)로 보내진다. 다섯 번째 단계에서는 정보를 종합, 평가, 분석하는 등의 방법으로 정보를 생산하여 정보를 공유하게 된다. 여섯 번째 단계는 안보 위협을 완화시키는 단계이고, 일곱 번째 단계는 이렇게 활용된 정보를 다시 환류하는 단계이다.

기관 간 정보공유에 있어서 지방 또는 지역 단위의 정보공유 허브는 우선 FBI 현장요원에게 정보를 전달하여 'State and Major Urban Fusion Center'에 전달되도록 한 후 지역 네트워크에까지 정보를 공유한다. 또한, 국가 수준의 정보공유 허브에서는 FBI 본부를 비롯하여 국가대테러센터(NCTC) 등 관련된 정보기관 및 정부기관과 정보를 공유하고, 수사조직이나 유관 기관 역시 정해진 프로세스에 따라 정보를 공유하게 된다.

(4) 결론 및 제언

사이버테러를 비롯하여 생태계, 기후환경 및 각종 경제·사회적 요인을 넘어 에너지, 물·식량 등 자연자원 등 新안보위협요인의 다양화로 정보기관 간의 정보공유는 그 어느 때보다 중요한 과제가 되었다. 특히 국가 간 경계가 모호해지고, 현실 세계가 아닌 사이버 공간으로까지 안보 영역이 확대되면서 이러한 위해요인들에 대해 즉각적으로 대응하고, 더 나아가 사전에 선제적으로 제거하기 위한 정보기관의 역할은 더 이상 강조할 필요조차 없을 만큼 중요한 문제로 부각되었다.

앞에서 보았듯 대표적인 정보 선진국이라 할 수 있는 영국이나 미국의 경우 이러한 정보공유의 중요성을 깨닫고 이를 실천하기 위한 다양한 시도를 진행하였다. 영국의 경우 총리실 아래에 합동정보위원회(JIC)를 두어 각 정보기관 간 활동의 조정 및 감독 역할을 수행하도록 하였고, 이를 위해 실질적으로 각 정보기관에서 인력을 파견토록 함으로써 분석 및 정보공유의 효율성을 제고하였다. 또한 국내정보 전담조직인 보안부(SS) 아래에 합동테러리즘분석센터 (JTAC)를 두어 비밀정보부를 비롯하여 경찰 등 11개 정부 부처로부터 파견된 분석관이 보안부장 책임 아래 국가 수준의 국내외 테러 위협에 대한 정보 분석과 정보공유를 수행하도록 하고 있다. 특히 국가 수준은 물론 구역 단위나 지역 단위 수준에 이르기까지 각 경찰관서의 특수활동국(Special Branches)과의 긴밀한 협력체계를 구축함으로써 효과적인 정보공유를 하고 있는 점은 주목할 만하다.

이는 미국의 경우에도 다르지 않은데, 미국은 매년 국가방첩전략에 따라 사이버영역을 포함한 국가방첩 가이드라인을 마련하고 이를 기반으로 세부 임무목표와 실천목표를 구성함으로써 방첩정보활동의 기본 골격을 구성하고 있다. 아울러 내실 있는 정보공유를 위해 국토안보부 내 정보분석국 주도 하에 Fusion Center를 두어 주(state)는 물론 각 지방, 지역에 이르기까지 양방향 정보공유의 허브 역할을 수행하도록 하고 있다.

제안컨대, 한국의 경우에도 영국과 같이 현재의 국내 정보조직, 특히 방첩조직 간 실질적인 정보공유를 위해서는 현재 운영 중인 여러 방첩조직을 유기적으로 상호 연결(interconnect)할 수 있는 방안을 마련하는 것이 가장 적합할 것으로 생각된다. 즉, 각 방첩조직의 기존 체계를 그대로 유지하면서 영국의 경우와 같이 기관 간 연계를 강화함으로써 실질적인 정보공유가 이루어지도록 하는 것이다. 이 모형의 장점은 현재의 상태를 가장 잘 유지한 상태에서 방첩활동, 특히 대테러 등과 관련된 활동에 있어서 방첩기구 간 정보 공유와 협력 체계를 강화시킬 수 있다는 것이다. 미국의 ISE(Information Sharing Environment) 사례, 즉 Fusion Center를 기반으로 하는 기관 간 정보공유 사례에서처럼 정보 공동체는 물론 주 정부와 구역 단위 및 지방 정부의 법집행 기관이나 민간영역에 이르기까지 테러 정보의 공유를 강화하는 방안도 함께 고려할 만하다. 다만, 연방정부와 주 정부 및 지방 정부와의 양방향 정보 공유와 민간 영역과의 정보 공유가 '실질적으로' 어느 정도 이루어질 수 있는 지가 가장 중요한 관건으로 남게 된다. 이를 극복하기 위해서는 새로운 정보공유 체계와 표준화 된 계층화, 그리고 운용 프로그램과 절차 등의 표준화 마련이 필요할 것이다. 특히 연방정부로의(to the federal level) 정보 전달만이 아닌 연방정부로부터의(from the federal level) 정보 전파로 표준화 할 필요가 있다.

방첩조직의 활동 영역은 대체적으로 방첩(Counterintelligence)과 대테러활동(Counterterrorism), 그리고 조직범죄나 대량살상무기 확산 방지 등의 활동으로 규정지을 수 있겠다. 기후환경이나 생태계, 자연자원 등 새롭게 부각되는 新안보위협요인에 대한 방첩활동과 대테러활동은 방첩기관의 역할 가운데 가장 핵심적인 역할이라 할 수 있겠다.

이런 측면에서 볼 때 현재 경찰청 경비국 내에 대테러 활동을 전담 수행하는 위기관리센터 대테러계를 두고, 보안국 내에 대북 및 방첩활동을 수행하는 부서를 두어 전국의 지방경찰청과 경찰서에서 수행하고 있는 대테러활동 및 방첩활동을 실질적으로 지도 조정하고 있는 것과 별개로 이러한 활동을 위한, 특히 대테러 및 방첩과 관련된 정보활동을 위한 보다 명확한 법률적 기반을 마련하는 노력은 매우 중요하다 생각된다. 실제 현행 국정원법 제3조 제1항에는 '국외정보'와 '국내 보안정보' 가운데 '대공, 대정부전복, 방첩, 대테러 및 국제범죄조직'과 관련된 정보활동을 국정원의 직무로 명확히 규정해 두고 있다. 국정원의 경우 국외정보를 담당하는 정보기구임에도 영국의 보안부(SS)나 미국의 FBI 또는 DHS와 같은 국내 정보 기구가 전담하고 있는 핵심적인 국내정보활동이라 할 수 있는 '방첩활동'과 '대테러정보활동', 그리고 '대정부전복'과 관련된 정보활동을 직무 범위에 포함시키고 있다. 이렇게 볼 때 실질적으로 대테러정보활동이나 방첩정보활동을 수행 중인 경찰의 정보활동과 현행 법률상 이러한 활동에 대한 명확한 법률 근거를 갖고 있는 국정원의 국내 정보활동의 실질적인 협력체계 마련을 위한 보다 면밀한 검토가 필요할 것으로 생각된다. 앞에서 언급하였듯 현재 경찰의 정보활동과 관련된 법률 규정에는 '방첩'활동과 관련된 명확한 법률 규정이 포함되어 있지 않다. 단지 대테러 정보활동이나 대북정보활동, 외사 정보활동 등을 포함하고 있는 실제 업무 범주나 법률 해석을 통해 방첩정보활동을 수행하고 있을 뿐이다. 국가 방첩활동에 있어서 그 어느 조직보다 광범위하고도 중요한 역할을 수행하고 있는 경찰 정보의 역할을 감안할 때 이는 시급히 해결하여야 할 문제라 할 수 있다.

방첩기관 간 효율적인 정보공유 체계를 마련하는 데에 있어서 논의되어야 할 대안 가운데 하나가 바로 '집중화를 통한 통합적이고도 독립적인 정보기구를 신설'함으로써 방첩 및 대테러 활동을 보다 효율적으로 할 수 있도록 할 것이냐에 대한 논의일 것이다. 이는 현재의 방첩 조직 간 연계 강화 및 이를 통한 정보공유의 확대 방안 논의와 맞물려 함께 논의되어야 할 문제라 할 수 있는데, 이 경우 정보활동의 효율화와 이러한 집중화로 인해 국민의 자유나 권리의 침해가 더욱 심각해 질 수 있다는 우려 또한 오랜 논쟁의 핵심이라 하겠다.

이러한 이유로 새로운 방첩정보 전담기구의 신설 문제는 다양한 검토가 필요할 수밖에 없는데, 방첩정보 전담기구가 필요하다면 어떤 형태의 정보기구가 적당할 것인가의 문제에 있어서는 보다 신중한 접근이 필요할 것이다. 예컨대 독립적인 별도 기구를 신설하는 방안에 있어서는 현재의 조직들을 단순화 하는 방안이나 현재 시스템을 유지하면서 '전담 조직'을 신설한 후 이를 중심으로 '기관 간 협력체계'를 강화하는 방안을 적극 검토할 만한데, 이 경우 영국 보안부 내 합동테러리즘분석센터(JTAC)나 미국 DNI 산하 국가대테러센터(NCTC) 및 국가정보센터(NIC), 그리고 국토안보부 내 정보분석국의 Fusion Center와 같이 대테러 및 방첩활동과 관련하여 유관기관 간 적극적이고도 실질적인 협력이 가능한 협의 및 실행조직을 마련하는 것이 병행되어야 할 것이다. 특히 영국 보안부와 같이 경찰은 물론 국외정보를 전담하는 국외정보기구를 비롯하여 방첩활동 및 대테러 활동과 관련된 유관 기구들의 실질적인 협력을 담보할 수 있도록 분석관 파견 등의 적극적인 노력이 수반되어야 할 것으로 생각된다.

다만, 미국의 국토안보부(DHS) 내 정보분석국 아래에 설치된 Fusion Center의 실효성에 대해서는 추가 논의가 필요할 듯하다. 예컨대, 퓨전센터는 테러 대응을 목적으로 정보기관 간 정보를 연결(connect the dots)하기 위해 인력이나 기술적 지원, 훈련, 정부의 재정 지원, 연방 시스템과의 연계 등을 통해 설립되었지만, 2013년 보스톤 마라톤 폭발 사건(bombing)으로 정보공유의 한계를 드러내면서, 특히 보스톤 지역 퓨전 센터에서 마라톤 대회의 위협 요인 진단을 하지 않았고, 폭발물 소지자에 대한 정보를 파악하지 못했다. 또한, 2013년 Brennan Center for Justice report에 따르면, Price가 16개 주요 경찰서와 19개의 연계된 퓨전 센터, 그리고 FBI 산하의 12개 합동테러 테스크포스(Joint Terrorism Task Forces)를 조사한 결과, 조직화는 되었지만 정보공유에 있어서 느슨한 협력체계나 외부 통제 수준 저하 등으로 인해 그리 효과적이지 못한 것으로(organized chaos) 나타났기 때문이다.

요약컨대, 새로운 안보 위협요인들로 인해 전 세계적으로 정보 역할의 중요성에 대한 인식과 함께, 특히 방첩활동을 위한 정보공유의 필요성 역시 매우 높은 수준으로 확산되고 있다. 그런 이유로 대표적인 정보 선진국이라 할 수 있는 영국이나 미국 역시 앞에서 보았듯 방첩정보활동에 있어서 실질적이고도 효과적인 정보공유 체계를 구축하기 위한 노력을 지속하고 있다. 이는 우리나라 역시 예외일 수 없어 법률적·제도적으로 보다 고도화·체계화 된 정보공유 체계 마련이 절박한 실정이다.

예컨대 법률 측면에 있어서는 우선적으로 방첩정보활동을 위한 법률적 기반을 보다 체계화하는 작업이 필요할 것이다. 방첩기관으로서 경찰 정보조직이

나 국군기무사령부의 방첩정보활동 관련 법률 규정의 명확화는 물론, 이와 병행
하여 새롭게 부상하는 다양한 안보 위협요인들과 관련된 정부 부처들까지 포함
하여 보다 체계적이고 통합적으로 정보를 공유할 수 있도록 방첩정보를 실질적
으로 공유할 수 있는 전담 조직 신설이나 또는 기존 조직 내 정보공유의 허브로
서 역할을 수행할 수 있는 기반 조직을 마련함으로써 이를 통해 전 국가적으로
방첩 정보를 공유할 수 있는 체계를 마련하여야 할 것이다.

제 2 부

경찰정보의 이론과 실제

경 · 찰 · 정 · 보 · 학

POLICE INTELLIGENCE

제 1 장

경찰정보활동의 이해

제1절 경찰정보활동의 개념

1. 경찰정보학의 의의

경찰정보학은 다양한 국가의 정보활동 가운데 경찰조직이 형식적·실질적으로 수행하는 모든 정보활동을 그 연구대상으로 한다. 경찰조직이 실제로 수행하고 있는 정보활동이면 그 내용이나 대상이 어떤 것이냐를 불문하고 모두 경찰정보학의 연구대상으로 포섭될 수 있다는 의미이다. 이러한 태도에 대해서는 경찰정보의 외연을 불확정적인 상태로 둔다는 비난이 있을 수 있으나 정보활동의 비밀성 등으로 인해 연구체계를 정립하기 어려운 현실적인 여건을 감안하면 이는 불가피한 선택이라고 할 것이다. 국가정보학 분야에서 그 연구 대상을 '국가가 수행하는 모든 정보활동'[1])이라고 규정하는 것도 이와 같은 이유로 보인다.

또한, 경찰의 정보활동이 국가기능의 한 분야이므로 경찰정보학의 이론적 체계를 정립하는 데에 있어 국가정보학의 이론체계와 연구성과를 바탕으로 할 필요가 있다. 국가정보학이 일반적으로 '국가차원에서 운영되는 정보의 체계,

---

1) 김윤덕, 국가정보학, 박영사, 2001, p. 8.

정보활동의 본질, 정보활동의 주체, 정보활동의 역사적 사례 등을 연구'2)하는 학문체계를 가지고 있으므로 국가정보학의 한 분야로서 경찰정보학 역시 국가정보학의 이론체계를 원론으로 삼고 이를 바탕으로 경찰의 정보체계와 정보활동을 연구하여 경찰의 정보활동에 고유한 이론을 수립하고 비판적 시각을 제공하는 각론적 기능을 수행하게 된다.

결론적으로 경찰정보학은 국가정보학의 한 축으로서 경찰이 운영하는 정보체계, 조직을 비롯하여 정보활동의 본질, 정보활동의 주체, 정보활동의 역사적 사례 등을 연구하는 학문 분야라고 정의할 수 있다.

2. 정보경찰의 의의

정보경찰이란 공공의 안녕과 질서에 대한 위험(Gefahr) 또는 경찰위반(警察違反)의 상태(Störung)를 제거하기 위한 경찰활동을 위하여 그 전제가 되는 치안정보를 수집·분석·작성·배포하는 경찰을 의미한다.3) 이는 정보경찰의 목적과 활동을 중심으로 한 개념으로 볼 수 있다.

이에 반해 형식적 의미의 정보경찰개념은 경찰정보활동에 종사하는 경찰인력을 중심으로 살펴볼 수 있다. 즉 경찰청 정보국, 지방경찰청의 정보조직, 경찰서의 정보과 소속의 경찰관을 통칭하여 정보경찰로 이해할 수 있는 것이다.

전자의 개념에 충실할 경우 경찰의 보안정보, 외사정보활동은 물론 수사경찰의 범죄첩보 수집활동까지 이에 포함될 여지가 있다. 치안정보의 수집과 분석의 원칙과 방법론이 이러한 경찰활동에 적용될 수 있음은 별론으로 하고 본서에서 다루는 정보경찰은 형식적 의미의 정보경찰개념에 입각한 것이다. 따라서 경찰청 정보국, 지방경찰청 정보조직, 경찰서 정보과 소속의 경찰관이 그 직무를 수행하는 데 필요한 지식을 정보의 수집과 분석의 방법론을 중심으로 제시하고자 하는 것이다.

---

2) 김윤덕, p. 5.
3) 경찰대학, 경찰학개론, 2004, p. 342.

3. 정보경찰의 임무

경찰은 경찰법상 국민의 생명과 신체 및 재산의 보호와 범죄의 예방과 진압 및 수사, 교통의 단속 등 '공공의 안녕과 질서의 유지'를 그 기본적인 임무로 한다. 이러한 경찰의 임무는 공공의 안녕과 질서에 대한 위험이나 경찰위반의 상태가 실현되는 시점을 전후하여 예방과 진압이라는 두 가지의 임무로 크게 나누어 볼 수 있다. 이러한 구분을 기준으로 할 때 정보경찰은 예방경찰로서의 임무를 주로 하되 진압단계에서의 정보지원이라는 사후적인 의의와 목적도 함께 가진다고 할 것이다. 즉, 예방경찰로서의 행정경찰작용을 주로 하되 사후 조치 단계로서의 사법경찰작용까지를 포함한다 할 것이다.

먼저 예방수단으로서의 정보경찰은 경찰정책의 수립과정에서의 사전적 정보지원을 그 임무로 한다. 즉, 다중범죄를 포함한 각종 범죄와 관련된 정보를 수집하여 분석·생산함으로써 경찰정책의 결정자들에게 그 예방을 위한 대책을 강구할 수 있도록 한다는 것이다. 정보경찰이 집회 또는 시위와 관련된 정보를 취급하는 것도 집회·시위과정에서 야기될 수 있는 다중범죄가 사회적으로 초래할 수 있는 무질서의 위험이 그만큼 심대하기 때문이라고 볼 수 있다. 정보경찰의 이러한 역할을 우리 경찰법과 경찰관직무집행법은 '치안정보'로 규정하고 있다(경찰법 제3조 등). '치안정보'라는 용어의 적절성에 대해서는 '제4절 경찰정보활동의 법적 근거'에서 후술하기로 한다.

하지만 예방수단으로서의 정보경찰의 역할이 범죄와 직접적으로 관련된 정보에만 그치는 것은 아니다. 경찰의 치안정책수립 및 결정, 집행과정에 필요한 정보를 제공하는 역할과 함께 대규모 집회·시위관리 등에 필요한 정보수집, 분석, 배포의 역할이 포함된다고 볼 수 있고, 또한 범죄와 관련되거나 질서위반을 초래할 수 있는 경찰위반 상태를 제거 또는 사후에 조치할 수 있도록 정보를 제공하는 역할 또한 포함된다고 하겠다. 이는 경찰청과 그 소속기관 등 직제 제14조에서 경찰청 정보국의 직무내용인 치안정보의 분야를 '정치·경제·사회·학원·종교·문화 등'은 물론 '정책정보'까지 포함한다고 규정하고 있는 데서도 나타난다.

이와 같이 거의 모든 정보요소를 망라하는 분야를 경찰정보활동의 대상으로 삼는 데에 대해서는 정보활동의 한계를 모호하게 한다는 비판이 있을 수 있다.[4] 즉, 정보수집의 과정에서 수반되는 개인정보의 침해 가능성 등을 감안할 때 경찰정보활동의 분야 또는 대상에 대한 명시적이고 구체적인 법적 근거가 필요하다는 주장이 제기될 수 있는 것이다.

그러나 우선 경찰이 정부기능의 한 요소로서 정부의 각 정책부처가 수행하는 각종 정책에 대한 정보지원을 수행해야 할 필요성이 있으므로 전술한 다양한 정보요소에 대한 경찰정보의 책임을 부정할 수 없다고 할 것이다. 특히, 모든 국가정책이 그 정책과 관련된 이해당사자들간의 갈등의 소지를 가지고 있으며 이러한 갈등의 조정이 실패할 경우 경찰작용을 필요로 하는 무질서의 상태가 야기될 수 있다. 이러한 측면에 착안한다면 결국 정치·경제·사회 등 제 분야의 경찰정보활동이 공공의 안녕과 질서의 유지라는 경찰 고유의 목적에 봉사하는 것으로 보아야 할 것이다.

다만, 이러한 필요성과 목적에 입각하여 경찰목적과 직접적인 관련성이 낮은 다양한 분야의 정보를 수집하는 경우에도 경찰법상의 일반적 한계를 준수하여 헌법상 보장된 기본권의 침해가 발생하지 않도록 유념하여야 할 것임은 물론이다. 실제 경찰의 정보활동은 대부분 강제력을 수반하지 않는 임의활동이 대부분이며, 업무영역 또한 한계를 명확히 설정하기 어려운 부분이 있다. 첩보수집과정상 '정보수집권'과 개인정보 자기결정권 침해와 관련해서는 '제 4 절 경찰정보활동의 법적 근거'에서 자세히 설명하기로 한다.

이상의 예방적 기능에 덧붙여 경찰정보활동은 범죄 또는 무질서의 상태가 실현된 이후에도 경찰의 진압기능을 지원하게 된다. 즉, 범죄 또는 무질서 상태를 야기한 범인의 색출과 검거를 위한 정보는 물론 진행 중인 무질서 상태의 해소를 위한 경찰작용의 필요성과 향후 전망 등을 제시함으로써 경찰 정책결정자가 정책적 판단에 이를 수 있도록 하여야 한다는 것이다.

---

4) 경찰정보활동의 범위와 한계가 모호하다는 비판은 '치안정보'라는 법문과 관련해서도 간헐적으로 제기되고 있는 실정이다. 이러한 비판은 '일반적 정보'에 관해서도 동일하게 적용된다고 할 것이다. 아래는 이와 관련된 기사의 내용이다.
"(전략) 과거 정부는 학원·종교계·정치권·언론·기업 중 사회 각계각층의 인사를 대상으로 정권안보를 위한 '사찰'을 계속해왔다. (중략) 치안정보가 무엇인지, 어디까지를 치안을 위한 정보로 봐야 하는지 명문 규정이 없고 해석상의 논란이 일 수밖에 없다. 때문에 경찰의 정보수집활동은 정치사찰로 오해받을 소지가 있는 셈이다"(동아일보, 1998.12.18, 7면).

제2절 우리나라 정보경찰의 조직 및 범위

1. 정보경찰의 조직

(1) 경 찰 청

경찰청 정보국에는 정보국장(치안감)과 정보심의관(경무관)이 있으며 정보국장은 다음 사항을 관장한다. 정보심의관은 기획정보(정책정보)업무에 관하여 국장을 보좌한다.[5]

① 치안정보업무에 관한 기획 및 지도 및 조정

② 정치·경제·노동·사회·학원·종교·문화 등 제 분야에 관한 치안정보의 수집·종합·분석·작성 및 배포

③ 정책정보의 수집·종합·분석·작성 및 배포

④ 집회·시위 등 집단사태의 관리에 관한 지도 및 조정

⑤ 신원조사 및 기록관리

위와 같은 정보국장의 임무를 보좌하기 위해 경찰청 정보국은 4개 과(課)로 편성되어 있다.

구체적으로 살펴보면, 정보1과는 정보경찰업무에 관한 기획·지도 및 조정, 신원조사 및 기록관리 기타 정보국의 다른 과의 주관에 속하지 아니하는 사항을 담당한다.

정보2과는 치안정보업무에 관한 기획·지도 및 조정, 정책정보의 수집·종합·분석·작성 및 조정을 그 임무로 한다.

정보3과는 경제·노동분야에 관련되는 치안정보의 수집·종합·분석·작성, 정책정보의 수집·종합·분석·작성 및 조정을 담당한다.

정보4과는 학원·종교·사회·문화분야에 관련되는 치안정보의 수집·종합·분석·작성, 학원·종교·사회·문화분야에 관련되는 집회·시위 등 집단사태의 관리에 관한 지도 및 조정을 관장한다.[6]

---

5) 경찰청과 그 소속기관 등 직제에 관한 대통령령 제14조.

6) http://www.police.go.kr

|그림 2-1| 경찰정보기능 조직도

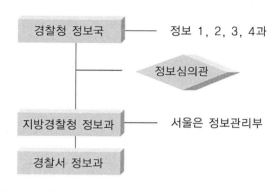

(2) 지방경찰청 및 경찰서

서울을 제외한 각 지방경찰청은 정보과장 아래(부산·경기남부청은 3부장, 대구·인천·광주·대전청은 1부장 아래) 정보 1·2·3·4계가 있는데, 정보 1계는 서무, 신원조사, 기록 및 채증업무를 담당하고, 2계는 기획정보(정책정보 분석·생산)를, 3계는 경제·사회·노정·학원·종교·문화 등의 업무를 담당하며, 4계는 외근업무를 주로 담당하고 있다.

서울지방경찰청은 정보관리부장 아래 정보 1과와 정보 2과가 있는데, 정보 1과에서 서무, 신원조사, 기록관리 채증업무 및 기획(정책)정보와 사이버 관련한 정보를 수집 및 생산하고 있고, 정보 2과에서는 경제·노정·사회·학원 및 종교, 문화 등의 정보를 담당한다.

경찰서의 경우 정보과 아래에 정보 1,2계를 두거나 정보보안과 아래에 정보계와 보안계 또는 외사계를 두고 있는데, 정보계 또는 정보 1,2계 내에 서무, 신원조사, 채증판독 등을 담당하는 내근과 직접 정보활동을 담당하는 외근이 있다.

2. 정보경찰의 활동분야

경찰의 정보활동은 정치, 경제, 노동, 사회, 학원, 종교, 문화 등의 모든 분

야에 걸쳐 이루어진다.[7]

(1) 정치정보

정치정보는 정당, 선거, 정치권력 구조 및 정치에 대한 국민반응 등 국내정치상황 등에 대한 정보이다. 여기서 반드시 짚고 넘어갈 것이 '정치정보'와 '정보의 정치화' 문제라 하겠다. 간혹 일부에서 '정보의 정치화'를 이유로 '정치정보'활동 자체를 문제 삼는 경우를 볼 수 있는데 양자는 구분을 명확히 해 둘 필요가 있다. 정치정보(political intelligence)는 앞에서 보았듯 '국내 정치상황과 정치환경 및 그 전개과정과 문제점 등에 대한 정보'로 볼 수 있는데, 정치정보활동의 주된 역할은 민주주의의 전개과정 및 저해요소, 국민의 정치적 통합도, 향후 정치적 상황에 대한 예측 등을 통해 국가안보에 위협이 될 요소를 파악하는 것이라 하겠다.

사실 본질적으로는 정치영역 역시 경제·사회·문화 등 여타 영역과 마찬가지로 사회를 구성하고 있는 한 분야일 뿐이다. 다만, 수집자 또는 분석자가 객관성을 견지하지 못할 경우 '정치'의 속성상 정책결정자의 판단에 영향을 미칠 가능성이 상대적으로 높기 때문에 '정보의 정치화'에 대한 우려의 정도 또한 타 분야에 대한 정보활동에 비해 상대적으로 높은 게 아닌가 싶다. 정치영역에 있어서 정보활동에 대한 법적·제도적 견제와 감시를 더욱 강화하여야 한다는 주장이 한편으로는 공감이 가면서도 또 한편으로는 같은 이유로 '정치' 영역에 대한 정보활동을 원천적으로 차단해야 한다는 주장은 받아들이기 어렵다. 정보의 정치화, 정치화된 정보(politicized intelligence)는 분명 가장 경계해야 할 문제임에는 틀림없으므로 정치정보활동에 있어 '객관성'을 확보할 수 있는 대안을 병행함으로써 이러한 문제를 해결하는 것이 바람직하다고 생각된다.

---

7) 이는 경찰청과그소속기관등직제 제14조(정보국)에 따른 분류이다. 정치정보는 2003년 노무현대통령의 지시에 따라 경찰정보기능에서 제외되었으며 같은 조에 규정된 정책정보와 신원조사를 내용으로 하는 소위 신원정보활동은 정보의 대상분야에 따른 분류에 해당하지 않는다고 보아 논외로 한다.

(2) 경제정보

경제정보는 이론적으로 '한 나라의 경제력을 분석·평가하며 현재와 장래의 경제상황, 경제적인 능력, 경제적 취약성, 경제와 관련된 의도와 가능한 행동방책에 관한 지식'으로 정의된다.[8]

실무적으로 정보경찰이 담당하는 경제정보는 개인, 기업, 정부 등 경제주체의 경제행위와 경제정책 등이 범죄와 무질서와 같은 경찰위반의 상태를 초래할 위험을 사전에 방지하는 데 필요한 모든 정보로 볼 수 있다.

구체적으로는 경제관계법령의 규제조항을 중심으로 한 경제법에 대한 이해와 정부의 경제정책의 흐름, 경제단체, 경제 관련 시민단체 등의 현황과 활동에 대한 사전지식을 필요로 하는 정보경찰의 활동이다.

(3) 노동정보

일반적으로 노동정보란 임금, 근로시간 등 노동시장 및 근로조건 등에 관한 정보를 일컫는 말이다. 정보경찰의 노동정보활동은 이러한 근로조건 등을 둘러싼 노동운동의 현황과 노동운동단체의 현황, 정책제언의 내용 등의 자료와 함께 산업분야·개별기업 등 각 수준의 단체협상의 움직임, 그에 따른 노사분규의 징후와 진행상황, 노동정책의 문제점 등을 대상으로 한다.

노동시장에서 사용자의 부당노동행위나 노조의 불법 노동운동 등으로 인해 발생할 수 있는 문제점을 사전에 파악하여 그 과정에서 야기될 수 있는 무질서나 범죄와 같은 경찰위반의 상태를 예방하는 데 그 목적이 있다고 할 수 있다.

노동정보활동을 위해서는 헌법, 근로기준법, 노동조합 및 노동관계 조정법, 노동위원회법 등의 노동관련법규에 대한 이해와 함께 노동정책의 내용과 문제점 등에 대한 배경지식을 필요로 한다.

특히 정보경찰의 노동정보활동은 근로자의 권리를 두텁게 보호하는 헌법정신과 근로조건 등에 대한 노사자율 교섭원칙 등에 비추어 사용자와 근로자의 대립되는 이해관계와 관련하여 불편부당한 입장에서 이루어져야 한다.

---

8) 김윤덕, p. 834.

(4) 사회정보

국가정보적 개념에서 사회정보란 인종, 인구, 언어, 관습, 종교, 국민성, 사회구조는 물론 보건, 교육, 언론, 복지, 환경, 사회단체, 학생운동, 사회운동, 여론 등 사회적 제반요소에 관한 모든 정보를 포함한다.

정보경찰의 사무분장에 있어서 사회정보란 보건, 복지, 환경정책 등과 관련된 민심, 여론, 각종 유언비어, 철거단체 등 사회단체의 활동과 주장 등을 포함한다. 사회정보의 속성상 기타 정치, 경제, 노동, 학원, 종교, 문화정보의 요소에 속하지 않는 정보요소 전반이 사회정보의 사무분장에 포함되기도 한다.[9]

사회시민단체의 정책영향력이 증대되어 온 추세에 따라 사회정보활동을 위해서는 사회시민단체의 현황과 활동 및 정책제언 등에 대한 배경지식을 필요로 한다.

(5) 기   타

이 밖에도 정보경찰이 관장하는 집회·시위 등 집단사태의 관리임무와 관련하여 그 주체를 기준으로 하는 학원정보, 종교정보, 문화정보 등이 정보경찰의 중요활동분야로 다루어지고 있다.

이러한 정보요소에 대한 경찰정보활동을 위해서는 분야별 연혁과 현황 등에 대한 배경지식, 규제법규를 중심으로 한 분야별 관련법규, 관련정부부처 및 공사단체, 시민사회단체의 현황과 정책관련주장의 내용 등에 대한 이해가 필요하다.

---

9) 경찰종합학교, 정보실무, 2002, p. 213.

제 3 절　정보경찰의 역사

1. 한국 정보경찰의 기원

　　일본 제국주의 식민통치하의 경찰을 한국 경찰 역사에 포함시킨다는 전제
아래에서는 한국 정보경찰의 기원을 일본 강점기 시대의 특별고등경찰로까지
거슬러 올라갈 수 있다. 당시 특별고등경찰은 국민의 사상적 영역까지 감시, 통
제하는 비밀경찰조직으로 이 조직의 활동이 한국에 있어서의 정보경찰의 기원
으로 볼 수 있다(강재구, 2004: 11). 특히 일본 제국주의의 '앞잡이' 역할을 수행함
으로써 현재에 이르기까지 '정보경찰'의 부정적인 이미지를 지배하고 있는 이
조직은 일명 '특고'라고 약칭되었으며, 사상·정치활동·언론·출판의 자유를 억
제 감시하고 특히 독립 운동가를 적발하고 민족정신을 말살하는 데 총력을 기
울여 이른바 사상범에 대하여 잔악한 고문으로 악명이 높았다.

　　일제는 1906년 서울에 그들의 통감부(統監府)를 설치하여 헌병경찰제도를
실시하면서 이와 같은 비밀정치경찰제를 도입하여 경무총감부의 기밀과에 첩
보계(諜報係)와 고등경찰계를 두었으며, 3.1운동 이후 헌병경찰이 보통경찰제로
전환한 뒤에는 전국 각 경찰서에 고등경찰계를 두어 공포정치의 도구로 이용하
였다.10)

2. 미군정기와 정부수립기의 정보경찰

　　광복 이후 미군정이 시작되면서 일제 식민시대 시찰(視察) 및 사상취체(取
締)를 목적으로 제정된 치안유지법 등 관련 악법이 폐지됨에 따라 그 집행기관이
었던 '특고'경찰, 즉 도경찰부 고등과가 폐지되고 1945년 10월 19일 새로이 '정보
과'가 설치되었다(노호래, 2004: 33). 그 후 정보과는 1946년 6월 '통보과'로 개칭
되었다가 같은 해 9월 12일에는 '사찰과'로 변천을 거듭하게 되었는데, 이 당시
정보경찰의 주요임무는 신생국가의 건설에 방해되는 불순요소의 제거 및 단속을
통해 사회적 혼란을 방지하는 것이 주 임무였다고 한다(경찰청, 1995: 54-55).

---

10) 두산 백과사전(http://100.naver.com/100.nhn?docid=156591) 참조.

한편, 1948년 7월 17일 제정된 '정부조직법'과 1948년 9월 13일 '남조선 과 도정부 기구의 인수에 관한 건'에 따라 경무부는 내무부 장관 산하로, 도경찰은 각 도지사 산하에 속하게 되었다. 그런데, 이 과정에서 정보경찰 업무를 수행하던 사찰경찰은 치안질서를 문란케 하는 다중적 불법행위의 단속을 주관하는 사상경찰, 정당에 관한 규칙과 정당 및 사회단체 등의 시위행렬 및 집회허가에 관한 것을 주관하는 정치경찰, 해외거주교포의 동태를 조사하고 불법입국자를 단속하는 외사경찰의 임무(김성종, 2005: 19-20)까지 매우 포괄적인 임무를 수행하였다. 또한 형법상의 국가적 법익에 관한 죄와 국가보안법 등의 특별법과 관련된 정보의 수집 및 수사를 담당하였는데, 수집대상정보를 일반정보와 특수정보로 구분하여 일반정보는 '전반적인 치안 관련 정보로서 민심 동태 및 동향 파악' 등에 필요한 정보를 일반정보라 하였고, 특수정보는 '폭동, 소요 등 긴박한 사태와 관련된 정보'로서 사찰경계 및 경비 등을 주목적으로 하는 정보를 칭하였다(강기택 등, 2006: 109-110).

3. 6.25 전쟁 이후 4.19 전후의 정보경찰

6.25 전쟁 당시 정보경찰은 본연의 임무라 할 수 있는 사찰업무 이외에 직접 전투에 참여하기도 하였으며, 전시 중인 1950년 8월 10일 수사과와 사찰과를 '정보수사과'로 통합하기도 하였다. 그리고 한국전쟁 휴전 이후에는 전투활동이 식어가고 치안문제가 대두됨에 따라 이를 다시 분리하여 특수정보과와 수사과로 분리, 설치하였다(경찰청, 1995: 221-222).

한편, 6.25 전쟁 이후 4.19를 거치면서 정보경찰은 또 한 번의 조직적 변화를 맞이하게 되는데, 1960년 6월 1일 이전의 '특수정보과'를 '정보과'로 개칭하였으며, 이러한 변화에 따라 정보경찰의 임무도 정치, 문화 및 민정의 사찰, 외사경찰 및 특수정보에 관한 사항을 주로 담당하게 되었다(김성종, 2005: 21). 그러나 이 시기의 정보경찰은 3.15부정선거 등 부정적 활동으로 인해 활동상의 큰 오점을 남긴 시기이기도 하였다. 이로 인해 국민들의 의식 속에 6.25전쟁 당시의 용감한 '구국경찰상'이 '정권의 시녀'인 경찰상으로 전락한 것은 참으로 안타까운 일이라 하겠다. 1960년 12월 31일 제정된 '반민주행위자 공민권 제한법'에 따라 소위 민원을 야기한 경찰 간부 등 당시 경위급 이상 90% 가량의 사찰경찰이 면직되기도 했다(강기택 등, 2006: 123).

4. 제3공화국 이후 1960년대와 1970년대의 정보경찰

제3공화국 이후 정보경찰활동은 반공을 강조하는 정치, 사회적 분위기로 인해 북한의 대남공작활동을 분쇄하는 데 많은 노력이 이루어졌다. 특히 5.16 이후의 정보활동은 대부분 중앙정보부의 조정과 감독 아래에서 이루어졌는데, 이 과정에서 1961년 9월 28일 중앙정보부의 기구 재편 지시에 따라 치안국 정보과 내에 5계(보안계)를 잠정적으로 신설하여 보안 및 신원조사업무를 전담하게 하였다(허남오, 1998: 359). 또한, 외사경찰도 이때에 정보경찰로부터 분리되어 독자적인 지위를 갖게 되었다. 1964년 베네수엘라에서 개최된 제33차 인터폴총회에서 우리나라가 회원국의 지위를 얻게 되면서 1966년에는 서울과 부산시 경찰국에서 외사과가 신설되고, 1967년에는 동경 주재관이 최초로 임명되어 해외주재관 업무를 수행하였다(강기택 등, 2006: 123).

또한 1962년 1월 15일에는 반국가적 활동을 미연에 방지하기 위하여 정치분실을 설치하였으며, 1967년 1월 7일에는 '정보상황실운영지침'을 제정하여 경찰의 정보상황을 청와대, 국무총리실과 같은 외부기관에 보고하도록 하는 근거를 마련하기도 하였다(김성종, 2005: 22).

한편, 1970년대 이후의 정보경찰에 대하여 살펴보면, 1974년 문세광 사건 이후 치안국이 치안본부로 승격되면서 치안본부 산하 3부에 정보과를 두고 정치, 경제, 종교, 사회, 문화 등 관련정보의 수집, 분석, 평가는 물론 반국가적 범죄의 수사 및 수사지도와 같은 기능과 역할을 강조하기도 했다. 또한 당시 유신으로 인해 반체제 운동이 증가하자 정보경찰의 역할은 다중범죄의 진압으로 확대되었으며, 이에 따라 정보과를 정보 1과와 2과로 분과하여 1과는 일반정보, 2과는 대공기능(현재의 보안 기능), 그리고 학원 및 종교분야 업무는 경제 분실에서 추가 담당토록 하는 등 정보경찰의 업무가 대폭 강화되었다(경찰청, 1995: 321).

|그림 2-2| 1976년도 치안본부 기구표

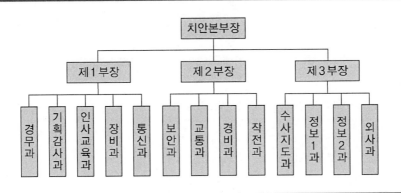

출처 : 경찰대학, 한국경찰사, 2002, p. 256.

5. 1980년대의 정보경찰

10.26 이후 1980년도까지의 정보경찰조직은 제3부장 산하에 정보1과, 2과를 두어 정보1과에서는 일반정보를, 2과에는 대공정보를 담당해왔다. 그러나 1980년대의 국내외 정세와 남북한의 관계는 정보분야의 확대를 가져왔는데, 실제로 1981년에는 정보경찰조직을 확대하여 정보1, 2, 3과와 '대공과'로 정보경찰조직을 확대 개편하기도 하였다. 특히 이 당시에 처음으로 '대공'이라는 용어가 정식 직제로 사용되었으며, 1985년 기구 개편시에는 '대공부(대공1, 2, 3부)'로 승격되기도 하였다. 1983년에는 외사과를 포함하여 정보, 대공, 외사를 망라하여 제4부에 소속되도록 하였으며, 1986년에는 제5 조정관을 신설하여 '대공'과 '외사'를 전담하게도 했으며(그림 2-2), 1987년에는 제5 조정관이 순수 '대공'만을 담당하도록 하였다(경찰청, 1995: 354-357).

|그림 2-3| 1986년 당시 치안본부 기구표

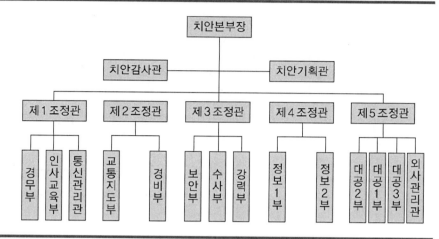

출처 : 경찰대학, 일반정보론, 1991, p. 137에서 인용하여 각색.

6. 1990년대 이후의 정보경찰

1991년 경찰청의 개청으로 정보경찰조직은 정보국장 산하에 국장을 보좌하는 정보심의관과 산하 정보1, 2, 3, 4과로 개편되었고, 지방경찰청은 서울지방경찰청의 경우 정보관리부 산하에 정보 1 과, 정보 2 과로 편재되었으며, 여타 지방청에는 정보과를 두었다(노호래, 2004: 46). 현재의 정보경찰 조직에 대해서는 제 2 절에서 살펴본 바와 같다.

제 4 절 경찰정보활동의 법적 근거

1. 주요 논의점

현재 경찰의 정보활동은 경찰법, 경찰관직무집행법 및 대통령령인 '경찰청과 그 소속기관 직제'에 근거를 두고 있다. 우선 경찰법 제3조에는 국가경찰의 임무 중 하나로 '치안정보의 수집·작성·배포'를 규정[11]하고 있고, 경찰관직무집행법(이하 경직법) 제2조 제4호에는 경찰의 직무 범위에 '치안정보의 수집·작성 및 배포'를 포함12)하고 있다. 이는 1953년 12월 14일 경직법이 처음 제정될 당시 제1조 제1항에서 '경찰관이 국민의 생명, 신체, 재산의 보호와 범죄의 예방, 공안의 유지, 기타 법령집행 등의 직무를 충실히 수행하기 위하여 필요한 조치를 규정'하는 것을 법의 목적으로 정하였을 뿐 별도의 임무 규정을 두지 않음으로 인해 경찰의 업무범위가 명확치 않았던 문제를 해결하기 위해 1981년 4월 13일 1차 개정시 경찰의 직무범위를 제2조에 신설하면서 규정된 것이라 할 수 있다. 또한 이후 1991년 5월 31일 경찰법이 제정되면서 경직법 제2조 규정을 바탕으로 경찰법에도 경찰의 임무에 '치안정보의 수집' 규정이 포함되었다가 이후 2011. 8. 4 경직법 개정에 맞춰 경직법상 규정된 경찰의 임무와 동일하게 '치안정보의 수집·작성 및 배포'로 재차 수정되었다.

또한, 대통령령인 경찰청과 그 소속기관 직제 제14조에서는 경찰청 정보국의 직무 분야를 '정치·경제·사회·학원·종교·문화 등'은 물론 '정책정보'까지 포함한다고 규정하고 있다.13)

---

11) 경찰법 제3조(국가경찰의 임무) 국가경찰의 임무는 다음 각 호와 같다.
  1. 국민의 생명·신체 및 재산의 보호
  2. 범죄의 예방·진압 및 수사
  3. 경비·요인경호 및 대간첩작전 수행
  4. 치안정보의 수집·작성 및 배포
  5. 교통의 단속과 위해의 방지
  6. 그 밖의 공공의 안녕과 질서유지
12) 경찰관직무집행법 제2조(직무의 범위) 경찰관은 다음 각 호의 직무를 행한다.
  1. 국민의 생명·신체 및 재산의 보호
  2. 범죄의 예방 진압 및 수사
  3. 경비 요인경호 및 대간첩작전 수행
  4. 치안정보의 수집 작성 및 배포
  5. 교통의 단속과 위해의 방지
  6. 기타 공공의 안녕과 질서유지
13) 제14조(정보국)
  ① 정보국에 국장 1인을 두고, 국장 밑에 정보심의관을 둔다.
  ② 국장은 치안감 또는 경무관으로, 정보심의관은 경무관으로 보한다.
  ③ 국장은 다음 사항을 분장한다.
  1. 치안정보업무에 관한 기획 지도 및 조정
  2. 정치, 경제, 노동, 사회, 학원, 종교, 문화 등 제 분야에 관한 치안정보의 수집, 종합, 분석, 작성 및 배포
  3. 정책정보의 수집, 종합, 분석, 작성 및 배포

이러한 법률 규정과 관련하여 주된 논점은 크게 세 가지로 귀결된다고 볼 수 있다. 즉, 경찰법 및 경찰관직무집행법상 규정된 '치안정보'의 범주에 대한 해석과 이 두 법률에 규정된 '직무범위'에 대한 해석, 그리고 대통령령인 '경찰청과 그 소속기관 직제'의 법규명령성 여부라 할 수 있다.

즉, 정보수집 과정에서 수반되는 개인정보의 침해 가능성(정보 자기결정권 침해 등)을 감안할 때 경찰정보활동의 영역 또는 대상에 대한 명시적이고도 구체적인 법률적 근거가 필요하다는 주장이다.

2. 치안정보의 개념 및 범주 해석

현행 경찰법 및 경찰관직무집행법, 그리고 대통령령인 '경찰청과 그 소속기관 등 직제'에서는 모두 공통적으로 '치안정보'라는 용어를 사용하고 있다. 치안정보(治安情報)라는 용어가 '치안'과 '정보'를 조합하여 만든 단어라는 것을 짐작하는 것은 어렵지 않다. 역사적으로 '치안'이라는 용어는 일본이 당시 조선의 식민통치를 위해 설치한 한국주답사령부(韓國駐箚司令部) 아래 한국주답헌병대(韓國駐箚憲兵隊)가 1905년 1월 '경성 및 그 부근에서의 치안에 관한 경찰은 한국경찰을 대신하여 일본군이 담임'한다고 포고하거나 '일본군의 행동 방해와 집회 결사 및 신문·잡지·광고 그 외의 수단으로 치안을 문란하게 하는 자 등에 대해 사형 등을 처할 수 있다'는 내용의 군령을 발표하면서 사용하였다. 또한 '군사경찰 시행에 관한 내훈'에서 '치안에 관련되는 경찰사항에 관해 한국 군대의 사용 및 경찰권의 집행을 허락하여야 한다'고도 하였다(김성수 등, 2010: 178-179).

여기에서 '치안'과 '경찰'의 개념이 동일하게 사용되지는 않았음을 알 수 있는데, 그럼에도 불구하고 '치안 경찰…'이나 '치안 문란…', '치안과 관련된 경찰사항…' 등으로 사용한 것으로 보아 경찰법상 경찰 본연의 임무인 '국민의 생명·신체 및 재산보호, 범죄의 예방·진압·수사 등 공공의 안녕과 질서유지'나 사전적 의미인 '국가 사회의 안녕과 질서를 유지 보전'[14]하는 경찰의 활동으로 보아 크

---

4. 집회 시위 등 집단사태의 관리에 관한 지도 및 조정

5. 신원조사 및 기록관리

④ 정보심의관은 기획정보업무의 조정에 관하여 국장을 보좌한다.

14) krdic.naver.com(네이버 국어사전), 2012. 4. 20 검색

게 무리가 없어 보인다. 특히, 경찰청과 그 소속기관 직제 제14조 제3항에서는 경찰청 정보국장의 사무로 '정치·경제·노동·사회·학원·종교·문화 등 제 분야에 관한 치안정보'라고 규정하여 경찰정보활동 영역에 있어서 수집·분석 대상이라 할 수 있는 '치안정보'를 구체적으로 예시·열거함으로써 '경찰정보'활동의 영역이나 범위와 다르지 않음을 짐작하게 한다. 다만, 이와 관련하여 '치안정보' 용어가 명확성의 원칙에 위배된다는 일부의 지적에 대해서는 일리가 없다 할 수 없는 만큼 추후 법률적인 해결이 필요하다 하겠다.

3. 직무 규정과 권한 규정에 대한 논의

또 한 가지 쟁점은 경찰관직무집행법상 직무범위로 규정된 조항을 '권한 규정'으로 해석할 수 있느냐의 문제이다. 앞에서 언급하였듯 경찰법 제3조에는 국가경찰의 임무 중 하나로 '치안정보의 수집·작성·배포'를 규정[15]하고 있고, 경찰관직무집행법(이하 경직법) 제2조 제4호에는 경찰의 직무 범위에 '치안정보의 수집 작성 및 배포'를 포함[16]하고 있다.

이는 국가정보활동 영역에 있어서도 다르지 않아 국가정보원 역시 국가정보원법 제3조 제1항 '직무의 범위'에 '국외정보 및 국내보안정보(대공·대정부전복·방첩·대테러 및 국제범죄조직)의 수집·작성 및 배포 등'을 수행할 수 있도록 규정된 것을 근거로 정보활동을 수행하고 있다. 군사안보지원사령부(구 국군기무사령부)의 경우에는 법률이 아닌 군사안보지원사령부령(대통령령 제29114호) 제4조에서 직무의 범위에 '군 보안업무 및 군 방첩업무' 및 '군 관련 정보 수집, 작성,

---

15) 경찰법 제3조(국가경찰의 임무) 국가경찰의 임무는 다음 각 호와 같다. 1. 국민의 생명 신체 및 재산의 보호 2. 범죄의 예방 진압 및 수사 3. 경비·요인경호 및 대간첩작전 수행 4. 치안정보의 수집·작성 및 배포 5. 교통의 단속과 위해의 방지 6. 기타 공공의 안녕과 질서유지

16) 경찰관직무집행법 제2조(직무의 범위) 경찰관은 다음 각호의 직무를 행한다.
   1. 국민의 생명·신체 및 재산의 보호
   2. 범죄의 예방 진압 및 수사
   3. 경비 요인경호 및 대간첩작전 수행
   4. 치안정보의 수집 작성 및 배포
   5. 교통의 단속과 위해의 방지
   6. 기타 공공의 안녕과 질서유지

처리' 등을 규정하고 있다.[17]

    이렇게 볼 때 이러한 '직무 범위' 규정을 '권한 규정'으로 해석할 수 있느냐의 문제는 매우 중요한 문제라 하겠다. 경찰의 권한 행사가 그 대상의 권리와 자유의 침해를 수반하는 경우에는 그 수단의 임의성 여부와는 무관하게 법적 근거를 필요로 한다. 헌법 제37조에서 국민의 모든 자유와 권리는 국가안전보장·질서 유지 또는 공공복리를 위하여 필요한 경우에 한하여 법률로 제한할 수 있도록 선언하고 있기 때문이다. 이러한 법률적 근거를 권한(수권) 규정이라 한다.

    경찰권의 발동에 '권한' 조항을 필요로 하는 경우는 크게 세 가지로 나누어 볼 수 있다. 첫째, 행정객체에게 권리의 변동을 발생케 하거나, 둘째, 행정객체의 의사에 반하여 권리침해 내지 강제를 하여야 할 필요가 발생하거나, 셋째, 강제력을 동반하지는 않으나 업무수행의 정당성을 인정받고 행정력의 과다한 운용을 막기 위하여 업무의 범위를 설정하고자 하는 경우이다(경찰대학, 2002: 57). 따라서 정보경찰의 활동이 전술한 세 가지 유형의 하나 이상에 해당하는 경우에는 개별적인 수권(권한) 조항이 필요한 것이다.

    경직법상 제5조(위험발생의 방지)[18] 제1항 제3호 규정을 개괄적 수권(권한) 조항으로 볼 수 있느냐의 문제와 제2조 특히, 제6호(기타 공공의 안녕과 질서유지) 또한 같은 맥락에서 해석할 수 있느냐에 대해서는 여전히 논란이 있다.[19]

    논의에 앞서 실제 경찰의 정보활동은 대부분 강제력을 수반하지 않는 임의 활동이 대부분이며, 정보 수집에 있어서도 원칙적으로 상대방의 동의하에 정보

---

17) 대통령령으로 제정된 군사안보지원사령부령의 경우에도 제4조(직무) 제3호 '군 관련 정보 수집' 규정과 관련하여 위임 모법 유무에 대한 해석이나 집행명령으로 해석될 경우에 같은 맥락의 논란이 제기될 수 있을 것이다.

18) 경찰관직무집행법 제5조(위험발생의 방지)
  ① 경찰관은 인명 또는 신체에 위해를 미치거나 재산에 중대한 손해를 끼칠 우려가 있는 천재, 사변, 공작물의 손괴, 교통사고, 위험물의 폭발, 광견 분마류 등의 출현, 극단한 혼잡 기타 위험한 사태가 있을 때에는 다음의 조치를 취할 수 있다.
  1. 그 장소에 집합한 자, 사물의 관리자 기타 관계인에게 필요한 경고를 발하는 것
  2. 특히, 긴급을 요할 때에는 위해를 받을 우려가 있는 자를 필요한 한도 내에서 억류하거나 피난시키는 것
  3. 그 장소에 있는 자, 사물의 관리자 기타 관계인에게 위해 방지상 필요하다고 인정되는 조치를 하게 하거나 스스로 그 조치를 하는 것

19) 이에 대해서는 이운주, 경찰법상의 개괄수권조항에 관한 연구, 서울대 박사학위 논문, 2005: 176 이하 참조.

를 수집·공유하게 된다. 다만, 경찰정보활동의 '목적'상 부득이 상대방의 동의
절차 없이 공공의 안녕·질서에 위협이 되는 요인을 사전에 제거하기 위해서나
범죄와 관련된 정보를 수집·처리하여야 할 경우에 '정보 수집권', 즉 헌법상 보장
된 '개인정보의 자기결정권'[20] 침해의 문제가 제기되는 것이다.

우선, 제2조 제6호를 개괄적 수권(권한) 조항으로 볼 수 있는 지에 대해서
는 차치하고, 제2조 '직무 범위' 규정에 대한 해석에 있어 이를 조직법적인 '임무
(직무)'규정으로 볼 것인지 아니면 작용법적인 '권한' 규정으로 볼 것인지에 따라
경찰정보활동의 법률적 근거에 있어서는 결정적인 차이를 보일 수 있다. 이를
순수한 직무 규정으로 볼 경우에는 단순히 사물관할에 대한 규정에 불과할 뿐
이지만, 권한 규정으로 인정할 경우 법률유보(法律留保) 원칙에 따라 법률적 근
거가 될 수 있기 때문이다(이운주, 2005: 176-177).

이미 경직법이 아닌 '경찰법'상 규정된 '직무범위'에 대해서는 헌법재판소에
서 '경찰의 기본조직 및 직무범위 등을 규정한 전형적인 조직법으로서 조직 구
성원 등 외에 일반국민을 수범자로 하지 않는다'고 하여 권한 규정으로 해석하
기 어렵다는 입장을 보인 바 있다.[21] 다만, 이와 달리 경직법 제2조에 대해서는
동법을 근거로 직무를 수행하는 청원경찰의 업무 수행에 대해 공무집행임을 인
정하면서 경직법 제2조 규정이 이른바 일반적 수권(권한) 조항으로 해석될 수
있는 가능성을 열어두었다.[22] 또한 교통경찰관의 음주운전 단속에 있어서도 판
결 요지에서 '경직법 제1조, 제2조, 제4조 및 도로교통법 제43조 제2항의 각 규
정에 의하면… 경찰의 임무는 본질적으로 국민의 자유와 권리를 보호하고 사회
공공의 질서를 유지하기 위하여 범죄의 예방 진압 및 수사, 교통의 단속과 위해
의 방지 기타 공공의 안녕과 질서에 대한 위험 방지에 있고… 특히, 주취 상태
에서 자동차를 운전하는 사람에 대하여는 정상적으로 운전할 수 있는 상태에
이르기까지 운전의 금지를 명하고 그 밖의 필요한 조치를 취할 수 있도록 개별
적 수권(권한) 규정을 두고 있다'고 해석함으로써 도로교통법상 권한 규정(제43

---

20) 개인정보의 자기결정권을 헌법상 행복추구권(제10조)으로 볼 것인지, 아니면 사생활의 비
밀, 즉 프라이버시권으로 볼 것인지에 대해서는 논란이 있다. 판례는 헌법 제10조 및 제17
조(사생활의 자유) 모두로 보았다(대판 1998. 7. 24. 96다42789).

21) 헌재 1994. 6. 30 91헌마162

22) 대법원 1986. 1. 20 선고 85도2448, 85감도356 판결

조 제2항) 외에 경직법 제2조에 의해서도 포괄적 권한을 행사할 수 있음을 확인한 바 있다.[23] 경찰법과 달리 경직법의 경우 '직무 규정'을 넘어 '권한 규정'으로 해석될 수 있음을 보여 주는 대목이다.

다만, 이운주의 지적처럼 경직법 제2조는 경찰법이 제정되기 이전인 1981년에 제2차 개정을 통해 신설된 조항이고, 그 자체가 '직무범위'를 규정하고 있는 점 등을 들어 좀 더 명확한 권한 규정이 필요함은 부인할 수 없다(이운주, 2005: 180－206).

그럼에도 불구하고 현실적인 측면을 고려해 볼 때 이런 주장에 대해서는 경찰정보활동의 '목적'에 비추어 보다 능동적이고도 적극적으로 검토해 볼 필요가 있다. 우선 경찰이 정부의 각 정책부처가 수행하는 각종 정책에 대한 정보지원을 수행해야 할 필요성이 있으므로 다양한 정보요소에 대한 경찰정보의 책임을 부정할 수 없다. 특히, 모든 국가정책이 그 정책과 관련된 이해당사자들간 갈등의 소지를 안고 있으며 이러한 갈등의 조정이 실패할 경우 경찰작용을 필요로 하는 무질서의 상태가 야기될 수 있음은 자명하다. 이러한 측면에 착안한다면 결국 정치·경제·사회·노동 등 제 분야의 경찰정보활동이 공공의 안녕과 질서의 유지라는 경찰 고유의 목적에 봉사하는 것으로 보아야 한다.

이에 더해 독일 통일경찰법모범초안 제1조 제1항에서 경찰의 직무를 '공공의 안녕과 질서에 대한 위험 방지'로 규정하고 이러한 직무 범위 내에서 범죄행위에 대한 수사 준비 및 범죄행위 예방(예방적 대처)과 장래의 위험 방지를 위한 준비행위를 하도록 규정하고 있는 점으로 볼 때(볼프 R. 쉔케, 2008: 313), 활동의 목적상 '위험'의 전(前) 단계, 즉 구체적 위험이 발생하기 이전 단계[24]인 '징후' 단계에서 공공의 안녕과 질서를 위협하는 요인을 사전에 제거하고 이를 정책적으로 해결하는 데에 주력하는 경찰정보 영역에서는 보다 적극적인 해석의 노력이 필요하다.

특히, 현재 우리의 경찰관직무집행법에서 직무(임무) 규정과 별도로 명확한

---

23) 대법원 1998. 5. 8 선고 97다54482 판결
24) Dieter Kugelmann 교수는 '위험의 사전배려'라는 용어를 사용하면서 경찰이 더 이상 '전통적' 경찰 개념에 머물러서는 안 되며, 구체적 위험 발생의 전 단계에서도 활동할 수 있는 권한을 인정해야 한다고 주장한다(경찰대학 개교 30주년 기념 국제학술세미나 자료 168면 이하 참조).

권한 규정을 두지 않고 있는 이유에 대해 '독일과 우리나라의 입법구조상의 차이'로 해석하는 것은 매우 중요한 지적이라 하겠다. 즉, 비교적 오랜 경찰법 연혁을 가진 독일과 달리 우리나라의 경우 짧은 경찰법 역사로 인해 아직까지 철저하게 직무 규정과 권한 규정으로 구분하지 못했다는 것이다(류지태·박종수, 2010: 949-951). 이는 독일 역시 프로이센 경찰법 당시에는 우리의 경우처럼 직무 범위를 통해 경찰권발동을 인정했다는 사실이나 프랑스, 일본의 경우 또한 현재까지 직무 규정과 권한 규정을 명확히 구분해 두고 있지 않은 점으로 볼 때 이러한 해석은 힘을 얻을 수 있다.

다만, 이러한 필요성과 목적에 입각하여 경찰목적과 직접적인 관련성이 낮은 다양한 분야의 정보를 수집하는 경우에도 경찰법상의 일반적 한계를 준수하여 헌법상 보장된 기본권의 침해가 발생하지 않도록 유념하여야 할 것임은 물론이다.

앞에서 살펴본 것처럼 다행히 일부 판례에서 경직법 제2조를 해석함에 있어 직무 규정을 넘어 권한 규정으로까지 해석하는 경우가 있고, 또한 과거 독일 프로이센법이나 프랑스와 일본 등에서 현재도 직무 규정과 권한 규정을 명확히 구분하지 않고 직무 규정을 통해 경찰권 발동을 하고 있으나 경찰의 정보활동에 있어 보다 명확한 법률적 근거가 필요함은 재론의 여지가 없다. 대부분의 경찰정보활동이 정보활동 대상에 대해 강제력을 필요로 하지 않는 임의활동이긴 하지만 '정보수집' 과정에 있어서 정보 당사자의 '자기결정권' 침해[25] 문제가 발생할 소지가 있음을 부인할 수는 없기 때문이다.

명확한 권한 규정이 필요하다는 입장에서 김성훈은 독일 경찰법의 예를 들어 '정보수집'에 대한 일반적 권한 규정의 필요성을 주장하였다. 일반 정보활동과 다소 차이가 있기는 하나 독일 통일경찰법모범초안 등에서 '위험 방지를 위하여 필요한 경우에 경찰책임자, 일정한 조건하의 비책임자, 부상자, 의지할 데 없는 자, 행방불명된 자 및 그의 가족, 법정대리인 또는 상담역, 위험에 처한 자, 증인 또는 참고인에 대한 개인관련정보를 수집할 수 있다'고 규정하고 있음을 이유로 (가칭) '경찰의 정보활동에 관한 법률'을 제정함으로써 경찰의 정보활

---

25) 경찰의 정보수집활동과 정보의 자기결정권에 대해서는 김연태, 치안정보의 효율적인 관리 방안에 관한 연구, 치안연구소, 2000, 17-35; 66 이하 참조.

동과 관련하여 구체적인 경우뿐만 아니라 일부 제한적이라 하더라도 추상적인 경우에도 합리적 판단 하에 예방적 차원의 정보 수집 등 직무 수행이 가능하도록 일반적 수권(권한) 규정을 명시하자고 주장하고 있다(김성훈, 2004: 314-320).

서정범(2007: 105)과 이성용(2012: 132)도 현행 경찰관직무집행법상 직무범위로 규정된 '치안정보의 수집·작성·배포' 조항을 수권 규정으로 해석할 수 없는데다 여타 조항 역시 개괄적 수권(권한) 조항으로 해석하기 곤란하다 주장하며 별도의 권한 규정이 필요함을 강조하고 있다.

하지만 안타깝게도 현재까지 경찰의 정보수집활동에 대한 현행 법률규정에 대해 우리 법원이 직접적으로 판단한 예는 찾아보기 어렵다. 다만 지금과 같이 경직법 등에서 직무규정으로조차 규정하기 이전인 1971년 9월 9일에 서울고등법원에서 판결한 내용[26]을 보면, '공개된 집회에서 야당이 개최한 시국 강연 발언 내용을 경찰이 비밀 녹음한 행위에 대해 <경찰의 임무 중 하나인 정보수집활동의 일환>이라고 하여 적법행위로 인정'한 경우가 있을 뿐이다. 당시 판결문에서는 '이 같은 비밀녹음 행위가 언론 집회의 자유에 대해 어느 정도 심리적 압박을 가져온다 하더라도 이는 질서유지와 공공복리를 위하여 수인하여야 할 의무가 있는 것'이라 판시하였는데 이는 경찰의 정보 수집을 임의조사의 일종으로 이해한 것으로 보인다.

이후 국가기관의 정보활동에 대해 두 번의 중요한 판결이 있었는데, 하나는 군사안보지원사령부(구 국군기무사령부 및 보안사령부)의 민간인 대상 정보활동에 대한 직무범위 일탈 여부에 대한 판결이었고, 다른 하나는 (주)제이유 네트워크에 대한 국가정보원의 정보활동이 국정원법상 규정된 국내보안정보활동 영역, 즉 직무범위에 포함되는 지에 대한 판결이 그것이다. 두 판결 모두에서 정보기관의 '직무범위'에 대한 재판부의 판단이 있었지만, 법률상 규정된 '활동 영역의 한계'에 대해서만 판단하였을 뿐 정보활동 자체, 즉 '권한' 여부에 대해서는 직접적으로 판단하지 않았다.

40년 가까이 지난 현재에도 경우에 따라서는 국민의 기본권 침해 소지가 여전히 잔존하는 경찰활동에 대해 명확한 법률적 근거를 마련해 두지 않아 법원의 판결에 따라 해석이 좌우될 수 있는 여지를 남겨두는 것은 국가목적 활동

---

26) 서울고등법원 1971. 9.9 71노454 특수공무방해치상 등 피고사건

을 수행하는 데에 있어 매우 중요한 제약요인이 될 수 있는 만큼 이에 대해서는 추후 반드시 개선이 필요한 부분이라 하겠다.

하지만, 법률 제·개정을 통해 명확한 법률적 근거를 마련하는 입법적 해결의 필요성과 현행 법률 해석을 통해 공공갈등 조정 역할 수행 등 경찰 정보활동의 법적 정당성을 부여하는 것은 별개의 문제이다. 앞에서 보았듯 현재 우리나라 경직법상 직무(임무) 조항과 권한 조항이 분리 규정되지 않은 이유는 '독일과 우리나라의 입법구조상의 차이'로 볼 수밖에 없다. 이는 경직법 외에 국가정보원법이나 국군기무사령부령 등 타 정보기관의 법률 근거를 비교해 봐도 쉽게 알 수 있다. 독일과 우리나라 간 경찰법 연혁의 차이가 명확한 점이나 과거 독일 역시 프로이센 경찰법 당시에는 직무 범위를 통해 경찰권을 발동했다는 사실도 이를 뒷받침하고 있다.

4. 경찰청과 그 소속기관 직제의 법규명령성[27]

앞에서 보았듯 경찰의 정보활동과 관련한 또 다른 법적 근거로 '경찰청과 그 소속기관 직제(대통령령)'를 들 수 있다. 이 직제는 정부조직법의 개정(1990. 12. 27, 법률 제4268호) 및 경찰법의 제정(1991. 5. 31, 법률 제4369호)으로 경찰청이 신설됨에 따라 경찰청과 그 소속기관 등의 조직과 분장 사무를 정하기 위해서 제정되었다(1991. 7. 23., 대통령령 제13431호).

이는 '지방경찰청 및 경찰서의 명칭, 위치, 관할구역, 하부조직, 공무원의 정원, 그 밖에 필요한 사항은 정부조직법 제2조 제4항 및 제5항을 준용하여 대통령령 또는 행정안전부령으로 정한다'는 경찰법 제18조에 근거하여 규정된 법규명령, 즉 정부조직법과 경찰법의 위임에 근거한 '위임명령'이라고 할 수 있다. 즉, 법률의 위임에 근거한 법규명령으로서 그 위임의 범위 안에서는 국민의 기본권을 제한하는 내용도 포함할 수 있다. '법률이나 상위명령에서 구체적으로 범위를 정한 개별적인 위임이 있을 때에 한해 위임명령의 경우 가능한 것으로 인정하고 있고, 그 구체적인 위임의 범위 또한 그 위임조항이 속한 법률의 전반

---

27) 문경환·백창현, 2012, 경찰정보활동의 공공갈등 조정 역할에 대한 법적 근거 연구, 한국경찰연구 제11권 제4호 168-169를 요약 정리한 것임.

적인 체계와 취지·목적, 당해 위임조항의 규정형식과 내용 및 관련 법규를 유기적·체계적으로 종합 판단하여야 하며, 나아가 각 규제 대상의 성질에 따라 구체적·개별적으로 검토함을 요한다'는 대법원 판결[28])에 비추어 볼 때에도, 정부조직법과 경찰법을 근거로 제정된 이 직제가 위임명령으로서의 법규명령임은 쉽게 판단할 수 있다.

또한, 대법원이 또 다른 판결에서 '…규정 형식상 대통령령은 그 성질이 부령인 시행규칙이나 또는 지방자치단체의 규칙과 같이 통상적으로 행정조직 내부에 있어서의 행정명령에 지나지 않는 것이 아니라 대외적으로 국민이나 법원을 구속하는 힘이 있는 법규명령에 해당한다'[29])고 하여 대통령령의 법규성을 부령 등과 차별화하고 있는 점을 감안해 본다면 이 직제의 법규성은 좀 더 확실해진다.

물론 앞에서 논의했던 직무 규정과 권한 규정의 문제가 이 직제에도 그대로 적용될 수 있고, 비록 제1조에서 그 목적에 있어 경찰청과 그 소속기관의 조직과 직무범위 기타 필요한 사항을 규정하는 것이라고 한계를 설정함으로써 국민의 기본권을 제한하는 규정은 포함할 여지를 제한하고 있는 것은 사실이나 법규의 내용과 형식에 차이가 있을 때 다수설인 형식설을 따를 경우 이 직제는 대외적 구속력을 가진 법규명령으로 해석할 수 있다는 것이다.

결론적으로 볼 때 이 직제 제14조에서 규정하고 있는 정보국의 직무 범위 내에서 정보활동을 수행하고 있는 정보관들의 경우 앞에서 살펴본 바와 같이 이 직제의 대외적 구속력에 따라 그 활동의 정당성을 부여받을 수 있을 것으로 생각된다.

---

28) 대법원 2004.07.22. 선고 2003두7606 판결.
29) 대법원 1997.12.26. 선고 97누15418 판결.

경찰정보보고서

제1절 정보보고서 작성요령

1. 정보보고서 작성을 위한 기초소양 계발

(1) 정보감각[1]의 계발

소위 정보마인드라고도 불리는 정보감각은 평상시 변화하는 환경에 민감하게 반응하면서 새로운 정보를 끊임없이 탐사하는 태도를 통해 길러질 수 있는 것이다.

이러한 정보감각이 갖추어져 있지 못하면 무엇이 중요한 정보이고, 무엇을 보고해야 하는지, 또 정보의 조각들을 어떻게 조합하여야 하는지에 대해 알기 쉽지 않다. 따라서 정보감각은 정보의 홍수 속에서 필요한 정보를 선택적으로 수집하는 능력이며, 남들이 평범하게 보는 사소한 정보라 할지라도 그 속에서 가치 있는 정보를 창출·발굴해 내고, 이것을 토대로 예측할 수 있는 능력이라고 말할 수 있다.

정보감각의 계발을 위해서는 첫째, 관심과 호기심을 가져야 한다. 일상생활

---

1) 이병곤, 「정보개론」, 정양사, 1995, p. 241.

의 사소한 것까지 의문시하는 태도와 호기심 어린 관심을 가져야 정보의 출처(source)가 보인다. 정보관으로서 자기 담당분야에 대한 지속적이고 체계적인 관심이 새로운 정보를 얻게 되는 방법임을 잊어서는 안 될 것이다.

둘째, 다른 정보관이 작성한 잘된 정보보고서를 읽거나 그 내용과 형식을 습득할 수 있는 기회를 가져야 한다. 새롭게 정보업무를 접하는 경우나 새로운 분야를 담당하는 경우 전임자들이 써놓은 정보보고서는 중요한 지침서가 된다. 이는 가장 빠른 시간 내에 업무를 습득할 수 있는 방편이 될 수 있다.

셋째, 자기 스스로 정보읽기를 평가해 보는 훈련이 필요하다. 어떤 정보를 획득했다고 했을 때 그 결과는 이렇게 될 것이라고 예상하고, 그 예상이 실제로 나타난 결과와 얼마만큼 차이가 있는가를 스스로 비교해서 되도록 차이가 적어지도록 훈련을 계속하면 정보에 대한 감각은 계발된다. 사회적 이슈가 되는 문제를 신문, TV 등을 통해 접할 때 어떻게 전개될 것인가를 예측해 보고, 매일 달라지는 기사내용을 바탕으로 예측을 수정해 나가는 연습을 해보는 정보연습이 필요하다. 또한 신문기사·사설을 접할 때 무엇을 말하려는 것이고, 숨은 의도는 없는가, 관련되는 인물·단체는 어떠한 이해관계가 있을까 등도 항시 염두에 두는 연습이 필요하다. 이는 자신이 작성한 보고서 역시 예외라 할 수 없다. 자신이 작성한 보고서를 스스로 평가해 보는 것도 매우 중요한 훈련이라 하겠다.

(2) 정보읽기

우리가 매일 아침에 접하는 신문기사는 정보읽기의 유용한 소재가 될 수 있다. 매일 수없이 생성되어 홍수처럼 넘쳐나는 신문기사들이 오늘날은 인터넷을 통해 실시간으로 전달되고 있기도 하다. 국내 주요 일간신문들은 40~60여 페이지의 지면을 통해 최소 하루 3백여 건 이상의 크고 작은 뉴스와 사설과 칼럼, 또는 기획특집 등을 독자에게 전달하고 있다. 이와 같은 뉴스의 홍수 속에 종합적인 관점과 안목을 길러 입체적인 시각을 갖추어야 한다. 그래야만 단편적인 기사를 평가하고 함의(含意)를 읽어낼 수 있는 것이다.

기사가 전달하고자 하는 내용에만 집중한다든지, 의도하고자 하는 바에 설득당해서는 진정한 정보를 접할 수 없다. 행간을 읽을 줄 알아야 한다. 또한 단편적인 기사를 연결시켜 새로운 정보를 만들어 낼 수 있어야 한다.

1) 신문기사 읽기의 착안점(기사의 행간 읽기)

① 기사자료의 출처를 확인하라

분명 기사에는 기사내용의 바탕이나 근거가 되는 자료가 있다. 짐작 내지는 풍문만을 가지고는 기사화할 수 없기 때문이다. 기자가 해당 기사를 작성하기 위해 어떠한 자료를 바탕으로 한 것이며, 그러한 자료는 누가, 어떤 단체가 제공했는지는 기사를 파악하는 데 있어 중요한 단초가 된다.

② 기사내용 중 사실(Fact)과 추측을 구별하라

무심코 기사를 읽어내려 가면 모든 기사내용이 사실인 것처럼 받아들여진다. 하지만 기사내용 중에는 분명 사실과 추측이 혼재되어 있다. 사실인 것은 확인을 거칠 필요가 적지만, 추측인 것은 확인이 필요하다. 따라서 기사내용이 사실과 다를 가능성이 있다는 점을 염두에 두고 기사를 읽어야 한다. 이는 사실을 넘어 진실(truth)에 대해 의문을 갖는 것이라 할 수 있는데, 사실을 둘러싼 배경에 대해서도 관심을 넓혀 보다 정확한 '사실'을 확인하는 것도 정보관으로서는 좋은 자세라 할 수 있다. 기사의 행간을 읽는 이러한 의문에서 비롯된다고 해도 과언이 아니다.

③ 등장인물을 확인하라

기사에 등장하는 인물은 기사를 파악하는 데 있어 중요한 단초가 된다. 등장인물이 기사의 자료를 제공한 자일 가능성이 많고, 또한 기사의 진실성을 포장하기 위해서 의도적으로 등장시켰을 가능성도 있다. 이해당사자일 경우 상대방 이해당사자를 통해 기사의 진의(眞意)를 파악할 수도 있다. 인물에 대한 배경지식도 매우 중요하다.

④ 기자·기사 또는 자료제공자의 의도·목적에 의문을 가져라

'이 기사가 왜, 지금, 이러한 내용으로 실렸을까' 하는 의문을 가져라. 기자 또는 기사가 의도하는 바를 추측함으로써 기사의 진의를 파악할 수 있다. 자료제공자의 의도도 중요한 실마리가 된다. 진실한 내용이라 할지라도 상대방을 공격하거나 음해하기 위한 것일 경우 기사내용과는 별도로 이해당사자간의 갈등, 이해관계, 주변상황 등은 중요한 정보가 된다.

2) 어떻게 읽을 것인가

① 의도를 갖고 읽어라

모든 일간지, 모든 기사를 읽는다는 것은 불가능하고 비효율적이다. 자기가 보고자 하는 분야를 명확히 하고 집중해야 한다. 2~3개 정도의 논조가 다른 신문을 선택하여 서로 비교하면서 꼼꼼히 읽고, 나머지 신문은 제목 정도만 읽어 기사의 흐름을 파악한다.

② 한 번 더 생각하라

신문기사는 공신력을 생명으로 한다. 그렇다고 오보(誤報)가 없는 것은 아니다. 기자가 의도적으로 오보를 생산한다기보다 속보경쟁, 완전하지 않은 사실 확인 등에 기인한 오보가 종종 있다. 특히 정보제공자의 내용조작, 이른바 '언론플레이'[2])에 의한 오보 가능성을 항상 염두에 두어야 한다.

③ 흐름에 주시하고 넓게 보라

경제분야의 경우를 예로 들면 물가변동, 금리변동, 정책변동에 대한 지속적인 관심과 이로부터 파생되는 여러 경제정책의 쟁점들에 관한 정보가 축적되어 있어야 정확하게 정보의 맥에 접근할 수 있다. 단편적인 신문기사에 종합적인 시각으로 접근할 수 있는 것이다. 숲을 보지 못하고 나무만 보는 우를 범해서는 안 될 것이다.

④ 기사의 변화를 주목하라

기사의 변화는 현 상황에 대한 전문가집단 등의 상황인식이 변했음을 의미한다. 이것은 국민여론의 변화와 직결된다. 또한 이러한 기사의 변화의 배경이 되는 사실관계의 변화뿐 아니라, 이해관계자의 입장의 변화를 추적함으로써 새로운 사실들을 추가적으로 알 수 있게 된다.

⑤ 칼럼기사에 주의하라

칼럼은 전문가집단에 의해 작성된다. 정보기관의 입장에서는 모든 사회현안에 대해 일반적인 시각 이상의 견해를 가지기 힘든 것이 사실이다. 칼럼을 작성하는 전문가집단이 제기하는 문제점이나 분석, 찬성·반대의 근거 등을 꼼꼼

---

2) 주요 기업 CEO의 기획성 인터뷰기사, 특정기업에 대한 기사가 다수 일간지에 일제히 게재되는 사례, 주가에 영향을 미치는 기사(신상품 개발, 특정 사업 추진 중 등)의 제공, 고위공무원의 인사에 영향을 미치는 경쟁상대에 대한 음해성 기사·풍문 등을 언론사에 제공하는 예가 있을 수 있다.

히 살펴보면 뉴스의 쟁점과 함정을 찾아내기가 용이해진다.

　⑥ 신문기사, data는 모두 정리하라

　한번 보고 버리지 마라. 정보의 핵심은 축적이다. 축적된 자료·정보가 바탕이 되어야만 분석이 가능해진다. 또한 정리는 스스로 하라. 필요시 자신이 직접 정리한 자료만이 어디에 있는지, 어떠한 자료가 있는지를 알 수 있다.

　⑦ 의문점이 있으면 작성자나 출처에 확인한다

　지면에 게재된 정보만을 가지고 유추한 사실관계나 배후, 의도 등을 파악하기 곤란한 경우 기사의 작성자나 출처에 직접 확인하는 것이 바람직하다.

　3) 인터넷에서의 정보읽기[3]

　① 인터넷 정보검색의 의의

　인터넷을 흔히 '정보의 바다'라고 부른다. 많은 자료와 정보가 인터넷에 산재해 있다는 의미이다. 이렇게 많은 인터넷 문서에서 원하는 정보를 찾아내기란 쉬운 일이 아니기 때문에 인터넷을 제대로 활용하기 위해 정보검색이 필요하다. 결국, 인터넷을 이용한 정보검색이란 인터넷에서 개인이나 조직이 필요한 정보를 찾거나 정보를 수집하는 일련의 과정을 말하는 것이다.

　② 정보검색의 방법

　인터넷에서의 정보검색을 위해서는 첫째, 찾고자 하는 정보에 적합한 검색엔진을 선택한다. 둘째, 검색하고자 하는 핵심단어(검색어)를 명확히 선정한다. 셋째, 검색엔진의 기능을 정확히 이해하고 연산자를 활용한다. 검색엔진에 따라 사용가능한 연산자가 다를 수 있으므로 주로 사용하는 검색엔진의 검색방법을 잘 알아두는 것이 중요하다. 마지막으로 웹에만 의존하지 말고 백과사전, 유즈넷 등을 활용하는 것도 한 가지 방법이다.

　이때 유의할 점은 인터넷상의 정보가 상대적으로 신뢰도가 낮다는 점이다. 검색엔진은 검색어와 검색조건에 부합하는 모든 정보를 제공하는 역할을 하므로 해당 정보의 신뢰도를 평가하는 것은 결국 사용자의 몫이다. 정보의 출처를 분명히 파악하고 둘 이상의 관련정보를 검색하여 비교·대조하는 노력이 요구되는 것이다.

---

3) 행정자치부 정부전산정보관리소, 인터넷 일반, 2002, 제 6 장 참조.

2. 정보보고서의 기본 구조

(1) 정보보고서 작성의 개요

정보의 보고는 정보배포의 한 유형이다. 정보의 배포에 관한 장에서 전술한 바와 같이 정보의 배포방법은 매우 다양하지만 가장 일반적인 방법 중 하나로는 보고서에 의한 방법을 들 수 있다. 보고서에 의한 정보배포는 일반적으로 그 신속성과 보안성이 낮은 단점을 가진다. 보고서를 이용한 정보배포는 보고서 작성에 소요되는 시간을 아무리 단축하더라도 구두보고 등에 비해 신속성이 떨어진다. 또한, 보고서는 서면 증거로 남게 되므로 폐기 등의 보안조치가 이행되지 않을 경우 의도하지 않았던 대상이 이를 지득하거나 입수할 위험이 커지는 것이다. 그럼에도 불구하고 보고서에 의한 정보보고를 선호하는 경향은 보고서가 가지는 완전성과 책임성이라는 장점 때문으로 볼 수 있다. 정보사용자가 정책결정을 하는 데 있어서 추가적인 고려를 최소화할 수 있는, 보다 완전한 형태의 정보를 바란다는 것이다. 또한, 정보생산자가 누구인지를 명백히 함으로써 정보 내용의 책임성을 높이고자 하는 것도 일반적인 경향이다.

(2) 정보보고서의 구조

일반적으로 정보보고서는 제목, 요약, 본문, 결론으로 구성된다고 할 수 있다.

1) 제목선정

제목은 보고서의 얼굴이라 할 정도로 매우 중요하다. 특히 정보사용자의 수준이 높을수록 그 중요성은 더 높아진다고 하겠다. 정보의 효용 가운데 형식효용을 중요시 하는 이유에서도 알 수 있듯이 높은 수준의 정보사용자일수록 시간적 여유가 많지 않아 보고서의 분량을 최소화해야 하는 것처럼 사용자가 본문 내용을 꼼꼼히 읽어 볼 시간을 갖기 어려운 상황을 감안하여 가급적 제목 또는 요약 내용에서 보고서의 핵심 내용을 명확히 전달할 수 있도록 노력하여야 한다. 이를 위해서는 평상시 제목 작성 연습을 꾸준히 할 필요가 있다.

이를 위해 전체내용을 압축할 수 있는 간단명료하면서도 보고서의 내용을 예측할 수 있는 제목을 선정한다.

2) 요   약

요약은 보통 본문 위에 Box 형태로 작성하는 것이 일반적이다. 보고하고자 하는 사안의 개괄적인 내용을 핵심적인 내용 위주로 작성한다. 분량은 전체 보고서의 양에 따라 다소 차이가 있지만 보통은 2~3줄, 혹은 3~4줄 이내로 작성한다. 보고서가 3쪽 이상이 될 경우 그 이상을 작성하기도 한다. 보고서를 마지막까지 읽지 않고도 요약내용만으로 보고 내용을 정확히 파악할 수 있도록 하기 위함이니 만큼 최대한 한 눈에 볼 수 있도록 최대한 압축하여 보고하는 것이 핵심이다(허경미, p. 225).

3) 본   문

본문은 사안의 실태, 현황, 문제점, 진행동향 등을 위주로 상세하게 기술하며, 관련된 제반 요인들에 대하여 분석한다(허경미, p. 225).

실무상 보고서의 본문은 ① 누가(who) ② 왜(why) ③ 언제(when) ④ 어디서(where) ⑤ 어떻게(how) ⑥ 무엇(what)의 순서로 6하원칙에 따라 작성한다. 정보의 유형 또는 신속한 보고의 필요성에 따라서는 이러한 요소가 모두 필요하지 않거나 생략될 수도 있다. 그러나 가능한 한 육하원칙을 따르려는 노력은 정보의 수집태도를 체계화할 수 있으므로 이에 유념할 필요가 있는 것이다.

'누가(who)'는 상황 또는 여론·제언·민심 등의 주체를 의미하는데 본문 전체의 내용에 대한 도입부이므로 본문의 구성에 가장 적절한 주체를 선정하는 것이 무엇보다 중요하다. 특히 다수의 주체가 있는 정보인 경우 주된 내용을 구성하는 주체를 선택, 우선 기술한 후, 별도의 단락에서 다른 주체에 관한 정보를 육하원칙에 의해 설명하는 것이 바람직하다.

'왜(why)'는 앞선 주체가 뒤따르는 '무엇을' 하게 된 이유, 동기 또는 배경이 되는 사실 등에 해당한다. 배경에 대한 상세한 설명이 필요한 정보인 경우 별도의 단락으로 구성되는 것이 일반적이므로 이 단락 내에 다시 육하원칙에 따른 설명이 포함되기도 한다.

'언제(when)'는 '연, 월, 일, 시'의 형식으로 과거·현재 또는 미래의 사실을 나타낸다. '연, 월, 일'의 경우 그 단위를 생략하고 '1999. 1. 1.'의 형태로 표기하고 요일의 표기가 필요한 경우 '일'을 나타내는 숫자의 뒤에 '(월)'의 방식으로 표기한다. 시각은 24시각제를 따르며 '시, 분'을 생략하고 '14:30'의 형식으로 나타낸다.

'어디서(where)'의 표시는 구체적 장소가 표시될 수 있을 정도로 상세하여야 한다. 장소를 나타내는 고유명사만으로 식별이 가능한 주지의 장소(전국적으로 유일한 장소명, 또는 이미 보고되어 정보사용자가 확정할 수 있는 장소명 등)인 경우 고유명사만으로 표시가 가능하나 그렇지 않은 경우 적합한 행정구역명으로 수식하여 식별이 가능하도록 하여야 한다.

'어떻게(how)'는 뒤따르는 '무엇(what)'을 수식하는 부사격의 역할을 한다. 집회의 경우 집회의 인원, 방식 등이 이에 해당하는데 정보가 부족한 경우 생략이 가능하다.

'무엇(what)'은 정보의 주된 소재이다. 상황 또는 여론·제언·민심의 주된 내용이 여기에서 표시되어야 한다.

4) 결   론

결론은 본문에서 제시된 내용에 대한 정보관의 분석의 결과이다. 보고서의 종류에 따라 차이는 있지만 정책보고서의 경우에는 본문에서 열거한 문제점이나 진행동향 등을 평가하고 미래에 실현 가능한 대책을 제시한다. 정보관의 주관이 개입되는 내용이므로 분석의 과정에서 객관성을 잃지 않도록 편향적인 사고가 개입될 위험을 경계해야 할 것이다.

(3) 보고서 작성시 주요 착안사항

1) 주요 착안사항

① 사용자 중심의 보고서 작성

보고서 작성시 무엇보다 우선적으로 지켜야 할 원칙 중 하나는 '작성자(생산자)' 위주가 아닌 '사용자' 위주로 보고서를 작성해야 한다는 것이다. 이는 가장 기초적인 원칙임에도 불구하고 실제 보고서 작성에 있어서는 그리 쉽지 않은 문제이다. 대부분의 보고서 생산자는 마치 사용자가 자신과 같은 수준이거나 혹은 더 많은 배경 지식을 갖고 있을 것이라 생각하고 보고서를 작성하는 것이 일반적이다. 하지만, 그런 이유로 사용자는 보고서를 읽는 과정에서 발생하는 '궁금증'을 해결하지 못하고 재차 추가 보고서를 요구하거나 별도의 브리핑을 필요로 하게 된다.

　　아래에서 설명하는 것처럼 '핵심내용 위주'로 '논리적' 흐름에 따라 '형식에 맞춰' '일반적인 문장 구성 원칙'을 준수하여야 하는 것도 같은 맥락에서 출발한다. 특히 용어 선택에 있어서 일반적으로 사용되지 않는 전문용어나 비속어 등을 사용할 경우 '괄호' 또는 별도 붙임자료를 통해 '풀이'해야 하는 이유이기도 하다. 또한 현장의 생생한 정보를 '있는 그대로' 전달하는 것이 생산자의 주요한 역할임에도 사용자가 읽기에 지나치게 '자극적이거나 공격적'인 표현일 경우에는 사용자가 불쾌하지 않는 선에서 용어를 적절히 대체 사용해야 하는 이유이기도 하다.

　　② 핵심내용 위주의 작성

　　사용자의 수준에 따라 차이가 있을 수는 있으나 대체로 정보보고서는 '핵심 내용'을 위주로 하여 간결하고도 명확하게 작성한다. 특히 사용자의 수준이 높을수록 정보보고서는 가급적 1면에 요약하여 보고한다. 이는 높은 수준의 사용자일수록 다양한 '생산자'로부터 많은 양의 보고를 받아야 하기 때문에 시간적으로 여유가 없기 때문이다. 하지만 그렇다고 하여 정확성이나 적실성, 완전성 등에 있어 소홀함이 있어서는 안 된다. 간단명료하지만 '손에 잡힐 듯' 구체적인 표현을 사용하여야 한다는 KISS(Keep It Simple and Special) 원칙은 이런 의미를 대표하는 것이라 하겠다.

　　③ 논리적 전개

　　생산자 입장에서 '좋은' 보고서를 작성하고자 할 때에는 우선적으로 사고를 논리적으로 정리하는 것이 필요하다. 상황보고서나 대책서의 경우에도 마찬가지이지만, 특히 정책보고서의 경우에는 문제정의 및 문제 분석에서부터 최적의 대안을 제시하는 데에 이르기까지 '물 흐르듯' 논리적으로 작성하는 것이 무엇보다 중요하다. 이를 위해서는 평상시 지속·반복적으로 다양한 사회문제에 대해 스스로 논리적인 비판을 해 보는 연습이 필요하다. 또, 보고서로 작성하기 전 간략하게라도 일단 머릿속으로 생각을 정리한 후에 보고서를 작성하는 것도 좋은 습관이라 하겠다. 필요시 간략한 메모로 병행하면 많은 도움이 된다.

④ 형식효용의 증대

일반적으로 형식효용의 문제는 사용자의 수준에 따라 보고서의 '분량'이나 '배포방법' 등을 어떻게 선택할지와 관련하여 논의되지만, 이에 앞서 보고서 작성에 있어서 '형식'을 준수하는 것도 중요한 문제라 하겠다. 실제 정보보고서 작성시 일반적으로 1면에는 20행 정도만 담는다. 또한, 가급적이면 한 문단도 2줄 가량으로 작성한다. 이는 사용자의 입장에서 가장 편안하게 효율적으로 정보보고서를 읽을 수 있도록 하기 위한 배려라 할 수 있다. 한 문단이 너무 많은 행으로 구성되어 있거나 한 면에 너무 많은 행이 담겨 있을 경우 심리적 부담감은 물론 실제 읽는 과정에서도 쉽게 이해하기 어려운 문제가 발생할 수 있기 때문이다.

⑤ 맞춤법, 문맥 등 기본적인 문장구성 원칙준수

맞춤법, 문장부호 등 기초적인 문장구성의 원칙을 준수하는 것은 어쩌면 정보생산자 입장에서는 지극히 당연한 일일지 모르겠지만, 이는 반대로 해석하면 이러한 원칙이 준수되지 않을 경우 '사용자의 이해도 증대'에 심각한 영향을 줄 수 있음도 고려해야 한다. 예컨대 첫 문장을 읽는 과정에서 오탈자를 발견했거나 주어와 서술어가 일치하지 않는 등 문맥의 오류를 접했을 때 사용자는 심한 불쾌감을 느낄 수 있고, 이로 인해 전체 정보보고 내용 자체에 대해 신뢰하지 못하는 경우가 발생할 수도 있게 된다. 물론 작성자의 입장에서는 '보고서' 전체와 비교할 때 맞춤법 등의 문제는 매우 사소한 실수라 여겨질 수 있겠으나 사용자의 입장에서는 그러한 기초적인 원칙조차 지켜지지 않은 보고서를 필요 이상으로 폄훼할 수 있는 가능성은 충분하다.

실제 접속사 사용에 있어서 역접 또는 순접 접속사를 지나치게 자주 사용하거나 잘못 사용했을 경우에는 사용자 입장에서 이해하는 데에 많은 어려움을 겪을 수 있다. 또한 '멋진' 표현을 위해 불필요한 수식어 등 미사여구를 남발할 경우 핵심 내용에 집중할 수 없어 이 또한 사용자 입장에서는 이해도가 낮아질 수 있다.

이외에도 보고서 작성시 유념하여야 할 몇 가지 착안사항이 있는데, 우선 표현방식에 있어 가급적이면 '~가 되다' 식의 '피동형' 표현보다는 사용자 입장에서 좀더 긍정적으로 느낄 수 있는 '능동형' 표현을 사용하는 것이 좋다는 것이

고, 부호 사용에 있어서는 '내용'의 수준에 맞춰 동일한 부호를 사용하도록 하여
야 하며, 가급적 '한 줄이 다 채워질 수 있도록, 또 보고서 한 면이 대체로 잘
채워질 수 있도록' 작성하여 문장 중간 혹은 보고서 중간에 끝나는 보고서는 자
제하는 것이 좋다는 것 등이다.

【 보고서 작성시 주요 착안사항 】

▸ 정보보고서는 통상 1면에 20행 내외로 작성하고 가급적 1면으로 요약 보고
　한다.

▸ 6하원칙에 따라 내용 이해에 무리가 없도록 물 흐르듯 작성한다.

▸ 참고자료는 본문 내용에 삽입하지 말고 붙임 형식으로 처리하는 것이 좋다.

▸ 적시성, 정확성, 적실성, 완전성, 객관성 등 원칙을 준수한다.

▸ KISS(Keep It Simple & Special)

▸ 보고받을 사람 입장에서 '궁금하지 않도록' 작성한다.

▸ 상황 및 문맥에 맞는 용어를 선택하고 맞춤법에 맞추어 작성한다.

▸ 명사로 끝나는 문장은 마침표를 찍지 않고, 명사형으로 끝나는 문장은 마침표
　를 찍는다.

▸ 외톨이 부호는 가급적 만들지 않는다.

▸ 같은 수준의 내용은 번호 및 부호를 같이 하도록 한다.

▸ 보고서 중간 또는 문장 중간에 끝나는 보고서는 가급적 만들지 않는다.

▸ 역접, 순접 등 전환 접속사는 가급적 최소한만 사용한다.

▸ 수식어와 삽입어는 최소화하는 것이 좋다.

▸ 문단별로 그룹화하여 내용을 정리하되 가급적 한 문단은 2줄 가량이 좋다.

▸ 특별한 의미가 부여된 단어 또는 생생한 현장의 느낌을 그대로 전할 필요가 있
　는 단어는 그대로 사용하되 괄호 등을 사용하여 반드시 해석을 병기한다.

▸ 일반적으로 흔히 알 수 없는 단어는 가급적 풀어서 기재한다.

▸ 의도적으로 사용된 자극적이고 공격적인 단어나 비속어는 법률·사전적 단어로
　대체하는 것이 좋고, 직접 전달할 필요가 있을 경우 보고서를 읽는 사용자가 불
　쾌하지 않는 선에서 적절히 표현한다.

3) 보고서의 특수한 용어

위에서 적시한 사항들은 일반적인 보고서를 작성하는 경우에도 적용하여야
하는 주의사항이라고 할 수 있다. 정보보고서의 경우는 위와 같은 일반적인 주의
사항 외에도 어떠한 판단이나 경찰상의 조치를 나타내는 특수한 용어가 있다.[4)]

|표 2-1| 경찰조치를 나타내는 용어

용 어	사 용 예
설득·반발 최소화	합법적인 활동이지만 방치하게 되면 그 파급영향이 심각한 경우 또는 경고해야 할 사안이지만 그 대상이 경고가 적합하지 않은 경우에 한정해서 사용(불법행위에는 경고라는 용어를 주로 사용한다)
경 고	불법적인 상황이나 불법으로 흐를 우려가 있을 때
차 단	불법폭력시위·기습 등을 제지시
연 행	다중의 불법행위가 행해지고 있거나, 행해지려고 하는 현장에서 주동자, 극렬 행위자, 단순가담자 등을 구분함이 없이 포괄하여 경찰관서에 동행 조사 후 사법처리할 목적으로 연행한 경우
격리연행	단순히 해산시키려는 하나의 방법으로 일시적으로 다중을 연행한 경우
검 거	폭력사용 등 비교적 뚜렷한 위법의 혐의가 있거나 이미 수배중인 자 또는 검거 대상으로 분류된 자를 검거한 경우(또는 검거하고자 할 경우)

|표 2-2| 판단을 나타내는 용어

용 어	사 용 예
판단됨	어떤 징후가 나타나거나 상황이 전개될 것이 거의 확실시 되는 근거가 있는 경우
예상됨	첩보 등을 분석한 결과 단기적으로 어떤 상황이 전개될 것이 비교적 확실한 경우
전망됨	과거의 움직임이나 현재동향, 미래의 계획 등으로 미루어 장기적으로 활동의 윤곽이 어떠하리라는 예측을 할 경우
추정됨	구체적인 근거 없이 현재 나타난 동향의 원인·배경 등을 다소 막연히 추측할 때
우려됨	구체적인 징후는 없으나 전혀 그 가능성을 배제하기 곤란하여 최소한의 대비가 필요한 때

---

4) 경찰청, 「정보보고서 용어사용 요령집」, 1996.; 허경미, 2002, 경찰대학, pp. 228-229에
서 재인용.

제 2 절 경찰정보보고서의 종류

1. 견문보고서

견문보고서는 글자 그대로 신뢰할 수 있는 첩보원천으로부터 얻은 내용을 '보고(見) 들은(聞)'대로 작성한 정보보고서이다. 내용이 불확실하거나 시간적 여유가 있을 경우에는 이를 보완하여 보고하는 것이 좋지만, 시간이 촉박한 경우라면 보고 들은 그대로를 신속히 작성하여 보고하는 것이 중요하다. 전체 내용을 확인할 수 없더라도 일단 확인된 부분이라도 작성하여 보고하면 정보기능에서 타 첩보내용과 취합하여 분석이 가능하므로 중요한 가치를 가질 수 있다.

분야는 국내외의 정치·경제·사회·문화 등 모든 분야에 관련된 내용이 해당된다. 견문보고는 전국의 모든 경찰관이 시민들과 직접적으로 접촉하여 얻는 경우가 대부분이므로 시민의 소리를 여과 없이 생생하게 전달할 수 있고, 경찰기능과 상관없이 전국의 모든 경찰관이 보고할 의무를 갖고 있으므로 보고서의 수준과 상관없이 무척 중요한 의미를 갖는다고 할 수 있다.

실제 이러한 견문수집 보고기능이 충실히 수행될 경우 전국의 각종 치안여건을 파악하고 정책을 수립하는 데에 있어 매우 강력한 영향력을 행사할 수 있다. 예컨대, 견문수집보고 중에서 범죄수사의 단서가 될 수 있는 첩보의 경우에는 수사기능으로 전달이 되어 추가 정보활동을 통해 범죄의 단서를 발견하는 등의 수사활동이 진행되게 되고, 정보기능으로 전달될 경우 집회·시위관리 및 주요 정책결정에 필요한 정보로 사용되기도 한다. 다만, 이러한 역할이 보다 효율적이고 충실하게 수행되기 위해서는 경찰관 개개인이 평소에 끊임없는 훈련을 통하여 지득한 견문을 정확하고 완전하게 보고할 수 있는 능력을 갖춰야 한다. 아울러 이에 대한 체계적이고도 전문적인 교육 역시 병행되어야 할 것이다.[5] 경찰의 견문수집업무에 대한 내부시행세칙으로는 「견문수집 및 처리규칙」, 「수사첩보활동규칙」, 「경찰 자체 감찰첩보 처리규칙」 등을 들 수 있다.

---

5) 경찰교육원에서는 경찰정보관 양성을 위하여 정보기능에 근무하지 않는 타 기능 경찰관을 대상으로 연 4회(1회 30명, 총 120명) '정보관 양성과정'을 운영 중으로 '보고서 작성요령'을 비롯하여 정보업무에 필요한 법률(집시법 등)교육 및 협상기법 등 경찰정보활동 전반에 걸쳐 기초교육을 실시 중이다.

【 주요 견문수집 대상6) 】

① 국가안전을 위태롭게 하는 요소 및 공공질서에 영향을 주는 요인
② 노사분규의 원인 등 사회갈등 요인
③ 시민들의 정부에 대한 요구 및 시중에 유포되는 유언비어 등 국민 여론
④ 정부주요시책의 시행과정상 문제점 또는 제언
⑤ 국민의 결속력을 저해하는 요소
⑥ 경제침체의 원인과 활성화를 위한 시책
⑦ 시민생활과 관련하여 특이동향 등
⑧ 관내 주민의 고충사항
⑨ 국가정책 발표시 각계반응 및 정책제언
⑩ 각종 법령·제도개선이 요구되는 사항
⑪ 기타 국가기관 및 자치단체에서 시책에 반영할 사항 등을 들 수 있다.

【 경찰의 견문보고시스템 초기화면 】

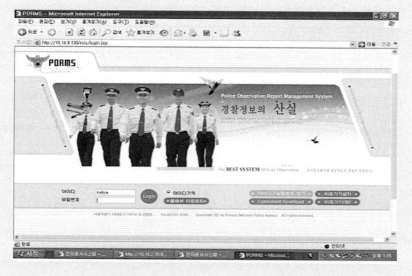

---

6) 허경미, 2002, 경찰대학, p. 221 재구성.

| 그림 2-4 | 견문수집처리 흐름도

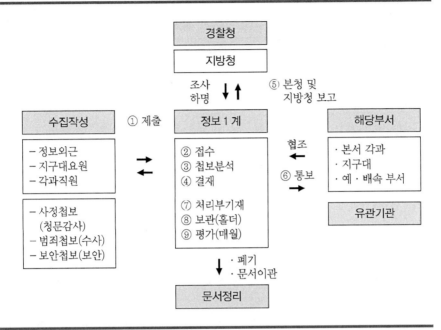

출처: 경찰청, 정보과장 매뉴얼, p. 24.

2. 판단서 및 대책서

(1) 의   의

집회·시위신고서가 접수되거나 혹은 신고되지 않은 집회·시위라 하더라도 개최할 것으로 예상되는 경우에 집회·시위와 관련된 주요 정보상황이나 집회·시위로 야기될 수 있는 치안상의 예상 문제점, 그리고 그에 대한 대비책 등을 중심으로 작성하는 정보보고서이다. 일반적으로 특별한 경우가 아니면 별도로 판단서는 작성치 않고 곧바로 대책서를 작성하는데, 대책서 작성 전에 반드시 법률적 판단이나 경찰력의 개입 여부 등에 대해 면밀한 사전 검토가 필요할 경우 '판단서'를 작성한 후 후속 대책서를 작성하기도 한다. 노동조합과 사용자 간의 勞使 갈등 또는 노동조합 내 근로자간의 勞勞 갈등으로 촉발된 집회 시위나 파업 등 법률상 보장된 노동쟁의행위에 대해 적법 혹은 불법 여부를 판단하

거나 경찰력 투입의 필요성 등에 대해 사전 검토의 필요가 있을 경우 주로 판단
서를 먼저 작성한다.

(2) 작성요령

① 판단서의 경우 특히 법률적 판단이나 경력투입 필요성 등을 중점적으로
작성한다.

② 판단서를 별도로 작성할 필요가 없는 경우에는 대책서를 곧바로 작성하
는데, 대책서는 일반적으로 정보상황(집회·시위 등)과 관련된 최근의 동향이나
집회·시위의 경우 집회의 개요, 예상되는 정보상황 및 이에 대한 대책을 중심
으로 작성한다.

③ 신고된 집회·시위의 경우에는 신고내용에 따라 집회·시위 개최일시 및
장소, 인원규모와 필요시 참가인원 분류(연령, 성별, 단체 등), 목적, 집회·시위방
법(행진 등), 주요 행사내용, 집회·시위용품, 유인물 및 피켓·플래카드·음향시
설·연단 등 준비 여부, 기타 해당 집회·시위의 특징 등을 기재한다.

④ 정보상황 관련첩보 및 집회·시위 신고내용 등을 토대로 예상되는 문제
점을 작성하고, 이러한 문제점들에 대한 구체적인 대책을 작성한다. 예상 문제
점과 대책에는 노약자 등의 응급상황 발생가능성 등을 염두에 두고, 앰뷸런스
대기 및 관련기관 협조 등 변수 발생을 최소화하기 위한 조치들을 기재하여야
한다.

⑤ 대책에 있어서는 특히 가급적 구체적이고 실행가능한 대책을 위주로 작
성하는데, 집회·시위의 경우 불필요한 경력 대비 없이 주최자 등의 목적에 따
라 원활히 진행될 수 있도록 관리하는 동시에 불법집회로 변질시 이로 인해 국
민들이 불편을 겪지 않도록 신속히 대응할 수 있는 체계 마련에 초점을 맞춰 대
책을 강구한다.

3. 정보상황 보고서

정보상황 보고서는 신속성을 최우선으로 한다고 하여 보통 '속보(速報)'라고
도 하는데, 일반적으로 집회·시위상황을 보고할 때 작성한다. 물론 집회·시위

상황 외에도 치안 질서유지에 영향을 줄 수 있는 사안이거나 신속한 정책적 판단이 필요한 경우 속보를 작성하여 보고한다. 이를 위해 경찰청에서는 별도의 정보상황 보고시스템(Nationl Police Intelligence System: NPIS)을 운영하고 있다. 사안에 따라 다소간 차이는 있지만 보통 10분에서 30분 간격으로 정보상황을 전파하는 데 정보상황 보고시스템을 이용할 경우 현장에서 작성하여 전송한 보고서를 실시간으로 지방경찰청 정보과 및 경찰청 정보국에서 직접 열람할 수 있어 정보상황에 대한 즉각적인 판단이 가능하도록 되어 있다. 이 시스템을 통해 정책정보 역시 보고가 가능한데, 이러한 이유로 시스템을 접속·사용할 수 있는 대상은 경찰정보관으로 제한하고 있고, 접속통제 역시 엄격히 이루어지고 있다.

| 그림 2-5 | 정보상황처리 흐름도

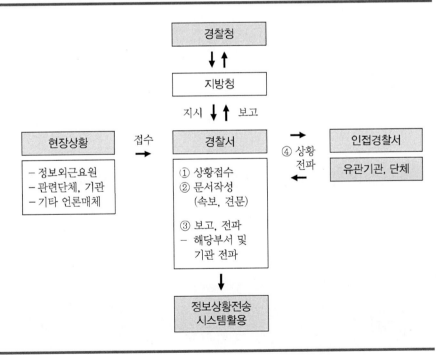

출처: 경찰청, 정보과장 매뉴얼, p. 81.

(1) 작성요령

① 현장상황에 대해 가장 신속하고 정확하게 보고하는 것이 중요하므로 완전성 면에 있어 다소 부족한 경우라 하더라도 후속 보고서에서 내용을 보완하여 추보하고 일단 급히 부여된 형식에 따라 보고한다.

※ NPIS(정보상황 전송시스템) 내 상황보고서 양식에 따라 보고한다.

② 현장상황에 따라 다소 차이가 있지만 대체로 1보에는 정보상황(집회·시위 등) 개요, 배경 및 갈등원인 등 대책서에 포함된 내용들을 기재하고, 2보 이후에는 변화된 정보상황 위주로 작성한다. 예컨대, 인원변동이나 행사내용(주요 참석자 발언, 행진 및 구호제창 등), 특이 동향 등을 위주로 기재한다.

(2) 사안별 중점 보고사항[7)]

1) 노사분규
① 분규의 개괄적 내용 및 배경
② 노사양측의 주장 및 주요 쟁점
③ 노사협상의 진행상황
④ 파업시 적법여부
⑤ 회사기물 파괴여부 등 불법행위
⑥ 분규현장 주변 분위기
⑦ 불법시위용품(화염병, 각목, 쇠파이프 등) 준비여부
⑧ 경찰력 투입여부 및 투입시 필요 경력, 진입로 및 시각 등
⑨ 경찰진입시 시위대와 경찰력과의 대치상황
⑩ 관계기관의 중재 등 조정여부
⑪ 외부세력의 지원 등 연계여부
⑫ 인근 상가 등 지역주민의 반응
⑬ 우발상황요소 등

---

7) 허경미, 2002, 경찰대학, pp. 236-237 재구성.

2) 농민시위

① 주요 요구사항 및 핵심 쟁점

② 인원 구성(남여 비율, 연령, 주도세력 등)

③ 농기구 및 농산물 등 준비 여부(경운기, 트랙터, 달걀, 볏단, 가축 등)

④ 차량 이용 집단상경 동향

⑤ 불법시위용품, 소각 모형물, 상여 등 준비 여부

⑥ 우발상황 대비(구급차, 소방차 등 대기)

⑦ 여론 및 언론 반응

⑧ 관계기관의 대응 등

3) 민원성 시위

① 시위의 성격(민원내용)

② 주도자, 주민의 구성(남녀, 연령, 직업 등)

③ 쌍방의 주장 및 진행상황(이해관계 및 갈등상황)

④ 인근 지역주민의 지지여부 및 여론, 반응

⑤ 불법시위용품 준비여부

⑥ 가스통, 석유 등 돌발상황 야기요인

⑦ 우발상황(분신, 투신 등)시 대책(구급차, 소방차, 견인차 등 출동여부)

⑧ 강제해산 필요여부 빛 조치방법

⑨ 관계기관의 대응조치

⑩ 시설물에 대한 공권력 투입시 고려사항

4) 학원 시위

① 주요 이슈 및 집회 성향, 주요 참가자

② 단순 가담자 규모

③ 불법시위용품(화염병 등) 준비 여부

④ 학교측 반응(총장, 교수협의회 등)

⑤ 타 대학과의 연계 및 외부세력 지원 여부

⑥ 시위 진행상황, 연설내용(주요 참석자 발언 등)

⑦ 지역 주민 등 주변 여론 및 언론 반응

⑧ 가두시위 등 도로 진출 여부 및 예상 경로 등

⑨ 경찰력 학내 진입 여부 검토 및 진입시 시각, 위치, 방법 등

⑩ 향후 계획(타 조직 연대 여부 및 집회 확대 가능성 등)

이외에도 정보상황이 종료된 후에는 정보상황 종합보고서를 작성하게 되는데, 여기에는 ① 전체적인 집회·시위상황에 대한 개괄, 즉 주요 참석자, 결의내용, 향후 계획, 주요 시위용품 중 특히 사법처리 대상 불법시위용품, 유인물, 주요 행사내용(행진 등), 기타 특이동향(삭발, 혈서, 분신, 모형물 소각 등)과 ② 경찰조치(경고, 설득, 부상자 조치, 불법행위 채증 등), ③ 사법처리 계획(신고내용의 일탈, 사법처리 대상자에 대한 조치 계획 등)이 포함된다.

4. 정책보고서

(1) 의　　의

정책보고는 정책결정에 필요한 정보보고로 주로 현재 시행 중이거나 시행 예정인 정부의 주요 정책과 관련하여 시행상의 문제점이나 개선 요망사항, 치안질서 또는 치안정책에의 영향 등을 중점적으로 작성한다. 정책보고서 작성을 위해서는 평소 국가정책에 대한 다양한 지식과 견해를 접함으로써 객관적으로 판단할 수 있는 역량을 함양하는 것이 중요한데, 특히 이해집단간의 갈등이나 반발요인 등을 객관적이고도 명확하게 분석하여 보고하는 것이 중요하다 하겠다. 법률적인 판단이 필요할 경우 관련법률에 대한 숙지도 필요하다.

또한, 일반적으로 현장에서는 '정책결정 단계'에서 필요한 정보 제공을 목적으로 정책보고서를 집중적으로 작성하는 경향이 있으나 제4장(정책결정과 정보)에서 보았듯 실제 정보의 역할은 정책결정 단계 외에도 '정책의제설정 단계'나 '정책집행 단계', '정책평가 단계'에서도 매우 중요하므로 각 단계별로 필요 정보를 적시에 제공하는 것도 매우 중요하다. 예컨대, 정책의제설정 단계에서는 정책환경이나 정책수립·집행시 이해집단간 예상 갈등상황 등에 대한 정책정보를 생산하고, 정책결정 단계에서는 정책집행 후 예상되는 문제점이나 부작용, 사회적 파장, 정책 효과 등에 집중하여 작성하며, 정책집행 단계에서는 지속적

인 정책 모니터링을 통해 실제 정책집행시 발생되는 갈등상황이나 예상치 못한 변수 등에 대한 정책보고서를 생산하고, 또 정책평가 단계에서는 정책효과 분석 및 국민들의 반응 등을 위주로 작성하게 되면 실효성 높은 정책보고서로 평가받을 수 있다.

(2) 작성요령

① 정책의제설정 및 정책결정, 정책집행, 정책평가 등 각 단계에 따라 다소간 차이가 있기는 하지만 대체로 정책과 관련하여 문제점과 그에 대한 대책 위주로 작성한다. 경찰에서 자체적으로 시행 중인 치안시책에 대해서도 역시 마찬가지이다.

② 구성은 주로 현황 및 실태, 문제점, 대책 또는 제언 등으로 이루어지는데, 이 역시 단계별로 작성목적에 따라 다소 차이가 있을 수 있다. 현황이나 실태는 정책추진 배경 및 취지, 진행과정, 법률적 근거, 추진정책과 관련된 정부부처, 이해관계로 인한 갈등 등을 위주로 작성하는데 특히 객관적인 시각으로 작성하는 것이 중요하다. 해당 정책에 대한 전문지식을 갖추기 쉽지 않으므로 평소 다양한 분야에 대한 학습이 필요하고, 지나치게 전문적인 분야에 대해 집착하기보다는 해당 부처로부터 제공받은 공개자료와 구체적인 관련통계 등을 중심으로 현황을 작성한 후 외부로 표출되는 '갈등' 상황을 중점적으로 하여 문제점을 적시하는 것이 좋다. 보다 구체적이고도 실현가능성 높은 대책을 제시하기 위해서는 근본적인 원인을 진단하는 것이 중요하나 이 역시 스스로 지나치게 '깊이 있는' 분석을 하기보다는 다양한 전문가의 의견을 통해 대책을 제언하되 균형감 있게 전문가 그룹을 선정하고, 정부나 국민의 입장에서, 그리고 경찰의 입장에서 치안과 관련하여 대책을 제언하는 것이 바람직하다.

5. 여론·반응 보고서 등

여론·반응 보고는 일반적으로 국가의 정책이나 특정 사안에 대한 각계의 여론이나 반응을 수렴하여 보고하는 것을 말한다. 객관적인 보고를 위해 학계, 법조계, 언론인, 시민, 학생, 공직자 등 다양한 의견을 수렴하되 가급적 대표성을 가진 대상자를 통해 의견을 접하는 것이 중요하다. 일방적이고도 편중된 의견만을 반영하여 보고서를 작성할 경우 객관성을 상실하여 정부정책추진에 잘못된 영향을 줄 수 있으므로 이를 각별히 유념하여야 한다. 여론이나 반응 외에 이를 바탕으로 한 문제점 진단을 통해 정책적 제언을 하는 것도 필요하다.

제 3 장

주요 국가의
정보경찰조직 및 현황

제1절 각국의 정보경찰조직

1. 미국의 정보경찰

(1) 연방정보경찰조직

미국은 자치경찰을 근간으로 하기 때문에 원론적으로 국가경찰 또는 연방경찰의 개념이 존재하지 않는다. 다만 정보통신 및 교통의 발달과 함께 범죄의 광역성에 대처하기 위한 연방수사기관들이 기능별로 조직돼 활동하고 있다. 따라서 미국의 정보경찰은 대부분 각 지역 경찰 중심으로 구성돼 운영하고 있다.

그러나 정보경찰이라는 개념을 정보기관이라는 보다 넓은 개념으로 이해할 때 연방차원에서 미국의 정보기관은 크게 세 가지로 구분된다. 우선 중앙정보국(CIA)과 같이 대외 정보기능을 담당하는 기관이 있고, 국방정보국(DIA)으로 대표되는 군사정보기관, 그리고 연방수사국(FBI)과 같은 연방수사기관의 정보부서로 나눌 수 있는 것이다. 하지만 중앙정보국(CIA)이나 국방정보국(DIA)의 조직과 기능은 여기서는 큰 관련이 없기 때문에 별다른 논의를 하지 않고 대신 연방수사기관 특히 대표적인 수사기관인 연방수사국(FBI)의 정보조직과 기능에 대해 알아보기로 한다.

미국의 대표적인 연방수사기관인 연방수사국(FBI)의 경우 지난 2001년 9/11 테러사건 이후 정보조직과 기능이 대폭 강화됐다. 미국의 9/11 테러대책위원회는 최종보고서를 통해 "테러와 관련한 모든 정보는 파키스탄에서 수집된 정보이건 텍사스에서 수집된 정보를 가리지 않고 똑같은 기준에 따라 분석되고 관련 기관에 알려져야 한다"고 강조하면서 특히 연방수사국(FBI)이 주 경찰 및 지방 경찰과의 정보공유를 극대화해야 한다"고 주장했다(Spiller, 2006: 1). 이에 따라 연방수사국은 정보기능부서의 대대적인 개편을 단행하고 2003년 9월에 현장정보단(Field Intelligence Group: FIG)을 조직했다. 현장정보단은 연방수사국의 56개 지부에 모두 설치됐으며, 과거 수사기능에만 중점을 두던 연방수사국의 업무를 정보와 수사의 결합이라는 새로운 기능목표 아래 움직이게 됐다. 현장정보단은 연방수사국이 주도하는 합동테러대책반(Joint Terrorism Task Forces: JTTF)과 긴밀하게 협조하는 한편 주 경찰 및 지방 경찰의 관련 부서와도 밀접한 연관성을 갖게 했다. 현장정보단은 연방수사국의 정보국장이 직접 관할하며, 특수수사관(SA)과 정보분석관, 외국어 전문가 등으로 구성돼 있다(안황권 외, 2007).

(2) 지방 정보경찰조직

미국은 철저한 자치경찰제를 근간으로 하기 때문에 미국의 정보경찰은 지방경찰 중심으로 이뤄져 있다. 이미 위에서 언급한 바와 같이 미국의 지방경찰은 경찰관이 4만명을 넘는 뉴욕시 경찰(NYPD)부터 불과 3~4명으로 구성된 초미니 경찰서까지 매우 다양하다.

여기서는 아무래도 대도시 경찰, 특히 대규모 집회 · 시위관리의 경험이 있는 경찰을 대상으로 삼는 것이 필요하므로 이런 측면에서 뉴욕경찰과 시카고경찰에 이어 미국에서 세 번째로 큰 로스앤젤레스시 경찰 중심으로 미국 지방 정보경찰의 조직과 현황을 알아보고자 한다.

인구 400만명인 로스앤젤레스시를 관할하는 로스앤젤레스 경찰은 약 9,500명의 경찰관과 3,000명의 민간인 직원들로 구성돼 있다. 로스앤젤레스는 지난 1992년 로드니 킹(Rodney King) 사건으로 비화된 폭동과 최근 이민법 반대 시위 등 대규모 시위로 인한 불편과 혼란을 겪은 바 있다.

로스앤젤레스 정보경찰 조직은 '대테러 및 범죄정보국(Counter Terrorism & Criminal Intelligence Bureau)'이라는 별도 조직을 중심으로 구성돼 있다. [그림 2-4]에서 보는 것처럼 '대테러 및 범죄정보국'은 주요 범죄부(Major Crimes Division)와 긴급대응부(Emergency Services Division)로 나눠진다.

이와 함께 '대테러 및 범죄정보국'은 로스앤젤레스 합동지역정보센터(Joint Regional Intelligence Center), 대테러정보과(Anti-Terrorism Intelligence Section), 범죄수사과(Criminal Investigative Section), 조직범죄조사과(Organized Crime Surveillance Section), 유해장치과(Harzardous Devices Section)와 로스앤젤레스공항 탐지견 관리과(LAX K-9 Section) 등을 관할하고 있다. 로스앤젤레스 경찰은 소속부서와 관련 없이 습득한 모든 정보는 보고를 하도록 되어 있으며, 이러한 정보는 '대테러 및 범죄정보국'에 의해 통합적으로 관리된다.

1) 주요 범죄부(Major Crimes Division)

주요 범죄부는 범죄음모조사과(Criminal Conspiracy Section), 정보수사과(Intelligence Investigations Section), 공조과(Liaison Section) 그리고 감시과(Surveillance Section)로 구성되어 있다.

주요 범죄부는 일반범죄에 대한 정보를 취합해 분석·보고하며, 특히 로스앤젤레스의 모든 경찰관은 다음과 같은 사항에 어떤 인물이나 조직 그리고 활동사항을 탐지했다면 관련 정보를 주요범죄부에 보고해야 한다.

- 조직범죄
- 공공질서의 불법적 침해
- 국가전복기도
- 대통령 혹은 경호실의 경호를 받는 인물의 안전에 대한 위협
- 선출직 또는 임명직 공무원이나 유명 인물의 안전에 대한 위협

보고는 정보보고양식에 의거해 작성되어야 하고, 내부연락망을 통해 관련 정보담당자에게 제출되어야 한다.

|그림 2-6| 로스앤젤레스 정보경찰 조직도

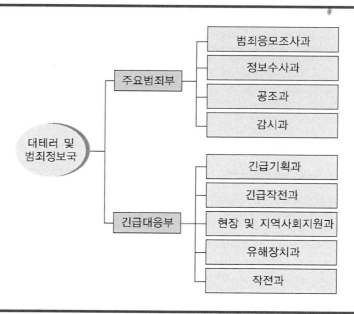

자료: http://www.lapdonline.org/search_results/content_basic_view/1063>

2) 긴급대응부(Emergency Services Division)

긴급대응부는 위험분석과 탐지, 억제 그리고 테러 등 각종 범죄상황에 신속하게 대응함으로써 공공의 안전을 지키는 것을 주요 임무로 하고 있다.

긴급대응부는 긴급기획과(Emergency Planning Section), 긴급작전과(Emergency Operations Section), 현장 및 지역사회 지원과(Field and Community Support Section), 유해장치과(Hazardous Devices Sections), 폭탄처리팀(Bomb Squad Unit), 유해물질팀(Hazardous Materials Unit), 그리고 작전과(Operations Section)로 구성돼 있다.

2. 독일의 정보경찰

(1) 정보경찰활동의 법률적 근거

1) 정보경찰활동에 대한 일반법적 근거

독일에 있어서의 정보경찰활동에 대한 일반법적인 근거로는 '통일경찰법모범초안(Musterentwurf eines einheitlichen Polizeigesetzes des Bundes und der Länder: MEPolG)'과 '통일경찰법모범초안 개정시안(Vorentwurf zur Änderung des MepolG: VEMEPolG), 그리고 각 개별주에서의 경찰법이라 할 수 있다. 따라서 이하에서는 이와 같은 근거법령의 내용에 대하여 살펴보고자 한다.

① 통일경찰법모범초안

독일은 경찰제도의 특성상 경찰권은 원칙적으로 각 주(land)의 권한으로 행사되며, 주마다 독자적인 경찰 및 질서법이 존재한다. 그러나 독일에서는 이와 같은 주 법의 다양성에도 불구하고 법률적 부분에서의 통일된 법적 근거를 만들기 위한 노력들이 꾸준히 이루어져왔다.

이러한 노력에 따라 독일에서는 일반적 경찰활동 및 정보경찰활동 등과 같은 경찰작용에 대한 통일된 단일법전을 제시하게 되는데, 그것이 1977년 12월 25일 내무장관연석회의에서 결의된 '통일경찰법모범초안(Musterentwurf eines einheitlichen Polizeigesetzes des Bundes und der Länder: MEPolG)'1)이라 할 수 있다.

이 모범초안은 과거 독일에서의 행정법상 경찰권이 주로 일반적 수권조항에 의하여 행사되었던 것을 가능하면 개별화, 구체화하기 위해 제정된 것으로, 물론 연방과 각 주 전체에 대하여 공통적으로 적용되어야 할 유일한 법전으로 마련된 것은 아니다(김재광, 2003, pp. 26-30). 즉, 이 모범초안은 독일에서의 하나의 권고안으로 그 성격을 규정지을 수 있을 것이다. 그러나 모범초안은 이후 몇몇 주들에 의해 그 법률적 내용이 수용되었으며(백초현, 2006, p. 85), 이후 경찰활동에 대한 일반법적인 근거로 인식되고 있다.

모범초안의 구체적인 내용을 살펴보면 총 6절로 구성되어 있는데, 이 중에서 제 1 절은 직무와 총칙, 제 2 절에서는 경찰의 권한, 제 3 절에서는 집행원조와 관련된 내용을 규정하고 있다. 또한 제 4 절에서는 강제, 제 5 절에서는 손실보상, 구상, 배상청구, 제 6 절에서는 종결규정을 두고 있다. 이 중에서 특히 제 1에서는 경찰의 직무에 대하여 ① 공공의 안녕과 질서에 대한 위험의 방지, ② 보충성의 원칙2)에 따른 예외적인 私權의 보호, ③ 다른 행정관청의 집행에 대

---

1) 이 법률의 명칭은 연구자에 따라 약간 상이한데, 대표적으로 '연방과 각 주의 단일경찰법전을 위한 모범초안'이라고도 번역되어 사용된다.
2) 여기에서의 보충성의 원칙은 경찰개입의 의무는 중요한 보호재에 대한 강력한 위험이 있

한 협력, ④ 다른 법률에 의해서 위임된 사무 등으로 규정하고 있다.

한편, 모범초안에서는 정보경찰활동과 관련된 부분으로 경찰이 인적정보의 수집을 위한 신원확인, 감식조치, 소환 외에 현저한 위험을 방지하기 위하여 필요한 경우에는 개인정보를 수집할 수 있는 일반규정을 두고 있다(김성훈, 2004: 162).

② 통일경찰법모범초안의 보충 -통일경찰법모범초안 개정시안

통일경찰법모범초안의 결의 이후 1986년 3월 12일에는 통일경찰법모범초안을 보완하기 위하여 '통일경찰법모범초안 개정시안(Vorentwurf zur Änderung des MepolG: VEMEPolG)'이 제안되었는데, 이 개정시안의 궁극적 제출동기는 인구조사판결3)이라 할 수 있다(서정범, 2001: 169).

그런데, 이 개정시안에서는 과거 모범초안에서 야기되었던 정보수집활동의 범위 및 한계 등의 논쟁에 대한 법률적 보완이 주로 이루어졌다. 이 개정시안이 모범초안의 보충법적 성격을 가진다는 것은 과거 모범초안과 달리 효율적인 위험방지 및 범죄억제를 위한 내용들이 포함되었으며(김성태, 2003: 99), 예방적 영역에서 이루어지는 경찰의 정보수집과 처리활동이 명백한 법률적 근거에 의해서 이루어지도록 했다는 점이다(백초현, 2006: 86). 특히 이 개정시안은 정보수집 및 처리활동과 관련하여 컴퓨터를 이용한 경찰정보의 수집과 가공에 있어서의 법률적 근거와 통일적 업무수행을 확보하려는 데 중요한 의의가 있다(김재광, 2003: 28).

구체적인 내용을 살펴보면, 개정시안은 총 6절로 구성되어 있으며, 개별 절에서는 제1절은 직무와 총칙, 제2절 경찰의 권한, 제3절 집행원조, 제4절 강제, 제5조 손실보상, 구상, 배상청구, 제6절에서는 종결규정이 명시되어 있다.

으며, 자력이 불가능한 경우에 발생한다는 것이다(신동호, 2003: 54).

3) 이 판결은 1983년 독일에서 개인정보에 대한 자기결정권을 인정한 세기의 판결이다. 개인정보자기결정권이란 자신에 관한 정보의 공개와 유통을 스스로 결정하고 통제할 수 있는 권리를 말한다. 즉, 정보의 조사·취급의 형태, 정보의 내용, 정보처리의 형태를 불문하고 자신에 관해서 무엇인가를 말해주는 정보를 조사·처리해도 되는지 여부, 그 범위 및 목적에 대하여 그 정보의 주체가 스스로 결정할 수 있는 개인의 권능을 말한다. 이 권리는 언제 누구에게 무엇을 알릴 것인지를 자유롭게 결정할 수 있는 자유뿐만 아니라 그 후의 자신과 관련된 정보의 운명을 추적하여 통제할 수 있는 권리도 보호한다. 따라서 개인정보를 제공하도록 강요하는 것만이 아니라 그 정보를 사용하는 것도 이 권리에 대한 제한을 의미하게 된다.

한편, 이 중에서 정보경찰활동과 관련된 규정으로는 제8조의 내용들이 대표적인 수권규범인데, 이 중에서 먼저 제8a조에서는 일반적인 정보수권규정을 두고 있으며, 제8b조에서는 공개행사, 집회 및 다중집합에 대한 정보수집 임무를 규정하고 있다. 또한 제8c조에서는 특별한 정보수집방식, 즉 특정한 범죄유형에 대한 별도의 정보수집방식을 명시하고 있으며, 제8d조에서는 범죄행위의 예방을 위한 경찰감시활동을 규정하고 있다.

또한 이외에 제10조에서는 감식과 관련된 조항이 규정되고 있는데, 제10a조에서는 정보의 보관, 변경 및 이용, 제10b조에서는 선례관리와 문서보관, 제10c조에서는 정보교부 등이 규정되고 있다. 그리고 제10d조에서는 자동정보검색절차, 제10e조에서는 정보대조, 제10f조에서는 특수한 정보대조방식, 제10g조에서는 정보의 정정, 삭제, 차단 관련 내용이 규정되고 있으며, 끝으로 제10h조에서는 등재대상의 작성 등이 규정되어 있다.[4]

③ 위험방지 행정청의 특별법률

독일에서는 다양한 형태의 위험방지 행정청이 존재한다. 그러나 다양한 위험방지행정청에서의 특별법률들은 매우 상이하기 때문에 모든 내용을 논하기는 어려울 것이다. 따라서 독일에서의 가장 대표적인 위험방지행정청이라 할 수 있는 연방범죄수사청(Bundeskriminalamt: BKA)과 연방국경수비대(Bundesgrenzschutz: BGS)와 관련된 내용을 중심으로 살펴보고자 한다.

먼저 연방범죄수사청은 1997년 8월 1일 발효된 '연방범죄수사청법(Bund-eskriminalamtgesetz: BKAG)'에 의해 운용되고 있다. 이 법에서는 제 1 조~제 6 조에서 설치 등에 관한 규정이 명시되어 있으며, 제 7 조~제26에는 연방범죄수사청의 특별한 권한이 규정되어 있다. 특히 정보경찰활동과 관련된 내용들은 제27조~제34조에 규정되고 있는데, 정보수집 및 처리를 위한 특별규정들이 포함되어 있다(김용주, 2002: 24).

한편, 연방국경수비대의 법률적 근거인 '연방국경수비대에 관한 규정의 새로운 규율을 위한 법률(Gesetz zur Neuregelung der Vorschriften über den Bundesgrenzschutz)'에서는 제 2 절 제21조~37조에서 연방국경수비대의 관할범

---

4) 개정시안의 구체적인 내용과 이에 따른 정보경찰의 구체적 활동은 이하의 정보경찰활동 부분에서 다루도록 한다.

위와 예방경찰적 정보수집 및 처리에 대한 특별한 권한규정을 명시하고 있다(김
용주, 2002: 24－25).

2) 각 주 경찰의 정보경찰활동에 대한 법률적 근거

독일에서는 모든 주의 경찰법에서도 정보수집 등과 같은 정보경찰활동에
대한 일반적 수권규정을 두고 있으며, 모범초안과 개정시안에 따라 이를 바탕으
로 한 현대화된 경찰법을 제정하였다.

그런데 독일에서의 경찰정보수집과 같은 정보경찰의 활동은 범죄와 관련이
없는 단순한 위험방지를 위한 정보수집활동과 위험방지의 특별한 형태로서의
범죄예방을 위한 정보수집활동으로 구분하는데(백초현, 2006: 102), 이와 같은 내
용은 각 주마다 차이가 있다.

이 가운데 먼저 위험방지를 위한 정보수집에 있어서 구체적인 위험을 요하
지 않는 대표적인 주는 Bayern, Brandenburg, Thüringen, Nordrhein－Westfalen
등이다. 특히 Bayern, Brandenburg, Thüringen주 등의 경찰법에서는 위험방지와
범죄예방을 구별하지 않으며, 경찰의 직무범위에 속하는 한 경찰의 정보수집활동
은 가능하다고 보고 있다. 또한 Nordrhein－Westfalen주의 경찰법에서도 제 9 조
의 내용을 살펴보면 경찰의 정보수집활동에는 구체적 위험을 요구하지 않으며,
추상적 위험만이 존재하더라도 모든 사람에게 조취를 취할 수 있다고 규정하고
있다(김연태, 2000: 43－44).

반면에 위험방지를 위한 정보수집에 있어서 구체적인 위험을 요하지 않는
주로는 Baden Württemberg, Bremen, Berlin, Hamburg, Hessen,
Sachsen－Anhalt, Mecklenburg－Vorpommern, Saarland, Schleswig－Holstein
등이 대표적이다. 이들 주의 경찰법에서는 위험방지를 위한 경찰의 정보수집활
동과 범죄예방을 위한 정보수집활동을 구분하고 있는데, 정보수집을 위해서는
반드시 '구체적인 위험'이 존재해야 하며, 원칙적으로 경찰책임자에 대해서만 정
보수집활동이 가능하도록 명시하고 있다. 그러나 이에 반하여 범죄예방을 위한
정보수집활동에 대해서는 다른 요건이 요구되는데, 특히 '잠재적 범죄자'나 그와
의 접촉자들, 그리고 희생자나 증인에 대한 정보수집활동만을 가능하게 하고 있
다. 즉, 범죄예방을 위한 정보수집활동에 있어서는 범죄행위에 대한 분명한 예

측을 할 수 있는 개연성이 있어야만 정보수집활동이 가능하도록 규정하고 있다 (백초현, 2006: 102- 103).

(2) 독일의 정보조직

1) 연방헌법보호청(Bundesamt fr Verfassungsschutz: BfV)

연방내무부장관 소속의 연방헌법보호청은 독일의 대표적인 정보기관으로 주로 연방헌법의 기본질서를 파괴하려는 행위에 대한 방어와 외국 첩보기관의 침투에 대한 방첩업무를 목적으로 정보수집(정진수 외, 2004: 42)을 담당하는 국내 정보활동 담당기관이다. 일반적으로 여타의 연방정보기관이 주로 국제첩보업무를 담당하는 반면에 연방헌법보호청은 주로 범죄자(김일환, 2003: 106)들을 대상으로 한 국내외 정보수집을 담당한다.

구체적인 정보수집 대상은 좌익테러, 군대 내의 극좌테러분자, 연방헌법의 기본질서를 파괴할 위험성을 갖고 있는 이념단체, 정당, 그리고 이들과 연계된 국제조직, 극우세력, 新나치 추종세력·조직원 및 이들과 연계된 단체[5], 출판물, 안전을 위협하는 외국인 관련 사항, 외국첩보기관의 스파이방지업무 등을 담당한다(임준태, 2004a: 149).

조직구성을 살펴보면, 관리과(Z과)와 총 6개의 전문과로 구성되어 있는데, 제1과는 헌법보호의 기본 문제와 각종 데이터 보호, 그리고 감시 및 첩보기술을 담당한다. 또한 제 2 과에서는 극우와 테러리즘을 제 3 과에서는 극좌와 테러리즘을 담당하며, 제 4 과에서는 방첩, 국가비밀보호, 간첩 행위로부터의 방호, 그리고 제 5 과는 재독일 외국인의 안전을 위협하는 과격한 행동을 통제하며, 제6 과에서는 이슬람 과격 주의 및 이슬람 세력의 테러리즘을 담당하고 있다.[6]

이러한 활동을 위한 구체적인 정보수집의 방법을 살펴보면, 정보획득의 수단 중 과반수 이상은 매스컴의 출판물, 인터넷, 집회현장 등의 공개 자료원으로부터 수집하고 있으며, 일부는 일반인과 다른 관청으로부터 입수하게 된다. 그

---

5) 독일 연방헌법보호청은 좌익세력이나 나치 추종세력과 같은 급진주의자들을 견제하고 자유민주주의 체제를 공고히 하기 위하여 최소 매년마다 한번씩 공안백서를 발행하여 급진주의적 정당 및 단체의 위헌활동과 국가의 존립 및 안보 위협적 활동에 대해 국민들에게 알림으로써 경각심을 고취하고 있다(월간조선, 2003년 8월호 참조).

6) www.f59.aaa.livedoor.jp/~intelljp/germany/bfv.htm.

런데, 이러한 헌법보호청의 활동에 대해서는 매우 엄격한 의회 감독이 실시되고 있다. 이것은 국내보안기관의 존재 자체가 개인의 자유에 대한 위협으로서 평가되는 것과 관련이 있다. 따라서 비밀기관 모든 활동에 대한 감독을 실시하는 의회 특별 위원회가 존재하며, 이 위원회의 위원은 헌법보호청의 기밀자료에 접근할 수 있는 권한을 가진다.[7]

그런데 연방헌법보호청은 공공의 안전을 보장하는 경찰영역에 속하는 활동을 한다는 점에서 경찰업무적인 성격을 갖지만, 법률적인 집행권한은 가지고 있지 않아서 구속, 압수, 수색을 할 수 없고, 신문을 하기 위한 소환을 하거나 강제수단을 통해 권한을 행사할 수도 없다.[8] 따라서 우리나라의 국가정보원과 같은 수사권한이 주어져 있지 않기 때문에 주로 반국가사범의 위법행위에 대한 정보를 경찰에 이첩하고 수사는 경찰이 행하도록 하고 있다(정진수 외, 2004: 43).

한편, 각 주정부에는 州헌법보호청(LVS)이 설치되어 있는데, LVS는 주정부의 기관으로 연방헌법보호청의 종속기관은 아니며, 상호협력적인 관계를 유지하는 독립적 기관으로 고유의 관할과 책임 아래 주 단위에서의 임무를 수행한다.

2) 연방범죄수사청

연방범죄수사청은 독일 연방의 수사·정보기관이며, 독일의 개별 주에 있어서의 기관인 주 범죄수사국(Landeskriminalamt)과의 협력을 통해 국제적 범죄, 조직범죄, 마약, 폭발물관련, 화폐위조사건, 무기밀매, 요인암살기도 행위 등(임준태, 2006: 401)의 범죄유형에 대응하는 임무를 담당한다.

주요임무로는 연방과 각 지방의 경찰(주 범죄수사국) 및 외국 수사당국과의 합동 수사업무를 행하며, 모든 중요한 범죄와 그 범인의 정보를 관리하여 관련 범죄정보의 수집과 해석을 행한다. 또한 테러나 과격단체에 대한 감시, 그리고 스파이활동 및 경제범죄의 사건의 수사를 행하기도 한다.[9]

---

7) www.f59.aaa.livedoor.jp/~intelljp/germany/bfv.htm.
8) 단, 예외적으로 정보수집을 위해 의회의 감독하에 우편개봉과 전화도청은 실시할 수 있다고 한다.
9) www.ja.wikipedia.org/wiki/

3) 기타 정보조직

① 연방정보국

연방정보국(Bundesnachrichtendienst: BND)은 독일의 대표적인 국가정보기관으로 1955년 수상 직속으로 창설되었으며(정진수 외, 2004: 45), 정치 및 경제정보의 수집, 분석과 평가를 담당한다. 현재 베를린에 위치하고 있으며, 직원수는 7,000명 이상에 이르고 있는데, 그 중 약 2,000명 정도가 국외에서의 첩보정보의 수집에 종사하고 있다.

특히 이 조직의 주요 임무는 크게 두 가지로 나뉘는데, 첫째는 독일에 있어서의 정치 또는 경제적 영향을 미치는 외국 국가에 관한 정치 및 경제정보의 입수, 둘째는 국외에서 진행 중인 정보활동을 통해 수집한 정보를 분석, 평가하여 정책결정자의 정책결정에 관한 정보를 제공하는 것이다.[10]

조직구성을 살펴보면, 연방정보국은 총 8과로 구성되어 있는데, 제 1 과는 첩보활동, 제 2 과는 정보 수집 활동을 담당하고 있으며, 제 3 과는 정보의 분석, 제 4 과는 관리, 제 5 과는 조직범죄 및 국제 테러 대책을 담당하고 있다. 또한 제 6 과에서는 기술 지원을 담당하고 있으며, 제 7 과는 교육·훈련, 제 8 과에서는 보안 관련 사무를 담당하고 있다.[11]

② 연방전자정보보안국

연방전자정보보안국(Bundesamt fr Sicherheit in der Informationstechnik: BSI)은 독일의 컴퓨터와 통신의 안전을 담당하는 연방기관으로 주로 컴퓨터 안전, 중요 인프라의 보호대책, 인터넷 보안, 암호, 도청대책 등의 전문 분야를 담당업무로 하고 있다. 2007년 10월 현재 본(bonn)에 본부를 두고 있으며, 총 직원수는 약 400명 정도로 구성되어 있다.[12]

③ 국방보안국(국방군정보센터)

국방보안국(Zentrum fr Nachrichtenwesen der Bundeswehr: ZNBw)은 연방 국방부의 소속으로 주임무는 각급 군에서 수집한 첩보를 통합하여 외국의 군사상태와 관련된 첩보의 평가 및 독일 연방군의 군사적 안전상태와 관련된 평가에

---

10) www.f59.aaa.livedoor.jp/~intelljp/germany/bnd/index.htm.

11) www.ja.wikipedia.org/wiki/BND.

12) www.ja.wikipedia.org/wiki/BSI_(%E3%83%89%E3%82%A4%E3%83%84.

이용되도록 하는 것이다.13)

　　또한 국가의 안전을 위태롭게 하는 행위 및 스파이행위에 대한 정보를 일반정보(보안)기관에 전달하고, 관련내용을 연방군의 정책부서 및 지휘부에 보고한다. 그리고 연방군 소속원에 관한 신원조사 그리고 비밀보호가 요구되는 정보의 보안을 위해서 조직적 그리고 기술적 문제를 해결할 수 있도록 연방군 지휘관들에게 조언하는 임무를 가지기도 한다(임준태, 2006: 401).

3. 일본의 정보경찰

(1) 경찰관련 조직

　　일본경찰의 정보활동은 경찰청 경비국, 관구경찰국 공안부, 도도부현(都道府縣) 경찰본부 공안부 또는 경비부, 일선경찰서 등의 라인을 통해 이루어지고 있으며(경찰대학, 2002: 373), 통상적으로 이를 '공안경찰'이라 지칭한다. 특히 일본에서는 모든 기능을 통합한 정보기관이 존재하지 않기 때문에 개별적인 각급 정보기관 중에서도 가장 방대한 조직과 인원을 가진 경찰이 정보계 전반에서 주도권을 잡고 폭넓은 권한을 행사하고 있다.

1) 경찰청 경비국

　　일본 경찰법 제 2 절 제19조에서는 경찰청의 조직구조를 경찰청 장관과 장관관방 이하 생활 안전국, 형사국, 교통국, 경비국, 정보 통신국 등 총 5국을 두는 것으로 규정하고 있다. 이 중에서 경비국은 정보관련 업무를 담당하는 곳으로 한국의 경비국과 명칭은 같으나, 그 임무범위는 훨씬 더 광범위하여 한국경찰의 경비국, 정보국, 보안국, 외사국 등을 모두 합친 역할을 수행하고 있다.

　　한편 경찰청 경비국은 외사 정보부와 그 산하의 외사과와 국제테러리즘 대책과, 그리고 이와는 독립된 경비기획과, 공안과, 경비과 등으로 편재되어 있다. 세부조직들의 구체적인 관장업무를 살펴보면 다음과 같다.

① 외사정보부

　　외사정보부(Foreign Affairs and Intelligence Department)는 2004년 4월(平成 16年)에 대외 정보수집 능력의 강화와 외국 치안 정보기관과의 높은 수준의 정

---

13) www.f59.aaa.livedoor.jp/~intelljp/germany/znbw.htm.

보교환을 실시하는 것 등을 목적으로 하여 경찰청 경비국 내에 설치되었다.

하위조직을 살펴보면, 외사정보부 산하의 외사과는 주로 외국인이 관여하는 것을 취급하고 있는데, 대표적으로 북한에 의한 일본인 납치관련사안, 북한 등에 의한 대일 유해활동, 대량파괴무기 관련물자 등의 부정수출 등에 관한 정보 수집이나 단속, 그리고 일본으로의 불법 입국이나 불법 체류자 등에 대한 대책을 담당하고 있다. 또한 국제테러리즘 대책과는 외국인 또는 그 활동의 본거지가 외국에 있는 일본인에 의한 테러 등에 관한 업무를 주로 취급하고 있는데, 주로 이슬람 과격단체 등의 국제테러에 대한 정보의 수집 및 정리, 그리고 국제테러의 대응 및 국제테러에 관한 범죄의 단속 등에 관련된 임무를 담당하고 있다.

② 경비기획과

경비기획과는 경비경찰의 운영과 관련된 전반적 방침을 정해 국내 각과의 시책을 정리하는 부서로서, 최근 가장 우선적으로 추진하고 있는 중점 추진업무는 '테러의 방지'와 '긴급사태 발생시의 대처능력강화'이다.

③ 공안과

경비국 공안과에서는 과거 발생했던 '옴 진리교' 사건 등과 같은 특수한 조직에 의해 발생하는 범죄와 관련된 대책의 추진, 그리고 민주주의 사회를 폭력으로 전복시키려는 과격파 및 극단적 주장에 근거해 과격행동을 자행하는 우익세력에 의한 테러행위나 게릴라행위 등과 같은 범죄의 단속과 정보의 수집을 담당하고 있다. 또한 공안과에서는 경비국 내의 다른 과의 사무에 속하지 않는 경비범죄의 단속과 경비정보의 수집에 관한 일을 중점적으로 실시하고 있어 한국의 정보경찰과 매우 유사한 업무를 수행하고 있다.

④ 경비과

경비국 경비과에서는 통상적인 대규모 자연재해, 사고재해의 발생 등과 같은 긴급사태가 발생했을 경우 경찰청의 핵심적 담당기관일 뿐만 아니라 각 도도부현에 배치되어 있는 기동대의 전국적인 운용이나, 천황·황족, 그리고 내외요인의 신변보호를 위한 경위·경호[14]에 관한 임무를 수행하고 있다.[15]

---

14) '경호'는 국내외 주요인사에 대한 통상적인 경호업무를 지칭하지만, '경위'라는 용어는 천황이나 황족에 대한 경호를 뜻하는 말이다.

15) 일본경찰청 홈페이지(www.npa.go.jp/saiyou/npa_html/about/shoukai/gaiji.html) 참조.

2) 경시청 공안부

동경도(東京都) 경시청은 동경도 지방의 경찰조직이지만, 수도경찰이라는 특징으로 인해 국가경찰적인 요소를 가지고 있으며, 특히 경비나 공안 부문에 있어 상당 부분 국가경찰의 임무를 수행한다. 현재 동경도 경시청에는 2007년 1월 1일 기준 42,881명의 경찰관들이 재직하고 있으며, 101개의 경찰서, 938개의 파출소, 253개의 주재소 등으로 구성되어 있다.16)

한편, 경시청 공안부는 동경도를 관할하는 공안경찰로서, 일본 전체 정보경찰활동의 가장 중추적인 기관이라 할 수 있다. 따라서 경시청에만 공안부가 경비부와 독립되어 설치되어 있고, 일반적인 도부현 경찰에서는 경비부 안에 공안과가 설치되어 있다.

경시청 공안부는 현재 공안 총무과, 공안 제1과, 공안 제2과, 공안 제3과, 공안 제4과, 외사 제1과, 외사 제2과, 외사 제3과, 그리고 공안기동수사대 등으로 나누어져 있다. 또한 경시청에 소속되어 있는 42,881명의 전체 경력 중 약 1,000여 명 정도가 공안부 소속으로 편재되어 있다.17)

경시청 공안부의 하위조직과 구성현황은 아래와 같다.

① 공안 총무과

경시청 공안부 중 공안 총무과는 서무계, 공안관리계, 공안수사 제1계~제10계 등의 하위 영역으로 분류된다. 이들의 업무를 구체적으로 살펴보면, 서무계는 공안부 내의 일반적 사무를 담당하고, 공안관리계 또한 일반적인 공안부의 운용을 담당한다. 그러나 공안수사 제1계~10계에서는 개별적인 공안 관련 업무를 담당하는데, 이 중에서 제1~제2계는 일반적 집회 및 시위에의 정보수집과 대응, 제3계~제6계는 주로 반전 관련 집회 및 시위, 그리고 제7계~제10계에서는 주로 좌익 정치단체의 활동에 대한 정보의 수집과 대응 및 수사 활동을 담당하고 있다.

② 공안 제1과

공안 제1과는 총 7개의 '계'로 편재되어 있다. 이 중 제1계는 과내 서무를 담당하고, 제2계는 극좌세력에 대한 경비업무를 담당한다. 또한 제3계와

---

16) 동경경시청 홈페이지(www.keishicho.metro.tokyo.jp/sikumi/gaiyo/sosikizu.htm) 참조.
17) 동경경시청 홈페이지(www.keishicho.metro.tokyo.jp) 참조.

제 4 계는 극좌세력에 대한 일반적 정보수집을 담당하며, 제 5 계와 제 6 계는 일본의 적국에 대한 정보 수집, 그리고 제 7 계와 제 8 계는 극좌세력에 대한 정보수집을 담당한다.

③ 공안 제 2 과

공안 제 2 과는 총 7개계로 구성되어 있다. 제 1 계는 주로 과내 서무를 담당하고, 제 2 계와 제 3 계는 동경도 내의 노동쟁의와 관련된 사안을 담당하며, 제 4, 제 5, 제 6, 제 7 계는 노동단체 및 각종 과격단체 관련 정보를 수집하고, 관련 사안을 수사하는 임무를 담당한다.

④ 공안 제 3 과

공안 제 3 과는 총 5개계로 구성되어 있는데, 이 중 제 1 계는 과내 서무, 제 2, 제 3, 제 4, 제 5 계는 주로 우익세력 관련 정보수집과 관련 수사를 담당한다.

⑤ 공안 제 4 과

공안 제 4 과는 2개의 계로 구성되는데, 제 1 계는 과내 서무 및 공안 관계 통계를 담당하고, 제 2 계는 공안 관련 자료를 정리하는 임무를 담당한다.

⑥ 외사 제 1 과

공안과와 달리 외사 제 1 과는 주로 외국 정보 관련 임무를 담당하는데, 제 1 계는 과내 서무, 제 2 계는 재외 대사관 관계, 제 3, 제 4, 제 5 계는 미주지역 및 러시아와 동유럽 등 과거 舊 공산권의 스파이를 대상으로 정보를 수집하고 수사를 담당하는 직무를 수행한다.

⑦ 외사 제 2 과

외사 제 2 과는 총 7개계로 구성되어 있으며, 제1계는 과내 서무, 제 2, 제 3, 제 4, 제 5, 제 6 계는 중국, 북한, 기타 공산권 국가 등과 같은 아시아 지역의 외사 정보활동과 수사를 담당한다.

⑧ 외사 제 3 과

외사 제 3 과는 총 4개계로 구성된다. 이 중 제 1 계는 과내 서무, 제 2 계는 국제테러정보를 담당하고, 제 2, 제 3, 제 4 계는 중동지역의 스파이나 국제테러리스트와 같은 외국인 테러정보를 담당한다.

⑨ 공안기동수사대

공안기동수사대는 경시청 공안부에 소속하는 조직으로 이전에는 「공안 포병대」라고 칭해지기도 했었다. 이와 같은 공안기동수사대는 주로 폭발물 등을 이용한 테러행위의 초동 수사를 담당하고, 폭발물을 이용한 테러사건에 대처하기 위해 조직 내에 「NBC테러 수사대」를 편성, 운영하고 있다.[18]

3) 도부현 경찰본부의 공안부 또는 경비부

일본에서 동경도 경시청을 제외한 나머지 도부현 경찰본부에서의 공안·경비경찰 조직은 각 경찰본부 내의 경비부로 편재되어 있다. 이들은 주로 사상적 배경이 있는 범죄자나 테러활동에 대한 대처, 각종 폭동행위의 진압이나 재해대책, 요인 경호, 그리고 다양한 정보·조사 활동 등을 담당한다.[19]

그런데, 일본 도부현 경찰에서의 실제 운용되고 있는 경비부는 임무의 성질상, 일반적인 경찰과는 크게 달라 오히려 군사 조직이나 정보기관에 가깝다고 말할 수 있다. 따라서 도부현 경찰의 경비부에는 기동대 외에 각종 정보 및 첩보활동을 실시하는 공안과, 외사과가 설치되어 있다.[20]

4) 일선 경찰서 경비과(계)

일본의 일선 경찰서에서는 경비과(소규모의 경찰서의 경우 경비계)에서 주로 정보경찰 관련 업무를 담당한다. 이들 각 경찰서 경비과의 주요한 업무내용은 크게 공안경찰과 경비경찰의 2개 영역이며, 통상적으로 집회 및 시위의 허가 신청을 이 부서에서 담당하고 있다.[21]

(2) 기타 조직

일본에서 경찰 이외에 정보를 담당하는 기관으로는 내각 정보조사실(Cabinet Intelligence and Research Office), 법무성의 공안조사청(Public Security Intelligence Agency: PSIA), 외무성의 정보분석국(Intelligence and Analysis Service) 등이 있다. 또한 한국무역진흥공사(KOTRA)와 비슷한 조직인 JETRO와 기업체 주재원들도 사실상 일본의 경제정보 수집활동의 역할을 담당하고 있다(김성종, 2005: 45).

---

18) www.ja.wikipedia.org/wiki 참조.
19) 홋카이도 경찰국 홈페이지(www.police.pref.hokkaido.jp) 참조.
20) www.ja.wikipedia.org/wiki/%E8%AD%A6%E5%82%99%E9%83%A8.
21) www.ja.wikipedia.org/wiki/%E8%AD%A6%E5%82%99%E8%AA%B2.

1) 내각 정보조사실

내각 정보조사실은 내각의 중요 정책에 관한 정보의 수집 및 분석, 그 외의 다양한 정보조사에 관한 업무를 담당하고 있으며, 총무부문, 국내부문, 국제부문, 경제부문, 내각 정보집약센터, 내각 위성정보센터 등 총 4부문·2센터로 나누어져 있다.[22]

2) 법무성 공안조사청

법무성 공안조사청은 내각 정보조사실, 경찰청경비국, 외무성 국제 정보조사국, 방위성 정보본부와 함께 내각 정보회의·합동 정보회의를 구성하는 일본의 주요한 정보기관 중 하나로 특히 북한 관련 정보에 매우 정통한 조직으로 알려지고 있다.

공안조사청은 본래 일본의 '파괴 활동 방지법' 및 '무차별 대량 살인행위를 자행한 단체의 규제에 관한 법률'의 단속대상에 해당하는 단체의 조사와 정보수집, 그리고 그에 따른 법률적 처분의 청구를 실시하는 기관으로 볼 수 있다. 특히 공안조사청에는 일반 정보경찰과 달리 독자적 수사 및 체포권이 주어지지 않아 조사활동의 과정에서 입수한 정보를 분석·평가하여 관계 기관에 제공하는 역할을 주로 수행한다.[23]

3) 외무성 정보분석국

외무성 정보분석국은 해외의 각 재외 공관으로부터 입수된 정보를 집약, 분석하여 종합적인 정세 판단을 실시하는 조직이다. 이러한 정보분석국은 조직의 성격상 정보기관 또는 첩보기관이라고 하기보다는 정보에 대한 '분석·평가' 기관으로서의 성격이 강하다고 볼 수 있다.[24]

---

22) 일본 내각정보조사실 홈페이지(www.cas.go.jp/jp/gaiyou/jimu/jyouhoutyousa.html).
23) 일본 법무부 공안조사청 홈페이지(www.moj.go.jp/KOUAN) 참조.
24) 일본 외무성 정보분석국 홈페이지
   (www.mofa.go.jp/mofaj/annai/honsho/sosiki/koku_j.html).

4. 중국의 정보경찰

(1) 경찰관련 조직

중국의 경찰제도에 있어 모든 공안기관들은 법률에 의해 조직될 수 있으며, 그 활동 또한 법률에 의해 제약을 받고 있다. 특히 '인민경찰법' 외에 2006년 11월 1일 국문원 제154회 상무회의를 통과하여 2007년 1월 1일부터 시행하고 있는 '공안기관조직관리조례'는 현재 중국 공안과 관련된 조직 및 활동에 대한 가장 세부적인 법률적 근거로서 작용하고 있다.

구체적인 내용을 살펴보면, 이 조례 제5조에서는 '현급 이상의 인민정부 공안기관들은 법이나 행정 범칙에서 규정된 권한과 절차로 설치한다'라고 명시하고 있으며, 제6조에서는 구(区)라는 행정 구역을 설치하는 시(市)의 공안국은 필요하면 공안분국을 설치할 수 있으며, 시·현·자치현의 공안국들은 사업의 필요로 공안파출소를 설치할 수 있도록 하고 있다.

따라서 현재 중국 공안의 일반적인 조직체계는 국무원 공안부 – 공안청 또는 공안국(직할시) – 市공안국 또는 공안분국 – 공안경찰서(파출소)의 4단계로 구성되어 있는 것으로 분석된다(김태진, 2005: 12–13).

한편, 중국에서의 공안조직 중 정보경찰과 관련된 조직과 관련된 정보는 쉽게 찾아볼 수 없다. 그것은 중국의 사회주의적인 체제에서 기인하는데, 특히 본 연구를 위해 심층면접을 실시했던 현직 중국 공안의 경우 중국의 정보기관이나 정보경찰조직에 대해서는 현직 공안조차도 그 실체를 명확히 파악하기는 어렵다고 한다. 그러므로 현실적으로 중국 공안의 정보조직의 세부적인 조직구조나 인원 등은 명확히 파악할 수 없을 것으로 보인다.

하지만, 중국 공안에 대한 국내외의 몇몇 연구들을 살펴보면 간접적으로나마 정보조직을 찾아볼 수 있는데, 그 대표적인 조직이 국무원 공안부 산하의 정치보위국과 치안관리국, 형사정찰국 등이다. 이 중에서 먼저 정치보위국(政治保衛局)은 사회 및 정치와 관련된 동향을 파악하고 정보를 수집하는 기관이며, 치안관리국(治安管理局)은 사회치안관리를 지도하고, 치안법규를 연구·제정하고, 치안관리위반사건에 대한 조사와 처벌을 담당한다(김형만 외, 2007: 199–203).

또한 치안관리국에서는 각 지방 공안기관의 공공장소와 대형 다중집회의 치안질서를 보호하는 업무를 지도할 뿐만 아니라 민간경비업을 육성·지도하고 순찰대와 폭발물방비대의 육성·발전을 지도한다. 또한 형사정찰국(刑事偵察局)은 형사범죄정황을 파악하고 분석하여 전국 형사수사업무를 지도하며, 항공기 및 선박납치 등 중대한 테러사건과 전국적 규모의 중대사건을 협조처리하고, 중국의 인터폴 업무를 담당하는 기관이다(김형만 외, 2007: 199–203).

한편, 일본에서는 국내보다는 다량의 중국 정보기관 관련 연구가 진행되고 있는데, 그들의 자료에 따르면 중국에서는 공안부와 그 지방기관 즉, 공안청이나 공안국 내에 '적정국'이라고 하는 일본의 공안경찰이나 한국의 정보경찰에 해당하는 조직이 존재한다는 연구를 찾아볼 수 있다. 이 조직의 주 임무는 대외 첩보가 아니고, 주로 국내의 반혁명 분자의 정보수집 및 감시, 추적, 체포 등이라고 한다. 특히 물론 이러한 기능이 1983년 국가안전부 설립 이후 상당 부분 이관되었지만, 아직도 공안부는 적정국의 계통을 유지하고 있다고 한다. 특히 1990년대의 경우에는 반체제 세력에 대한 정보 수집을 위해 해외에까지 첩보원을 파견할 정도로 첩보 및 정보활동에 많은 역할을 수행했다고 한다. 그러나 국가 안전부와의 임무 중복으로 인해 자주 세력권 다툼이 발생하기도 한다.[25]

(2) 기타 조직

1) 국가안전부

국가안전부는 중국의 국무원에 속해있는 정부기관으로 약 5만여 명의 인원으로 구성된 중국의 가장 대표적인 정보기관이다. 이 조직은 1983년 7월 당시 중공 중앙 조사부를 중심으로 하여 국무원 공안부 정치보위국, 당통전부, 국방 과학기술 공업 위원회의 관계 부서를 통합하여 설립한 조직이다.

과거 중국의 정보업무는 전국의 치안활동을 지도하는 국가공안부에 의해 실시되었으며, 공안부에서는 주로 국민에 대한 감시와 통제를, 그리고 외국인에 대한 감시를 행하였다. 하지만 1978년 농업, 공업, 국방, 과학기술의 4대 현대화를 내걸고, 언론의 자유를 보장하였기 때문에 청년층을 중심으로 개인의 민주적 권리요구나 현재의 체제비판 등의 대자보가 전국에 출현하였다.

특히 북경에서는 소위 북경의 봄으로 대표되는 민주화요구, 정책비판이 일

---

25) ウィキペディアはオープンコンテントの百科事典(www.ja.wikipedia.org).

어나면서 1979년 데모와 대자보를 규제하기에 이르렀고, 또한 증가하는 국제교
류에 발맞춰 외국의 스파이나 특무공작의 침투가 국가체제에 심각한 위험을 주
었다. 이러한 상황하에서 실제 국가안전을 확보할 필요성을 인식하고 전문적인
기구를 설치하여 국가의 안전확보와 대간첩업무를 강화하기 위하여 1983년에
국가안전부가 설치된 것이다.[26] 한편, 현재 국가안전부는 북경에 본부를 두고
있고, 중국 각지에 국가 안전국을 배치하고 있으며, 계급구조 및 호칭은 공안부
의 그것에 준하도록 하고 있다.

국가안전부의 구체적인 조직구조를 살펴보면, 총 17국의 조직으로 편재돼
있는데, 이 중에서 제 1~3 국은 해당지역의 정보수집을 담당하고 있으며, 제 4 국
은 대만 및 마카오 정보관리, 제 5 국은 총체적인 정보분석 내용의 통보와 정보수
집 지도 연구를 담당하고 있다. 또한 제 6 국은 과학기술 정보수집 및 연구, 그리
고 통신공작을 지휘하는 임무를 담당하고 있으며, 제 7~8 국은 방첩정보수집 및
외국간첩의 관리와 해외인사에 대한 감시공작을 담당한다. 또한 제 9 국은 통신
및 우편물 감시, 제10국은 해외 중국 대사관 및 영사관 안전공작을, 제11국은
CICIR(중국 현대국제관계 연구소)의 대외 학술활동을 수행하고 있다. 이어 제12국
은 중국 국내 사회 및 민중들의 동태를 조사하며, 제13국에서는 과학 기자재 관
리 연구를, 제14국에서는 암호통신공작을 담당한다. 그리고 제15국에서는 대만,
홍콩, 마카오 등의 대외식민지화 지역의 연구를 담당하며, 제16국은 국가안전부
내부 전산망의 안전 및 외부 침입방지와 정보분석관리, 끝으로 제17국은 국가안
전부의 관련 기업 및 사업관리를 담당하고 있다(문정인 외, 2006: 501－502).

2) 중국 공산당 통일전선공작부

중국 공산당 통일전선공작부는 중국 공산당과 각 민주당파와의 제휴를 주
관 하는 직속기구로서 1942년에 설립되었다. 이 조직은 주로 중국 내의 각 민족
과 종교에 대한 업무, 특히 달라이 라마에 협력하는 국내외의 조국분열활동에
대한 공작이나 해외에 있어서의 조국통일공작, 비공산당원의 간부양성 등의 업
무를 담당한다. 또한 조직의 특성상 전국 정치협상회의와 업무상 제휴가 많다고
한다.[27]

---

26) ウィキペディアはオープンコンテントの百科事典(www.ja.wikipedia.org).
27) www.shuncolle.nifty.com.

3) 중국 인민해방군 총참모부

중국 인민해방군 총참모부는 조직 안에 정보담당부국을 설치하여 이 조직을 중심으로 정보 수집 활동에 임하고 있다. 인민해방군 총참모부의 정보활동에 있어서의 가장 큰 특징은 국가 정보기관이 아닌 민간기구의 모습을 가장한다는 것이다. 이와 같은 특징과 그 이유는 결국 군인의 신분에서는 정보를 수집하기가 어려울 수밖에 없고, 또한 인민해방군 창설 이래 해외에서도 독자적인 사업이나 투자활동을 활발히 전개하고 있기 때문이다. 인민해방군 총참모부는 특히 각국의 민간의 교류 단체의 대표와 교류하거나 경제 시찰단이라는 명목으로 각국을 방문하고 있어 경제, 산업 등과 같은 다양한 부분의 정보를 수집하기도 한다.[28]

제 2 절 각국 정보경찰의 임무 및 역할

1. 미   국

(1) 연방정보경찰

미국은 지방분권적인 자치경찰에 그 토대를 두고 있다. 따라서 엄밀한 의미에서 일반적인 경찰기능을 행사하는 연방경찰이란 미국의 수도인 워싱턴 D.C. 지역의 각 연방정부부처 건물을 관할하는 경찰(Federal Police)만을 의미한다. 연방정부 건물과 그 관할구역이 아닌 워싱턴 D.C. 지역의 일반 경찰업무는 워싱턴 D.C. 경찰이 맡는다. 따라서 FBI와 같은 연방차원의 사법관할 구역을 갖는 형사사법기관은 대부분 수사기관에 한정된다. 대표적인 연방수사기관이 연방수사국(FBI)이다.

연방수사국(FBI)은 1908년 처음 BI(Bureau of Investigation)의 형태로 출범했으며, 1924년 후버(J. Edgar Hoover)가 국장에 취임한 뒤 1935년 FBI로 이름을 바꿔 오늘에 이르고 있다. 주요 임무는 간첩활동, 장물의 주(州)간 운송, 납치,

---

28) www.togenkyo.net/culture + index.content_id + 139.htm.

불법감금, 항공범죄, 은행강도, 횡령 및 인권관련 범죄 등 318개의 연방범죄에 대한 수사를 전담한다. 연방수사국(FBI)은 법무부소속으로서 미국 국내에 56개 지부(Field Office)가 설치돼 있으며 400여 개의 분소가 있다. 또 해외에 48개의 지부가 설치돼 해당 국가의 수사기관과 공조 시스템을 갖추고 있다. 2007년 6월 현재 직원 숫자는 30,646명이며, 12,444명의 수사요원(Special Agent)과 정보분석 등 18,202명의 지원요원으로 구성돼 있다. 2007년 예산이 60억 달러(약 6조원)에 이른다.29)

미 연방수사국(FBI)의 현장정보단(FIG)으로 대표되는 연방 정보경찰은 2001년 9/11 테러사건 이후 그 임무가 대폭 수정됐다. 무엇보다도 테러와 같은 국가안보에 위해가 되는 범죄에 대한 정보활동의 강화가 최우선시 된다. 이를 위해 다른 연방 수사기관뿐만 아니라 모든 지방경찰과의 커뮤니케이션을 크게 늘리고 정보공유를 강화하는 데 역점을 뒀다.

현장정보단(FIG)의 역할은 단순히 다른 정보기관의 정보를 취합하는 데 있지 않고, 정보의 중요성을 인식시키고 지방경찰들이 자체적인 정보분석이 가능하도록 지원하는 역할까지 담당하는 것이다. 미국은 사법관할권(jurisdiction)의 구분이 철저하기 때문에 설사 자기 지역이라고 하더라도 사법관할권이 없으면 전혀 개입할 수 없는 경찰권의 한계가 있다. 이런 사법관할권의 한계로 인한 정보의 공유 문제를 해결하는 것이 현장정보단(FIG)의 주된 역할인 것이다.

현장정보단은 특정 지역 내 사법관할권을 넘어서 모든 관련기관의 정보를 수집·분석해 범죄 추세와 행태를 파악하고 이를 다시 각각의 관련 기관에게 알려주게 된다. 이와 같은 범죄의 종합적인 추세 및 행태분석은 지방경찰이나 지역의 형사사법기관들로서는 가능하지 않은 일인 것이다.

미국의 수도인 워싱턴 D.C.야말로 현장정보단의 역할을 제대로 보여주는 곳이라고 할 수 있다. 워싱턴 D.C.는 미국의 주요 정부건물들이 모여 있고 50만 명 이상의 사람들이 살고 있을 뿐만 아니라 미국의 수도라는 상징성으로 인해 테러의 주요 대상이 될 수 있는 여러 조건을 갖추고 있다. 이러한 중요성을 감안해 연방수사국 워싱턴 지부의 현장정보단은 약 40개에 달하는 워싱턴 지역의 경찰을 비롯한 연방 및 지방 법집행기관들의 정보부서와 매주 회의를 통해 주

---

29) http://www.fbi.gov/quickfacts.htm.

요 정보를 교환하고 논의하고 있다.

현장정보단 요원들은 지방경찰의 경찰서장들과도 직접 만나는 것은 물론이고 이메일과 전화 등을 통해 정보현안에 대해 수시로 논의하고 필요한 대책을 강구한다. 이들 요원들은 각 경찰서와 병원, 주요 기업 및 보안기관들과의 연락망을 형성하고 필요사항이 발생하면 즉각 관련기관에 연락을 취하고 행동에 들어가게 조치한다. 이와 함께 현장정보단은 매주 정보소식지를 만들어 법집행기관 웹사이트(Law Enforcement Online: LEO)에 그 내용을 올린다.

따라서 이 웹사이트에 접속이 가능한 미국의 어떤 경찰관도 현장정보단의 정보분석 및 동향 내용을 파악할 수 있다. 이러한 정보분석을 바탕으로 지방 경찰은 자체적으로 새로운 범죄 동향을 파악하고 사전 예방 및 대책을 수립할 수 있게 된다. 정보분석능력이 상대적으로 취약한 지방경찰들은 별도로 현장정보단 요원들과 접촉해 필요한 특정 부분에 대한 지원 요청을 할 수 있고 현장정보단의 도움을 받을 수 있다.

현장정보단은 또한 특정 범죄에 대한 심층 정보분석 보고서를 작성해 배포하는 역할도 담당한다. 현장정보단이 이러한 보고서 작성을 위해 의존하는 정보의 출처는 다양하다. 비밀로 분류될 수 있는 익명을 요구하는 출처부터 시작해 경찰정보원들에 의한 첩보 및 각종 범죄 통계 등 다양한 출처의 정보들을 바탕으로 심층적인 보고서가 완성된다. 정보분석자들은 각종 정보출처와 정보수집방법 등을 삭제한 뒤 법집행기관 웹사이트(LEO)나 국가법집행통신시스템(NLETS)에 올리거나 필요한 기관에 이메일 등을 통해 보고서 내용을 전달한다.

최근 테러 위협에 따라 자연스럽게 테러범죄에 보다 많은 관심과 초점이 맞춰지는 것이 사실이지만, 그렇다고 현장정보단의 역할과 임무가 테러에만 국한되는 것은 아니다. 현장정보단은 조직범죄를 비롯해 사이버 범죄, 강력범죄 등 국민들의 생활과 밀접한 관련이 있는 거의 모든 종류의 범죄의 동향과 분석의 업무를 담당하고 있다. 심지어 최근에는 특정 경찰관을 살해하려는 한 폭력조직의 계획을 사전에 알아내 경찰과 함께 살해계획을 무산시키는 한편 이 폭력조직의 주요 조직원들을 검거하기까지 했다.

일선 경찰관이 파악하기 어려운 정보를 현장정보단이 각종 출처를 통해 습득할 경우 경찰과 함께 공유함으로써 범죄의 사각지대를 없애는 효과를 얻고 있는 것이다. 아울러 현장정보단은 지방경찰이나 법집행기관의 정보요원들을 교육·훈련시키는 역할도 담당하고 있다. 현장정보단은 정보습득 및 출처관리 방식, 그리고 정보분석 및 활용방법 등을 해당 지역의 경찰 등 법집행기관의 정보 요원들에게 교육·훈련시키고 있다.

연방수사국(FBI)과 함께 주요한 연방수사기관으로 연방마약국(DEA)을 들 수 있다. 연방마약국은 마약범죄의 수사와 향정신성 의약품의 제조규제업무를 주로 한다. 1915년 재무부 소속의 국세청에서 업무를 시작했으나 1973년 재무부에서 법무부로 소속이 바뀌면서 연방마약국(DEA)의 명칭을 갖게 됐다. 미 국 내에 221개의 분소를 갖고 있으며 해외에는 62개 국가에 86개의 지부가 설치돼 있다.30)

지난 2001년 9/11 테러사건 이후 새로 창설돼 최근 그 중요성이 갈수록 높아지고 있는 기관이 국토안보부(Department of Homeland Security)이다. 2002년 기존의 경호실, 해안경비대, 이민국, 관세청 등을 통합해 만들어졌다. 여러 기관을 통합한 거대 조직답게 2007년 현재 22개 독립기구에 직원이 18만 명에 이른다.31) 테러를 비롯해 미국의 안보에 저해가 될 수 있는 각종 요소에 대한 예방과 관리 및 대처 기능을 맡고 있다.

(2) 지방정보경찰(로스앤젤레스 정보경찰)

1) 주요 범죄부(Major Crimes Division)

주요 범죄부의 가장 중요한 기능은 로스앤젤레스시의 공공안전에 저해가 되는 요인을 사전에 예방하는 것이다. 이를 위해 로스앤젤레스시 경찰위원회는 주요범죄부로 하여금 테러와 같은 공공안전에 위협이 되는 불법적인 행동을 계획하거나 자금을 지원하거나 돕거나 시도하고자 하는 개인이나 조직을 조사하도록 허용하고 있다. 더욱이 인종이나 종교, 민족, 또는 성정체성이 다르다는 이유로 다른 사람들을 괴롭히거나 해롭게 하는 행동을 사전에 예방하는 기능을 포함하고 있다. 주요범죄부는 이러한 정보를 상당 부분 일반 시민의 제보에 의존하고 있는데, 살인과 관련된 제보를 할 경우 최고 10만 달러의 보상금을 책정

---

30) http://www.usdoj.gov/dea/agency/domestic.htm.
31) http://www.dhs.gov/xabout/strategicplan/index.shtm.

해 놓고 있다.

주요 범죄부의 임무는 다음과 같다.

① 테러리스트들 추세의 파악

② 테러리스트 전술과 작전의 점검 및 프로파일 개발, 테러리스트 위협의
   평가 및 잠재적 테러대상을 보호하기 위한 정보수집

③ 테러활동에 가담할 가능성이 높은 개인과 집단에 대한 조사, 파악 및 감시

④ 테러활동에 가담할 가능성이 높은 개인과 집단에 대한 정보파일의 지속
   관리

⑤ 테러활동에 가담할 가능성이 높은 개인과 집단의 능력에 대한 평가와
   분석 및 테러의 위험이 높은 기관에 대해 테러방지를 위한 정보의 제공

⑥ 테러활동 방지와 예방을 위해 다른 유관기관과 공조 협력체제의 유지
   및 지원

따라서 주요 범죄부 정보활동의 목표는 용의자의 체포와 구속에 있는 것이
아니라 범죄예방 목적을 위해 정보를 탐지하고 수집하며 분석하고 배포하는 데
있다.

2) 긴급대응부(Emergency Services Division)

긴급대응부는 공공안전을 위해 테러나 범죄행위와 같은 위험을 평가하고
탐지하는 한편 범죄행위가 발생할 경우 신속하게 대응하는 것을 주요 기능으로
한다. 아울러 긴급대응부는 다음과 같은 기능과 역할을 담당한다.

① 로스앤젤레스 경찰의 긴급작전조직들과 연결기능을 담당한다.

② 자연재해나 기타 특이한 상황 발생시에 경찰의 작전유지를 위한 준비에
   있어서 다른 경찰조직을 지원한다.

③ 로스앤젤레스 경찰의 전체 인원에 대한 상황관리 훈련과 교육을 계획하
   고 주도하며 그리고 집행하는 기능을 담당한다.

④ 자연재해나 기타 주요 긴급 상황에서 개인적인 준비를 위한 교육훈련을
   지원한다.

⑤ 긴급작전가이드(Emergency Operations Guide)를 연구개발하고 발간하는
   기능을 담당한다.

⑥ 주요한 특이 상황 발생에 대비한 조직과 배치계획을 주도한다.

⑦ 긴급 상황 발생시 사용할 지원 차량과 장비를 지원한다.

⑧ 특이 상황 발생시 사용하는 절차와 전술, 그리고 기술적인 문제를 평가한다.

⑨ 군 및 다른 정부기관과 함께 상호 협조를 위한 연결망을 활성화하는 절차를 마련한다.

⑩ 특이 상황 발생과 관련한 전술적 첩보 및 정보의 수집과 평가를 위한 방법을 개발한다.

⑪ 경찰의 역량을 벗어나는 상황이 발생할 경우 다른 부서를 지원한다.

⑫ 폭발물 및 유해물질과 관련된 상황에 대한 대응책을 마련한다.

3) 대천사(大天使) 활동(Operation Archangel)

긴급대응부의 활동 가운데 대표적인 것이 '대천사 활동(Operation Archangel)' 이라고 할 수 있다. 대천사(大天使)란 가톨릭에서 말하는 구품천사 가운데 하급에 속하는 천사로서 특별 사명의 전달과 국가통치자의 보호를 맡는다고 알려진다.[32] 대천사 활동은 로스앤젤레스시 경찰이 중요시설과 자원을 보호하기 위해 새롭게 개발한 프로그램으로서 테러공격과 같은 재난의 가능성이 높은 대상을 보호하는 것이 주된 임무이다. 대천사 활동 프로그램은 지역기관들이 그 지역의 중요 자산에 대해 가장 잘 알고 있다는 기본적인 전제에 바탕을 두고 있다.

대천사 활동 프로그램은 테러와 같은 위기상황의 발생을 예방하고 또 위기상황이 발생한다면 신속하게 대응하기 위해 관련 기관간 또는 부서간 협력을 증진하고 전술활동을 용이하게 하며 각종 정보 및 자원의 사용을 원활하게 해야 하는 필요성에서 만들어졌다. 대천사 활동 프로그램의 주된 초점은 무엇보다도 예방이다. 따라서 대천사 활동 프로그램은 중요한 시설 및 자산의 정확한 위치를 확인하고 여러 관련기관의 예방, 억제 및 대응 노력을 기획하게 된다. 이러한 목적으로 인해 대천사 활동 프로그램은 국토안보부(Homeland Security Department)의 '국토안보를 위한 국가전략(National Strategy for Homeland Security),' '국가 기반시설 보호계획(National Infrastructure Protection Plan),' 그리

---

32) 네이버 국어사전(http://krdic.naver.com) 참조.

고 '중요기반시설보호계획(Critical Infrastructure Protection Plan)'과 직접적인 관련성을 갖고 있다.

대천사 활동 프로그램의 주요 임무는 다음과 같다.

① 중요자산의 확인 및 우선순위 책정

(Identification and Prioritization of Critical Assets)

대천사 활동 프로그램은 중요자산의 확인을 위해 기준을 정하고 명확한 개념을 설정한다. 이러한 중요한 자산의 정의는 심층적이고 전국적인 연구결과를 반영하고 관련 전문가의 의견을 수렴해 결정된다. 이와 같이 중요자산에 대한 정의가 마련되면 로스앤젤레스시는 물론이고 캘리포니아 주 전체에서 광범위하게 사용되며 자원배분 결정의 가이드라인이 된다.

② 중요자산 평가(Critical Asset Assessments)

대천사 활동은 여러 기관의 관점에서 중요 자산에 대한 3단계 평가작업을 한다. 첫째, 중요자산이 위치하고 있는 장소에 대한 취약성 정도에 대한 평가를 실시한다. 둘째, 중요 자산이 자리잡고 있는 장소에 대한 구체적인 정보를 획득한다. 즉, 주소, 전화번호, 설계도 등 가능하면 구체적이고 자세한 정보를 파악한다. 셋째, 중요자산이 위치하고 있는 특정 장소에 맞는 위험예방대책과 상황매뉴얼을 마련한다.

이러한 중요자산 평가 작업은 중요자산 평가팀(Critical Asset Assessments Teams)이 맡아서 행하게 되며, 평가팀은 또한 중요자산을 관리하고 있는 책임자에게 시설의 취약성 평가결과를 통보하고 이 시설을 담당하고 있는 로스앤젤레스시 경찰의 관련부서를 지원하게 된다. 평가팀은 또한 로스앤젤레스의 다른 중요시설과 긴밀한 협조관계를 유지하는 한편 관련 공공기관뿐만 아니라 민간기관과의 연결통로 역할도 담당한다.

③ 중요자산 자동관리 시스템

(Automated Critical Asset Management System) 운영

대천사 활동은 국토안보부와 공동으로 중요 자산에 대한 정보를 사이버 시스템을 이용해 관리하는 중요자산 자동관리 시스템을 운영한다. 중요자산 자동관리 시스템은 중요자산의 목록화와 우선순위 책정모델을 만들고, 자산관리자를 위한 매뉴얼 작성과 장소에 맞는 사전보안 중대계획을 만드는 한편 완충지

대 보호계획과 사태발생 이후 대응계획 등을 총괄하게 된다.

④ 특별경호팀(Protective Security Task Force: PSTF) 운영

대천사 활동 프로그램에 의해 로스앤젤레스 경찰은 중요한 자산보호를 위해 특별경호팀을 운영한다. 특별경호팀은 최신 장비를 갖추고 특수훈련을 받은 사복 경찰관들로 구성되며 중요 시설이나 자산에 대한 위험이 있을 수 있다는 정보가 습득되면 은밀하게 배치된다.

4) 정보활동 방법

로스앤젤레스 정보경찰의 조사활동은 크게 초기조사, 예비조사, 그리고 공개조사의 3단계로 이뤄진다.

① 초기조사

초기조사는 주로 공식적인 통로를 통해 습득한 정보를 바탕으로 이뤄진다. 본격적인 조사의 필요성을 검토하는 차원에서 초기조사가 시행되며 이런 이유로 인해 구체적인 정보보다는 추상적인 정보에 의존하는 경우가 많고 제한적이다. 초기조사의 일반적인 방법은 다음과 같다.

- 일반 대중에게 공개된 기록의 점검
- 로스앤젤레스 경찰(LAPD) 기록의 점검
- 이용 가능한 연방정부, 주정부 및 지방정부 기록의 점검
- 신고자에 대한 인터뷰
- 잠재적 피해대상에 대한 인터뷰
- 목격자에 대한 인터뷰
- 감시

초기조사는 특정 정보를 습득한 날로부터 60일 이내에 완료돼야 한다.

② 예비조사

다음 단계는 예비조사 단계로서 테러와 같은 위험의 가능성에 대한 확실한 정보나 경고와 같은 것이 존재할 때 이뤄진다. 위험성에 대한 정보나 주장이 신뢰성을 갖는지에 대한 검증작업을 실시하게 된다. 예비조사는 어떤 개인이나 집단이 테러와 같은 불법적인 행동을 계획하고, 시도하고, 실행하고, 지원하고, 금전적 지원을 한다는 합리적인 의심이 존재할 때 이뤄진다. 또한 인종이나 종교,

국적, 또는 성별 차이 등에 근거해서 그들의 사회적 목표를 달성하기 위해 어떤 사회적인 행동에 영향을 미치거나 괴롭히려 할 때 예비조사에 착수하게 된다. 예비조사는 주요범죄부장의 허가를 받아야 시작될 수 있으며 조사에 착수한 뒤 120일을 초과할 수 없다.

예비조사는 법원의 영장이 필요한 감청 등의 방법을 사용해서는 안 되며, 인가된 합법적 방법만을 사용해야 한다.

③ 공개조사

공개조사 역시 주요범죄부장의 허가 아래 시작되며 공개조사의 착수는 다음과 같은 조건을 충족해야만 한다.

－ 개인이나 조직이 불법적 행동을 계획하고, 위협하거나, 시도하고 실행에 옮기거나 도와주고 금전적인 지원을 한다는 신뢰할 만한 정보에 근거해 합리적이고 명백한 의심이 존재해야만 한다.

－ 인종이나 종교, 국적 또는 성별 차이에 근거해 그들의 사회적 목표를 위해 취해진 행동 결과가 사회적 행동에 영향을 미치거나 괴롭힐 가능성이 있다는 합리적이고 명백한 의심이 존재해야 한다.

공개조사는 모든 합법적 조사 방법을 사용할 수 있다.

5) 정보활동의 제한

로스앤젤레스 경찰은 정보활동에 있어서 다음과 같은 제한사항을 규정하고 있다.

① 정보를 수집하고 관리하고 배포하는 데 있어서 불법적이거나 비인가된 방법을 사용해서는 안 된다. 주요범죄부의 책임자는 이러한 원칙에 위배되는 것으로 의심될 수 있는 어떠한 정보활동도 경찰청장에게 보고해야만 한다.

② '주요 범죄부 행동기준 및 절차'에 따라 공개 정보활동을 위한 합리적인 의심(reasonable suspicion) 기준을 충족하지 못한다면 어떤 개인이나 조직에 대한 정보파일을 유지·관리하는 것은 불필요하며 잘못된 것이다.

③ 정보경찰은 인가되지 않은 조사의 경우에는 개인의 성적(sexual), 정치적(political), 종교적(religious) 행동과 신념, 의견 등에 관한 정보를 수집하거나 관리 또는 배포해서는 안 된다.

④ 정보경찰은 개인의 합법적 권리를 침해하지 않도록 정보의 수집, 관리, 그리고 배포에 있어서 조심해야 하며 분별력 있게 행동해야 한다.

2. 독   일

(1) 정보경찰의 기본적 임무

독일에 있어서의 정보경찰의 기본적 임무는 앞서 언급한 '통일경찰법모범초안(Musterentwurf eines einheitlichen Polizeigesetzes des Bundes und der Länder: MEPolG)'과 '통일경찰법모범초안 개정시안(Vorentwurf zur Änderung des MepolG: VEMEPolG)'에서 찾아볼 수 있다.

이 중에서 먼저 모범초안에서는 정보경찰이 인적정보의 수집을 위해서 신원확인, 감식조치, 소환 외에 현저한 위험을 방지하기 위하여 필요한 경우에는 개인정보를 수집할 수 있도록 하는 임무를 부여하고 있다. 이러한 모범초안에서는 정보경찰의 정보수집대상으로 형사소송법상의 전신전화검열 대상의 범죄, 성범죄 및 인신매매범죄, 특수절도 등을 규정하고 있는데, 이와 함께 특히 공개적인 행사 등에서도 공공의 안전과 질서에 대한 위험의 발생이 예상되는 경우에 개인의 정보를 수집할 수 있도록 규정하고 있다.

한편, 모범초안 개정시안에서는 위험의 방지를 위한 정보수집, 공공의 안녕과 질서에 대한 위험을 방지하기 위하여 공개행사와 집회 및 다중집합시의 정보수집 임무를 주요한 정보경찰의 기본적 임무로 규정하고 있다. 뿐만 아니라 모범초안 개정시안에서는 다른 수단으로는 도저히 정보수집이 불가능하며, 정보활동이 정보조사대상의 사실과 전혀 무관하지 않는 경우에는 개인관련정보를 수집할 수 있도록 상세히 규정하고 있다.

(2) 정보경찰의 활동방법

전술한 바와 같이 독일 정보경찰의 기본적인 활동방법은 '통일경찰법모범초안 개정시안'의 내용을 통해 살펴볼 수 있다. 따라서 이하에서는 개정시안의 규정을 중심으로 정보경찰의 기본적 활동방법에 대하여 살펴보고자 한다.

1) 정보경찰의 일반적 정보수집과 대상

개정시안 제 8 조의 a에 따르면 경찰은 위험의 방지 등을 위한 조치에 필요한 경우 개인관련 정보를 수집할 수 있도록 하고 있다. 구체적인 개인관련 정보의 수집대상은 개정시안의 제 4 조,[33] 제 5 조,[34] 제 6 조[35]에서 명시한 행위책임 및 상태책임 대상자, 그리고 비책임자 등이다. 또한 피해자, 무의탁자 또는 실종자 및 그의 친족, 법정대리인 또는 신뢰인 등과 위험에 직면한 자와 증인 및 단서제공자 또는 기타 정보제공자 등에 대해서도 개인정보수집을 할 수 있도록 규정하고 있다.

한편, 경찰은 사실적 근거에 의거하여 경험칙상 범죄행위의 예방에 필요한 경우에도 개인관련정보를 수집할 수 있는데, 그 대상은 구체적 정황에 비추어 볼 때 장차 범죄행위를 범할 것으로 의심되는 자 또는 이러한 자와 접촉하거나 동반하는 자, 그리고 구체적 정황에 비추어 볼 때 범죄의 피해자가 될 것으로

---

33) VEMEPolG 제 4 조 【행위책임】
　① 어떤 사람이 위험을 야기한 경우에는 그에게 조치가 취해져야 한다.
　② 14세 미만의 자, 금치산자, 후견을 받고 있는 자의 행위에 대해서는 그에 대한 감독의무를 지는 자에 대해서도 조치를 취할 수 있다.
　③ 업무처리를 위하여 고용된 자가 업무수행 중에 위험을 야기한 경우에는 그를 고용한 자에 대해서도 조치를 취할 수 있다.

34) VEMEPolG 제 5 조 【상태책임】
　① 물건으로부터 위험이 발생한 경우에는 그 물건에 대한 사실상의 지배권자에 대해 조치가 취해져야 한다.
　② 조치는 소유권자 혹은 다른 정당한 권원을 가진 자에 대해서도 취해질 수 있다. 사실상의 지배권자가 소유권자 혹은 다른 정당한 권원을 가진 자의 의사에 반하여 그를 행사한 경우에는 그러하지 아니한다.
　③ 위험이 무주물로부터 발생한 경우에는 그 물건에 대한 소유권을 포기한 자에 대해서 조치가 취해질 수 있다.

35) VEMEPolG 제 6 조 【비책임자에 대한 조치】
　① 경찰은 다음 각 호의 경우에는 제 4 조 혹은 제 5 조에 따른 책임자 이외의 다른 자에 대해서도 조치를 취할 수 있다.
　　1. 현재의 중대한 위험을 방지하여야 하는 경우
　　2. 제 4 조 혹은 제 5 조에 따른 책임자에 대한 조치가 불가능하거나 적시에 행해질 수 없는 경우 및 목적으로 달성할 수 없는 경우
　　3. 경찰이 스스로 혹은 위임을 통하여 위험을 방지할 수 없거나 적시에 방지할 수 없는 경우
　　4. 그 자가 자신에 대한 현저한 위협 없이 그리고 보다 높은 가치를 지는 의무를 해함이 없이 조치의 대상이 될 수 있는 경우
　② 제 1 항에 따른 조치는 위험의 방지가 다른 방법으로는 불가능한 경우에만 유지된다.

의심하는 자, 증인 및 단서제공자 또는 정보제공자 등이다.

2) 공개행사, 집회 및 다중집합에 대한 정보수집

독일 '통일경찰법모범초안 개정시안' 제8b조에서는 공개행사와 집회 및 다중집합에 대한 정보수집과 관련된 경찰의 정보경찰의 활동방법을 명시하고 있다. 먼저 제1항에서는 경찰은 공공의 안녕과 질서에 대한 위험이 발생하리라고 인정할 만한 사실상의 근거가 있는 때에는 집회법이 적용되지 않는 공개행사 또는 다중집합이 진행되는 동안 또는 그와 관련하여 개인관련정보를 수집할 수 있다고 명시하고 있다.

또한 제2항에서는 경찰은 공공의 안녕과 질서에 현저한 위험이 발생하리라고 인정할 만한 사실상의 근거가 있는 때에는, 공개행사가 진행되는 동안 또는 그와 관련하여 개인관련정보를 수집할 수 있도록 하고 있다. 그리고 이러한 과정에서 공공의 안녕과 질서가 교란되지 않은 때에는 그 수집결과로 작성된 서류를 집회가 종료된 후 지체 없이 소멸시키도록 하고 있다.

3) 경찰의 특별한 정보수집

독일에서는 위의 일반적 정보경찰활동 이외에 특별한 정보수집업무와 그 방식에 대해서도 법률로서 엄격히 규정하고 있다. 개정시안 제8c조에 따르면 현저한 위험의 방지를 위한 경우와 형사소송법과 형법상의 특정 범죄행위가 행해질 것이라고 인정할 만한 사실상의 근거가 있는 경우, 그리고 이 외의 범죄행위가 직업적, 상습적으로 행해질 것이라고 인정할 만한 사실상의 근거가 있는 경우에는 장기간의 관찰이 가능하다. 또한 이와 같은 경우에는 기술적 수단[36]의 비밀 투입, 특히 사진촬영 또는 사진기록 및 증인신문 또는 화자에 대한 음색의 기록이 가능하다. 뿐만 아니라 신분을 위장한 경찰집행공무원(신분을 위장한 수사관)의 투입이 가능하며, 경찰과의 협력사실이 알려지지 않은 제3자의 투입도 가능하다.[37]

한편, 경찰은 주거 내외에서는 개인의 신체, 생명, 자유에 대한 현재의 위

---

[36] 기술적 수단이라 함은 사진촬영, 비디오촬영, 야간투시경, 방향탐지기, 이동전령, 감청이나 도청 등을 말한다.

[37] 물론 이와 같은 정보수집의 경우에도 서신, 우편, 통화의 비밀은 영향을 받지 않는다 (VEMEPolG 제8조의 c).

험 혹은 유가물, 재산의 가치에 대하여 불가피한 경우에 한하여서도 위의 방법으로 개인관련 정보를 수집할 수 있는데, 만약 경찰의 개입이 신체, 생명에 대한 위험을 궁극적으로 방지하는 것이 아니라면 위험이 있는 경우 이외에는 판사에 의해서만 지시될 수 있다.

4) 경찰감시

개정시안 제8d조에서는 정보경찰의 활동 중 경찰감시와 관련된 부분이 명시되어 있다. 이에 따르면 개인에 대한 총체적 평가 및 이전의 범죄행위로부터 장래에 중요한 범죄행위의 발생가능성이 현저한 경우, 그리고 이러한 자가 중요한 범위 내의 범죄행위를 행했다고 볼 수 있는 사실상의 근거가 존재하는 경우에는 그 자의 행적 또는 그가 사용하거나 동원한 차량의 등록번호를 경찰감시 자료에 저장할 수 있다고 규정하고 있다.

제8d조 1항 2문에 의하면 경찰감시에 대한 통고명령은 통고에 근거해서 신고된 자와 기타의 동반자 및 그들이 지닌 물건 혹은 차량에 대한 인지가 범죄행위의 예방을 위하여 필요하다는 것이 사실관계에 의하여 정당화되는 경우에만 허용된다고 한다. 또한 조치의 명령은 주무 행정청, 주재공무원과 그 상위직의 공무원을 통하여 문서로 행해져야 한다. 그리고 제8d조 1항 3문에 의하면 이와 같은 명령은 최장 1년을 기간으로 하며, 늦어도 6개월의 경과 후에는 명령의 요건이 존재하는 지의 여부가 심사되어야 한다.

한편, 명령의 요건이 더 이상 존재하지 않는 경우 또는 조치의 목적이 달성되거나 혹은 달성이 불가능하게 된 경우에는 지체 없이 감시의 통고를 해제하여야 한다(제8d조 1항 4문).

5) 신원확인 및 정보대조

'통일경찰법모범초안 개정시안'에서는 특정인에 대한 신원확인 및 정보대조의 규정도 명시하고 있다. 개정시안 제 9 조에 따르면, ① 위험의 방지를 위해 필요한 경우, ② 사실상의 근거에 기초하여 경험칙상 판단에 따를 때 범죄의 음모, 예비, 착수가 행해질 염려가 있는 경우나 허가 없이 체류하고 있는 경우, 그리고 범인을 은닉하거나 성매매를 하려고 하는 경우, ③ 사람이 교통·공급시설이나 설비·공중교통수단·청사 혹은 다른 특히 위험한 시설 내에 있거나 그에 인접하여 있을 때에는 신원확인을 할 수 있도록 하고 있다.

또한 제10e조에서는 장래에 중요한 범죄행위의 발생이 현저히 예견되는 경우에 개인관련 정보를 대조할 수 있도록 하고 있는데. 이것은 일종의 신원조회라 할 수 있는 것이다. 특히 경찰은 그것을 대조하는 것이 사실상의 근거에 비추어 경찰임무의 수행을 위해 필요하다고 인정되는 때에는 대조를 할 수 있으며, 나아가 임무수행의 범위 내에서 개인관련정보를 수사자료와 대조할 수 있다.

3. 일   본

(1) 정보경찰 활동의 법률적 근거

우리나라의 경찰법 제 3 조와 경찰관직무집행법 제 2 조에서는 경찰의 기본적 임무 중에 '치안정보의 수집과 작성 및 배포'를 명문화하여 정보경찰활동의 법률적 근거를 포괄적으로 마련하고 있다. 일본의 경우에도 우리나라와 동일한 명칭을 가진 경찰법과 경찰관직무집행법이 경찰의 조직과 작용상의 기본법으로 제정되어 있는데, 특히 양법의 내용을 보면 우리나라의 법조문과 굉장히 유사한 내용이 규정되고 있음을 알 수 있다.

그러나 일본법에 있어 정보경찰과 관련된 내용을 살펴보면 한국과 달리 정보경찰의 임무를 구체적, 개별적으로 규정하고 있는 근거규범을 찾을 수는 없다. 먼저 일본의 경찰법 제 2 조 1 항에서는 경찰의 임무를 "경찰은 개인의 생명, 신체 및 재산의 보호에 임해서 범죄의 예방, 진압 및 수사, 피의자의 체포, 교통의 단속 기타 공공의 안전과 질서의 유지를 담당하는 것을 그 책무로 한다"고 규정함으로써 정보경찰활동에 대한 명확한 법률적 기준을 제시하고 있지는 않다.[38]

또한 경찰관직무집행법 제 1 조 역시 "이 법률은 경찰관이 경찰법에 규정하는 개인의 생명, 신체 및 재산의 보호, 범죄의 예방, 공안의 유지 및 다른 법령의 집행 등의 직권 직무를 충실히 수행하기 위해서 필요한 수단을 정하는 것을 목적으로 한다"라고 규정하고 있어 이 또한 정보경찰에 대한 직접적인 개별적 수권규범으로서의 근거규범의 역할을 하고 있지는 않다.[39]

---

38) 日本 警察法, 제 2 조 1 항.
39) 日本 警察官職務執行法, 제 1 조.

하지만, 중요한 것은 위의 일본 경찰법 제 2 조의 내용 중 '범죄의 예방'과 경찰관직무집행법 제 1 조에서의 '공안의 유지'라는 조항은 개별적 조항의 내용과 달리 일반적인 법리의 해석상 매우 포괄적 의미를 가지기 때문에 정보경찰 활동에 대한 개괄적인 법률적 근거로 작용할 수 있다는 점이다. 특히 판례에 의하면 "경찰관에 의해 행해진 일반정보활동은 구체적인 사안발생의 우려는 없지만, 일반적으로 장래를 대비하여 평소부터 공안의 유지, 범죄의 예방과 진압을 위하여 관련된 정보를 수집하는 것이고, 이와 같은 일반정보수집활동이 임의수단에 의하여 이루어지는 한 개별적인 근거규정에 의하지 않고도 경찰법 제 2조의 규정에 의하여 활동의 근거를 가진다"[40]라고 하여 정보경찰활동의 법률적 기준을 제시해주고 있다.

따라서 이와 같은 개념에서의 경찰작용은 개별적 수권조항에서의 법률적 규정보다 현저히 확대되어 범죄의 예방을 위한 감시원과 첩보원의 활용, 정보나 감식자료의 수집, 보관, 축적 등의 활동까지도 포함하고 있다고 볼 수 있다. 따라서 종국적으로 정보경찰활동은 일본경찰의 적법한 경찰작용의 한 유형이라 할 수 있다(한실현 역, 2003: 51).

한편, 위의 양 법률 이외에도 정보경찰활동에 대한 또 하나의 법률적 근거를 찾아볼 수 있는데, 그것은 1954년 6월 30일에 제정된 '일본 경찰청 조직령'으로 이 조직령에서는 경찰청 경비국의 소관사무로 정보활동을 규정하고 있다.

(2) 정보경찰의 기본적 임무

일본에서의 정보활동은 공안경찰이 주로 담당하며, 이 공안경찰 또는 공안·경비경찰은 공안·경비범죄에 관한 체포권과 수사권을 가지고 있다. 따라서 공안·경비사범은 일반범죄를 다루는 수사부서에서 취급하지 않고 공안·경비부서에서 직접 다루고 있다.

일반적으로 공안경찰은 공공의 안전과 질서를 유지하기 위한 활동으로 범죄정보의 수집과 단속 등의 임무뿐만 아니라 정치 및 사회운동에 관련된 다양한 정보를 수집하고 단속하는 임무를 주로 담당한다. 따라서 공안경찰의 주요임무는 국가의 치안을 지키기 위한 정보수집, 특히 구체적으로는, 극좌의 과격파

---

40) 大阪高法, 1966년 9월 20일, '順磨事件' 관련 판례.

나 우익단체, 옴(진리교) 등의 불법 단체, 북한이나 국제테러조직이나 국가 등의 동향을 파악하는 것이라 할 수 있다.[41] 특히 정보경찰의 주요한 임무 중 빼놓을 수 없는 하나는 주로 좌익세력의 감시라 할 수 있는데, 좌익이 관계하는 집회에서는 정보경찰이 참가자 전원의 사진을 촬영해 참가자의 신원을 조사하는 일이 빈번하다고 한다.[42]

(3) 정보경찰의 활동방법

1) 일반적 치안정보의 수집

일본의 정보경찰은 정치, 경제, 사회, 문화, 국제 등 공안에 관련된 모든 분야에 대한 정보를 취급하며, 특히 일본 내의 공산당이나 극우세력, 학원 및 노조를 대상으로 한 정보활동을 경찰청의 주관 아래 매우 적극적으로 펼치고 있다.

특히 경찰의 정보관련부서에서는 담당기관을 지정해 대상기관의 정보파악에 주력하고 있으며, 공개자료의 수집과 더불어 공식적·비공식적 견문보고서는 물론 모든 경찰관에게 월 1회 이상의 첩보제출을 의무화하고 있다. 또한 일선 지·파출소 직원들의 경우에는 각각의 담당구역이 있어 호구조사, 순회연락(방범조사)들을 실시함으로써 실질적인 첩보수집 및 보고업무를 수행하고 있다(김성종, 2004: 165).

2) 정보경찰의 수사정보 수집활동

일본에서는 범죄수사를 위한 일반적 활동이 법률에 의해 엄격히 제한적으로만 허용되고 있다(윤영민 외, 2004: 79). 그러나 전술한 바와 같이 공안경찰 또는 공안·경비경찰이라 표현되고 있는 정보경찰은 공안·경비범죄에 관한 체포권과 수사권을 가지고 있기 때문에 공안·경비사범에 대한 수사업무를 직접 다루고 있으며, 이에 따라 수사정보의 수집활동 또한 매우 광범위한 범위에서 이루어진다.

특히 정보경찰은 사건발생 이전부터 수사관련정보를 수집하기 때문에 타부문의 수사활동과는 크게 다르다고 볼 수 있다. 또한 실제로 정보를 수집하기 위

---

41) 일본저널 'R25,' 2007년 6월 14일자 참조(www.r25.jp/index.php/m/WB/a/WB001120/id/200706141105).

42) www.ja.wikipedia.org/wiki/%E5%85%AC%E5%AE%89%E8%AD%A6%E5%AF%9F.

한 구체적 활동은 주로 비공개로 이루어지기 때문에 어떠한 방법을 통해 이루어지는지를 파악하기란 현실적으로 불가능하다.

하지만, 일본 정보경찰의 수사정보 수집활동과 관련된 실제적 활동의 방법과 내용을 간접적으로 파악할 수 있는 중요한 출처가 있는데, 그것이 바로 각종 시민단체 등의 자료와 언론의 관련 보도내용, 그리고 정보경찰의 활동으로 인해 발생한 일련의 사건들이다.

이를 통해 유추할 수 있는 일본 정보경찰의 주요활동방법을 살펴보면, 현재 일본에서는 정보경찰이 경계대상으로 지목한 단체 또는 대상자에 대해서 행해지는 정보수집활동에 있어 사찰 및 내사, 탐문, 잠복, 미행, 공작, 통상적 정보수집, 잠입 등이 포괄적으로 이루어지고 있다는 것이 일반적 견해이다.[43]

위의 내용을 구체적으로 살펴보면, 먼저 사찰 및 내사에서는 이른바 감시활동의 대상이 되는 사람이나 단체에 대해서 비밀리에 촬영·도청·동향 감시 등을 통해 사건정보의 수집을 실시한다. 또한 탐문은 일반적인 형사 및 교통경찰 등의 수사에 있어서의 탐문과는 다르다. 즉 통상적인 경찰활동에서의 탐문은 경찰관이 신분을 나타내 경찰에 협력해 주도록 시민에게 요청하지만, 정보경찰 활동의 경우에 있어서는 경찰관의 신분을 나타내면서 실시하지 않는다.

잠복은 단순하게 범인확보를 목적으로 한 것이 아니고, 피의자를 자유롭게 행동하게 하려는 의도를 가지고 행해진다. 물론 이와 같은 잠복은 정보경찰 이외의 경찰도 실시하지만, 정보경찰의 그것은 더욱더 장기적인 행위이며, 잠복의 단계에서는 통신 감청이나 동의 없는 촬영행위도 포함되고 있다고 한다.[44]

뿐만 아니라 일본에서는 2000년 8월 15일 이후 시행되고 있는 통신감청법

---

43) 일본 The Police Entertainment, 2007년 1월 22일자(policeenter-blog.269g.net/article/3628518. html) 참조.

44) 일본의 정보경찰은 도청이나 감청을 오래전부터 해왔던 것으로 추측되는데, 실제로 1986년 11월27일 '일본 공산당 간부 자택 도청사건'이 발생하여 큰 물의를 일으킨 바 있다. 구체적인 사건 경위는 도쿄도 마치다시의 일본 공산당 국제부장 오가타 야스오가 자신의 자택전화를 통해 통화를 하던 중 잡음과 음질 저하에 의심을 품게 되고, 이에 따라 일본 전신전화(NTT)국에 제보하여 조사한 결과 오가타의 자택으로부터 약 100미터 떨어진 아파트에서 도청을 하고 있던 것을 알 수 있었다.
이 사건은 당시 그 수법을 볼 때 경찰청 경비국을 중심으로 한 조직적 범행으로 강하게 의심되었으며, 검찰 또한 누군가에 의한 조직적 범행이라고 단정하기도 했다. 그러나 이와 같은 상황에도 불구하고, 경찰은 현재까지도 이 사건에 대한 조직적인 관여를 강하게 부정하고 있다(谷川葉, 2002).

안45)에 의해 약물관련범죄, 총기관련범죄, 집단밀항 및 조직적으로 행해진 살인의 수사에 대하여 충분한 사유가 있는 경우에 한해서 최후의 수단으로 영장에 의해 감청하는 것이 허용되고 있다.46)

또한 미행은 사찰 및 내사의 일환으로서 행해지는데, 통상적으로 대상자의 뒤를 쫓고, 은신처를 밝혀내거나 공범과의 접촉현장을 포착하여 사건정보수집의 자료로 활용하는 방법이다. 특히 미행 또한 대상자가 자유롭게 행동하게 하도록 하는 의도가 강하기 때문에 미행 중에 위법행위가 발견되어도 곧바로 체포를 행하는 것은 아니다.

그리고 공작은 정보경찰에 의해 대상자를 회유하거나, 대상자와의 접촉, 또는 대상자와의 의사소통을 통해서 사건정보를 입수하거나 대상단체의 정보를 입수하는 것이다. 특히 이러한 방법에 있어서는 정보경찰이 먼저 대상자에게 접촉하며, 스스로 신분을 명시하지는 않는다.

통상적 정보수집활동은 구체적으로 공공의 안녕을 해치는 사태 또는 범죄를 발생시킬 우려는 없지만, 일반적으로 공안의 유지 또는 범죄의 예방과 진압의 준비를 위해 평소 일반적으로 실시되는 정보수집활동의 하나이다. 따라서 이와 같은 활동에서는 범죄의 구체적 우려가 없기 때문에 경찰 목적달성의 필요성이 낮고, 아울러 개인의 사생활을 침해할 우려가 있는 활동은 할 수 없다.

끝으로 잠입은 공안 수사에 있어서의 실력 행사라고 할 수 있는 실제 노동적 활동으로 대상자와 실제로 접촉하거나 대상집단 내에 실제로 들어가 정보를 수집하는 활동이다.

위에서 살펴본 바와 같이 일반적으로 일본에서의 정보경찰은 법적으로 매우 관대한 기준을 적용받는다. 물론 일본에서도 정보경찰 역시 어디까지나 경찰관이며, 그 활동 또한 경찰법과 경찰관직무집행법에 의해 제한되고 있지만, 상당한 인권침해라고 판단되는 강제수단의 행위들도 수사목적을 달성하는 데 필요한 범위와 한계 내에서는 법적으로도 용인되고 있다.

실제로 구체적인 활동의 예를 들면, 대상단체 내부에 공안 경찰을 잠입시

---

45) 통신 감청법의 정식명칭은 '범죄 수사를 위한 통신 감청에 관한 법률안'으로서, 조사기관이 조직적 범죄를 단속하기 위해서 통신 관련 회사의 협조하에 전화, 휴대전화, PHS, FAX, 인터넷통신 등을 감청하도록 허용하는 법률이다.
46) 일본 '범죄 수사를 위한 통신 감청에 관한 법률안,' 제 3 조.

켜 내부정보를 수집하는 활동의 경우 잠입수사 과정에서 대부분 신분을 은닉하고 정보를 수집한다.

물론 정보경찰활동에 있어 간간이 이루어지는 경찰관의 도청이나 몰래 촬영하는 행위 등은 일본 헌법에 있어서의 '결사의 자유'나 '프라이버시 침해'에 해당한다고 하는 의견도 만만치 않다. 그러나 위와 같은 활동을 일본 형사소송법 제197조 1항 '임의수사'의 일환으로 간주하여 적법한 경찰상 작용으로서 명확한 법적 근거 없이도 충분히 행해질 수 있는 경찰활동의 영역이라는 반론도 제기된다. 특히 이와 같은 활동은 강제수사에서의 압수와 같이 대상자나 대상단체에 대해서 그 활동을 강제적으로 제한하고 있는 것도 아니고, 회화의 감청을 실시한다 하더라도 대상자에게 억지로 들려주라고 강요하고 있는 것은 아니기 때문에 당사자에게는 전혀 이해를 미치지 않고 감청하고 있는 상태라는 것이다.

따라서 결론적으로 정보경찰의 수사정보 수집활동 과정에서 이루어지는 일련의 문제적 활동들은 대상자에게 굳이 강제성을 내포하는 것이 아니기 때문에 일단 '임의에 의해 행하는 정보수집'의 범위 내 행위로 간주되어 법률적으로는 '임의수사'라고 보는 시각도 존재한다.[47]

3) 신원조사 및 개인정보의 수집

일본경찰의 신원조사와 관련된 법률로는 '형사소송법' 및 '행정기관이 보유하는 개인정보의 보호에 관한 법률' 등이 있다. 이 중에서 형사소송법은 신원조사에 대한 직접적 근거법률이기보다는 경찰상 조사행위에 대한 포괄적 수권규범이기 때문에 일반적으로는 후자에 의해 신원조사 및 개인정보수집에 대한 제약을 받게 된다.

특히 행정기관에 의해 이루어지는 개인정보 취급에 관한 기본적 사항을 규정하기 위해 2005년 10월 21일(平成 17年) 최종 개정된 '행정기관의 보유하는 개인정보의 보호에 관한 법률'에 따르면 '행정기관의 장은 보유 개인정보의 누설, 멸실 또는 손해의 방지, 그 외의 보유 개인정보의 적절한 관리를 위해서 필요한 조치를 강구하여야 한다'라고 규정하고 있다.[48]

---

47) 일본저널 *The Police Entertainment*, 2007년 1월 22일자
 (policeenter-blog.269g.net/article/ 3628518.html) 참조.
48) 日本 '행정기관의 보유하는 개인정보의 보호에 관한 법률' 제 6 조.

또한 이외에 2006년 9월 14일에 제시된 '독립 행정법인등의 보유하는 개인 정보의 적절한 관리를 위한 조치에 관한 지침'에 따르면 개인정보의 보호관리자는 보유하고 있는 개인정보의 비공개 원칙에 따라 해당 보유 개인정보에 접근하는 권한을 가질 수 있는 사람을 최소한의 직원으로 한정하도록 규정하고 있다.[49] 따라서 일본의 경찰기관을 비롯한 각 행정관청에서의 신원조회 및 개인 정보의 조사는 매우 엄격하게 적용되고 있으며, 사용 또한 엄격히 규제된다.

한편, 정보경찰 등 일선 경찰기관에서 수사상 필요에 의해 '수사 관계 사항 조회서' 등에 의한 조회를 실시하는 경우에는 수사 주임관 또는 수사를 담당하는 경부 이상의 계급에 있는 담당자(경부 이상의 계급에 있는 담당자가 없는 경찰서에 있어서는 예외)가 개별 사건마다 조회의 필요성, 조회내용 등을 충분히 검토하여 조회를 실시하도록 하고 있다.[50]

뿐만 아니라 일반적인 범죄경력조회 또한 엄격히 제한된다. 특히 일본 최고재판소의 과거 판결에서는 전과라는 것이 개인의 명예 및 신용에 깊이 관련되는 것이기 때문에 설령 범죄경력이 있는 사람에 대해서도 이것을 함부로 공개하지 않는다는 원칙이 확립된 바 있다.[51]

이렇듯 일본에서의 신원조회 및 개인정보의 조회는 어느 행정기관을 막론하고 매우 엄격하게 규제된다. 그러나 간과할 수 없는 점은 일본의 경찰은 그 직무의 특성에 따라 약간은 완화된 기준에 적용되는 특징을 갖는다는 것이다.

실제로 일본 카나가와현의 '개인정보 보호 심의회 제도'의 규정을 보게 되면 경찰직무의 특성을 ① "개인정보의 수집·보관·활용이 경찰 업무의 주체를 이룬다, ② 정보수집의 방법 혹은 정보의 내용이 고도의 보안을 유지한다, ③ 경찰의 업무는 전국적 통일성을 가지기 때문에 경찰청이나 다른 도도부현 경찰과 협력해 업무를 행할 필요가 있다, ④ 공공의 안전·질서의 유지는 국민의 생

---

49) 일본 '독립 행정법인등의 보유하는 개인정보의 적절한 관리를 위한 조치에 관한 지침' 제5 조.

50) www.police.pref.hokkaido.jp/koukai/tuutatu/keiji/keiji－119.html.

51) 통상적으로 일본에서 범죄인명부에 등재되는 사람의 범위는 다음과 같다.
   － 도로 교통법등 위반으로 벌금 이상의 형에 처해진 자(소년시절의 행위 제외, 형의 집행 유예자 제외, 형의 집행이 면제된 자 제외).
   － 도로 교통법등 위반으로 금고 이상의 형에 처해진 자(소년시절의 행위 제외, 형의 집행 유예자 제외, 형의 집행이 면제된 자 제외).

명·신체의 보호와 관련 있는 고도의 공익성을 내포한다"라고 규정하면서 이러한 특수성에 의해 경찰에 대해서는 업무의 수행에 지장을 초래하지 않도록 하기 위해 다른 기관과 동일한 기준을 적용할 수는 없다고 하였다.

특히 개인의 정보와 관련하여 그것이 보호될 필요가 있는 개인정보라 할지라도 그것은 범죄의 예방과 수사 등의 목적으로 날마다 수집·보유될 필요성을 가지며, 이것이 원활히 이루어지지 않을 경우 경찰 업무의 수행은 곤란하게 된다고 밝혀 경찰의 개인정보와 관련된 경찰의 활동에 대해서는 특칙을 인정하고 있다.

그러나 위의 심의회에서는 이러한 특칙은 인정하지만, 몇 가지의 엄격한 기준은 마련하였다. 특히, 피의자가 도주해 충분히 증거 인멸을 행할 우려가 있는 사안, 그리고 관계자의 안전 확보가 필요한 경우 등 명백히 필요한 사안에 대해서만 경찰에 의한 정보수집의 예외사항을 인정하고 있다.[52]

4. 중   국

(1) 정보경찰의 기본적 임무

일본의 연구에 의하면 중국 공안이 수행하는 정보경찰의 기본적 임무는 주로 국내의 치안정보수집이라고 할 수 있는데, 특히 이 가운데에서도 가장 중점적으로 수행하는 임무는 중국 내의 반혁명 분자에 대한 정보수집과 그들에 대한 지속적인 감시와 추적, 그리고 체포활동이라고 한다.[53]

한편, 중국 공안이 정보활동을 수행함에 있어 정보를 수집하는 방법에 대하여 현직 공안과의 인터뷰를 수행한 결과, 이들은 주로 시민의 신고나 제보, 감청, 감시, 기타 관련자료의 분석 등과 같은 방법을 주로 사용한다고 하는데, 물론 이와 같은 방법은 대부분 비공식적으로 이루어진다고 한다.

특히 최근 중국 공안부는 2008년 북경 올림픽이 개최되는 것에 대비하여 43종의 소위 '바람직하지 않은 인간'형에 대한 정보와 감시활동을 중점적으로 실시하라는 지령을 비밀리에 각 공안기관에 내렸다고 한다. 공안부가 발표한

---

52) 일본 카나가와현 2003년 12월 25일 '개인 정보 보호 심의회' 회의록 참조(www.pref. kanagawa. jp/ osiras e/johokokai/kojinsingikai/seidokentoukiroku20031225.htm).

53) www.togenkyo.net/culture + index.content_id + 139.htm.

'바람직하지 않은 인간'의 판정기준은 이데올로기 분야의 주요인물, 해외 적대
세력, 반혁명 분자, 달라이 라마 및 모든 관계자, 국가에 의해 제약을 받지 않은
종교 단체(예를 들면, 로마 가톨릭), 인터넷을 통해서 중국 공산당에의 불만을 선
동하는 인물 등이라고 한다.[54]

결국 이렇게 볼 때 중국의 공안은 정보경찰의 임무 가운데 주로 중국 내의
치안질서를 파괴할 수 있고, 중국 내의 사회주의적 질서에 논란을 야기할 수 있
는 문제, 그리고 중국의 사회주의 질서와 관련된 사범들의 정보수집업무를 주로
담당하는 것으로 파악할 수 있다.[55]

(2) 정보경찰의 법률적 근거와 구체적 활동방법

중국 공안의 일반적 정보활동과 정보수집방법은 우리나라와 흡사하다고 볼
수 있다. 따라서 주로 관련된 다양한 자료를 분석하고 시민신고나 제보에 의해
이루어지는 경우가 가장 일반적이며, 예외적으로 그 사안의 중요도에 따라 도청
이나 감시활동을 하는 것이 일반적 관행이라고 한다.[56]

이러한 관행은 법률적 근거를 통해서도 명확히 찾아볼 수 있는데, 중국에
서의 정보경찰활동과 관련된 대표적인 법률이 '국가안전법'과 '국가안전법시행
세칙'이다. 1993년 2월 22일 제 7 기 전인대 상무위원회 제30회 회의에서 채택되
어 주석령(主席令) 제68호로 공포·시행된 '국가안전법'과 1994년 5월 10일 국무
원 제19회 상무위원회에서 승인되어 국무원령 제157호로 공포·시행된 '국가안
전법시행세칙'은 주로 국가전복·반정부활동·스파이행위 등을 단속하는 단일화
된 법령이라 할 수 있다.[57]

특히 모두 제 5 장 34조로 구성되어 있는 국가안전법은 법률의 내용을 통해
국가의 안전에 위해를 가하는 행위를 ① 정부 전복·국가분열·사회주의제도 전
복을 기도하는 것, ② 스파이조직에 참가 또는 스파이조직 및 그 대리인의 임무
를 수행하는 것, ③ 국가기밀을 절도·밀정(密偵)·매수·불법 제공하는 것, ④ 국
가공작원에 대하여 반란을 일으키도록 책동·유혹·매수하는 것, ⑤ 국가의 안전

---

54) 日本 法輪大法情報センター(http://www.faluninfo.jp).
55) 위 내용은 현직 중국 공안과의 심층면접을 통해 밝혀낸 내용이다.
56) 위 내용은 현직 중국 공안과의 심층면접을 통해 밝혀낸 내용이다.
57) http://chimuchyo.egloos.com/1120908.

에 위해를 가하는 기타의 파괴활동을 하는 것을 규정하고 있으며, 이러한 활동에 대한 대응을 정보기관의 임무로 부여하고 있다.

그런데, 중국 정보경찰활동에 있어서의 가장 큰 특징은 감청에 대한 사항을 법령으로써 명문화했다는 점이다. 실제로 국가안전법 제10조에서는 국가안전기관이 위의 반국가적 행위에 대하여 감청 등 기술정찰 조치를 강구할 수 있다고 규정하고 있고, 제11조에서는 국가안전기관이 조직 및 개인의 전자통신수단·기재 등의 설비·시설을 조사할 수 있다고 규정하고 있어 감청의 합법화 장치를 마련하고 있다.

또한 국가안전법 시행세칙에서는 국가안전기관의 권한을 대폭 확대함과 더불어 자유재량의 여지를 부여하여 반정부적 활동의 의심이 있는 자를 수사하고 신원확인을 위하여 일시적으로 체포할 수 있도록 하고 있어 실로 막대한 권한을 정보기관에게 부여하고 있다. 뿐만 아니라 이 시행세칙의 대부분은 외국인의 스파이활동 및 파괴활동의 저지를 목적으로 하고 있는데, 세칙 제 8 조에서는 국가안전법 제 4 조에서 명시하고 있는 국가의 안전에 위해를 가하는 행위 중 기타의 파괴활동을 테러행위, 언론, 종교, 민족대립 등을 이용한 선동행위 등으로 규정하고 있으며, 특히 외국인이 관계규정에 위반하여 국가의 안전에 위해를 가하거나 또는 그 우려가 있는 자와 무단으로 회견하는 행위 또한 정보기관이 개입할 수 있는 국가안전에 대한 주요한 파괴행위로 명시하고 있다.

아울러 세칙 제 9 조에서는 외국인이 입국 후 안전에 위해를 가할 가능성이 있다고 생각될 경우 일정기간 입국시키지 않는 결정을 할 수 있도록 하고 있으며, 제11조에서는 국가안전기관의 공작인원이 법에 의거하여 국가안전공작을 집행하는 경우 신분이 불확실하고 국가의 안전에 위해를 가할 의심이 있는 자에 대해서는 소지품검사를 실시할 수 있다고 규정하고 있다.

따라서 시행세칙의 주요한 목적인 외국인의 스파이활동 및 파괴활동의 저지에 있다고 할 것이며, 이에 대한 명확한 해석규정이 없기 때문에 결국은 공안과 같은 국가안전기관의 정보활동에 대한 자유재량을 인정하면서 권한의 확대를 야기한 것으로 해석할 수 있을 것이다.

제 3 부

경찰과 집회·시위

경 · 찰 · 정 · 보 · 학

집시법 개관

제1절 집시법 제정목적과 주요 개념

1. 집시법의 제정목적

'집회 및 시위에 관한 법률'의 제정목적은 제 1 조에서 명확히 하고 있는데, '적법한 집회 및 시위를 최대한 보장하고 위법한 시위로부터 국민을 보호함으로써 집회·시위의 권리보장과 공공의 안녕질서가 적절히 조화를 이루도록 하는 것'을 목적으로 한다고 규정하고 있다.

여기에는 경찰의 임무로서 적법한 시위를 보장하는 소극적 차원의 임무와 불법 시위로부터 국민을 보호하는 적극적 의무 모두를 포함하고 있다고 볼 수 있는데, 이를 통해 헌법상 규정된 집회의 자유에 대해 본질적인 내용을 침해하지 않는 선에서 질서유지 등을 이유로 제한할 수 있는 법률적 근거가 바로 집시법임을 알 수 있다(헌법 제37조 제 2 항).

이는 헌법상 보장된 '집회의 자유'(제21조 제 1 항)가 '표현의 자유'의 한 종류로서 법이 정하는 절차와 방법에 따라 집회를 개최할 경우 시간이나 장소, 집회목적, 집회형태 및 방법 등과 상관없이 절대적으로 보호받아야 할 권리가 있지만 법을 위반하거나 신고내용을 일탈할 경우 타인의 법익침해를 우려하여 법에 따라 규제될 수도 있음을 보여주는 것이라 하겠다.

2. 주요 용어의 정의

집회의 개념에 있어서 '다수'의 해석에 있어서는 2인설, 3인설, 7인설 등 다양한 견해가 존재하나 적어도 1인이 아닌 2인 이상을 의미한다고 보는 것이 일반적이고, '공동목적'의 범위에 대해서도 여러 의견이 제시되고 있지만, 통상 '단순친목' 모임의 수준을 넘는다면, 반드시 '공적인 사항'에 관한 것이 아니더라도 참여자간에 내적 유대관계가 존재하고 공동의 의사표현 목적이 존재하면 충분한 것으로 해석이 가능하다고 본다.[1]

다만, 계속성을 띠는 '결사'와 달리 '일시적' 회합이 이루어질 경우 집회에 해당되는 것은 사실이나 사이버 공간에서의 모임은 이에 해당되지 않는다고 보

집 회	다수가 공동의 목적을 위하여 일시적으로 일정한 장소에서 회합을 갖는 행위(판례 해석)
옥외집회	천장이 없거나 사방이 폐쇄되지 않은 장소에서의 집회(제 2 조 제 1 호)
시 위	여러 사람이 공동 목적을 가지고 도로·광장·공원 등 일반인이 자유로이 통행할 수 있는 장소를 행진하거나 위력 또는 기세를 보여 불특정한 여러 사람의 의견에 영향을 주거나 제압을 가하는 행위(제 2 조 제 2 호)
주최자	자기 이름으로 자기 책임 아래 집회나 시위를 여는 사람이나 단체를 주최자라 하는데, 주최자는 '주관자'를 별도로 두어 집회 또는 시위의 진행을 맡아 관리하도록 위임할 수 있고, 이때 주관자는 그 위임의 범위 안에서 주최자로 간주된다(제 2 조 제 3 호).
질서유지인	주최자가 자신을 보좌하여 집회 또는 시위의 질서를 유지하게 할 목적으로 임명한 자로(제 2 조 제 4 호), 질서유지인의 숫자는 집회 및 시위의 성격이나 규모, 집회방법 등에 따라 적이하게 결정할 문제이나 통상 10%~20% 사이로 임명한다.
질서유지선 (Police line)	관할 경찰서장이나 지방경찰청장이 적법한 집회 및 시위를 보호하고 질서유지 또는 교통소통을 위하여 집회 또는 시위장소나 행진구간을 일정하게 구획하여 설정한 띠·방책·차선 등의 경계표지(제 2 조 제 5 호)

---

[1] 3인설의 입장에서는 독일 민법에서 단체 등록을 위해 필요한 최소 인원을 3인으로 규정하고 있음을 근거로 하고 있지만, 2인만으로도 '공동'의 목적을 갖고 회합할 수 있음을 감안하면 2인설이 타당하다고 생각된다(황교안, pp. 23 – 27 참조).

는 것이 옳다. 다만, 플래시몹[2](flashmob)과 같이 사이버 공간을 통해 상호 연락하였더라도 일시적으로 일정한 장소에 모일 경우 집회에 해당하여 주최자에 대해서는 미신고의 책임을 물을 수 있다.

또한, 옥외집회 장소의 경우 현행 집시법 규정에 따를 때 제11조에 규정된 금지장소 외에는 별도 제한[3]이 없어 광장, 도로, 공설운동장 등의 '공공용물(公共用物)'[4]이 포함되는 것은 물론이고 공터, 대학 및 회사구내, 종교시설 경내, 지하철역 대합실[5] 등과 타인 소유의 토지나 시설관리주체가 있는 장소 역시 소유주 또는 관리자의 '사용승낙' 여부와 상관없이 집회를 개최할 수 있음은 사실이나 사용승낙 없이 집회를 개최할 경우 집시법상 신고 여부와 별개로 주최측이 민사적 책임을 부담할 경우가 발생할 수 있으므로 실무에서는 일반적으로 사용

승낙서와 함께 집회신고서를 제출토록 행정지도하는 것이 일반적이다.

시위의 경우 법에서 '여러 사람이 공동의 목적을 가지고 도로, 광장, 공원 등 일반인이 자유로이 통행할 수 있는 장소를 행진'하거나 '위력 또는 기세를 보여 불특정 여러 사람

---

2) flash crowd(갑자기 접속자가 폭증하는 현상)와 smart mob(동일 생각을 갖고 행동하는 집단)의 합성어로 불특정 다수가 이메일이나 휴대폰 등으로 연락, 짧은 시간동안 일시적으로 일정한 장소에 모였다가 흩어지는 현상을 말함(네이버 지식백과).

3) 제8조 제3항에 규정된 주거지역, 학교·군사시설 등 주변 지역의 경우 '상대적' 금지장소로서 일정한 조건하에서 금지통고가 가능하나 여기서 '금지장소'는 '절대적' 금지장소를 말한다.

4) 일반 공중의 사용에 직접적으로 제공된 물건으로 도로, 공원, 광장, 하천 및 그의 부속물 등이 이에 해당한다. 이에 대해 공용물(公用物)은 국가 또는 지방자치단체 등 행정주체가 직접 자신의 사용에 제공하는 물건을 말하므로 관청 건물, 집기, 비품 등이 이에 해당하게 된다(김남진, p. 353). 이렇게 볼 때, 옥내집회의 경우 별도 신고를 요하지 않는데다 일반에 제공되지 않는 것이 일반적이어서 공용물이 집회에 제공되는 경우는 없으나 공공용물의 경우, 즉 일반에 제공된 공공기관 청사 내 공터 등은 타 법률에 저촉되지 않는 한 적어도 집시법상으로는 옥외집회 장소에 포함되지 않는다고 하기 어렵다.

5) 법제처 유권해석(97. 10)에 따르면 지하철 대합실은 "공공용물로서 일반에게 개방된 시간 내에는 사방이 폐쇄되었다고 보기 어려워 옥외집회에 해당함."

의 의견에 영향을 주거나 제압을 가하는 행위'로 명백하게 규정하고 있으므로 '공중이 자유롭게 통행할 수 있는 장소를 행진'하는 경우 또는 '위력이나 기세로 불특정 다수의 의견에 영향을 주거나 제압을 가하는 행위'를 할 경우 모두 시위에 포함되어, 공사 현장의 타워크레인 위에서 다수가 자신들의 주장을 관철시키고자 구호제창 및 플래카드 게첨 등의 방법으로 의사표현을 하는 등 소위 '고공시위'의 해석에 있어서는 '위력 또는 기세를 보여 불특정한 여러 사람의 의견에 영향을 주는 행위'에 해당되어 이견 없이 시위의 범주에 포함시킬 수 있을 것으로 본다. 즉, 타워크레인과 같이 '도로, 광장, 공원 등 일반인이 자유롭게 통행할 수 있는 장소'가 아니더라도 '위력이나 기세를 보여 타인의 의견에 영향을 주거나 제압을 가할 경우'에는 시위에 포함된다 할 것이다.

마찬가지로 도로, 광장, 공원 등 공공의 장소에서 다수가 공동목적을 가지고 '가두서명·유인물 배포·캠페인' 등을 벌일 경우 집회 또는 시위의 성격상 제15조에서 신고의무를 배제하는 경우에 해당되지 않을 경우 엄격히 해석하면 '집회' 또는 '시위'에 해당된다고 보아야 할 것이다. 실무에서는 통상 기자회견이나 가두서명, 유인물 배포, 캠페인 등이 피케팅이나 구호제창 등을 수반하게 될 경우에는 이견 없이 집회 또는 시위에 해당된다고 보고 있으나 피케팅이나 구호제창 없이 단순히 다수가 일정 장소에 모여 기자회견만을 개최할 경우에는 집회의 범주에 포함되지 않는 것으로 해석하는 경향이 있는데 '공동의 목적'이 제15조에서 배제하는 경우에 해당되지 않을 경우에는 집회의 범주에서 제외시킬 뚜렷한 이유가 없으므로 집회에 해당된다고 보아 신고토록 하는 것이 옳다고 본다.

가두서명이나 유인물 배포, 캠페인 역시 시위의 '목적'에 있어서 제15조에 해당되지 않는다면 '불특정 다수의 의견에 영향을 줄 수 있는 경우' 시위에 해당된다고 볼 수 있을 것이다. 다만, 시위의 방법에 있어서 '위력이나 기세'에 해당될 지에 대해서는 실제 현장의 개별 사안에 따라 엄격하게 해석한 후 판단하여야 할 것이다. 가두서명의 경우에는 행위 유형에 따라 집회에 해당될지 시위에 해당될지 여부 또한 따져 본 후 결정하여야 할 것이다.

시위의 방법에 있어서도 집시법상 별도의 명시적 제한규정이 없어 엄격히 해석할 경우 자동차나 자전거 등 차량을 이용한 시위 역시 포함하는 것이 옳으나 자동차를 타고 도로를 동시 진행할 경우 집시법과 별개로 도로교통법상 '공동 위험행위 금지' 규정(제46조 및 제150조) 등에 위배되므로 실무에서는 형사처벌 대상임을 이유로 집회 신고 시점에서 주최자에게 이를 고지하는 등 행정지도하게 된다.

이러한 이유로 자동차나 자전거 등을 이용한 시위를 처음부터 집시법상 신고대상에서 제외하여 신고접수 자체를 거부하는 경우가 있는데 이는 현행 집시법 규정을 엄격히 해석할 경우 접수거부로 인한 문제발생의 소지가 있으므로 주최자 등에게 '도로교통법 등 타 법률 위반으로 형사상 또는 행정상 책임을 질 수 있음'을 명확히 고지하여 신고를 자진 철회토록 하는 것이 바람직할 것으로 생각된다.

제 2 절 집회·시위의 신고 및 보완

1. 집회 및 시위의 신고

옥외집회나 시위 주최자는 집회신고서를 작성하여 집회나 시위를 시작하기 720시간 전부터 48시간 전에 관할 경찰서장에게 제출하여야 한다. 다만, 개최지가 2 이상의 경찰서 관할에 속할 때에는 관할 지방경찰청장에게 신고하여야 하고, 개최지가 두 곳 이상의 지방경찰청 관할에 속할 때에는 주최지 관할 지방경찰청장에게 신고하여야 한다. 집회신고서에는 집회목적, 일시, 장소, 주최자 및 연락책임자, 질서유지인의 인적사항과 질서유지인 명단, 참가 예정단체와 인원, 시위방법(행진경로 등)이 포함된다. 집회 및 시위의 신고를 접수받은 경찰서장 또는 지방경찰청장은 접수 즉시 접수증을 교부하여야 한다(제6조). 신고방법은 과거 '민원사무처리에 관한 법률' 및 그 시행령에 따라 경찰청 지침(09. 1)으로 '방문 및 우편'을 통해서만 접수하도록 하여 왔으나 09년 7월 안전행정부(당시 행정안전부) 고시에 따라 현재는 '방문접수'만으로 변경되었다.

신고의무와 관련하여 사전에 계획되지 않은 소위 '우발집회'[6]나 시간적 여

---

6) 사전에 계획됨이 없이 즉흥적으로 일어나게 되는 집회로 보통 공사 현장에서 임금체불 등으로 인해 급작스럽게 발생하는 경우 등을 일컫는다.

ㅣ그림 3-1ㅣ 집회 · 시위신고처리 흐름도

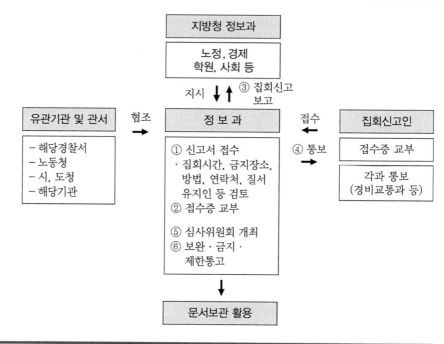

출처: 경찰청, 정보과장 매뉴얼, p. 81.

건상 신고를 할 수 없는 '긴급집회'[7)]에 대해 우리 법에서는 별도로 규정하고 있지 않은데 독일 바이에른 집시법의 경우에는 이를 입법적으로 해결하여 '우발집회'의 경우에는 신고의무를 면제(제13조 제 4 호)하고 있고, '긴급집회'의 경우에는 '집회의 공고와 동시에 경찰 등에 신고'토록 규정하고 있다.[8)] 우리 현행법상으로는 우발집회나 긴급집회 모두 신고 없이 집회를 개최할 경우 미신고로 인한 형사처벌을 피할 수 없는데 이에 대해서는 현실적으로 신고의무를 부과하는 것

---

7) 우발적 집회와 달리 사전에 주최자 또는 주관자에 의해 계획은 되었으나 집시법상 규정된 신고기한을 준수할 수 없는 경우의 집회를 말한다. 예컨대 집회 목적상 하루 또는 이틀 후에 반드시 집회를 개최하여야 하여 48시간 이전에 신고하여야 하는 의무를 이행할 수 없는 경우 등이다.

8) 제13조 제 3 호 '예정된 집회의 동기가 순간적으로 형성된 경우(긴급집회)'에는 늦어도 집회의 공고와 동시에 권한 있는 행정청 또는 경찰에게 전화, 문서 또는 전자문서로 신고하여야 한다.
제 4 호 '집회가 그 직접적 동기에 있어 무계획적으로, 그리고 주최자 없이 이루어진 경우(우발집회)'에는 신고 의무가 면제된다(서정범, p. 98).

이 적절치 않은 점 등을 고려하여 독일과 같이 신고의무 면제 등에 대해 입법적
해결 노력을 기울여야 할 것으로 본다.

【 신고 의무와 관련된 몇 가지 검토 사례 】

- 학문·예술·체육·의식·친목·오락·관혼상제·국경행사에 관한 집회는 신고의무
  배제(제15조)
- 옥내집회는 신고대상이 아니지만 집회 후 행진하는 경우 또는 행진만 하는 경우
  신고 필요.
  ※ 같은 이유로 학문·예술·체육·오락 등 신고의무가 배제된 집회의 경우에도
  위 집회가 '집회'의 범주에 처음부터 해당되지 않아 신고의무가 면제된 것이 아
  닌, 별도 법 규정(제15조)에 따라 신고 의무를 '배제'한 것이므로 '행진'의 경우
  신고 의무 '배제'에 해당되지 않아 행진만 별도 신고가 필요하다고 보는 것이 합
  당함.
- '공공용물'로서 건설된 지하 전철역·대합실 등은 그 시설이 일반인에게 개방된
  시간에는 사방이 폐쇄되지 아니한 장소로서 옥외집회에 해당되므로 신고 필요.
- 도로·역광장 등 공공의 장소에서 다수인이 공동목적을 가지고 행하는 '가두서
  명·유인물 배포·캠페인' 등도 집회 시위의 성격상 제15조에서 신고의무를 배제
  한 경우에 해당되지 않을 경우 엄격히 해석하면 '시위'에 해당되므로 신고의 대
  상에 포함됨.
- 소위 '고공시위'의 경우 일반인이 자유로이 통행할 수 있는 장소에는 해당되지
  않더라도 '위력이나 기세로 불특정 다수의 의견에 영향'을 줄 수 있는 경우에 해
  당하여 '시위'의 범주에 포함됨.

---

2. 집회신고서의 보완

신고서의 기재사항이 미비한 점을 발견하면 관할 경찰서장은 접수증을 교
부한 때로부터 12시간 이내에 주최자에게 24시간을 기한으로 기재사항을 보완
할 것을 통고할 수 있다. 이 경우 보완이 필요한 사항에 대해 명확히 밝혀 서면
으로 주최자나 연락책임자에게 송달하여야 한다(제7조).

이때 주최자 등이 기재사항을 보완하지 않는 경우에는 금지통고가 가능하다. 보완통고의 대상에 대해 명시적 규정은 존재하지 않으나 '신고서 기재사항'에 대해 '미비'한 경우에 국한해야 하므로 신고서 기재대상이 아닌 사항에 대해서는 보완요구를 할 수 없다고 보아야 하고, 또한 신고서상에 반드시 기재하여야 하는 '형식적 기재사항' 외에 실질적인 기재내용에 있어 '흡족치 않을 경우'에도 보완요구를 할 수 없다고 보아야 한다. 예컨대 질서유지인 인원 자체를 기재치 않은 경우에는 당연히 '형식적 기재사항' 미비로 보완통고 대상이 될 것이나 질서유지인의 숫자가 적정하지 않다고 판단될 경우에는 형식적 요건 흠결로 볼 수 없어 보완요구를 할 수 없다고 보는 것이 옳다.

보완통고 시점은 '송달'을 기준으로 보아 접수증을 교부한 때로부터 12시간 이내에 '발송'함으로는 충분치 않고 주최자 등에게 '송달'하여야 하고, 보완요구를 받은 주최자 또는 연락책임자 역시 송달받은 시점으로부터 24시간 이내에 보완하여 보완된 신고서를 관할 경찰서장에게 제출하여야 한다. 경찰관서장이 기한 내에 보완통고서를 송달하지 못한 경우에는 보완통고의 효력이 발생하지 않고, 주최자 또는 연락책임자 역시 24시간 내에 경찰관서장에게 제출치 못할 경우 이를 이유로 금지통고할 수 있다.

제 3 절   집회 및 시위의 금지 및 금지통고

1. 집회·시위의 금지

(1) 절대적 금지(제5조 및 제11조, 제10조)

① 헌법재판소 결정에 따라 해산된 정당의 목적을 달성하기 위한 집회 또는 시위나 ② 집단적인 폭행·협박·손괴·방화 등으로 공공의 안녕 질서에 직접적인 위협을 가할 것이 명백한 집회 또는 시위의 경우에는 집회나 시위를 주최하지 못하도록 규정하고 있고, 누구든지 위와 같은 집회 또는 시위를 할 것을 선전·선동할 수 없도록 금지하고 있다(제5조). 또한, ① 국회의사당, 각급 법원, 헌법재판소와 ② 대통령 관저, 국회의장 공관, 대법원장 공관, 헌법재판소장 공

관, ③ 국무총리공관(행진은 허용), ④ 국내 주재 외국의 외교기관 또는 외교사절의 숙소의 경우 청사 또는 저택의 경계 지점으로부터 100미터 이내의 장소에서는 옥외집회 또는 시위를 할 수 없다. 단, 아래 경우로서 외교기관이나 외교사절의 숙소의 기능이나 안녕을 침해할 우려가 없다고 인정되는 때에는 가능하다(제11조).

 ㉠ 해당 외교기관 또는 외교사절의 숙소를 대상으로 하지 아니하는 경우
 ㉡ 대규모 집회 또는 시위로 확산될 우려가 없는 경우
 ㉢ 외교기관의 업무가 없는 휴일에 개최하는 경우

집회 금지시간에 있어서는 현행법상 일출 전이나 일몰 후의 경우 옥외집회 또는 시위를 개최할 수 없도록 규정되어 소위 '야간집회'에 대해서는 성격상 부득이한 경우에 한 해 질서유지인을 두고 집회를 개최할 수 있도록 되어 있으나 (제10조) 지난 2009. 9. 24 헌법재판소의 헌법 불합치 결정으로 현재는 효력을 상실한 상태이다.

집시법상 '야간 옥외집회 금지' 규정 헌법 불합치 결정

 2008년 미국산 쇠고기 수입반대 촛불집회 당시 야간 옥외집회 금지 규정 위반으로 기소된 피의자들에 대해 위헌심판이 제청되었고, 헌법재판소는 집시법 제10조와 제23조 1호 벌칙규정에 대해 위헌 5, 헌법불합치 2, 합헌 2의 의견으로 '헌법불합치' 결정을 선고하였다. 위헌 사유로는 "일몰~일출 전까지 일반적으로 집회를 금지하고 단서 조항을 두어 예외적으로 허용을 하는 것은 허가제에 해당하며, 이것은 집회의 사전허가제를 금지한 헌법 제21조 1항에 위배된다"는 것이고, 헌법불합치 사유로는 "야간 옥외집회의 일몰~일출 시간 금지는 시간제한이 너무 광범위해 침해최소성의 원칙과 과잉금지의 원칙에 위배된다"는 의견을 제시하였다. 국회가 법을 개정할 때까지 2010년 6월 30일까지만 한시적으로 해당 조항을 적용토록 판시하였으나 현재는 이미 경과기간을 도과하여 효력을 상실한 상태이다.

헌법재판소, 2009. 9. 24

(2) 상대적 금지(제8조, 제12조)

절대적 금지장소 외에 상대적 금지장소로서 ① 신고장소가 다른 사람의 주거지역이나 이와 유사한 장소로서 집회나 시위로 재산 또는 시설에 심각한 피해가 발생하거나 사생활의 평온을 뚜렷하게 해칠 우려가 있는 경우나 ② 초·중등교육법상 해당되는 학교의 주변 지역으로서 집회 또는 시위로 학습권을 뚜렷이 침해할 우려가 있는 경우, ③ 군사기지 및 군사시설 보호법상 군사시설의 주변 지역으로서 집회 또는 시위로 시설이나 군 작전의 수행에 심각한 피해가 발생할 우려가 있는 경우에는 해당 집회 및 시위에 대해 금지 또는 제한통고를 할 수 있다(제8조 제3항). 실무에서는 이 경우 일반적으로 학교 또는 군사시설 관리자 및 피해 주민 등으로부터 시설보호요청서나 피해신고서 등을 접수받아 처리한다. 그리고, 제7조 1항에 따른 경찰관서장의 보완통고에도 불구하고 보완을 하지 않는 경우(제8조 제1항 제2호)와 집회 또는 시위의 시간과 장소가 중복되는 2개 이상의 신고가 있을 때 그 목적으로 보아 서로 상반되거나 방해가 된다고 인정될 경우 뒤에 접수된 집회에 대해서는 금지통고가 가능하다(제8조 제2항).

또한, 대통령령으로 정하는 주요 도시의 주요 도로에서의 집회 또는 시위에 대하여 교통소통을 위하여 필요하다고 인정될 경우 이를 금지 또는 교통질서 유지 조건부 제한이 가능하다. 다만, 주최자가 질서 유지인을 두고 도로를 행진하는 경우에는 금지할 수 없지만 해당 도로와 주변 도로의 교통소통에 장애를 발생시켜 '심각한' 교통불편을 줄 우려가 있는 경우에는 금지가 가능하다(제12조).

2. 금지통고와 이의신청

금지통고는 신고서를 접수한 때로부터 48시간 내에 주최자에게 송달하여야 하는데, 다만 해당 집회나 시위가 집단적인 폭행이나 협박, 손괴, 방화 등으로 공공의 안녕질서에 직접적 위협을 초래할 경우에는 48시간이 경과한 후에라도 남은 기간의 집회나 시위에 대해 금지통고할 수 있다. 금지통고는 그 이유를 분명히 밝혀 서면으로 송달하여야 하므로 구두로 통고한 경우에는 효력이 발생되지 않는다.

이와 관련하여 금지통고된 집회나 시위에 참가하려는 자를 경찰에서 사전 차단할 경우 경찰관직무집행법(목전의 범죄행위 예방을 위한 제지)상 정당한 직무집행인가에 대해서는 사안에 따라 다소 차이가 있을 수 있으나 판례는 '긴급성'과 '시간적, 장소적 근접성' 등을 기준으로 판단하고 있다.

'금지집회에 대한 '상경 차단' 조치가 적법한
공무집행이 아니라는 판례

서울시청 앞 광장에서 개최 예정인 '한미자유무역협정(FTA) 체결 반대집회'에 대해 경찰에서 '집단적 폭력 등으로 인한 공공의 안녕질서 침해 우려 및 심각한 교통소통 저해' 등을 이유로 금지통고한 후 충북 제천에서 집회 참가를 위해 상경하는 농민들을 차단한 행위에 대해 재판부에서는 "집회 예정 시각으로부터 5시간 30분 전에 약 150킬로미터 떨어진 곳에서 상경하는 행위는 집회 참가의 '준비행위'에 불과하여 범죄행위의 '명백·현존성'이 약하고 긴급성도 인정하기 어려워 경찰관직무집행법(제6조) 상 정당한 경찰권 발동의 요건을 갖추었다고 보기 어렵다"고 판결(다만, 상경을 차단하는 경찰차량을 손괴한 행위에 대해서는 공용물건손상죄 인정)

대법원 2007도9794(2008. 11. 13)

금지통고에 대해서는 통고를 받은 날로부터 10일 이내에 해당 경찰관서의 직근 상급경찰관서장에게 이의 신청할 수 있도록 규정되어 있는데, 이의 신청을

받은 경우 경찰관서장은 즉시 접수증을 교부하고 24시간 이내에 재결하여야 한다. 접수 후 24시간 내에 재결서를 발송하지 못할 경우 금지통고는 효력을 상실하게 되고, 금지통고가 위법하거나 부당하다고 재결된 경우와 마찬가지로

처음 신고한 대로 집회나 시위를 개최할 수 있게 된다. 다만, 금지통고 등으로 인해 집회나 시위 개최시기를 놓친 경우에는 일시를 새로 정하여 집회나 시위 시작 24시간 전에 신고 후 집회·시위를 개최할 수 있다.

제 4 절   제한통고

제한통고는 '집회나 시위의 일시, 장소 및 참가인원, 확성기 사용, 구호제창, 낙서, 유인물 배포 등 집회·시위의 방법'에 대해 가능한데 집회를 금지할 것인지 제한할 것인지는 관할 경찰서장의 재량권 행사 대상이다. 제한통고 역시 그 이유를 분명히 밝혀 서면으로 '송달'해야 하는데 제한통고 시한에 대해서는 별도 규정이 없으므로 48시간이 경과한 후에라도 제한통고를 할 수 있다고 보아야 한다.

제한통고는 주거지역이나 학교 주변, 또는 군사시설 주변 등 상대적 금지 장소에서의 집회 시위와 주요 도시, 주요 도로에서의 집회·시위에 대해 교통소통을 위해 할 수 있는데 이 경우 이러한 제한통고에도 불구하고 이를 위반한 경우에는 자진 해산을 요청한 후 이에 불응하면 해산을 명령할 수 있다.

제 5 절 해산명령9)

1. 해산명령의 의의 및 대상 집회·시위

(1) 해산명령의 의의 및 법적 성격

1) 해산명령의 의의

집시법 상 해산명령은 집회 개최로 인해 직접적으로 공공의 안녕과 질서를 침해하였거나 침해할 가능성이 있을 때 이러한 위험을 진압하고 제거하기 위해

---

9) 백창현·문경환, 2013, 집시법상 해산명령에 관한 연구, 경찰법연구 제11권 제1호, 103−126면을 요약, 재구성한 것임.

집회 참가자에게 집회 장소에서 퇴거할 의무를 명하는 관할 경찰관서장의 행정처분이다.[10] 이는 경찰이 집회 또는 시위의 참가자들에게 직접적인 경찰 물리력을 행사하는 前단계로서 행해지는데, 집회참가자들이 경찰의 자진해산 요청에 따르지 아니하는 경우에 자진해산할 것을 명령하는 처분이다. 해산명령은 관할 경찰관서장이 하는 것이 원칙이지만 집시법 시행령(제17조)에 따라 관할 경찰관서장으로부터 권한을 부여받은 경비과장이나 중대장 등도 처분이 가능하다. 주최자의 집회 종결선언 및 적법한 경찰의 자진해산 요청에 응하지 않을 경우에 참가자들이 인지할 수 있도록 방송차량이나 메가폰 등을 이용하여 실시한다. 집시법 시행령 제17조에 의거하여 해산명령은 3회 이상 발령하여야 한다.

　　이와 같이 해산명령은 이미 개최된 집회에 대하여 발하는 것으로 이 집회가 공공의 안녕과 질서를 직접적으로 침해할 가능성이 있을 때 이러한 위험을 진압하고 제거하기 위해서 집회 참가자에게 집회 장소에서 퇴거할 의무를 명하는 것이다.

2) 해산명령의 법적 성격

　　해산명령은 집회 참가자에게 일정한 장소에서 퇴거할 의무를 명하는 행정처분이다. 행정주체인 경찰관서장이 집회 참가자에게 해산의 의무를 명하는 것으로 법률행위적 행정행위[11]로서의 명령적 행위에 해당한다. 명령적 행정행위는 개인에게 특정 의무를 부과하거나 이를 해제하는 행위를 의미하는데, 이 유형에는 의무를 명하는 하명과 의무를 해제하는 허가, 면제가 포함된다.[12]

　　일반적으로 하명은 작위·부작위·급부·수인의 의무를 명하는 행위를 말하며,[13] 새로운 의무를 부과하는 것을 내용으로 하므로 부담적 행정행위에 속하

---

10) 이희훈, 집회의 자유와 집시법, 경인문화사, 2009, 210면.

11) 행정행위에는 법집행을 위한 의사표시를 구성요소로 하고 그 효과의사에 내용에 따라서 법률효과를 발생하는 행위인 법률행위적 행정행위와 법집행을 위한 효과의사 이외에 정신작용의 표시를 요소로 하고 그 법률효과는 행위자의 의사여하를 불문하고 직접 법규가 정하는 바에 따라 발생하는 행위인 준법률행위적 행정행위로 나뉜다.

12) 이외에 법률행위적 행정행위로서 특정의 상대방에게 권리·능력 또는 포괄적 법률관계 기타 법률상의 힘을 발생·변경·소멸시키는 행위를 형성적 행정행위라 한다. 형성적 행정행위에는 일반적으로 특허, 인가, 대리가 있다.

13) 이것은 내용에 따른 구분이며, 목적에 따라서 조직하명·경찰하명·재정하명·군정하명 등으로 나눌 수 있고, 대상에 따라 대인적 하명·대물적 하명·혼합하명으로 나눌 수도 있다.

고, 명문의 규정이 없는 한 기속행위로서 법령의 근거를 필요로 한다.

경찰하명의 경우 일반적으로 공공의 안녕과 질서를 해치는 위험을 예방하거나 이미 발생한 장해를 제거하는 경우가 많아 일정한 행위를 금지하는 부작위하명, 즉 경찰금지가 대부분이다. 해산명령의 경우에는 부작위 하명이 아닌 작위하명으로서, 적극적으로 어떤 행위, 즉 퇴거를 행할 의무를 명하는 행위이다. 작위하명의 경우는 급박한 필요가 있는 경우(재해 시 공무원의 원조요청에 응할 의무 등14)), 또는 비교적 경미한 부담인 경우에 발하여지는데(도움이 필요한 사람 등에 대한 신고이행의무 등15)), 이외에도 특정한 지위에 있는 자에 대한 작위하명의 경우는 그 예가 많다(화재의 예방조치 등16)).17) 해산명령의 경우에는 '집회참가자'라는 특정 지위에 있는 자들에게 명하는 퇴거의무로서 소방기본법상 화재 예방조치를 위한 소방관서장의 조치명령 권한과 성질이 같다고 볼 수 있다.

하명을 위반할 경우에는 행정상 강제집행에 의하여 그 의무내용이 강제되거나 행정벌 기타 제재가 과하여지만, 법률상 효과에는 직접적인 영향을 미치지 않는 것이 보통이다. 명령이나 금지는 법률행위를 대상으로 하고 있는 경우에라도 사실로서의 어떠한 행위를 하거나 하지 말아야 할 것을 명하는 데에 그치기 때문이다. 다만 처벌만으로 목적을 달성할 수 없는 때에는 법률이 행위자체를 무효로 규정하는 경우도 있다.18)

이와 같은 하명의 성질에 비추어 볼 때, 해산명령은 특정 장소에서 퇴거할 의무를 부과하는 부담적 행정행위로서 그 상대방은 퇴거 의무를 부담하게 된다.

---

14) 경범죄처벌법 제3조 제29호(공무원 원조불응) 눈·비·바람·해일·지진 등으로 인한 재해, 화재·교통사고·범죄, 그 밖의 급작스러운 사고가 발생하였을 때에 현장에 있으면서도 정당한 이유 없이 관계 공무원 또는 이를 돕는 사람의 현장출입에 관한 지시에 따르지 아니하거나 공무원이 도움을 요청하여도 도움을 주지 아니한 사람.

15) 경범죄처벌법 제3조 제6호(도움이 필요한 사람 등의 신고불이행) 자기가 관리하고 있는 곳에 도움을 받아야 할 노인, 어린이, 장애인, 다친 사람 또는 병든 사람이 있거나 시체 또는 사산아가 있는 것을 알면서 이를 관계 공무원에게 지체 없이 신고하지 아니한 사람.

16) 소방기본법 제12조(화재의 예방조치 등) ① 소방본부장이나 소방서장은 화재의 예방상 위험하다고 인정되는 행위를 하는 사람이나 소화(消火) 활동에 지장이 있다고 인정되는 물건의 소유자·관리자 또는 점유자에게 다음 각 호의 명령을 할 수 있다. 1. 불장난, 모닥불, 흡연, 화기(火氣) 취급, 그 밖에 화재예방 상 위험하다고 인정되는 행위의 금지 또는 제한 2. 타고 남은 불 또는 화기가 있을 우려가 있는 재의 처리 3. 함부로 버려두거나 그냥 둔 위험물, 그 밖에 불에 탈 수 있는 물건을 옮기거나 치우게 하는 등의 조치.

17) 김남현·김형훈, 경찰행정법, 경찰대학, 2005, 167면.

18) 김동희, 행정법Ⅰ, 박영사, 2009, 277면.

또한, 퇴거의무를 부담하는 부담적 행정행위이기 때문에 상대방 보호를 위하여 법령의 근거를 필요로 하고, 이 의무를 위반할 경우 강제집행의 대상이 되거나 행정상 제재를 받게 된다.

집시법 제20조 제2항은 집회 또는 시위 참가자가 제1항에 따른 해산명령을 받았을 때에는 지체 없이 해산하여야 한다고 규정하고 있다. 이 규정에 따라 해산명령을 받은 참가자들은 해산하여야 하는 경찰 의무를 지게 되며 동시에 경찰의 강제조치에 대해 저항하지 않고 이를 수인하여야 할 의무를 지게 된다. 즉 해산명령은 경찰상 수인하명으로서의 성질을 갖고 있는 것이다. 이렇게 수인하명으로서의 경찰강제인 해산명령은 법령에 의한 행위로서 위법성이 조각되고 (형법 제20조) 이에 저항할 경우에는 공무집행방해죄가 성립하게 된다.[19] 물론 해산명령에 불응하는 경우 특별법인 집시법의 벌칙 조항(제22~25조)에 따라 우선적으로 처벌을 받게 된다.

(2) 해산명령의 대상 집회 및 시위

집시법 제20조에는 해산명령의 대상을 다음과 같이 규정하고 있다.

① 헌법재판소의 결정에 의해 해산된 정당의 목적을 달성하기 위한 집회 또는 시위(제5조 제1항 제1호)

② 집단적인 폭행, 협박, 손괴, 방화 등으로 공공의 안녕질서에 직접적인 위협을 가할 것이 명백한 집회 또는 시위(제5조 제1항 제2호)

③ 국회의사당, 각급 법원, 헌법재판소, 대통령 관저, 국회의장 공관, 대법원장 공관, 헌법재판소장 공관, 국무총리 공관(단, 행진은 예외), 국내 주재 외국 외교기관이나 외교사절 숙소(단, 일부 조건부 허용) 등 금지장소의 집회 및 시위(제11조)

④ 미신고 집회 및 시위(제6조 제1항)

⑤ 폭행 등으로 공공의 안녕질서 위협이 명백하거나 금지장소에서의 집회·시위, 신고서 기재사항 보완 미이행 및 교통소통 장애 등으로 금지통고 된 집회 및 시위(제8조)

⑥ 교통소통 장애로 심각한 교통 불편 우려로 금지된 집회·시위와 교통소

---

19) 김남현·김형훈, 앞의 책, 168면.

통 저해 우려를 이유로 한 제한 또는 조건통보를 위반하여 교통소통 등 질서유지에 직접적인 위험을 명백하게 초래한 집회 및 시위(제12조)

⑦ 주거지역이나 학교 주변지역, 군사시설 주변지역 등에 대해 사생활 평온 및 학습권 침해, 군 작전 수행상 심각한 피해발생이 우려되어 거주자나 관리자의 시설·장소 보호 요청에 따라 제한통고 된 후 제한을 위반하여 질서유지에 직접적인 위험을 명백하게 초래한 집회 및 시위(제8조 제3항)

⑧ 주최자가 질서유지를 할 수 없어 종결선언한 집회 및 시위(제16조 제3항)

⑨ 주최자 준수사항 위반으로 질서를 유지할 수 없는 집회(제16조 제4항)

⑩ 일출 전 및 일몰 후 등 금지시간의 집회 및 시위[20] 및 조건부 허용의 경우 조건 위반으로 직접적인 위험을 명백하게 초래한 집회 및 시위(제10조)

2. 해산명령의 요건

집시법 제20조에 따라 관할 경찰관서장은 위에 제시된 해산명령 대상 집회·시위에 대해 상당한 시간 내에 자진해산을 요청한 후 이에 불응할 경우 해산을 명할 수 있는데, 이러한 해산이 적법하게 이루어지기 위해서는 다음과 같은 요건이 필요하다.

(1) 자진해산의 요청

집시법 제20조 제1항에 의하면 관할 경찰관서장은 집회·시위가 적법하게 이루어지지 아니하는 경우에는 상당한 시간 이내에 자진해산할 것을 요청할 수 있다. 여기서 '상당한'시간인지 여부는 참가 인원 등 집회·시위의 규모, 질서 침해의 정도 등 현장상황에 따라 구체적으로 판단될 수 있는데,[21] 대법원은 경찰

---

20) 헌법재판소는 2008. 5. 9. 19:35경부터 21:47경까지 야간에 옥외에서 미국산 쇠고기 수입 반대 촛불집회를 주최하여 집시법위반 혐의로 기소된 피고인들이 1심 계속 중에 집시법 제10조 및 제23조 제1호가 헌법상 금지되는 집회의 사전허가제를 규정한 것으로서 헌법에 위반된다고 주장함에 따라 이를 받아들인 서울중앙지방법원이 2008. 10. 13. 제청한 위 헌법률심판에 대하여 헌법 불합치 결정, 입법자가 개정을 할 때까지 2010. 6. 30.을 시한으로 계속 적용한다고 하였으나, 2010. 6. 30.까지 법개정이 이루어지지 않아 현재는 그 효력을 상실하였다.

21) 이희훈, 앞의 책, 212면.

의 해산명령에 있어서 '상당한 시간'과 관련하여 "경찰관들이 같은 날 18:30쯤 시위진압을 위해 사건현장에 도착하였고, 관할경찰관서장으로부터 권한을 부여받은 정보과장이 집회 및 시위참가자들에게 집회 신고시한이 도과한 불법집회 및 시위라는 이유로 해산할 것을 설득하고 요구하였으나 참가자들이 40여 분가량 시위를 계속하자 같은 날 19:10쯤 관할경찰관서장으로부터 권한을 부여받은 경비교통과장이 재차 3회 이상 해산명령을 한 후 같은 날 19:20쯤 검거명령을 내려 피고인을 비롯한 참가자들을 검거하였음을 알 수 있어, 비록 정보과장이 '자진해산'을 요청한다는 용어를 사용하지 않았더라도 스스로 해산할 것을 설득하거나 요구하였고 그로부터 상당한 시간이 흐른 후 경비교통과장이 재차 해산명령을 하였으므로 이는 법 및 그 시행령에서 말하는 상당한 시간 이내에 자진해산할 것을 요청한 것에 해당한다고 할 것이다"는 입장을 보이고 있다.[22] '자진해산'의 용어와 관련해서는 "집회시위의 해산절차는 엄격하게 해석되어야 하고 단지 언행 중에 해산의 취지가 포함되어 있다는 것만으로는 형벌을 가할 수 없다"면서 자진해산의 요청은 해산명령이 비례의 원칙에 따라 최후의 수단으로 행사될 수 있도록 대상자들이 직접적으로 인식할 수 있을 정도로 명시적으로 표현되어야 한다고 주장되기도 하지만,[23] 반드시 자진해산이라는 용어를 사용할 필요는 없고 언행 중에 스스로 해산하도록 청하는 취지가 포함되어 있으면 충분하다고 보여 진다.[24] 다만, 직접적이고도 명시적인 표현을 하지는 않더라도 그 취지가 반드시 언행에 포함되어야 하고, 그 내용이 생략되어서는 안된다. 또한, 이러한 자진해산 요청을 생략할 경우에는 이후 발효되는 해산명령역시 불법적인 명령이 될 것이다.

자진해산의 요청은 무엇보다 참가자들이 스스로 해산할 수 있는 충분한 시간적 간격을 두어야 하는데, 시간적 간격에 대하여 명문의 규정은 없지만 대법원은 자진해산 요청 후 40분이 지나 10분 간격으로 3회의 해산명령을 발한 후검거한 경찰의 조치를 적법하다고 판결하고 있다. 반면, 일반 집회 참가자들이인지할 수 있는 방법으로 상당한 시간을 두고 해산을 요청함이 없이 수회 해산

---

22) 대법원 2000.11.24. 선고 2000도2172 판결.
23) 정부용, 집회의 자유를 제한하는 경찰권 발동에 관한 연구, 울산대 석사학위논문, 2003, 41면.
24) 동지 : 이희훈, 앞의 책, 214면.

명령을 발하였지만 1분 후 곧바로 해산작전을 벌여 체포한 사건에 대해서는 "해산명령에 앞서 참가자들에게 상당한 시간을 두고 자진해산을 요청하지 않았다"는 이유로 집시법 위반이 성립하지 않는다고[25] 판시한 경우도 있다. 결국 경찰관서장은 집회 또는 시위 참가 인원과 공공질서의 위협의 급박성, 주변 환경 등을 감안하여 해산에 필요한 상당한 시간에 대해 구체적이고도 합리적으로 결정하여야 할 것이다.[26]

(2) 공공의 안녕과 질서유지에 대한 위험

최근 대법원은 미신고 집회의 해산에 있어서도 "그 옥외집회 또는 시위로 인하여 타인의 법익이나 공공의 안녕질서에 대한 직접적인 위험이 명백하게 초래된 경우에 한하여 해산을 명할 수 있다"[27]고 판시하고 있다. 이는 법 규정을 위반한 불법적인 집회·시위라 하더라도 공공의 안녕질서에 대한 위험을 전제로만 해산명령을 할 수 있다는 의미로 해석할 수 있다.

공공의 안녕이란 일반적으로 '개인의 생명·신체·자유·명예와 재산의 온전성 및 국가와 그 시설의 존속과 기능이 아무런 장해도 받지 않고 있는 상태'[28]를 의미한다. 또한 공공의 질서란 '그때그때의 지배적인 윤리관·가치관에 따를 때 이를 준수하는 것이 인간의 원만한 공동생활을 위한 불가결의 전제조건이라고 간주되는, 공중 속에서 인간의 행위에 대한 불문규율의 총체'[29]를 의미한다. 이와 같은 공공의 안녕과 질서에 대한 위험이 발생할 때에서야 비로소 해산명령을 발할 수 있는데, 일반적으로 '위험'은 '공공의 안녕질서에 대한 침해가 발생할 가능성'[30]이나 '가까운 장래에 (경찰상 보호이익, 즉 공공의 안녕 질서에) 피해가 발생할 충분한 개연성이 있는 상황(상태)'[31]으로 정의할 수 있다. 그리고 위험을 구체적 위험과 추상적 위험으로 나눌 때 구체적 위험은 '구체적인 개별 사안에서 가까운 장래에 손해발생의 충분한 가능성이 존재하는 경우'로, 추상적

25) 부산지법, 1999.7.8.,선고 98노2758 판결.
26) 윤성철, 집회·시위에 대한 형사법적 연구, 고려대 박사학위논문, 2012, 231면.
27) 대법원 2012.04.26. 선고 2011도6294 판결. 동지:대법원 2012.04.19. 선고 2010도6388.
28) Drews·Wacke·Vogel·Martens, Gefahrenabwehr, 9.Aufl.,1986, 232면.
29) Drews·Wacke·Vogel·Martens, Gefahrenabwehr, 앞의 책, 245면.
30) 김동희, 행정법 Ⅱ, 박영사, 2009, 213면.
31) 손재영, 경찰법, 박영사, 2012, 126면; 홍정선, 경찰행정법, 박영사, 2010, 21면.

위험은 '구체적 위험의 예견가능성이 있는 경우'로 정의할 수 있다.[32] 여기서 위험 발생의 예견가능성에 대한 판단은 결국 경찰의 객관적이고 이성적인 사실상태의 평가를 따를 수밖에 없고 구체적인 개연성의 정도 역시 개별 법령상 규정된 위험의 내용(현저한 위험, 긴급한 위험, 현재의 위험, 중대한 위험, 생명 신체에 대한 위험 등)에 따라 상이할 수밖에 없는데,[33] 위험의 개념이 명확히 법령에 규정되어 있지 않으므로 여러 가지 해석상 논쟁이 있을 수는 있겠지만, 개별적인 사례에서 실제로 또는 최소한 경찰공무원의 관점에서 사실상태를 합리적으로 평가하였을 때에 위험발생 가능성이 있다면 위험이 있는 것으로 볼 수 있겠다.

따라서 집회 또는 시위에 있어서도 경찰공무원의 사전적이고 합리적인 관점에서의 평가가 요구된다고 하겠다. 이런 이유로 집회 또는 시위를 관리하는 경찰공무원의 판단이 매우 중요하다 할 수 있다.

(3) 위험의 직접성·명백성에 대한 해석의 문제

최근 일련의 판례 경향에 비추어 볼 때 재판부에서는 해산명령의 요건을 '타인의 법익 침해'나 '공공의 안녕질서에 대한 직접적이고도 명백한 위험 초래'로 보고 있는 것으로 해석된다. 여기서 '공공의 안녕질서에 대한 위험'에 특히 주목할 필요가 있는데, 이는 '위험'에 대한 해석에 따라 해산명령의 요건에 있어서도 상당한 차이를 보일 수 있기 때문이다. 예컨대 '위험'의 개념을 어떻게 볼 것이냐에 따라 해산명령을 발할 수 있는 기준이 달라지게 된다. '위험'에 대한 개념이나 해석은 통상의 경찰활동에 있어서도 경찰력 개입의 시점과 관련하여 매우 중요한데, 위험을 '공공의 안녕질서에 대한 침해가 발생할 가능성'이나 '가까운 장래에 (경찰상 보호이익, 즉 공공의 안녕 질서에) 피해가 발생할 충분한 개연성이 있는 상황(상태)으로 본다면, 집회·시위 현장에 있어서 '공공의 위험'은 경찰법상 경찰권 발동의 근거가 될 수 있는 위험의 상태, 즉 집단적인 폭행, 협박, 손괴, 방화 등으로 발생될 수 있는 '직접적이고도 명백한' 위험의 정도로 볼 수 있겠다.

그런데 여기서 '직접적이고도 명백한 위험'을 일반적인 경찰권 발동의 기

---

32) 김동희, 앞의 책, 213면.
33) 홍정선, 앞의 책, 27면.

준인 '구체적 위험'으로 볼 것이냐 아니면 형법 상 유사한 보호법익을 갖고 있는 다중불해산죄나 소요죄의 '추상적 위험'[34]으로도 충분할 것이냐는 경찰의 해산명령 발령 기준과 관련하여 중요한 의미를 갖는다. 왜냐하면 이러한 위험의 개념을 어떻게 정의하느냐에 따라 집회·시위 현장에서의 경찰권발동, 즉 해산명령을 발할 수 있는 기준 시점이 달라질 수 있기 때문이다. 판단컨대 집시법상 규정된 '공공의 안녕질서에 대한 직접적이고도 명백한 위협'은 외견상 '구체적 위험'을 표현한 것으로 보이나 실질적으로는 소요죄나 다중불해산죄에 있어서 위험과 같이 '추상적 위험'으로 충분할 것으로 생각된다.[35] 소요죄에 있어서 현실적으로 공공의 안전 침해 결과가 직접적으로 발생할 것을 요하지 않는 것처럼 집회·시위에 있어서도 폭행, 협박, 손괴, 방화 등의 폭력성, 즉 위험 발생에 대한 판단 역시 위험 발생의 개연성을 고려한 예방적 차원의 판단이어야 하는 것이다.

3. 해산명령에 있어서 '위험'의 해석

대법원의 최근 잇따른 판결[36]에 의하면 집시법 제20조의 해산명령의 대상이 되는 집회 또는 시위라 할지라도 해산명령이 합법적이기 위해서는 '타인의 법익이나 공공의 안녕질서에 대한 직접적이고 명백한 위험'이 발생하여야 한다. 이러한 대법원의 판례가 지속됨으로 인해 법집행기관인 경찰에서는 법집행력의 약화를 우려할 수밖에 없다. 판례를 해석해 볼 때 대법원은 헌법상 집회의 자유라는 기본권 보장에 중요한 헌법적 가치를 부여하고 있는 것으로 해석된다. 따라서 법집행기관인 경찰에서도 단순히 집시법 규정을 위반하였다는 이유만으로

---

34) 다중불해산죄나 소요죄에 있어 위험의 정도에 대해서는 구체적 위험설과 추상적 위험설이 대립하고 있으나 통설은 공공의 안전을 위협할 수 있을 정도의 '추상적 위험'으로 충분하고, '구체적'으로 사람과 물건에 대한 현실적인 침해나 공공 안전의 침해 결과를 요하는 것은 아니라는 입장(이재상, 형법각론(제7판), 박영사, 2010, 492면 및 494면; 김일수·서보학, 형법각론(제7판), 박영사, 2009, 554면; 손동권, 형법각론, 율곡출판사, 2010, 534면; 김성천 등, 형법각론, 도서출판 소진, 2012, 591면.

35) 같은 견해로 신영호, 집시법 제5조 제1항 제2호 위반죄와 소요죄, 경찰학연구 제9권 제1호, 2009, 145면 이하.

36) 대법원 2011.10.13. 선고 2009도13846 판결; 대법원 2012.4.19. 선고 2010도6388 판결; 대법원 2012.4.26. 선고 2011도6294 판결.

집회·시위를 해산하겠다는 의지보다는 대법원의 판결 취지에 따라서 위법한 집회 또는 시위라 하더라도 실제 평화롭게 개최되거나 집회 규모를 축소하여 이루어진다면 일단 집회를 보호해주는 방향으로의 정책적 변화가 필요할 것으로 보인다. 즉 집시법상 규정된 신고절차 위반 등 집회·시위의 합법 또는 불법 여부를 따지기 보다는 그 집회·시위가 타인의 법익 침해나 기타 공공의 안녕질서에 대하여 직접적이고 명백한 위험을 초래하기 전까지는 적극적으로 보호하려는 정책적 변화의 필요성이 크다고 본다.

다만, 경찰의 법집행력 확보를 위해 무엇보다 중요하다 할 수 있는 경찰력 개입 시점과 관련하여서는 '위험'을 해석함에 있어서 위험의 범주를 어느 정도까지 볼 것이냐에 대한 보다 명확한 해석이 필요할 것으로 생각된다. 즉, 공공의 안녕질서에 대한 침해 발생 가능성이나 개연성이 충분한 경우에 이를 실제 피해 발생 가능성이 '존재'하는 경우로 보아 '구체적 위험'의 수준까지 인내할 것이냐 아니면 그에 앞서 형법상 다중불해산죄나 소요죄에 있어서의 위험 수준, 즉 '구체적 위험의 예견 가능성'이 있을 경우, 그러한 '추상적 위험'의 단계에서도 해산명령을 발할 수 있느냐의 문제가 무엇보다도 중요하게 부각되는 것이다. 요약컨대, 앞에서 살펴본 바와 같이 집시법 상 규정된 '공공의 안녕질서에 대한 직접적이고도 명백한 위험 또는 위협'이나 판례에서 일관되게 견지하고 있는 '타인의 법익 침해'나 '공공의 안녕질서에 대한 직접적이고도 명백한 위험'은 외견상으로는 일견 구체적 위험 상태를 표현한 것으로 보여질 수 있으나 위험발생에 대한 예방적 차원의 경찰권 발동의 필요성을 감안할 때 소요죄에 있어서 현실적으로 공공의 안전 침해 결과가 직접적으로 발생할 것을 요하지 않는 것처럼 집회·시위에 있어서도 폭행, 협박, 손괴, 방화 등의 폭력성, 즉 구체적 위험발생에 대한 개연성이나 예견 가능성이 있을 경우에는 적법하게 해산명령을 할 수 있다고 보여진다.

제 6 절 집회 및 시위 관계자의 준수사항

1. 주최자의 준수사항

주최자는 집회 또는 시위의 질서를 유지하여야 하고, 질서유지가 어려울 경우 집회·시위의 종결을 선언하여야 한다. 또한, 질서유지를 위해 18세 이상의 자를 질서유지인으로 임명할 수 있다. 옥내집회의 주최자는 확성기 등을 설치하는 등 주변에서의 옥외참가를 유발해서는 안 된다.

주최자 등 준수사항

㉠ 총포·폭발물·도검·철봉·곤봉·석괴(石塊) 기타 타인의 생명·신체에 위험을 가할 수 있는 무기를 휴대 또는 사용하거나 휴대 또는 사용하게 하는 행위
㉡ 폭행·협박·손괴·방화 등으로 질서를 문란하게 하는 행위
㉢ 신고한 목적·일시·장소·방법 등 그 범위를 뚜렷이 벗어나는 행위

**'신고 범위에 대한 현저한 일탈'여부의 판단은
신고내용과 실제상황을 구체적·개별적으로 비교
판단해야 한다는 취지의 판례**

납골당 설치 반대 목적의 집회 시위 개최시 신고 내용에 포함되지 않은 '상여·만장' 등을 사용한 행위에 대해 "집회 시위의 목적, 일시, 장소, 대형, 구호제창 여부, 진로 등 나머지 신고사항을 모두 준수하였고, 미신고용품인 상여를 사용함으로 인해 신고내용과 비교할 때 더 큰 교통 혼잡을 야기한 것으로 볼 수 없으며, 집회 주최자로서 사전에 그 진행방법의 세부적인 사항까지 모두 예상하여 신고하기 곤란한 점과 진행과정에서 방법의 변경이 불가피한 경우가 발생할 수 있는 점 등을 고려하여 신고내용과 실제 상황을 구체적·개별적으로 비교하여 전체적·종합적으로 판단하여 신고 범위를 뚜렷이 벗어났다(현저히 일탈했다)고 보기 어렵다"는 판결 내용.

대법원 2008도3974 판결(2008. 10. 23)

---

2. 질서유지인의 준수사항

질서유지인은 주최자의 지시에 따라 집회 또는 시위의 질서를 유지하는데, 질서유지인임을 표시한 완장·모자·어깨띠 또는 상의 등을 착용한다. 관할 경찰서장은 질서유지인의 수를 주최자와 협의하여 적정수로 조정할 수 있고, 주최자는 조정된 질서유지인의 명단을 집회 개최 전에 통보하여야 한다. 질서유지인은 주최자와 마찬가지로 위 준수사항을 준수하여야 한다(㉠, ㉡, ㉢).

3. 참가자의 준수사항

참가자는 주최자 및 질서유지인의 질서유지를 위한 지시에 복종하여야 하며 주최자나 질서유지인과 같이 위 준수사항 중 ㉠과 ㉡을 준수하여야 한다.

제7절 질서유지선 및 확성기 사용제한 등

1. 질서유지선의 설정

질서유지선(Police line)은 1999. 5. 24 집시법 개정시 도입되어 현재까지 시행 중인데, 집회시위 보호와 공공질서유지를 위해 필요한 경우 최소한의 범위에서 띠, 줄, 방책 등이나 인도 경계석, 차선 등의 지상물 등으로 설치할 수 있다. 경찰관서장이 질서유지선을 설치할 경우에는 주최자 또는 연락책임자에게 이를 통보하여야 한다.

2. 확성기의 사용제한

집회 또는 시위의 주최자는 확성기·북·징·꽹과리 등 기계·기구의 사용으로 타인에게 심각한 피해를 주는 소음으로서 일정 기준을 위반하는 소음을 발생시켜서는 안 된다. 관할 경찰관서장은 주최자가 기준을 초과하는 소음을 발생

질서유지선을 설치하는 경우

㉠ 집회장소를 한정하거나 관련 참가자와 일반인을 구분할 필요가 있을 때

㉡ 참가자를 일반인 또는 차량으로부터 보호할 필요가 있을 때

㉢ 일반인의 통행 또는 교통소통을 위하여 필요가 있을 때

㉣ 집회·시위 금지장소(제11조), 통신시설 등 주요시설, 위험물시설, 기타 안전유지 또는 보호가 필요한 재산시설 등에의 접근 또는 행진을 금지·제한할 필요가 있을 때

㉤ 집회·시위 행진로를 확보하거나 이를 위한 임시 횡단보도를 설치할 필요가 있을 때

㉥ 기타 집회·시위의 보호와 공공의 질서유지를 위하여 필요가 있을 때 등

시켜 타인에게 피해를 주는 경우에는 그 기준 이하의 소음 유지 또는 확성기 등의 사용 중지를 명하거나 확성기 등의 일시보관 등의 필요한 조치를 할 수 있다.

확성기, 북, 징, 꽹과리 외에 나팔이나 전자음향 장치 등의 소음 유발기구도 이에 해당되나 육성으로 인해 소음 기준을 초과할 경우는 이에 해당되지 않는다. '심각한 피해'의 범위에 대해서는 해석의 차이가 있을 수 있겠으나 일반적으로 업무수행이나 수면 등 일상적인 생활에 심각한 지장을 줄 정도가 되어야 할 것임은 분명하다. 사용중지 명령에 불응하거나 확성기 일시보관 등 필요한 조치를 거부·방해하는 경우에는 사법처리할 수 있다.

소음측정의 대상 및 요건으로는 학문·예술·종교 등에 관한 집회 등 신고대상이 아닌 경우는 물론 신고를 결략한 집회를 포함한 모든 집회·시위가 해당되며, 피해자가 위치한 건물 등이 주거지역·학교일 경우와 기타 지역일 경우로 구분하여 소음기준치를 적용한다.

구 분	주간(일출 후 ~ 일몰 전)	야간(일몰 후 ~ 일출 전)
주거지역, 학교, 종합병원, 공공도서관	65dB 이하	60dB 이하
기타 지역	75dB 이하	65dB 이하

소음측정은 피해자의 '신고'가 있을 때 측정하는 것이 원칙인데 집회현장에서 구두 또는 112 신고 등으로 경찰관이 인지할 수 있으면 충분하며, 측정은 관할경찰서장(현장 경찰공무원)이 한다. 소음 측정 장소는 피해자가 위치한 건물의 외벽에서 소음원 방향으로 1~ 3.5m 떨어진 지점에서 하되 소음도가 높을 것으로 예상되는 지점의 지면 위 1.2 ~ 1.5m 높이에서 측정한다. 다만, 주된 건물의 경비 등을 위하여 사용되는 부속건물, 광장·공원이나 도로상의 영업시설물, 공원의 관리사무소 등은 소음 측정 장소에서 제외한다. 10분간 측정한 소음도를 측정소음도로 하고 같은 장소에서 확성기 등의 대상 소음이 없을 때 5분간 측정한 소음도를 배경소음으로 하여 측정소음도가 배경소음도보다 10dB 이상 크면 배경 소음의 보정 없이 측정소음도를 대상소음도로 하고, 특정 소음도가 배경소음도보다 3.0~9.9dB 차이로 크면 정해진 보정치에 따라 측정소음도에서 배경소음도를 보정한 소음도를 대상소음도로 한다.

3. 집회·시위자문위원회

집회 및 시위의 자유와 공공의 안녕질서가 조화되도록 하기 위하여 각급 경찰관서에 집회·시위자문위원회를 설치하는데, 2004. 1. 29 집시법 개정시 도입되었다. 구성은 위원장을 포함, 5인 이상 7인 이하의 위원으로 구성하고, 위원장 및 위원의 임기는 2년이다. 위원으로 위촉할 수 있는 사람은 변호사, 교수, 시민단체에서 추천하는 사람, 관할지역의 주민대표 등인데, ① 집회·시위의 금지 또는 제한통고 ② 이의신청에 관한 재결 등 집회 또는 시위 업무의 처리와 관련하여 자문 역할을 수행한다. 위원회의 회의는 각급 경찰관서장의 요청에 따라 위원장이 소집하며, 재적위원 과반수의 출석, 출석위원 과반수의 찬성으로 의결된다.

집회·시위와 경찰의 역할

제1절 한국의 집회·시위

1. 한국의 집회·시위실태

2005년 말 시위 중 농민 사망사건과 2006년의 평택 미군기지 이전 관련 시위, 반FTA(자유무역협정) 시위 및 2008년 미 쇠고기 수입반대 촛불 시위, 2009년 용산 재개발구역 철거민 시위, 그리고 2011년 부산 한진중공업 관련 버스 시위와 한미 FTA 저지 범국본 집회, 2012년 제주 민군 복합항 건설 반대 집회, 2013년 이후 밀양 송전탑 건설 반대 집회 및 성주 사드배치 반대 집회 등 아직도 우리나라는 집회·시위문화가 정착되지 못하고 극한 대립과 많은 사회적 비용을 낳고 있다. 과거 군사권위주의 정권 시절에는 민주화에 대한 열망과 정권의 정통성 부재로 인해 폭력시위에 대한 합리화가 어느 정도 이뤄졌던 측면도 있지만 민주적인 정권교체를 수차례 경험하면서 이러한 합리화가 용인되는 시기는 분명 지나갔다. 더욱이 경찰은 물리적이고 강경진압 일변도의 시위진압태도를 탈피, 1999년부터 무최루탄 원칙을 고수하면서 질서유지인제도, 시민참관단제도 등 바람직한 집회시위문화 정착을 위한 다각적인 노력을 펴고 있는 실정이

|그림 3-2| 2000년 이후 경찰력 동원 집회·시위현황(2000-2017, 단위: 건)

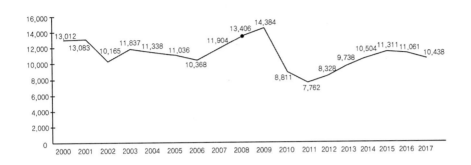

자료: 경찰통계연보, 각 연도.

다. 그럼에도 불구하고 아직도 많은 집회·시위가 불법 폭력시위로 변질되고 있으며, 시위참가자는 물론 이를 막는 경찰관의 부상이 속출하고, 교통체증과 영업방해 등으로 인한 경제적 손실 역시 천문학적 액수에 이르고 있다.

[그림 3-2]는 지난 2000년부터 2017년까지 집회·시위현황을 나타낸 것이다.

경찰력이 동원된 집회·시위 건수는 2000년에 13,012건, 2001년에 13,083건이 집계되었고, 이후 2002년에 10,165건으로 감소했다가 2003년에 11,837건으로 소폭 증가한 뒤 2007년 11,904건으로 큰 변화가 없었다. 그러나 2008년 13,406건, 2009년 14,384건으로 증가 추세를 보이다가 2010년, 2011년에는 다시 8,811건과 7,762건으로 감소 추세를 보였다. 2012년부터는 다시 증가세를 보여 2012년 8,328건, 2013년 9,738건, 2014년에는 10,504건의 집회가 개최되었다. 그리고 이후 2015년 11,311건을 정점으로 2016년 11,061건, 2017년 10,438건으로 감소세를 이어가고 있다. 2008년과 2009년에 집회 시위가 급격히 증가한 원인으로는 2008년 '미 쇠고기 수입반대 촛불 시위'와 평택 쌍용 자동차 노조 점거농성, 화물연대 운송거부 및 철도파업 등 노사분규를 둘러싼 대규모 현안이 전국적으로 발생했기 때문으로 분석된다.

지난 수십여 년 간 사회적 불안과 막대한 경제적 비용을 낳았던 불법 폭력시위는 2000년대 들어서도 지속되었으나 점차 감소추세로 접어들었으며 이에 따른 경찰부상자의 수도 다소 줄어들게 됐다. 2001년 215건이던 불법 폭력시위가 2003년에는 134건으로 감소했고, 2005년 77건, 2007년 64건, 그리고 2009년에는 45건, 2010년에는 33건으로 지속적인 감소추세를 보이다가 2011년 45건, 2012년 51건으로 다소 증가 추세를 보였는데, 2013년과 2014년에는 각 45건과 35건으로 다시 감소하였다. 이후 2015년에는 30건, 2016년에는 28건, 그리고 2017년에는 12건으로 폭력시위는 지속 감소세를 이어가고 있다. 반면에 폭력시위에 따른 경찰부상자 수는 폭력시위의 감소비율에 비해 크게 줄어들지 않고 있어서 폭력시위의 규모와 과격성은 오히려 증가한 것으로 분석된다. 즉, 2001년 215건이던 폭력시위건수가 2009년에는 45건으로 80%가 줄어든 데 반해 경찰부상자는 2001년 673명에서 2009년에는 510명으로 24.2% 줄어든 데 그치고 있고, 2010년에 18명으로 일시적으로 급격히 줄어들긴 했으나 다시 2011년 유성기업 폭력시위에서 108명이 부상당하면서 179명으로 크게 증가했다. 이후 다시 2012년에는 57명으로 줄었다가 2013년 92명, 2014년 78명, 그리고 2015년에는 302명으로 증가하였다. 다행스러운 건 평화적인 집회시위 문화 정착을 위한 경찰과 시민의 지속적인 노력으로 2011년 이후 화염병 시위나 쇠파이프 등을 이용한 시위는 거의 사라졌다.

이와 같이 집회·시위의 규모가 커지는 반면 과거부터 있어 온 집회·시위의 여러 문제점은 여전히 일부 해결되지 않은 채 이어졌다. 우선 집회 주최 측에서 신고내용을 준수하지 않고, 질서유지인 제도마저 형식적으로 운용해 자율통제가 제대로 이뤄지지 않았다.

이에 대해 경찰은 ▲합법적 집회·시위는 주최 측 책임 아래 자율관리하고

|표 3-1| 최근 불법 폭력시위 및 경찰부상자 현황(단위: 건/명)

	2001	2002	2003	2004	2005	2006	2007	2008	2009	2010	2011	2012	2013	2014	2015	2016	2017
폭력시위	215	118	134	91	77	62	64	89	45	33	45	51	45	35	30	28	12
경찰부상자	673	287	749	621	893	817	202	577	510	18	179	57	92	78	302		

자료: 치안정책연구소 치안전망 2013~2018.

▲불법·폭력시위는 법과 원칙에 따라 대처하고 ▲무최루탄 정책을 지속 추진하는 한편 ▲인권에 유의해 변수 없는 안전진압을 시위진압의 새로운 기본 방침으로 정하고 이를 위한 세부 시행방안으로 첫째, 신고된 모든 집회를 주최 측에서 자율 관리하도록 했다. 즉, 신고단계에서부터 주최 측 자율관리원칙을 고지해 사전 여건을 조성하고자 했다. 신고일시·장소·인원·집회방법을 주최 측과 합동조정회의를 통해 협의하고, 집회·시위 금지통고를 최대한 자제하고 먼저 신고된 집회내용을 검토하여 나중에 신고한 집회를 할 수 있도록 협조하고자 했다. 또 주최자와 질서유지인의 임무와 책임을 고지하는 한편 질서유지인이 완장, 모자, 어깨띠 또는 상의 등을 착용토록 권고하고 주최 측과 경찰이 협의하여 합동현장지도팀을 운용해 불법시위로 변질되지 않도록 사전 조정하고자 했다. 그리고 상호 협의 아래 합동 채증팀을 운용해 불법행위와 인권침해 행위를 견제하고자 했다.

또한 주최 측 책임 아래 집결, 행사, 행진, 정리 집회 전 과정을 진행하도록 했다. 이를 위해 출발지 또는 집회장소에서 불법 시위용품 반입은 자율수거토록 하고, 충분한 질서유지인을 확보하여 준법집회로 진행하도록 하며, 질서유지선도 주최 측에서 준비, 자율 운용토록 적극 권장하고 행진 중 주최 측의 방송차가 선도하여 질서있게 안내토록 했다.

둘째, 경찰은 집회보호와 질서유지를 위한 치안활동을 전개했다. 이를 위해 경찰은 집회 전 집회의 내용과 성격 파악 및 잠재돼 있는 예상상황을 도출하고 집회 주최 측과 경찰의 유기적인 협조체제를 구축하고자 했다. 또 지휘관이 사전에 현장을 답사하여 경력대비시설, 우발대비장소, 경력운용규모를 산정하고 지방청장, 경찰서장이 경비대책 수립과 시행을 통해 지역 책임을 완수토록 하고 집회로 인한 교통통제 상황을 공중파 또는 인터넷으로 안내하여 시민불편을 최소화하도록 했다. 또 집회 및 행진에 대비해 행사장 주변, 행진코스상의 불법 주정차, 노상 방치물을 정리하고, 행사장과 행진코스에 대한 교통관리로 집회를 보호하고, 신고내용 위반이 우려되는 집회장소, 행진 구간의 횡단보도·지하도·곡각지점 등에 폴리스라인을 설치하고자 했다. 또 주최 측과 합동현장 지도 및 불법폭력행위자에 대한 채증활동을 실시하고 집회전반을 파악·전파할 수 있도록 집회장 주변 및 행진로상 건물 옥상에 OP(Observation Post, 관측조)조를 운영

하고 기동부대는 집단진출 예상지점, 시위대상 중요시설, 원거리 우발대비 개념
으로 배치하고, 특정지역, 정부청사, 국회 등 중요시설, 대사관 등 외국기관, 지
하철·철도·고속도로 등 주요 교통로를 보호하고, 시위대가 불법으로 집단진출
시 경찰버스를 이용한 차벽설치 등 장비를 이용한 차단작전을 선택적으로 실시
하고자 했다. 이와 함께 정리 집회 및 해산에 대비해 정리 집회장 원거리에 집
단진출 차단을 위한 타격대를 이동배치하고, 시내 가두시위에 대비해 제 2 의 불
법집회 예상지역에 예비부대를 배치하고 특정지역, 중요시설, 민원대상 기관,
연행자 조사관서 등 경비를 강화하고자 했다.

    셋째, 집회·시위가 불법시위로 변질될 경우 법과 원칙에 따라 대처하도록
했다. 우선 경미한 질서위반 정도는 주최 측에서 책임 관리하도록 했다. 혐오용
품을 반입하거나 행진 차선을 위반하거나, 일시적으로 도로를 점거하는 등의 단
순한 신고내용 위반에 대해서는 주최 측에서 관리하도록 하고 경찰은 정밀하게
채증한 뒤 불법행위를 사후 사법처리를 검토하게끔 했다. 반면 장시간 도로를
점거하거나 대비경력에 대해 폭행, 계란 등을 투척하거나 집회금지 지역으로 집
단진출하는 등의 불법 폭력시위는 진압부대를 투입해 강제해산 및 검거·연행해
사법처리 하도록 했다. 진압단계에서 제 1 단계로 집단진출 예상지점 등에 폴리
스라인을 설치해 진출을 차단하고, 정보·교통경찰이 현장에 진출해 자진해산을
유도하고, 불법행위가 지속될 경우 경고와 설득방송을 병행 실시하며 동원 부대
에 대해 구체적 상황설명과 함께 명확한 임무를 부여하도록 했다. 또 제 2 단계
로 현장지휘관이 제 1 선에 위치해 지역책임을 완수하고 시위대에게 작전 시간
을 사전에 고지해 자진 해산을 유도하고 3 회 이상 경고 후 신속보다는 안전에
유의하여 불법상태를 해소하고자 했다. 그리고 제 3 단계로 해산작전에 불응하
고 폭력으로 저항할 경우는 살수차 등 안전진압 장비를 활용해 현장에 해산조
치를 취하고 화염병, 돌, 각목, 쇠파이프 등을 사용한 폭력시위는 현장에서 검거
해 반드시 사법처리하고자 했다.

    넷째, 미신고 불법집회 등 관련문제에 대해 합리적인 대처를 강조했다. 이
를 위해 미신고 불법집회는 처음부터 진압부대를 배치해 엄정 관리하고 특정
지역과 중요시설 등 경찰 경비 시설에 대한 불시 기습시위는 상황에 따라 탄력
적으로 대응해 법질서를 확립하고자 했다. 국가중요시설, 외국공관 등 중요시설

에 대한 기습이 예상될 경우 3선 개념에 의한 경비 및 검문검색으로 사전 차단과 검거하고 단순 항의방문 수준의 기습 시위일 경우에는 차단 고착 후 시간적 여유를 갖고 안전에 유의하여 해산 조치하도록 했다. 지역주민의 불시 항의방문은 해당기관에서 자체 경비하고 대화와 설득으로 자진해산을 유도하고 경찰은 우발사태에 대비하고자 했으며, 불법 폭력행위 및 점거농성이 계속될 경우 공권력 요청과 압수수색영장 발부 등 법적 절차에 따라 강제해산 및 현장 연행 등 사법처리를 밟도록 했다. 노사분규와 강제집행 현장에서 공권력 투입을 가능하면 최소화하였으며, 불법파업·농성이라도 비폭력일 경우 관련자 구속 및 경찰 투입을 자제토록 했다. 단순한 충돌은 고소·고발을 받아 사법처리하고, 사업장 점거, 비노조원의 조업방해, 경찰관 폭행 등 과격 폭력행위는 공권력 적기 개입과 불법 확산을 차단하고자 했다. 또 종교시설과 학내에서 불법집회와 농성을 할 경우 불개입을 원칙으로 하고 공권력 투입여부는 폭력사태 발생 등으로 생명·신체·재산의 위험이 급박할 경우에만 투입하는 등 신중하게 판단하고자 했다.

　다섯째, 경찰의 시위진압은 무엇보다도 국민의 인권보호와 안전관리에 역점을 두도록 했다. 이를 위해 시위 주최 측과 경찰 상호 협의 아래 합동 채증팀을 운용해 불법행위와 인권침해 행위를 견제하도록 했고, 시민단체의 집회·시위관리 과정 참여로 불법행위를 감시하도록 했다. 즉, 사회단체가 참여하는 '인권보호 시민참관단'이 집회시위현장을 참관하게 했으며, 언론의 취재활동을 최대한 보장하기 위해 현장 홍보팀을 운영하고 취재진에게 보도완장을 지급하고 경비상황 브리핑 및 동행취재를 허용하고자 했다. 불법시위 진압시 인권과 안전에 유의해 적법절차준수를 위한 인권교육을 강화했다. 3회 이상 해산명령을 내리고 범죄사실, 체포이유, 변호인 선임권 미란다원칙을 고지하도록 했다. 아울러 방패로 찍는 행위나 봉으로 내려치는 행위, 시위대가 던진 위험물을 되받아 던지는 행위를 하지 않도록 교육을 강화했다. 또 여성시위대는 여경이 전담해 남자경찰이 연행함으로써 발생할 수 있는 성추행 시비를 원천적으로 없애도록 했다.

2. 불법 집회·시위의 발생원인

(1) 불법 집회·시위의 일반적 발생원인

집회·시위가 평화적으로 그리고 합법적으로 진행되는 경우가 있는가 하면 일부 집회시위는 폭력적이고 불법적으로 이뤄진다. 이처럼 집회·시위가 과격하고 불법 폭력시위로 변질하는 이유는 무엇일까? 무엇보다도 집회·시위가 여러 사람이 모여 이뤄지는 군중행위의 성격을 갖는다는 점을 들 수 있다. 행동 지향적 군중행위로서의 집회·시위의 특징은 우선 동요될 가능성이 높다. 즉, 집회·시위에서 참가자들이 처한 상황은 일반적인 규범이 적용되지 않는 특이한 상황이기 때문에 다수가 참여한 집회·시위에서는 다른 사람들에게 설득당하기 쉽다. 또한 비개인화의 특징을 들 수 있다. 다수가 군집한 집회·시위에서는 개인의 정체성과 책임감을 잃어버리기 쉽고, 익명성이 이러한 비개인화 현상을 촉진시킨다. 아울러 집회·시위에서는 정상적인 생활에서와 달리 두려움이 없어지고 대담성을 갖게 된다. 이러한 가운데 정상적인 상황에서는 일어날 수 없는 공격성과 모험성, 파괴성 등이 나타나게 된다.

이와 같이 집회·시위가 과격하고 폭력적인 집합행동으로 나타나는 원인을 설명하는 이론으로는 감염이론(contagion theory)과 수렴이론(convergence theory), 규범창출이론(emergent norm theory), 아노미이론(anomie theory), 사회통제이론(social control theory) 등이 있다.

첫째, 감염이론이란 프랑스의 르봉(LeBon)이 주창한 이론으로서 지도자의 영향과 집단의 작용으로 누구나 일단 군중 속의 일원으로 가담하게 되면 이성과 비판적 정신을 박탈당함으로써 본능적으로 비합리적인 집단심리를 가진 단일적인 실체로 바뀐다는 것이다. 즉, 군중은 지도자의 반복되는 찬사와 웅변, 감정에의 호소에 의해 최면술에 걸림으로써 개개인의 지위나 연령, 교육 정도에 상관없이 동일하게 감지하고 사유하고 행동하는 단일집단을 형성하게 되며, 군중은 무의식이 지배하게 되고, 반사적 행동이 이성적 행동을 누름으로써 분별없이 폭도로 변할 수 있다고 설명한다. 이러한 군중의 특징으로 익명성, 비합리성, 감정적 감염성, 무책임성, 설득의 용이함을 들고 있다. 하지만 르봉의 감염이론은 가두시위와 같은 집합행동에 있어서 모든 사람이 적극적으로 참여하지 않는 다는 점으로 인해 비판을 받는다. 다시 말해 감정적으로 감염된다면 모든 사람이 집단행동에 참여해야 되지만, 막상 어떤 사람은 대열에 참가하는 데 반해 다른 사람은 참가하지 않는 경우가 발생하므로 설명력이 약하다는 것이다. 르봉이 제시한 군중의 비합리적인 특징은 실제로는 존재하지 않는 극히 희귀하고 극한적 상황에서 나타나는 과정을 묘사한 것에 지나지 않는다는 것이다.

둘째, 수렴이론은 군중이 집합행동에의 참여자를 감정적 감염이나 설득과정을 통해 동질적인 집단 구성원으로 만드는 것이 아니라 군중이나 집합행동의 참여자들은 군중에 동참하기 이전부터 이미 비슷한 성향을 가진 자들로 구성되었다는 논리적 전제에서 출발한다. 전염병의 확산현상이 감정적 감염이론을 나타내는 것이라면 정신병원에 정신병 환자들이 집단으로 입원해 있는 현상이 수렴이론을 잘 비유하는 예라고 할 수 있다. 병동에 입원하고 있는 정신병 환자는 공통적인 현상으로 정신병이 있기 때문에 거기에 함께 모여 있는 것이지, 병동에 와서 환자가 전염되어 정신병에 걸리게 된 것이 아니다. 단독으로 혼자의 힘만으로 일을 저지를 수 없는 개인이 군중 속에서 생각이 같은 사람들과 손을 잡음으로써 군중은 구성원이 평소 품어왔던 감정을 더 강화하는 역할을 하게 된다.

셋째, 규범창출이론은 모든 형태의 군중이 다른 사람들과의 접촉과정에서 군중의 행위를 규제하는 규범을 형성하고 확인하게 된다는 이론이다. 즉, 우리가 보통 일상생활에 주어진 상황에 따라 상대방과의 관계에서 어떠한 행위가 적합한 행위인가를 정의하듯이, 군중은 군중 속에서 일상생활의 연장으로서 이러한 현상을 경험하게 된다는 것이다. 군중이 당면하는 가장 큰 과제는 "지금 어떤 사태가 벌어지고 있는가?"에 대한 즉각적인 공동정의를 내리는 것이다. 일단 정의가 내려지고 사태를 파악하게 되면, 어떤 행위가 적합한가를 결정하게 된다. 규범창출이론에 따르면 군중은 지도자와 추종자 사이에 무슨 일이 일어나고 있는지 잘 알지 못하는 통행인으로 구성되었으며, 군중의 상황정의는 절대 만장일치가 아니며, 일부 통행인은 군중의 행동에 의하여 감정이 감염되고 다른 사람들이 하는 대로 그저 따라하는 것이 아니며, 군중의 행위에 동의하지 않더라도 반대의사를 표현하지 않을 뿐이라고 한다. 규범창출이론은 무엇보다도 수동적인 군중에서부터 제어하기 어려운 폭도에 이르는 광범위한 유형의 군중행

위를 설명할 수 있는 기틀이 되며, 군중행위가 문화와 역사에 따라 유형을 달리
하는 현상을 설명할 수 있다는 점에서 집회·시위와 같은 집합행동을 이해하는
데 큰 도움을 준다.

넷째, 아노미이론은 규범창출이론과 달리 집단행동을 규율하는 규범이 존
재하지 않거나 존재하더라도 규범들 사이에 서로 충돌해서 혼동 상태에 있을
때 과격하고 폭력적인 집단행동이 나타난다고 주장한다. 특히 사회가 급격한 변
혁기에 있을 때 기존의 사회를 규율하는 규범이 새로 변화한 사회의 행동을 제
대로 규율하지 못하고 혼란만을 가중시킬 때 이른바 아노미(anomie)현상이 나타
나는 것이다. 아노미(anomie)는 한마디로 사회를 통제하는 규범이 존재하지 않
거나 기능을 하지 못하는 무규범 상태를 의미한다. 과거 사회를 유지하고 통제
하던 규범이 급격한 사회변동이나 변혁으로 더 이상 사회를 제대로 통제하지
못할 때 일시적인 통제 무중력 상태가 발생하며 이러한 상태를 아노미현상이라
고 부르는 것이다(Durkeim, 1964). 사회통제장치가 효과적으로 작동하지 않고,
이로 인해 개인적 또는 집단적 목표를 이루기 위해 수단방법을 가리지 않는 행
위들이 만연할 때 사회는 심각한 아노미상태에 빠지게 된다(Merton, 1968).

마지막으로, 아노미이론과 비슷하게 과격하고 폭력적인 집회·시위현상을
설명할 수 있는 것이 사회통제이론(social control theory)이라고 할 수 있다. 대부
분의 학자들이 불법행위가 발생하는 원인에 대해 연구한 데 반해 허쉬(Travis
Hirschi)는 반대로 불법행위를 저지르지 않는 이유를 찾고자 했다. 허쉬는 사람
들이 불법행위 등 범죄를 저지르지 않는 이유로 애착(attachment), 전념
(commitment), 참여(involvement), 그리고 신념(belief)의 요소를 들어 설명하고
있다. 즉, 허쉬의 주장에 따르면, 불법행위를 저지르지 않는 사람들은 가족이나
학교, 나아가 국가 등에 대한 애착이 강하고, 일반적이고 규범적인 생활에 전념
하고 또한 열심히 참여하고 자신이 속한 사회의 규범과 가치에 대한 믿음이 강
하다는 특징을 갖고 있다(Hirschi, 1969). 달리 말해, 불법적이고 폭력적인 시위행
동을 저지르는 사람들은 가족이나 학교, 사회 등에 대한 애착이나 전념과 참여
의 정도가 약하고, 사회규범과 가치에 대한 믿음 역시 강하지 않은 공통점을 갖
게 된다.

(2) 우리나라 불법 폭력 집회·시위의 발생원인

한국사회는 다른 서구 국가들이 100년 넘게 걸려 이룩한 산업화를 불과 30여 년 사이에 달성함에 따라 이들 국가에 비해 훨씬 급격한 변화를 겪고 있다. 특히 심각한 변화 양상을 보이는 것이 규범의 변화라고 할 수 있다. 과거 수백년 넘게 한국사회를 유지해오던 유교적 전통규범이 일제강점기와 한국전쟁을 거친 뒤 급격한 산업화의 물결에 급속히 새로운 규범으로 변화하고 있다. 서열과 위계에 의한 질서를 무엇보다 강조하는 유교적인 규범은 능력과 형평을 강조하는 탈권위주의적이고 개인주의적인 규범에 의해 급속히 밀려나는 추세이다. 이러한 과거규범과 새로운 규범의 대립과 갈등은 위에서 설명한 것처럼 사회의 아노미(anomie)현상을 낳고 있다. 급격한 근대화와 산업화를 겪으면서 자신만의 이익을 배타적으로 추구하는 각종 이기주의가 팽배해서 아노미현상을 확산시키고 있다. 이러한 이기주의는 전통적인 집단주의와 결합하여 심한 집단이기주의를 낳고 있으며, 사회적으로 통용될 수 있는 규범이 부재한 아노미적 상태에서 쉽게 생존을 위해 어떤 행동도 합리화되고 정당화되는 양상으로 변질되는 것이다. 산업화와 탈권위주의의 급격한 사회변화를 겪으면서 사람들은 질서를 강조하는 권위적 전통규범과 현대적 규범 사이에서 갈등하게 되고, 이러한 혼란이 무질서와 각종 불법 집단행동을 합리화하게 된다.

또한 불법 폭력시위가 다른 평화적 비폭력시위에 비해 시위의 목적을 달성하는 데 있어서 보다 효과적이기 때문에 불법 폭력시위를 선호하는 경향이 있다는 연구결과도 있다. 집회·시위방법에 있어서 민주적인 정부에서는 폭력적인 시위방법이 비폭력적인 시위보다 시위목적의 달성에 있어서 더 효과적이라는 것이다. 신명순(1982)은 국내 정치시위를 분석한 결과, 평화적 방법을 사용한 시위는 중간 정도의 호의적 반응을 얻다가 시위방법이 약간 과격화하여 질서 파괴적 행동으로 발전하게 되면 호의적 반응은 급격히 감소하며, 시위방법이 더욱 과격해져 폭력적 방법을 사용하면 정부의 호의적 반응도는 다시 상승하는 양상을 보인다고 강조한 바 있다(신명순, 1982: 40).

아울러 우리나라 사회가 민주화과정을 통해 정치 사회참여는 크게 늘어났으나 신뢰와 같은 사회자본은 오히려 감소했고 이러한 낮은 사회자본이 불법 폭력 집회·시위를 낳은 주요한 요인이 되고 있다는 주장도 제기된다(Fukuyama, 1995; 장수찬, 2002). 우리나라 사회는 1980년대 후반 이후 절차적 민주주의를 정착하고 개인적 자유를 신장함으로써 민주화의 급진전을 이뤘다. 그럼에도 불구하고 민주주의의 공고화라는 단계에서 아직 정체 양상을 보이고 있다. 이는 근본적으로 당파성, 협소성, 위계성이 강하고 민주주의의 공고화를 뒷받침할 수 있는 신뢰, 관용과 같은 사회자본이 빈곤하기 때문이라는 것이다(장수찬, 2002: 88). 집회·시위를 주동하거나 집회·시위에 참여하는 사람들이 정부에 대한 신뢰가 높지 않기 때문에 또한 반대로 경찰을 비롯한 정부 역시 집회·시위 참여자들에 대한 신뢰가 크지 않기 때문에 이러한 불신이 불법 폭력시위로 변질되는 주요한 요인으로 작용할 수 있는 것이다.

여기에 덧붙여 경찰의 입장에서 보자면, '강제적인 법집행의 완화' 역시 이러한 불법 폭력 집회로의 변질에 영향을 미치지 않았다고 보기 어렵다. 집회 주최 측과 경찰, 혹은 집회·시위와 관련된 이해 당사자간의 협상과 타협을 중시하고 가급적 강제적인 법집행 행사를 자제하는 소위 '인내진압'의 대원칙을 고수하면서 신고내용에서 벗어나는 경미한 탈법행위나 물리력 행사에 대해 용인하는 태도를 보임으로써 집회·시위 주최자로 하여금 '엄정한 법집행'에 대해 상당 부분 둔감해지게 했던 점을 인정하지 않을 수 없다.

다만, 비탈리(Alex Vitale)의 주장처럼, 최근 G20 서울정상회의에서 보였던 우리나라 경찰의 집회·시위 관리방식은 미국이나 서유럽 국가들이 견지해 왔던 '소통(communication)'과 '정보파악(Intelligence)'을 통한 협의관리(negotiated management) 원칙 아래 사소한 법집행에 대해서는 유연하게(flexible) 대처함으로써 몇 가지 아쉬운 점을 제외하고는 비교적 성공적인 평가를 얻은 것이 사실이다.[1] 그럼에도 불구하고 여전히 성향적으로 혹은 상습적으로 일부 폭력을 야기하는 불법 행위자에 대해서는 경미한 위법행위에 대해서도 반드시 사후에라

---

1) 2011. 2. 21 경찰대학에서 개최한 G20 집회시위 관리정책 평가 심포지움에서 비탈리 교수(뉴욕시립대 Brooklyn college)는 한국의 G20서울정상회의 집회 시위 관리에 대해 영국, 캐나다 등의 G20행사 관리방식과 비교, 주제발표하면서 경비경찰 진압복의 개인식별 표지 부착, 행사장 주변의 합법적 집회 시위 보장 필요성, 외국인에 대한 과도한 입국금지 자제, 지나친 경력배치 자제 등을 지적하였지만, 대체적으로 선진 경찰국가 수준의 성공적 집회·시위 관리라는 평가를 하였고, 특히 적극적인 정보활동을 통한 의사소통과 이를 통한 협의관리 방식에 대해 긍정적인 평가를 하였다.

도 엄정하게 법집행을 함으로써 불법집회에 관한 한은 절대로 묵과하지 않는다
는 강력한 법집행 의지를 보이는 것이 근원적으로 불법집회를 더 이상 확산되
지 않도록 하는 중요한 하나의 방법이 될 것으로 생각된다. 사회갈등 조정 촉진
자라 할 수 있는 정보경찰의 적극적인 정보활동을 통해 갈등 당사자간의 사전
협상을 주도함으로써 갈등을 최소화하고 집회 시위 주최 측과의 협의관리를 통
해 준법집회를 유도하는 동시에 불법행위에 대해서는 경미한 위법행위라도 엄
정하게 법집행을 하는 역할을 얼마나 조화롭게 수행하느냐가 관건이라 하겠다.

제 2 절 주요 국가의 집회·시위관리

1. 집회·시위관련 법률규정

(1) 미   국

1) 관련 법규

미국의 경우 연방차원에서 집회·시위를 관장하는 통일적인 법률은 없으며,
각 주의 법률이나 시의 조례에 의하여 옥외집회를 규제하고 있다. 각 주는 각각
의 상황과 조건에 따라 각기 상이한 내용의 법률과 조례들을 제정해 집회·시위
에 대처하고 있다.

구체적으로 워싱턴시(Washington D.C.)의 경우에는 "시위를 개최하고자 하
는 사람·집단은 시위시간·장소를 정한 뒤에 이를 서면으로 작성하여 관할 경
찰서장에게 시위허가신청서를 제출"하도록 하고, 관할당국은 "허가신청서에 기
재된 사항 및 다른 통로를 통해 입수된 제반 정황을 토대로" 그 시위의 개최가
시위가 열릴 도로와 인접한 지역을 통행하는 보행자 또는 차량의 안전하고 질
서 있는 운행에 커다란 지장을 초래하거나 공공의 안녕을 위태롭게 하거나 또
는 중대한 재산상의 손실을 초래할 수 있을 정도로 폭력적이고 무질서한 행동
의 가능성을 조성할 위험이 있다고 판단되는 경우 등에는 그것을 허용하지 않
을 수 있도록 규정하고 있다.

또 다른 예로 워싱턴시(Washington D.C.)의 형사법 제 9 조는 백악관과 국회의사당, 그리고 대법원 청사 등의 공공건물 주위로부터 50~500피트 이내의 장소에서는 집회와 시위를 개최할 수 없도록 규정하고 있다. 또한 워싱턴시(Washington D.C.)의 조례 제700조는 집회시위의 사전허가 제도를 명백하게 규정하고 있다. 따라서 이러한 조례에 따라, 워싱턴시(Washington D.C.)에서는 사전허가를 통해서만 집회·시위가 가능하며, 이 지역에서 집회·시위를 개최하고자 하는 개인이나 단체는 시위의 시간과 장소를 정한 뒤 이를 서면으로 작성하여 관할경찰서장에게 시위허가신청서를 제출하여야 한다. 그뒤 허가신청서가 접수되면 경찰당국은 신청서에 기재된 사항 및 다른 경로를 통해 입수된 정보를 토대로 집회·시위가 법률에 저촉되는지 여부를 판단하여 집회·시위의 허가 여부를 결정한다(김종양, 2003: 67 – 68).

2) 판례의 입장

연방대법원의 일관된 견해는 사전허가제는 경찰로 하여금 시위에 대한 준비를 할 수 있게 하고, 두 개의 시위가 같은 장소에서 동시에 일어나는 것을 방지하여 주며, 출퇴근 시간에 교통이 막히는 것을 방지해 줄 수 있기 때문에 사전허가제가 위헌이라고 볼 수는 없으며, 다만 사전허가제가 사전허가의 방법을 통하여 행정관리로 하여금 시위에서 주장하는 내용을 심사하여 그에 따라 조치할 수 있는 재량권을 주도록 되어있다거나 시위자체를 금지시킬 수 있다면 그러한 사전허가제는 무효라고 한다.

시위 및 행진에 대한 사전허가제를 규정한 뉴햄프셔(New Hampshire) 州法이 문제가 된 1941년의 판례에서 미국 연방대법원은 허가제규정의 위헌여부에 관하여 '공중의 편의'에 대한 '부당한'지장을 주어서는 안 된다는 정도의 구체성과 명확성만으로도 합헌이라는 판결을 내렸다. 또한 시당국은 다른 적절한 목적을 위하여 시위 및 행진의 시간과 장소, 방법에 대해 일정한 조건 또는 변경을 가할 수 있다고 판시하였다.

이는 1965년 Cox v. Louisiana 판례[2]에서도 확인되었다. 즉, 연방대법원은 "본법의 규제대상이 되는 행위(피케팅 및 시위)는 표현과 집회가 결합된 것으로

---

2) 379 U.S. 588.

서 규제의 대상이 된다. … 언론과 결합된 어떤 종류의 행위에 대한 규제 내지 금지는 가능하다"고 결론짓고, 그 논거로 "본 건에서는 신문의 기사라든지 한 시민의 공무원에 대한 전문과 같은 순수한 형태의 표현을 문제시하는 것은 아니다. 본 건에 있어서 중요한 것은 표현의 자유에 대한 것만이 아니라 특정의 행위와 결합된 표현이라는 데 있다"는 것을 들었다. 이는 '순수한 언론'과는 달리 특정의 행위와 결합된 '언론 플러스'는 규제의 대상이 될 수 있음을 인정하여 집회 및 시위에 대한 사전허가제를 합헌으로 인정하는 것이었다.

앨라배마(Alabama)주 버밍햄(Birmingham)시 조례에는 "모든 공공도로에서의 행진 또는 시위는 사전에 시 경찰위원회의 허가를 받아야하며, 경찰위원회는 평화, 안전, 건강, 품위, 질서, 도덕 또는 편의를 위하여 허가거부가 필요하다고 판단되지 않는 한 시위와 행진은 허가해주어야 한다"고 규정하고 있는바, 이에 대해 1969년의 판례에서는 연방대법원이 "허가당국에게 지침이 될 수 있는 협소하고, 객관적이고, 명확한 기준"이 설정되어야 하는데, 버밍햄시 조례는 이 요건을 충족시켜 주지 못하고 있다. 문제된 행위가 공동체의 '복지', '품위' 또는 '도덕'에 미치는 잠재적 효과에 대해 허가당국의 공무원 자신의 견해에 따라 허가를 해줄 수도 있고 하지 않을 수도 있도록 해서는 안 된다고 판시하였다. 즉, 미국 헌법 수정 제 1 조의 기본권은 가장 근본적인 인권이므로 이를 제한하는 데는 신중을 기해야 하며, 만일 이를 제한하려고 할 경우에는 구체적이고 확실성이 있는 기준이 설정되어 있어야 한다고 하였던 것이다.

또 Police Department of Chicago v. Mosley 판결(1972)에서는 초·중·고등학교 수업시간 시작 전 1시간 반부터 종료 후 1시간 반까지 학교로부터 150피트 이내의 공공도로에서의 피케팅을 금지한 시 조례의 합헌성 여부가 다루어졌다. 연방대법원은 '의사표현의 내용'에 대한 규제라는 점에 초점을 맞추어 이 규정이 위헌이라고 다음과 같이 판결하였다.

"무엇보다도 수정 제 1 조는 정부가 의사표현의 메시지, 의견, 주제 또는 내용을 이유로 그 표현을 규제할 권한이 없음을 의미한다. … 수정 제 1 조는 그 자체는 말할 것도 없고, 평등보호조항에 비추어 보더라도, 정부가 받아들일 수 있다고 보는 견해를 가진 사람들에게는 공공의 광장을 사용하도록 허용하면서, 정부가 덜 좋아하거나 논란 많은 견해를 표명하려는 사람들에게는 사용을 못하도록 할 수는 없는 것이다. … 일단 광장이 어떤 집단의 집회 또는 연설에 열려 졌으면, 정부는 다른 사람들의 집회나 연설에 대해 그들이 '말하려는 것'을 근거 로 이를 금지할 수는 없다."

위의 판례들로부터 집회·시위허가제에 관한 입장을 다음과 같이 정리해 볼 수 있다.

첫째, 집회·시위에 대한 사전허가제 자체가 위헌은 아니며, 공중의 편의 등을 위해 허가제를 택할 수 있다.

둘째, 허가의 기준은 구체적이고 객관적이고 명확해야 한다.

셋째, 위헌인 규정에 대해서는 이를 무시하고 집회·시위를 할 수 있으나, 규정 자체가 위헌이 아닌 한 허가거부가 자의적이고 잘못되었다고 하더라도 이 를 무시할 수는 없고, 법원에 사법적 구제를 구해야 한다(김상희, 2001: 47-49).

(2) 영   국

1) 관련법규

영국에서는 인권법 제20조에 평화적 집회, 결사의 자유를 명문화하고 있으 나, 그 외 집회의 자유를 보호하고, 보장하기 위하여 명문화된 법률은 없다. 따 라서 집회와 시위는 판례법과 제정법에서 금지하고 있지 않는 한 허용되고 있 으며, 1936년에 공공장소에서의 질서유지를 목적으로 제정된 공공질서법(Public Order Act)이 사실상 집회에 관한 규제 법률적 역할을 하고 있다.3)

그 후 이 법은 1980년대에 들어 "브릭스턴(Brixton) 흑인마을 폭동사건 (1981)"과 전국적인 "탄광노조 파업사태(1984)" 등에서와 같은 폭력시위가 급속히 확산되는 양상에 직면하면서 이에 대한 적극적인 대응을 위해 1986년 내무성 주 도로 개정됐다. 현재까지 이 법은 폭동과 폭력적 질서 파괴행위, 패싸움, 불법집 회, 폭력위협 및 도발행위와 인신공격, 그리고 행진 및 집회에 관해 명백한 규정 을 담고 있어 우리의 집시법과 같은 역할을 수행하고 있다(김종양, 2003: 62).

한편, 이러한 공공질서법은 다음과 같은 특징을 가지고 있다. 첫째, 집회 및 행진에 대한 사전신고를 규정하고 이를 어길 경우 제재조항을 명백히 함으 로써, 집회 및 시위에 대한 경찰관여의 근거를 명문화하고 있다. 둘째, 집회나

---

3) http://lawlab.chonbuk.ac.kr/thesis/22/16.htm.

시위에 참가한 인원을 세분화하여 폭력 또는 모욕행위나 그에 상응하는 언어사용 등에 대한 처벌을 상대적으로 엄격하게 규정하고 있다. 셋째, 신고한 범주를 벗어난 행위나 불법, 폭력행위를 한 자에 대하여는 현장 경찰관이 영장 없이도 체포가 가능하도록 하여 경찰의 재량권을 확대하고 있다.

2) 사전신고제 운용

이미 밝힌 바와 같이 영국은 1936년에 정치적인 과격집단이 공공장소에서 질서를 교란시키는 것을 예방하기 위해 공공질서법(Public Order Act)을 제정하였다.[4] 이와 같은 「공공질서법」에 의하면 "어떤 개인 또는 단체의 견해나 행동에 대해 지지 또는 반대를 나타내고자 하는 경우"와 "어떤 주의나 운동을 선전하고자 하는 경우에" 공공행진을 하고자 하는 자와 단체는 최소 6일 전에 관계 당국에 "행진날짜, 시간, 예정된 경로" 등을 서면으로 통지하여야 한다(제11조)고 규정하고 있으며, "고위 경찰관"은 공공행진의 개최와 관련하여 "심각한 대중적 혼란이나 재산에 대한 심각한 피해 또는 사회에 심각한 와해를 초래할 수 있다고 판단되는 경우"에는 일정한 조건을 부과하거나 공공장소 안으로 진입하는 것을 금지할 수 있도록 하였다(제12조).

또한 이 법은 "고위 경찰관"이 "행진이나 심각한 혼란의 발발을 막을 수 없는 특정한 상황이 관내에 존재한다고 판단되는 경우"에는 지역구 위원회에 요청하여 언제라도 "최고 3개월 이하 동안 공공행진을 못하도록 할 수 있다"는 규정을 두고 있다(제13조).

한편, 영국의 경우에는 집회 및 시위와 관련하여 제재권한을 경찰위원회가 아니라, 관할 "고위경찰관"[5]의 재량에 맡겨두고 있는 반면, 경찰에 집회 및 시위의 금지권한을 부여하지 않고 있어 집회 및 시위에 관한 경찰의 정치적 판단이나 편파적 허용금지를 방지하고자 하였다.

그러나 영국경찰은 "심각한 혼란의 발발을 막을 수 없는 행진이나 특정한 상황이 관내에 존재한다고 판단되는 경우"에 지역 경찰위원회에 일정한 기간 동안(최고 3개월) 일체의 시위 및 행진을 금지하는 신청을 할 수 있으며(공공질서

---

4) Stevens, I. N., Constitutional and administrative Law, p. 171.
5) 고위경찰관이란 행진에 참여하기 위해 사람들이 모여드는 경우의 행진에서는 현장에 있는 경찰관 중 최고위자를 의미하고, 이러한 경우가 아닐 때에는 관할경찰서장을 의미한다.

법 제13조 제 1 항), "신청서를 접수한 경찰위원회는 내무장관의 동의를 얻어 신청서의 조건대로 또는 내무장관의 동의를 얻어 수정할 것을 명령"할 수 있게 하였다.

그리고 영국의 경우 행진에 조건을 부과하고 있는바, 1986년 개정법은 그 사유를 확대하여 ① 심각한 공공 무질서의 위험이 있는 경우, ② 재산에 대한 심각한 손해 또는 공동체 생활의 심각한 균열의 위험이 있는 경우, ③ 협박의 위험이 있는 경우로 규정하고 있어 조건의 부과에 있어서 경찰은 광범위한 재량권을 가지고 있고, 엄격한 조건부과를 통해 사실상 특정 시위에 대한 금지의 효과가 있을 수 있다(김상희, 2001: 60 – 62).

(3) 독   일

1) 관련법규

독일 기본법 제 8 조는 집회의 자유에 관해 다음과 같이 규정하고 있다.

① 모든 독일인은 신고나 허가 없이 평온하게 그리고 무기를 휴대하지 않고 집회할 권리를 가진다.

② 옥외집회의 경우에는 법률로서 또는 법률을 근거로 이 권리가 제한될 수 있다.

이와 같은 규정에 근거하여 집회·시위의 자유와 그 제한에 관하여 구체화해 놓은 것이 "집회 및 시위에 관한 법률(Gesetz über Versammlungen und Aufzüge, Vers – ammlungsgesetz)이다. 이 법률 제14조에서는 "옥외에서 공개집회 또는 시위를 개최할 목적을 가진 사람은 이를 늦어도 48시간 전에 관계당국에 집회와 시위의 목적을 신고하여야 하고, 신고에서 누가 집회 또는 시위의 책임자인지를 명시하여야 한다"고 규정하고, 제15조에서는 옥외 집회·시위의 금지, 해산 등에 관하여 ① "관계당국은 처분을 발할 당시 주위의 사정에 비추어 집회·시위를 하게 되면 공공의 안녕질서가 직접 위태롭게 될 우려가 있는 때에는 당해 집회 또는 시위를 금지하거나 일정한 부담을 과할 수 있다. ② 관계당국은 집회 또는 시위가 신고되지 아니한 경우, 신고내용과 다르거나 부담을 위반한 경우 또는 제 1 항의 금지사유에 해당하는 경우에는 이를 해산시킬 수 있다"고 규정하고 있는바, 위와 같은 옥외 집회·시위의 경우, '신고(Anmeldung)'라는 규정에도 불구하고(법 제14조) 재량적 해석의 여지가 있는 금지처분을 통해(법 제15조) 실질적인 허가제적 규제를 하고 있는 것으로 풀이하는 견해도 있다.

2) 사전적 금지

① 시위의 내용·목적 등에 의한 금지

(가) 금지된 집회·시위

독일집시법은 집회·시위에 대한 일반적인 규제의 원칙으로서 다음과 같은 집회·시위를 금지하고 있다. 첫째, 자유롭고 민주적인 기본질서를 공격하기 위한 집회, 둘째, 기본법 제21조 제2항에 의거하여 연방헌법재판소에 의하여 헌법위반이라고 선언된 정당 또는 그 지부조직이나 그 대체조직의 목적을 촉진하기 위한 집회·시위, 셋째, 기본법 제9조에 의거하여 금지된 단체(그 목적이나 활동이 형벌법규에 위반하거나 헌법상의 질서 또는 국제이해의 관점에 반하는 단체)등이다.

(나) 옥내집회에 대한 금지사유

독일 집시법 제5조는 옥내집회라고 하더라도 공개적인 경우에는 다음과 같은 금지사유를 구체적으로 규정하고 있다. 첫째 주최자가 제1조 제2항의 규정에 해당하는 경우(집회의 자유 권한 박탈, 위헌정당 등, 금지단체 등의 집회)와 제4호의 경우(금지단체 집회)에 있어서는 권한 있는 행정청에 의하여 금지가 확정된 경우, 둘째 집회의 주최자 또는 사회자가 제2조 제3항(무기 등 휴대금지)에 위반하여 무장한 참가자의 입장을 허가한 경우, 셋째 주최자 등이 집회의 폭력적 진행을 기도한 사실이 명백한 경우, 넷째 주최자 등이 중죄 또는 직권으로 소추될 수 있는 경죄에 해당되는 의도를 옹호하려는 발언을 허용하려는 사실이 명백할 때의 네 가지 경우에 집회를 금지시킬 수 있다고 규정하고 있다.

② 공공의 안녕질서위험 등을 이유로 한 금지

독일의 집회 및 시위에 관한 법률 제15조 제1항에 의하면 「관계당국은 통고처분당시 처해 있는 환경에 따라 공공의 안녕과 질서가 집회 또는 시위의 진행으로 직접 위험이 발생할 때, 집회 또는 시위를 금지할 수 있으며, 일정한 부관을 붙일 수 있다」고 규정하고 있다.

3) 질서유지인(Ordner)제도의 운영

독일은 집회 및 시위에 관한 법률에서 명예직 질서유지인에 관한 규정을 두고 있다(제9조, 제18조). 즉 집회의 진행과 질서를 유지해야하는 주관자(Leiter) 혹은 집회인도자는 옥내 및 옥외 공개집회에서 적정한 수의 질서유지인을 두어서 자신의 권리수행을 보조하게 할 수 있다. 옥내집회에서 질서유지인을 둘 의무는 없지만 담당관청은 옥외집회에서 조건을 부과시켜서 질서유지인을 임명하게 할 수 있다. 또한 옥외집회에서 질서유지인을 이용할 때는 집회신고시 질서유지인의 사용에 대한 승인을 얻어야한다(제18조 제2항). 이것은 거대한 옥외집회에서 공공의 안녕과 질서를 위하여 질서유지인의 수와 질에 있어서 사전통제를 하는 데에 의미가 있다. 질서유지인들은 반드시 성인이라야 하며 무기나 제2조 제3항[6]에 규정된 물품을 휴대하여서는 안 되며(집시법 제9조 제1항) "정리원"이라는 표시만을 나타내는 백색완장을 착용하여 뚜렷이 식별하도록 하여야 한다.

그리고 집회참여자들은 주관자가 지명한 질서유지인의 질서유지를 위한 정당한 명령을 준수해야하며(제10조, 제19조 제2항) 주관자 및 질서유지인에게 그의 질서유지권의 합법한 행사에 대해 폭력 또는 강압의 협박으로 대항하거나 또는 그의 질서유지권의 합법한 행사에 대해 그에게 폭력을 가한 경우에는 최고 1년의 징역 또는 벌금으로 처벌된다(제22조).

독일에서 채택하고 있는 이러한 질서유지인제도도 미국의 법률적 옵서버제도와 마찬가지의 효과를 지니고 있는 것으로 평가될 수 있다. 즉, 집회 및 시위의 진행에 있어서 질서유지를 우선적으로 시위대 자체에게 담당시킴으로써 시위대와 경찰간의 직접적인 충돌의 기회를 줄일 수 있게 하고 있다. 이는 시위가 폭력화할 기미가 보일 때 경찰이 질서유지인을 통해 간접적으로 집회의 진정을 유도할 수 있고, 또한 경찰의 시위진압에 있어서의 자제를 신장시켜줄 수 있다. 질서유지인에 관한 규정은 주관자의 권리를 인정하는 조항이지 집회를 제한하

---

6) 독일 집시법 제2조 ③ 아무도 공개집회 또는 시위에 있어서 방법에 따라 사람을 해치거나 또는 사물의 손괴에 적합하거나 결정적인 무기 또는 그 밖의 물건을 당국의 허가 없이 휴대해서는 안 된다. 또한 당국의 허가 없이 무기 또는 앞서 언급한 물건을 공개집회 또는 시위 중에 휴대하거나 그 같은 개최에 운반하거나 또는 그 같은 개최에 이용하도록 준비하거나 분담하는 것은 금지된다.

려는 데에 그 목적이 있는 것은 아니다. 그래서 질서유지인의 선발은 주관자의 재량에 있는 것이다. 거대한 인원이 모인 집회에서 내부의 질서유지는 일차적으로 주최자나 주관자 등에 일임하고 보충적으로 공권력이 발동된다는 원칙이 적용된 것이라 할 수 있다(김상희, 2001: 42-46).

(4) 일   본

1) 관련법규

일본의 헌법은 제21조에서 「집회·결사 및 언론·출판 기타 일체의 표현의 자유를 보장한다」라고 규정하여 집회의 자유를 보장하고 있으나, 이 법 제12조와 제 1 조에 의거하여 별도로 이를 규제하는 입법체계를 갖추고 있다. 그 대표적인 것이 많은 논쟁을 불러일으킨 공안조례이다. 공안조례는 지방자치단체가 각기 독립적으로 집회, 집단행진, 집단시위 운동 등을 공안상 견지에서 규제하기 위하여 제정한 조례의 총칭이다.

이는 형식이 조례라는 점에서 합헌성 여부가 문제될 수 있으나, 이와 관련한 판례는 명시적 또는 묵시적으로 이를 합헌시 하고 있다. 공안조례의 내용은 지방자치단체가 모두 독자적으로 제정하고 있으므로 그 내용에 있어서는 다소 차이를 보이고 있다. 그러나 대체적으로 대부분 사전허가제를 채택하고 있으며, 허가시에도 일정한 조건을 붙일 수 있다는 것이 큰 특징이라 할 수 있다(김종양, 2003: 80-81).

보다 구체적으로 이와 같은 공안조례의 특징을 살펴보면, 먼저 집회·집단행진·집단시위운동을 하는 경우에는 사전에 공안위원회에 허가를 얻거나 신고하도록 되어있으며 그 신청은 72시간 전 또는 48시간 전(11개현)에 하여야 한다. 그리고 허가신청이 있으면 공안위원회는 일반적으로 공공의 안녕질서를 유지하는 데에 직접 위험을 미친다고 명백히 인정되는 경우를 제외하고는 허가하여야 된다고 하고 있다. 그런데 그 허가에는 일정한 조건을 붙일 수 있다.

2) 판례의 입장

집회의 허가제에 대한 최고재판소 판례는 新潟縣의 공안조례사건에서 이루어졌다. 동 판결은 일반적인 허가제는 위헌이지만 특정의 장소, 방법에 관한 합리적이고 명확한 기준하의 허가제는 합헌이라고 하였다. 東京都 공안조례 판결 (1969. 7. 20)에서 일본 대법원은 "순수한 의미에 있어서의 표현이라고 할 출판 등에 관한 사전규제인 검열이 헌법 제21조 제 1 항에 의해 금지되어 있음에도 불구하고, 집단행동에 의한 표현의 자유에 관한 한, 이른바 공안조례로서, 지방적 사정 기타 여러 사정을 충분히 고려하고 불측의 사태에 대비하여 법과 질서를 유지하는 데에 필요한 최소한도의 조치를 사전에 강구하는 것은 불가피한 일이다"고 판시하여 집회 및 시위에 대해 사전규제가 행해질 수 있음을 인정하였다.

　　이와 같은 판례는 집단행동에 의한 표현을 언론, 출판 등에 의한 표현과 구별하고, 후자에 대한 사전제한은 헌법상 금지되지만 전자에 대해서는 그 본래적 위험성 때문에 필요최소한도의 사전제한이 인정된다는 전제에 기반하고 있다. 나아가 허가기준의 적용에 관한 공안위원회의 자유 재량성을 인정함으로써 허가제를 실질적으로 합헌화하는 것이었다(김상희, 2001: 57-59).

　　집회 및 시위에서 집단행동의 준수사항의 하나로 "교통질서 유지"를 규정한 德島市 공안조례의 위헌성에 관한 판결(1975.9.10)에서 일본 대법원은 조례의 내용이 형벌법규로서 불명확함에도 불구하고, 이를 합헌으로 인정하였다. 즉, 대법원은 "도로상에서의 집단행진 등은 … 이러한 행동이 행하여지지 않는 경우의 교통질서를 필연적으로 어느 정도 침해할 가능성을 가질 수밖에 없다. … (이 조례의 규정에서) 금지하는 교통질서의 침해는 당해 집단행진 등에 불가피하게 수반하는 것을 가리키는 것이 아님은 극히 명백하다. 이 규정은 도로상에서 집단행진 등이 일반적으로 질서 있고 평온하게 행하여지는 경우에 이를 수반하는 교통질서 저해의 정도를 넘은 그 이상의 교통질서의 저해를 가져오는 행위를 하지 말도록 명하고 있다고 해석 된다"고 하여 형벌법규 규정이 통상적인 판단능력을 지닌 일반인들의 이해에 의해 그 기준을 읽어낼 수 있는 경우에는 이를 위헌으로 볼 수 없다는 판결을 내렸던 것이다. 다른 한편으로는 이 판례는 공공장소에서의 집회 및 시위에 의해 통상적으로 야기될 수 있는 공공질서의 저해 자체가 집회 및 시위를 제약할 수 있는 요건으로 인정될 수는 없음을 제시한 것으로 해석될 수도 있다.

2. 경찰의 대응방식 변천과정

(1) 미   국

　제 2 차 세계대전 이후 미국의 집회시위와 이에 대한 경찰의 관리는 크게 두 시기로 분류된다. 즉, 1960년대의 격렬한 시위와 강경대응의 시기와 1980년 대 이후 온건한 시위와 협상관리의 시기로 분류되는 것이다. 우선 1960년대와 1970년 초 격렬한 시위와 경찰의 강경대응 시기는 당시 시대상을 크게 반영하고 있다고 할 수 있다. 1960년대 들어서면서 흑백 인종갈등이 첨예하게 드러나기 시작했고, 이와 맞물려 민권운동이 본격화됐다. 진보의 바람은 대학을 중심으로 퍼져나가기 시작해 1960년대 말 1970년대 초 미국의 대학가는 거센 시위로 몸살을 앓아야 했다.

　미국 정부는 1960년대 집회·시위가 격화되자 시위와 폭동을 전문적으로 다루기 위한 국가위원회를 만들어 대책을 논의하기 시작했다. 뉴저지 주 뉴왁과 미시간 주 디트로이트 등지에서 대규모 시위와 폭동이 일어나자 1967년 흔히 '커너(Kerner)위원회'라고 불리는 '국가혼란에 관한 위원회'가 만들어져 이듬해인 1968년 보고서를 제출했다. 커너위원회는 주로 도시의 폭동에 초점을 맞춰 연구를 했으며, 조사된 24개 폭동 가운데 절반가량에서 경찰의 시위관리 잘못이 폭동의 시발이 됐음을 밝혀냈다. 이 위원회는 거의 대부분의 도시에서 대규모 시위를 통제할 수 있는 충분한 경찰력을 확보하지 못해 사태가 악화됐다는 점을 강조하면서 우선 현재 경찰력만이라도 충분한 장비와 훈련이 필요하다는 결론을 내렸다. 아울러 커너위원회는 시위진압과정에서 경찰이 치명적인 살상력을 갖는 무기 또는 장비의 사용이 결국 시위의 확대 또는 폭동으로 악화됐다면서, 이러한 무기 및 장비의 사용을 자제하고 최소한의 물리력으로 시위진압에 나서야 한다고 강조하는 한편 경찰에 대한 불만을 해소하고 시정할 수 있는 공정하고 효과적인 기구 또는 조직의 창설이 필요하다고 주장했다.

　또한 1968년에는 마틴 루터 킹 목사의 암살의 충격 속에서 '폭력의 원인과 예방에 관한 위원회' 이른바 '아이젠하워(Eisenhower)위원회'가 만들어져 1969년 최종보고서를 제출한 바 있다. 아이젠하워위원회는 커너위원회보다 훨씬 광범위하게 시위의 원인과 대책에 관해 연구조사했으나 상당부분 민주사회에서 집회·시위를 어떻게 통제 관리할 것인가에 초점이 맞춰 있었다. 아이젠하워위원회는 집회·시위가 미국사회의 소중한 전통과 같은 것이지만, 폭력시위는 결코 예외적인 것이지 용납될 수 있는 것이 아님을 명백히 밝혔다. 그러나 아이젠하워위원회는 집회·시위의 자유를 명시하고 있는 수정헌법 제1조 규정을 들어 정부가 집회·시위자유를 보호하기 위한 적극적 조치를 취해야 한다고 주장했다. 아울러 집회·시위통제에 있어서 과도한 물리력의 사용은 시위를 오히려 과격하게 만들 수 있는 측면이 있다면서 현명한 방법이 아니라고 강조했다. 또 시위통제를 위해서는 시위를 존중하고, 시위의 시간, 장소 및 방법에 대해 타협하고자 하는 의지와, 그리고 시위를 허가하는 것이 불필요한 경찰력 낭비를 막고, 시위통제를 하는 가장 좋은 방법이라는 것이 이 위원회의 결론이다. 아이젠하워위원회는 1968년 민주당 전당대회 당시 벌어진 시위야말로 경찰이 지나치게 무리하거나 필요 이상의 강경태도를 보여서는 안 된다는 것을 여실하게 보여준 사례라고 지적했다.

한편 대학시위가 사회문제로 떠오르자 1970년에는 '대학소요에 관한 국가위원회' 일명 '스크랜튼(Scranton)위원회'가 결성돼, 학원소요의 원인과 대책에 관한 보고서를 제출하기도 했다. 스크랜튼위원회의 결론 역시 이미 앞서 제출된 두 위원회의 보고서와 크게 다르지 않았다. 스크랜튼위원회는 대학소요가 비단 미국만의 현상이 아니라 매우 자유스러운 일이며, 앞으로도 계속될 수 있는 것이라는 매우 낙관적인 견해를 펼쳤다. 스크랜튼 보고서는 대학이야말로 지적 호기심과 지식 추구가 이뤄지는 곳이기 때문에 다른 곳보다 쉽사리 시위가 발생할 수 있으며, 대부분의 시위는 파괴적이거나 폭력적이지 않다고 강조했다. 설사 폭력시위가 발생한다고 하더라도 이를 막기 위한 치명적인 물리력의 사용은 바람직하지도 또 필요하지도 않다고 주장했다(McPhail, Schweingruber, and McCarthy, 1998).

이러한 위원회 보고서들과 함께 1970년 6월에 미 법무부는 집회와 시위에 관한 책자(Demonstration and Dissent in the Nation's Capitol)를 발간했다. 이 책자에는 집회·시위에 있어서 필요한 협상절차와 과정들이 자세하게 수록돼 있다. 이로 인해 1970년 5월 9일 워싱턴 D.C.에서 열린 대규모 집회가 경찰과 큰 충돌 없이 평화적으로 끝날 수 있었을 뿐만 아니라 이후 10여 년간 각종 집회·시위관리에 있어서 일종의 교범과 같은 역할을 했다. 법무부 책자에서 강조하는 각종 정책과 절차들이 이처럼 효과를 거둘 수 있었던 것은 무엇보다도 헌법이 보장하는 집회·시위권리를 강조하고 시위대와 정부 사이의 접촉과 의사소통의 중요성을 강조했기 때문이었다. 즉, 어느 일방의 이익을 위한 규정과 절차가 아니라, 모든 이해 당사자들의 이익과 권리 그리고 책임과 의무를 놓고 상호 협상과 협력을 통해 합의해야 하는 점을 강조한 것이다.

미국의 집회·시위문화를 한 단계 올려놓은 또 다른 사건은 법무부 책자가 발간된 지 10년이 흐른 뒤인 1982년 미국민권협회(American Civil Liberties Union: ACLU)가 '워싱턴 D.C.에서의 집회(Demonstrating in the District of Columbia)'라는 책자의 발간을 통해서였다. 법무부 책자가 주로 집회·시위관리시스템이 어떻게 작동해야 하는가에 대해 초점을 맞추고 있다면 ACLU 책자는 집회시위관리시스템이 실제로 어떻게 작동하는지에 보다 중점을 두고 있다.

이와 같은 책자발간 이외에 집회시위 관리를 보다 체계적으로 유지하는 데 도움이 된 것이 미 육군헌병학교의 시위관리과정(SEADOC)의 운영이다. 이 과정은 미 법무부가 1967년 미국 전역에 걸쳐 시위가 극성을 부리자 미 육군에 의뢰해 신설했다. 1968년 처음 개설됐다가, 1969년 잠시 중단한 뒤 1970년 다시 개설한 이 과정은 주로 경찰간부가 대상이었으며, 1978년까지 1만 명 이상의 경찰간부, 시위관련 공무원 등이 크게 ① 예방, ② 준비 ③ 통제, ④ 사후처리 네 단계로 나누어진 이 과정을 이수했다. 경찰만의 집회·시위관리 노력이 아닌 관련 정부기관 모두의 협력과 조정, 그리고 단순한 대처가 아닌 전략과 관리의 필요성을 강조한 이 과정을 통해 체계적인 교육과 정보를 얻은 경찰간부와 관련 공무원들이 지역 실정에 맞는 집회·시위관리 프로그램의 마련에 큰 도움을 얻었다. 무엇보다도 과거 맹목적으로 물리력을 통해 집회·시위를 통제하려던 단순성을 벗어나 대치전략(confrontation strategy)을 짜고 대처의 신축성과 선별적인 대응을 강조한 것이 특징이며, 이로 인해 최소한의 물리력으로도 시위관리가 가능하다는 점을 보여주었다(McPhail, Schweingruber, and McCarthy, 1998).

미국의 경우 1960년대와 1970년대 초 격렬한 집회·시위가 역설적으로 합리적인 집회·시위관리 방식을 낳게 만들었다. 효과적인 집회·시위관리 방식의 부재로 시위가 걷잡을 수 없이 악화되는 것을 체험한 뒤 비로소 세 차례에 걸친 대통령직속 위원회의 신설 등을 통해 체계적인 집회·시위관리 방식을 연구하고 도출해냈던 것이다. 집회·시위관리 방식의 전문성 강화노력은 자연스럽게 정부와 정치권의 영향력 감소를 초래했으며, 경찰이 거의 모든 관리권한을 갖게 됐다. 물론 2003년 시애틀에서 발생한 WTO 반대시위에서 경찰이 효과적으로 시위를 관리했다고 할 수 없다. 그러나 이 시위에서도 과거 1960년대와 1970년대와 같은 인적·물적 피해는 발생하지 않았다고 할 수 있으며, 경찰의 가혹행위나 과잉대응이 크게 문제되지 않았다. 더욱이 2003년 시애틀 시위 대응에서 나타난 경찰대응과 관리의 문제점이 이후 정보의 중요성, 홍보와 타협의 중요성을 일깨워줌에 따라 2006년 반이민법 시위에서는 매우 효과적인 시위대응과 관리가 가능하게 된 측면이 있다.

(2) 영 국

제2차 세계대전 이후 집회·시위의 변화에 대해 영국경찰은 일반적으로 조심스럽게 대응해 왔다. 1950년대 반핵집회·시위부터 1960년대 말 극심한 베트남전 반대시위와 학생시위에 이르기까지 여론의 우려에도 불구하고 경찰은 강경대책보다는 기존의 자제하고 삼가는 대응방식을 고수했다. 이러한 진정되고 차분한 대응은 1968년 주영미국대사관 앞에서 벌어진 반전시위에서 빛을 발했고, '폭력의 정복(conquest of violence)'이라는 찬사를 받기도 했다. 그러나 이미 경찰 내부에서도 시위양상이 갈수록 과격해지고 폭력적으로 변화하는 상황에서 상대적으로 소극적이고 자제하는 대응의 요구에 대해 불만을 털어놓기 시작했고, 강경대응의 목소리가 높아졌다(Reiner, 1998: 45). 영국경찰의 집회·시위 방식의 변화의 직접적인 계기가 된 것은 1972년 석탄 광부들의 파업에 대한 대응이었다. 코크스 보관소를 개방하려는 경찰의 시도가 광부들의 거센 반발에 밀려 실패하고 경찰부상자만 낳았던 것이다.

이와 같은 상황의 변화로 인해 1970년대와 1980년대 영국경찰의 집회·시위 대응방식은 바뀌었다. 일부에서는 경찰대응방식의 이러한 변화를 '경찰의 군대화'라는 시각에서 비판하기도 했다. 이러한 변화는 과거 아무런 장비 없이 시위진압에 나서던 방식에서 탈피해 시위진압장비와 보호장구를 구비하기 시작한 것과 밀접한 관련이 있다. 아울러 신속하고 효과적인 대응을 위한 전술의 개발과 훈련조직 및 정보활용의 변화 등 역시 경찰 대응방식의 변화를 엿볼 수 있는 측면이다. 라이너(Reiner)는 1960년대 이후 영국경찰에 대한 영국국민의 지지와 애정이 감소한 주요 요인 중의 하나로 집회·시위에 대한 경찰대응방식의 변화를 꼽고 있다(Reiner, 1998: 44). "지는 것처럼 보여서 이기는(win by appearing to lose)"전략에서 "죽을 때까지 싸우는(to die in a ditch)" 전략으로의 변화가 결국 국민들의 지지와 동정을 잃게 만든 요인이라는 것이다(Reiner, 1998: 44).

그러나 1970년대 초부터 집회·시위를 효과적으로 다루기 위한 경찰의 훈련과 조정 등 투자의 효과가 성과 없는 것은 아니었다. 1984년에서 1985년에 걸쳐 발생한 광산노조파업에 대처하는 과정에서 경찰의 새로운 대응이 상당한 효과를 본 것으로 나타났다. 오히려 경찰대응방식의 변화가 국민의 지지를 잃게 했다는 비판이 경찰의 피상적인 변화모습에 집착한 것이 아니냐는 지적도 나오고 있다. 일부 전략의 변화에도 불구하고, 최소한의 물리력만을 사용하고 법의 엄격한 적용보다는 평화를 유지하기 위해 어느 정도의 재량을 행사하는 기본적인 영국경찰의 대응방식이 그대로 유지되고 있다는 것이다. 와딩튼(Waddington)이 1986년 공공질서법(Public Order Act) 제정 이후 런던경찰의 집회·시위대응방식을 분석한 결과, 영국경찰은 전반적으로 시위대의 협조를 얻기 위해 설득과 약간의 마키아벨리적인 조작을 사용하는 것으로 나타났다. 보다 큰 폭력시위로 발전하는 것을 막기 위해 '말과 힘'을 적당히 조합해 운용한다는 것이다. 따라서 영국경찰이 시위진압에 실패했을 경우 그것은 물리적 강제력이 부족해서가 아니라 판단착오에 기인한 것이라는 설명이다(Waddington, 1994).

또한 경찰 대응방식의 변화가 사회 및 산업 갈등의 정치화에 기인한다는 점이 중요하다고 할 수 있다. 1980년대 초 대도시 곳곳에서 벌어진 시위와 1980년대 중반 탄광과 인쇄산업의 파업 등 사회경제적인 갈등이 거센 시위로 표면화되었고, 경찰대응방식의 변화를 낳게 했다.

(3) 독　일

독일경찰의 대응과 관리방식 역시 집회·시위상황의 변화에 맞춰 변천과정을 겪었다. 1962년부터 1965년까지 독일 경찰은 대규모로 청년시위 진압에 동원됐다. 대부분의 청년시위는 구체적인 조직을 띠거나 계획하에 이뤄진 것이 아니라 우발적으로 발생했다. 일부에서는 청년시위에 대해 경찰이 지나치게 과잉대응을 하고 있다는 비판이 제기되는 한편 좀 더 신축적이고 유연한 대처를 통해 시위대를 불필요하게 자극하거나 폭력사용을 방지할 것을 요구하기도 했다.

경찰의 대응방식의 변화에 영향을 준 시위로 슈바빙거 시위사건을 들 수 있다. 이 시위 이후 경찰의 대응이 청년시위에 대해 좀더 관용적으로 바뀌었고, 대규모 경찰력 동원도 줄였으며, 현장에서 홍보활동도 강화했다. 특히, 경찰심리서비스를 제도화했다는 점이 중요한 변화라고 할 수 있다. 대규모 시위가 군중심리적인 측면이 많이 작용한다는 점을 고려해 경찰심리서비스 기구로 하여금 경찰대응의 지휘와 운영에 있어서 심리자문을 하도록 한 것이다(Winter, 1998: 193). 결과적으로 경찰과 시위대의 과격한 충돌이 경찰의 대응을 보다 효과적으로 유도한 측면이 있는 셈이다.

이 시기 경찰 스스로의 이미지는 매우 국가 중심적이었다고 할 수 있다. 경찰은 국가와 동일시했으며, 국가의 권위와 경찰의 권위를 동등하게 생각했다. 이러한 '국가의식'은 공공복지를 해치고 국가와 사회의 조화를 깨뜨리는 이기심에 대한 보루로 여겨졌던 것이다. 국가의 행정권은 국가의 핵심으로 중시됐고, 경찰은 스스로를 사회문제를 해결하는 권위를 갖는 종합기관으로 간주했다. 이러한 관점에서 경찰의 가장 주요한 임무는 사회의 보호, 즉 국가질서의 유지를 의미했다. 따라서 이 시기 경찰은 Staatspolizei(국가이익을 위해 봉사하는 경찰)의 성격을 갖는다고 볼 수 있다.

전후 독일의 집회·시위와 경찰대응의 변천과정에 있어서 또 다른 특징을 갖는 시기가 1967년부터 1972년까지라고 할 수 있다. 이 시기는 학생시위가 유럽 전체를 휩쓸던 때였고 독일도 예외는 아니었다. 경찰의 대응과 인식도 달라질 수밖에 없었다. 우선 국가와의 동일성, 일체성이 흔들리게 됐다. 진보주의들과 히피들이 목소리를 높이는 가운데, 국가와 사회, 지배하는 자와 지배를 받는 자 사이의 조화가 유지될 수 없었으며, 자연스럽게 경찰과 국가의 동일시는 흔들릴 수밖에 없었다.

1968년의 학생혁명에서 촉발된 여러 가지 문제점이 경찰대응변화의 커다란 전기로 작용했다. 정치적 자유란 새로운 이슈가 제기됐고, 이전까지의 시위에서는 나타나지 않았던 경찰대응에 대한 시위주최 측의 까다로운 평가와 문제제기 등이 경찰대응의 변화를 촉구했다. 시위대의 행진을 3열로 제한하는 등의 엄격한 시위관리규정과 함께 조금이라도 규정을 어기면 가혹하고 폭력적인 대응을 해왔던 경찰의 변화가 필요했다. 이런 배경에서 경찰은 헌법이 보장하는 집회결사의 자유를 보장하고 보호하는 역할로 변화를 시도할 수 있었고 과거의 강경진압 일변도의 대응방식도 자연스럽게 변할 수밖에 없었다. 경찰한테 필요한 것은 시위대와의 싸움에서 이기는 것이 아니라 싸움 자체를 피하는 것이라는 인식이 경찰에 설득력 있게 받아들여졌다. 물론 그렇다고 해서 무질서와 폭력행위까지 허용한 것은 아니었다. 법규를 위반하고, 폭력을 조장하는 시위대에 대한 강경대응 기조는 그대로 유지되었다.

　　1970년대 중반 이후 시위 대응에 있어서 개혁적인 모습을 견지해온 독일경찰은 1985년 독일연방법원이 반핵시위와 관련, 집회·시위 기본권의 중요성을 다시 강조하면서 더욱 집회·시위의 권리를 보장하고 우호적인 관계 유지에 관심을 갖게 됐다. 그러나 1986년 당시 소련의 체르노빌원자력발전소 방사능 누출사고가 발생하자 독일 전역에서 반핵시위가 벌어졌고, 에너지 정책을 둘러싼 논란이 크게 대두되면서 각종 시위에서 시위대와 경찰간의 잦은 폭력 충돌이 빚어지게 됐다. 바커스도르프, 브로크도르프, 함부르크 등지의 핵폐기물질 처리공장 주변에서 벌어진 반핵시위를 진압하는 과정에서 경찰의 과잉대응이 문제되기도 했다(Winter, 1998).

　　2000년대 들어서도 2003년 노동절 시위 등 과격한 폭력시위는 끊이질 않고 있다. 일부에서는 경찰의 조심스런 대응이 폭력을 예방하지 못하고 오히려 혼란을 가중시킨다고 강한 비판을 하고 있다. 그럼에도 불구하고, 독일경찰은 경찰의 강경대응이 사태를 해결하는 것이 아닌 오히려 폭력시위를 부추기는 측면이 있다는 점을 중시해 불필요한 대립과 갈등 그리고 폭력발생을 방지하기 위해 가능하면 관용적 태도를 견지하고 있다. 따라서 1990년대 이후 현재까지도 독일경찰은 평화적 비폭력시위에 대해서는 철저하게 집회·시위의 자유권을 보장하고 시위가 무사히 끝날 수 있도록 지켜주고 관용적인 태도를 견지해 경찰에 대한 신뢰를 증진하고 있으며 무엇보다도 호의적인 여론 확보를 위한 홍보활동 강화에 주력하고 있다.

(4) 일   본

일본 역시 베트남전 반대시위와 1969년의 동경사태 등 1960년대 중반부터 과격시위로 인한 많은 진통을 겪어 왔으며, 경찰의 대응방식 또한 집회·시위방식의 변화에 맞춰 진화돼왔다. 1970년대 중반에는 적군파, 반일무장전선 등과 같은 신좌익의 과격집단이 등장하여 주로 폭발물과 게릴라무기 등을 이용한 과격투쟁을 벌였고, 일반 시민으로 위장하고 대도시에 거주하면서 대기업의 건물에 폭발물을 설치해 인명피해를 유발하여 사회불안을 야기하였다. 이에 경찰의 검문과 검색이 강화되자 지하조직을 결성하여 동조세력의 확대를 도모하고 비밀아지트를 거점으로 한 과격·폭력 투쟁을 벌였다. 하지만, 1970년대 후반에 들어서면서 일본에서의 학생시위는 감소하여 1980년대에는 대학생들의 시위가 현저하게 줄었으며 이전의 과격한 집회·시위는 찾아보기 힘들었다.

1980년대 이후 천황제를 둘러싼 호헌운동, 평화운동 등 각종 국민운동과 원자력 발전소 건설 반대운동, 반핵운동, 농민운동, 조세저항운동 등 다양한 시위들이 분출되고 있으나, 이들은 거의 대부분 법규에 의거한 합법적, 평화적 양상으로 전개되었고, 대부분 결의문 채택이나 사법적 소송의 제기, 토론회, 쟁점 시안의 행정과정에의 참여요구, 피케팅, 평화행진 또는 인간사슬의 형성 등의 비폭력적 평화적 방법으로 진행되었다(김종양, 2004: 79-80).

즉, 일본은 시대의 흐름에 따라 사회활동의 다변화 및 교육수준의 향상과 더불어 학생운동은 줄어들었고, 간혹 공산당조직이나 시민단체들이 국민의 정서적 불안과 지역사회의 평온을 어지럽히는 시위가 있기는 하지만, 전반적으로 평화적인 집회·시위문화가 정착되어온 상태라 할 수 있다. 따라서 현재 일본에서는 우리나라와 유사한 대규모의 폭력성 집회·시위를 찾아볼 수 없으며, 대부분 피케팅이나 차량을 이용한 가두선전 등의 방식을 통해 집회·시위가 이루어지고 있다.

이와 같이 일본에서의 과격·폭력시위가 사라지고 평화적 시위관행이 정착된 것은 우선적으로 정치안정과 경제성장 등과 같은 거시적 차원에서 찾을 수 있다. 1990년대 소비에트연방과 그 위성국가들의 해체로 인한 사회주의 및 공산주의에 대한 불신과 대학교육의 대중화 등도 폭력시위가 사라진 원인과 관련이 있을 것이다. 이러한 사회분위기 속에 경찰은 끈질긴 인내와 이성적 판단에 입각한 냉정한 대응전략을 유지하고 일본 언론의 엄정한 보도가 과격·폭력시위를 사라지게 만든 측면도 크다(조병인, 2002: 100). 1960년대 일본에서 베트남전쟁 지원 반대를 내세운 안보투쟁이 거세게 일었을 때도 일본의 언론들은 '폭력을 배제하고 의회주의를 수호한다'라는 기본적인 입장을 변함없이 고수하였다. 언론기관들은 '폭력을 묵인하는 사회적 풍조'에 우려를 표시하고 어떤 경우에도 폭력은 완전히 배격되어야 한다는 입장을 굳건히 지켰다. 언론의 이 같은 자세는 급진·과격집단의 불법·폭력행동에 대한 비판여론을 확산시키는 데 결정적인 영향을 미쳤으며, 결과적으로는 급진·과격집단의 존립기반을 크게 약화시키는 원인이 되었다(조병인, 2002: 104). 이와 같이 정치적 안정과 경제성장에 따른 국민의 질적 향상의 변화에서 평화적 시위문화로의 정착을 찾아볼 수 있고, 언론 또한 과격시위를 강력하게 비난함으로써 국민 스스로 불법·폭력시위를 계속할 수 없도록 분위기 조성에 일조를 했다.

일본경찰의 관리방식 역시 이러한 집회·시위의 변화과정에 맞춰 많은 차이를 보이고 있다. 우선 1960년대의 과격시위에 대응하기 위해 일본 경찰은 1962년 기동대를 편성하였으며, 현재까지 운영되고 있다. 또 각 경찰서에는 기동대에 근무하였던 경찰관과 시위진압 예비경찰을 편성해 놓고, 비상시에는 시위진압에 동원·대처하고 있다. 1960년대의 화염병 시위에 맞서 경찰도 폭력시위 진압에 적극 임하였으나 경찰은 시위대와 경찰쌍방간의 피해를 최소화하는 것을 제1의 목표로 삼았으며 특히 경찰의 자제력을 강조하였다. 이러한 진압행태는 여론과 국민적 신뢰를 경찰편으로 돌려놓는 데 크게 성공했으며 따라서 불법과격시위에 대한 경찰의 진압에 더 높은 당위성을 부여해준다(유윤종, 2003).

또한, 오늘날 집회·시위 관리를 위한 일본경찰의 전략은 주로 극우단체 및 극좌단체의 불법·행동을 사전에 차단 혹은 사후 진압하는 데 초점이 맞추어져 있다. 우선 우익에 의한 테러 등을 미연에 방지하고 악질 우익단체를 괴멸시키기 위해 위법행위에 대한 철저한 단속을 행하고 있다. 특히 악질적 우익의 자금원을 차단하기 위해 자금획득을 목적으로 저질러지는 범죄에 대한 철저한 단속을 행하고 있으며, 이와 함께 45개 도부현의 '폭소음규제조례'를 근거로 우익들의 차량을 이용한 가두선전행위를 집중적으로 단속하고 있다. 또한, '국회의사

단등주변지역및외국공관등주변지역의정온유지에관한법률' 위반행위를 적극적으로 단속하고 가두선전차량을 이용한 명예훼손과 공갈사건 등도 엄하게 단속하고 있다(조병인, 2002).

제 3 절 집회·시위에 대한 합리적 경찰권 행사방안

1. 주요 국가의 집회·시위대응 비교·분석

(1) 각국 경찰의 집회·시위관리 추세

전 세계적으로 경찰의 집회·시위관리는 1990년대 이후 새로운 추세를 보이고 있다. 가장 두드러진 변화로 ① 강제적인 법집행의 완화, ② 협상과 타협의 중시, 그리고 ③ 광범위한 정보수집이라는 세 가지 측면을 들 수 있다(Porta & Reiter, 1998: 6).

우선 지난 1990년대 이후 각국 경찰, 특히 선진국 경찰은 가능하면 집회·시위에 있어서 강제적인 개입을 피하려 하고 있다. 이들 경찰은 불법 집회·시위의 일정 부분을 묵인하고 있는 셈이다. 법 집행(law enforcement)이 평화유지(peace keeping)보다 덜 중요한 것으로 인식되고 있기 때문이다. 지난 1960년대와 1970년대 무조건 불법시위를 막고 법과 질서를 세우려 했던 점을 감안할 때 큰 변화라고 할 수 있다. 미국의 경우에도 알렉스 비탈(Alex Vitale, 2005)이 지적하는 것처럼, 1999년 WTO 반대시위 이후 경찰과 시위대 모두 격렬한 대립을 자제하는 경향을 보이고 있다.

둘째, 최근 경찰의 집회·시위관리에서 주목할 만한 변화는 협상의 기술과 적용이 강조되고 있다는 점이다. 물론 이러한 변화가 새로운 것은 아니다. 이미 1960년대 독일의 경우, 강경진압이 여론의 강한 비판에 직면하자 경찰홍보활동의 강화와 함께 협상과 타협기술의 중요성이 강조된 바 있다. 미국이나 영국의 경우에도 지난 1960년대와 1970년대와 비교할 때 눈에 띌 정도로 협상과 타협의 중요성을 강조하고 있다.

셋째, 정보수집에 대한 노력과 중요성이 증가하고 있다. 물론 집회·시위

통제에 있어서 정보의 중요성은 이미 오래전부터 강조돼 왔다. 그러나 정보통신 기술을 비롯한 과학기술의 발달은 집회·시위에 대한 정보수집과 관리를 보다 용이하게 할 수 있게 하고 있으며, 이를 이용한 집회·시위의 효과적이고 효율적인 통제를 가능하게 하고 있다.

(2) 각국 경찰의 집회·시위대응방식 비교·분석

1) 정치체제 요인

집회·시위관리는 각국에 따라 차이를 보인다. 이러한 차이가 발생하는 이유는 무엇보다도 먼저, 정치체제의 차이에 기인한다. 경찰조직, 사법부 성격, 기본권 보장 여부 등이 경찰의 집회·시위관리에 영향을 미치게 된다. 정치체제와 관련되는 변수로 우선 경찰의 조직구조를 들 수 있다. 정치체제의 성격에 따라 경찰의 집중성과 같은 경찰 조직구조가 달라지기 때문이다. 경찰력의 집중과 관련해, 일반적으로 권위주의 정치체제에서 경찰력의 집중현상이 강하게 나타난다. 아울러 보수우익 정부에서 경찰력의 집중이 강해지며 이는 집회·시위관리에 있어서도 강경대응의 결과를 낳는 경우가 많다.

이처럼 경찰의 집회·시위관리는 정치적인 성격을 띠고 있다. 경찰은 정치적인 중립성을 지켜야 하는 기관이지만 현실적으로 어느 국가를 막론하고 집회·시위를 다루는 데 있어서 경찰이 정치적인 이해관계와 영향에서 자유로울 수 없다 (Porta & Reiter, 1998). 특히 정부 여당이 집회·시위문제와 관련해 정치적인 이해득실을 고려해 경찰에 영향을 준다는 점은 부인하기 어렵다. 국가에 따라, 또 시기에 따라 경찰에 대한 이러한 정치적인 영향은 차이가 있지만, 중요한 점은 경찰의 집회·시위관리에 정권의 성격과 정치적인 결정이 매우 주요한 역할을 한다는 점이다.

영국경찰의 집회시위방식을 연구하면서 기어리(Geary, 1985)는 자유당과 노동당 정부가 지지층을 결속하기 위해 노조와 시민운동단체의 집회·시위에 대해 비교적 관대한 입장을 보인 데 반해, 보수당 정부는 보수층의 이익을 대변해 법과 질서를 강조하고 집회·시위에 대해 보다 강경한 태도를 보여 왔음을 강조하고 있다. 독일 경찰의 집회·시위관리방식에 있어서도 비슷한 변천과정을 보여 왔다. 즉, 진보좌익성격의 정권하에서는 경찰이 일반적으로 집회·시위에 대해 보다 "부드러운" 태도와 관리방침을 유지하다가 보수우익성격의 정권이 들어서면 보다 "딱딱한" 태도를 보이는 것이다. 이를테면, 독일의 경우 1969년 최초의 진보적 성격의 정부인 빌리 브란트(Willi Brandt)정부(1969-1972)가 들어서자, 공공도로에서의 행진을 허용하고 시위 참가자의 인권에 대한 배려를 강화하는 등 경찰의 집회·시위대응방식이 보다 탄력적이고 관용적으로 바뀐 것이다. 반면 영국에서 마가렛 대처(Margaret Thatcher) 총리가 집권하면서 1980년대 경찰의 집회·시위대응태도가 매우 강경하게 바뀐 점을 놓고 보더라도 정권의 성격과 경찰의 집회·시위관리방식은 밀접한 관련을 갖는다고 할 수 있다. 우리나라 역시 과거 권위주의 정부의 집회·시위대응방식이 군사작전을 펼치는 것과 같이 보다 강경하고 조직적인 데 반해, 국민의 정부와 참여정부로 이어지면서 집회·시위에 대해 보다 관용적으로 바뀌었다고 할 수 있다.

물론 진보성향의 정부가 집회·시위에 대해 항상 관용적이고, 보수성향의 정부가 항상 강경한 것은 아니다. 실제로 독일의 브란트(Brandt)정부에서도 보수 정당들이 당시 사회혼란에 따른 법과 질서의 중요성을 선거운동과 연결하면서, 집회·시위에 대한 대응을 일시적으로 강경하게 바꾼 바 있다. 하지만 이 또한 경찰의 집회·시위관리에 있어서 정치적인 영향의 중요성을 다른 각도에서 강조하는 것이라고 말할 수 있다.

그러나 이미 집회관리 추세에서 밝힌 것처럼, 정부성향과 관련 없이 대부분 국가, 특히 선진국에서 집회관리방식은 점차 탄력적이고 관용적으로 바뀌고 있으며, 정부가 직접 개입하고 통제하기보다는 경찰에 맡기는 방식으로 변화하고 있다. 그러나 이는 오히려 경찰입장에서는 민감하고 갈등의 요소가 다분한 집회·시위문제를 정치적으로 해결하지 않고, 경찰에 맡김으로써 오히려 책임만 지우게 한다는 비판의 목소리가 나올 수 있다. 공공질서를 심각하게 해칠 수 있는 사건에서 정치적인 가이드라인을 제시하지 않는 것은 현장 분위기와 감정에 의존할 수 있게 하며 또 집회·시위 참가자와 경찰의 대립과 충돌을 야기하는 요인이 된다.

2) 정치문화 요인

이러한 체제적인 변수와 함께 중요한 것이 정치문화와 경찰의 직업문화라고 할 수 있다. 그 나라의 독특한 정치문화와 경찰의 직업문화는 경찰의 집회관리 방식에 커다란 영향을 준다. 한 나라의 특색과 전통은 법규에만 깃들어 있는 것이 아니라 정치문화에도 깊이 배어있다. 따라서 경찰의 집회·시위관리는 국민 인권과 경찰력 사용에 대해 문화적으로 어떻게 이해하느냐에 따라 민감하게 달라지는 것이다. 이를테면, 파시즘 독재에 대한 피해의식이 남아있는 독일정부는 과격한 시위를 민주주의에 대한 위협으로 받아들이는 반면 시위 주동자나 참가자들은 정부의 대응을 파시즘의 유물로 과민하게 받아들이는 경향이 있다. 그럼에도 불구하고, 아직도 전통적으로 권위주의 정치문화가 깊게 자리잡고 있는 국가일수록 집회시위에 대해 보다 강력하게 대처하는 경향이 강하고 반대로 권위주의 색채가 옅은 국가의 경우에는 집회·시위에 대해 보다 탄력적으로 대응해 악화를 방지하는 경향이 남아 있다(Flam, 1994: 345). 하지만 탈냉전 이후 유럽에서는 민주주의 정치문화가 확산되고, 이로 인해 경찰의 집회·시위관리방식에도 적지 않은 영향을 주고 있다.

경찰의 독특한 직업문화 역시 경찰의 집회관리방식에 영향을 미친다. 일찍이 스콜닉(Skolnick, 1966)은 "경찰관은 스스로의 역할을 법 집행자로서보다는 장인(匠人)으로서, 법 규정에 따라야 하는 공복(公僕)이라기보다는 숙련된 일꾼으로 이해하고 있다"고 주장한 바 있다(1966: 231). 그 업무의 특성상 경찰관은 외부와는 어느 정도 단절된 세계에 머물러 있기를 선호하는 경향마저 있다(Manning, 1997; Holdaway, 1984). 또한 경찰관이 갖는 강한 남성적 이미지가 경찰관들로 하여금 질서유지나 서비스 역할보다는 범죄퇴치와 같은 거친 업무에 대한 선호를 높게 하는 경향도 있다. 실제로 영국의 집회·시위와 경찰의 대응방식에 대한 연구결과, 경찰업무가 단조로운 측면이 있기 때문에 과격한 폭력집회시위가 오히려 경찰관들을 흥분시키고, 의욕을 고조시키는 역할을 하기도 했다(Porta & Reiter, 1998). 일반적으로 경찰관의 업무가 경찰관들로 하여금 의심을 많게 하고, 보수적이고 거친 것을 선호하게 만드는 측면이 있다. 경찰의 철저한 위계질서와 군사적 요소들은 이러한 경향을 더욱 강화함과 동시에 경찰을 외부와 단절된 특수한 집단으로 인식하게 하고 일체감과 단결을 강조하는 요인이 된다. 또한 사회의 다양성을 인정하기보다는 특이하고 다양한 집단에 대한 적대감을 갖게 한다.

무엇보다도 경찰업무의 특이성에 기인한 경찰관의 재량권이 독특한 경찰문화를 형성하는 데 일조하고, 아울러 경찰의 집회·시위관리방식에도 영향을 미친다. 즉, 경찰관의 재량권을 제한하는 법 규정이 존재하지만, 상황에 따라 현장에서 즉각 결정을 내려야 하고, 선입견과 고정관념이 이러한 결정에 매우 중요한 영향을 미치는 경찰업무의 특성상 경찰의 직업문화는 집회·시위에 어떻게 대처해야 하는지에 대해 깊은 상관성을 갖는 것이다.

3) 여론 요인

경찰의 집회·시위관리방식에 영향을 미치는 다른 요소로 여론을 들 수 있다. 정부는 집회·시위를 관리방식을 결정하는 데 있어서 정당, 이익집단, 시민단체 등 다양한 집단의 영향에 매우 민감하다. 이들 다양한 집단은 직접 정부에 집회·시위관리방식에 대해 의사를 표출하기도 하고, 또는 언론 등 여러 가지 대중매체를 통해 영향력을 행사한다.

일반적으로 진보적인 성향의 집단과 조직일수록 경찰의 집회·시위관리방식에 대해 즉각적인 반응을 보이게 되고, 서로 연합해 이슈를 형성하고 각종 통로를 통해 정부에 압력을 가한다. 영국의 경우, 진보적인 성향의 조직이 집회·시위를 벌이는 도중 경찰이 무리하게 진압할 때 광범위하고 강력한 비판여론이 형성되고 정부를 곤혹스럽게 만드는 사례가 발견된다(Geary, 1985: 117).

물론 집회·시위에 대해 정부가 보다 강력하게 대응할 것을 주문하고 요구하는 여론 역시 존재한다. 이를 위한 보수우익단체간 연합이 형성되기도 한다. 그러나 여론의 형성과정에서 진보세력만큼 강하게 결집되거나 영향력을 발휘하지 못하는 경향이 있다. 언론을 포함한 대중 매체 역시 보편적으로 집회·시위에 대한 경찰의 대응방식을 놓고 보수우익 집단보다는 진보세력의 주장에 조금 더 동조적인 성향을 갖고 있다. 일본의 언론이 1970년대 이후 줄곧 폭력을 배제하고, 의회주의에 입각한 절차와 원칙을 강조해왔기에 이후 집회·시위에 있어서 불법 폭력 행태가 자리 잡지 못한 주요한 원인이 됐던 것이다. 세계적으로도 1970년대 이후 각국 언론은 경찰의 강력한 집회·시위대응에 비판적이고 다원적인 성향을 보여 왔다(Porta & Reiter, 1998).

아울러 기자들이 집회·시위현장에서 취재하고 있을 때 경찰의 대응방식이 보다 관용적이 되는 것 역시 여론의 영향에 경찰의 집회·시위방식이 민감하게 반응하고 있음을 보여준다. 특히 권위주의 정치체제에서 민주화 과정을 겪는 국가일수록 경찰의 대응방식이 여론의 향배에 매우 주목하는 경향이 있다. 하지만 반대로 민주화로 이행되는 과정에서 과도한 집회·시위로 인해 이를 막는 경찰의 어려움을 잘 이해하는 정부가 경찰의 든든한 버팀목이 되어 준다거나, 아니면 이와 같이 혼란스런 시기에 집회·시위를 막는 경찰이 뚫린다면 정부 자체가 흔들릴 수 있는 상황에서는 경찰이 다소 과잉대응을 하더라도 정부가 묵인하는 경향이 있다.

언론 역시 경찰의 집회·시위관리방식에 대해 항상 비판적인 것은 아니다. 오히려 정부의 보다 강경한 대응을 요구하는 경우도 있다. 우리나라 언론의 보도태도에서 잘 나타나는 것처럼, 경찰이 과격한 집회·시위에 대해 보다 강력하게 대응할 것을 주문하는 것은 언론사의 이념성향이 가장 많이 작용한다. 즉, 보수언론의 경우 정부에 대해 강경대응을 요구하기 마련이다. 그러나 부분적으로는 언론의 취재방식과도 관련이 있다. 즉, 취재기자들이 주로 경찰 등 정부의 공식발표결과를 많이 참조하는데다가, 일반적으로 기자들이 안전상 이유로 경찰 뒤에서 취재를 하게 되기 때문에 경찰 관점에서 집회·시위를 바라보는 측면도 있다. 또한 언론의 속성상 집회·시위가 발생하게 된 원인의 측면보다는 대규모 집회시위 현장과 충돌 등 자극적이고 눈길을 끌 수 있는 부분을 강조하는 경향이 있다. 아울러 취재기자 역시 일반 시민과 마찬가지로 소란과 혼동보다는 정리되고 질서 잡힌 것을 더 선호하는 고정관념을 갖고 있기 때문에 과격시위에 대해 부정적인 인식을 갖고 보도하게 된다는 것이다. 특히 자신들의 요구를 전달할 수 있는 다른 평화적인 방법과 통로가 있음에도 과격한 불법 집회·시위를 강행하거나, 경찰의 대응이 설사 강경하더라도 대상이 철저히 불법적이고 과격한 행동을 한 집회·시위 참가자에게만 이뤄진다면 경찰의 강경대응에 대해 오히려 동조하게 된다.

4) 상호작용 요인

경찰의 집회·시위관리방식에 영향을 미치는 또 다른 요소로 시위참여자와 경찰의 상호작용을 들 수 있다. 이러한 상호작용은 단지 한 사건에 의해 형성되는 것이 아니라 과거 여러 사건에 의해 만들어지는 것이며 이러한 과거경험이 경찰의 현재 대응방식에 영향을 주는 것이다. 시위를 금지하는 것은 격렬한 반응과 상호작용을 낳을 수 있다. 영국 런던에서 지난 100년 동안 발생한 과격한 시위를 분석한 결과, 시위참가자들이 정부를 전복한다거나, 비애국적이나, 공산주의적이라는 이미지를 얻거나, 시위대 행동이 정부에 당혹한 결과를 낳을 때, 또한 집회·시위가 불법적일 때 폭력적으로 바뀔 가능성이 높았다(Waddington, 1992).

　　또한 경찰의 특별한 시위대응방법이 시위참가자들과 마주쳤을 때 상승작용을 낳는 경우가 있다. 경찰이 교범에 언급된 방식이 아닌 강압적인 방법으로 시위대를 다룰 때 시위참가자들이 흥분하게 되며 폭력이 불가피하게 발생하게 된다. 방패로 공격을 한다거나 경찰봉을 어깨높이 이상에서 휘두르는 경우 등 경찰의 과잉진압이 시위대를 자극해 폭력성이 높아지는 것 역시 상호작용의 결과로 볼 수 있다. 특히 우리나라의 경우, 선진국과 달리 직업경찰관이 아닌 20대 초반의 전투경찰이 시위진압의 선봉에 서기 때문에 훨씬 물리적 충돌과 폭력의 상승작용을 낳는 주요한 요인이 되고 있다.

2. 한국의 집회·시위에 대한 합리적 경찰권 행사방안

　　지금까지 각국의 집회·시위 및 경찰대응의 변천과정을 살펴본 결과, 바람직한 집회·시위 문화정착을 위한 몇 가지 중요한 정책적 시사점을 찾을 수 있다. 이러한 중요성은 집회·시위를 주도하고 시위에 참여하는 입장에서도 나름대로 의미가 있지만, 무엇보다도 집회·시위를 관리하는 정부입장, 특히 경찰의 관점에서 매우 중요한 의미를 지닌다고 볼 수 있다.

　　첫째, 집회·시위를 관리하는 경찰이 조직, 훈련, 그리고 다른 기관과의 협력이라는 측면에서 좀 더 준비를 갖춰야 한다는 점이다. 미국, 영국, 독일, 일본의 여러 대응에 문제가 있었던 시위에서 여실히 드러났듯이 체계적인 조직, 훈련 및 협력의 미비가 시위관리의 실패로 연결됐다. 경찰만의 대응노력이 아니라 여러 관련 기관이 정보와 인력을 교류하고 협력하는 것이 필요하며 종합적인 비상계획(comprehensive contingency plan)이 마련돼 있어야 한다. 이를 위해 여러 관련 기관 합동의 태스크포스팀 구성을 통한 계획마련과 집회·시위관리도 바람직하다. 아울러 체계적인 집회·시위관리를 위해서는 전문성과 직업성을 강화해야 한다. 직업경찰관이 집회·시위관리를 전담하는 선진국과 달리 우리나라의 경우 직업이 아닌 군복무 대신으로 경찰보조업무를 하는 20대 초반의 혈기 왕성한 전투경찰이 시위진압의 선봉에 서기 때문에 전문성은 물론이고, 상황판단과 대처, 집회시위자들과의 커뮤니케이션능력 등 여러 가지 문제점을 내포한다. 따라서 집회·시위에 대응하는 경찰 인력을 가능하면 직업 경찰관들로 대체하고자 하는 노력이 필요하다.

둘째, 집회·시위발생 이전에 집회·시위 허용지역과 집회·시위 금지지역의 명확한 설정이 필요하다. 단순하게 외국공관 인접지역의 집회·시위 금지라든지 하는 미리 정해진 항목이 아니라, 그때그때 해당 집회·시위의 특성과 상황에 맞춰 어느 곳에서 어디까지 가능하고, 그리고 인도 위에서만 또는 차도 몇 m까지 가능한지 등 구체적이고 세부적인 지역설정이 필요한 것이다. 이러한 집회·시위 허용지역의 구체적인 설정은 집회·시위 참가자들로 하여금 표출하고 싶은 메시지 전달과 원하는 지점까지 이동을 가능하게 하며 경찰과의 불필요한 충돌의 소지를 줄일 수 있게 된다. 미국의 2003년 WTO 반대시위에서도 이미 격렬한 시위가 벌어지고 난 다음 뒤늦게 집회·시위 금지지역을 선포해 시위관리에 어려움을 겪을 수밖에 없었다. 반면 2000년 미국 워싱턴 D.C.에서 열린 세계은행(World Bank)과 IMF 회의 반대시위에서 경찰이 도시의 넓은 지역에서 집회·시위를 허용한 반면 회의가 열리는 장소 근접지역에는 접근을 허용하지 않았다. 일부 시위자들은 회의를 막지 못했기 때문에 시위가 실패한 것이라는 비관적 견해를 내놓기도 했지만, 상당수 시위자들은 충분히 자기들이 말하고자 하는 내용을 미국 전역에 알렸다는 점에서 시위가 성공적이었다고 평가했다. 당연히 회의가 끝나면서 시위 역시 별 문제없이 마무리됐고, 기물파손 등 재산상의 손실도 크지 않았다(Gillham & Marx, 2000).

셋째, 경찰과 집회·시위 주도자들이 행동결과에 대해 다양한 각도에서 충분한 예상을 해야 한다. 자신들의 행동이 어떤 결과를 야기할 것인가에 대해 충분히 고민하지 않고 분위기와 대세에 이끌려 행동이 앞설 경우 대부분 폭력사태로 연결됐다. 많은 폭력 과격 집회·시위에서 경찰의 무리한 물리적 대응이 오히려 시위참가자들을 자극해 더 큰 폭력사태를 초래한 측면이 있다. 비폭력시위를 강조하는 시위참가자들의 설득력을 약화시키는 한편 이들마저 경찰에 폭력적인 방법으로 맞서게 하는 부작용이 있다. 시위주도층 역시 시위참가자들에 대한 통제와 관리를 보다 철저히 해야 한다. 비폭력시위를 위한 별도의 전담반을 편성해 시위대를 감시할 필요가 있으며, 외부인의 개입을 막아야 한다. 물론 우리나라의 경우 현재 질서유지인제도를 운영하고 있지만, 형식적인 운영에 그치고 있다. 음주상태에서의 기물파손이나 경찰에 대한 폭력행위 가능성 등을 방지하고자 집회·시위 도중 음주를 철저히 막는 등 기율관리에 만전을 기하지 않을 경우 충분한 집회·시위의 명분을 갖고도 결국 내용전달과 국민에 대한 호소 모두 실패하게 되는 것이다.

넷째, 집회·시위 발생지역의 이해 당사자들과 집회·시위 주도자들과의 만남을 주선할 필요가 있다. 집회·시위로 인해 피해를 입는 주변 상점 주인과 학교 교사 및 학생, 지역주민 등 이해 당사자들과 집회·시위 주도층과의 사전 집회·시위의 성격과 허용범위에 대한 토론을 유도해 피해를 최소화하는 것이 바람직하다. 또 시민참관단과 같은 제3자가 아닌 이해당사자 대표들이 직접 집회·시위 현장에서 감시하게 함으로써, 약속 이행여부를 점검하고 향후 불법 폭력시위가 발생할 경우 책임소재를 명백히 가리는 데 도움을 줄 수 있다.

마지막으로, 집회·시위와 관련된 모든 당사자들간 신뢰의 중요성을 들 수 있다. 신뢰(Trust)야 말로 프랜시스 후쿠야마(Francis Fukuyama, 1995)가 사회도덕과 번영을 창조하는 원천이라고 일컬을 만큼 주요한 자산이다. 오늘날 전 세계적으로 부유한 자본주의 국가는 모두 안정된 자유민주주의 국가이며, '신뢰'라는 강력한 사회적 자본을 바탕으로 하고 있다(Fukuyama, 1995: 356). 사회구성원이 공통의 규범을 바탕으로 서로 믿고 존중하며 자발적으로 협력하게 하는 신뢰가 국가 번영의 원천이라는 것이다. 이는 톰 타일러(Tom Tyler, 1990)가 법을 준수하는 이유로 꼽고 있는 '절차적 정의(procedural justice)'와 크게 다르지 않다. 절차의 공정성이 정통성을 갖게 하고 서로를 신뢰하게 하는 원동력이 되는 것이다. 독일의 경우 1960년대 폭력시위를 통한 체제전복의 목표에서 1980년대로 접어들면서 시민 주도의 시위형태로 바뀌었고, 정부의 개혁능력과 절차의 공정성에 대한 신뢰가 뒷받침됐다. 물론 시민들의 향상된 교육수준이 이러한 신뢰를 가능하게 한 측면도 있다. 미국과 영국 역시 정부에 대한 신뢰가 평화적이고 합법적인 집회·시위문화의 정착으로 연결되는 핵심적 역할을 담당했다. 어떤 정치적 고려나 압력, 또는 기득권층의 이해관계를 감안하지 않고 법과 원칙대로 집회·시위를 다룰 경우 절차적 공정성이 확보되며, 결국 신뢰가 형성되는 것이다. 이는 비단 집회·시위를 최일선에서 다루는 경찰만이 아니라 검찰, 법원 등 형사사법체계 모두의 문제이며, 정부 관계부처의 문제이기도 하다.

부 록

경 · 찰 · 정 · 보 · 학

경찰법

[시행 2018. 4. 17] [법률 제15566호, 2018. 4. 17, 일부개정]

제1장 총칙 <개정 2011. 5. 30.>

　제1조(목적) 이 법은 국가경찰의 민주적인 관리·운영과 효율적인 임무수행을 위하여 국가경찰의 기본조직 및 직무 범위와 그 밖에 필요한 사항을 규정함을 목적으로 한다.

　[전문개정 2011. 5. 30.]

　제2조(국가경찰의 조직) ① 치안에 관한 사무를 관장하게 하기 위하여 행정안전부장관 소속으로 경찰청을 둔다. <개정 2013. 3. 23., 2014. 11. 19., 2017. 7. 26.>

　② 경찰청의 사무를 지역적으로 분담하여 수행하게 하기 위하여 특별시장·광역시장 및 도지사(이하 "시·도지사"라 한다) 소속으로 지방경찰청을 두고, 지방경찰청장 소속으로 경찰서를 둔다. 이 경우 인구, 행정구역, 면적, 지리적 특성, 교통 및 그 밖의 조건을 고려하여 시·도지사 소속으로 2개의 지방경찰청을 둘 수 있다. <개정 2012. 2. 22.>

　[전문개정 2011. 5. 30.]

　제3조(국가경찰의 임무) 국가경찰의 임무는 다음 각 호와 같다. <개정 2014. 5. 20., 2018. 4. 17.>

　　1. 국민의 생명·신체 및 재산의 보호
　　2. 범죄의 예방·진압 및 수사
　　2의2. 범죄피해자 보호
　　3. 경비·요인경호 및 대간첩·대테러 작전 수행
　　4. 치안정보의 수집·작성 및 배포
　　5. 교통의 단속과 위해의 방지

6. 외국 정부기관 및 국제기구와의 국제협력

7. 그 밖의 공공의 안녕과 질서유지

[전문개정 2011. 8. 4.]

제4조(권한남용의 금지) 국가경찰은 그 직무를 수행할 때 헌법과 법률에 따라 국민의 자유와 권리를 존중하고, 국민 전체에 대한 봉사자로서 공정·중립을 지켜야 하며, 부여된 권한을 남용하여서는 아니 된다.

[전문개정 2011. 5. 30.]

제2장 경찰위원회 <개정 2011. 5. 30.>

제5조(경찰위원회의 설치) ① 경찰행정에 관하여 제9조제1항 각 호의 사항을 심의·의결하기 위하여 행정안전부에 경찰위원회(이하 "위원회"라 한다)를 둔다. <개정 2013. 3. 23., 2014. 11. 19., 2017. 7. 26.>

② 위원회는 위원장 1명을 포함한 7명의 위원으로 구성하되, 위원장 및 5명의 위원은 비상임(非常任)으로 하고, 1명의 위원은 상임(常任)으로 한다.

③ 제2항에 따른 위원 중 상임위원은 정무직으로 한다.

[전문개정 2011. 5. 30.]

제6조(위원의 임명 및 결격사유) ① 위원은 행정안전부장관의 제청으로 국무총리를 거쳐 대통령이 임명한다. <개정 2013. 3. 23., 2014. 11. 19., 2017. 7. 26.>

② 행정안전부장관은 위원 임명을 제청할 때 국가경찰의 정치적 중립이 보장되도록 하여야 한다. <개정 2013. 3. 23., 2014. 11. 19., 2017. 7. 26.>

③ 위원 중 2명은 법관의 자격이 있는 사람이어야 한다.

④ 다음 각 호의 어느 하나에 해당하는 사람은 위원이 될 수 없다.

1. 당적(黨籍)을 이탈한 날부터 3년이 지나지 아니한 사람

2. 선거에 의하여 취임하는 공직에서 퇴직한 날부터 3년이 지나지 아니한 사람

3. 경찰, 검찰, 국가정보원 직원 또는 군인의 직(職)에서 퇴직한 날부터 3년이 지나지 아니한 사람

4. 「국가공무원법」 제33조 각 호의 어느 하나에 해당하는 사람

[전문개정 2011. 5. 30.]

제7조(위원의 임기 및 신분보장) ① 위원의 임기는 3년으로 하며, 연임(連任)할 수 없다. 이 경우 보궐위원의 임기는 전임자 임기의 남은 기간으로 한다.

② 위원은 정당에 가입하거나 제6조제4항제2호 또는 제3호의 직에 취임 또는 임용되거나 제4호에 해당하게 된 때에는 당연히 퇴직된다.

③ 위원은 중대한 신체상 또는 정신상의 장애로 직무를 수행할 수 없게 된 경우를 제외하고는 그 의사에 반하여 면직되지 아니한다.

[전문개정 2011. 5. 30.]

제8조(「국가공무원법」의 준용) 위원에 대하여는 「국가공무원법」 제60조 및 제65조를 준용한다.

[전문개정 2011. 5. 30.]

제9조(위원회의 심의ㆍ의결 사항) ① 다음 각 호의 사항은 위원회의 심의ㆍ의결을 거쳐야 한다. <개정 2013. 3. 23., 2014. 5. 20., 2014. 11. 19., 2017. 7. 26.>

1. 국가경찰의 인사, 예산, 장비, 통신 등에 관한 주요정책 및 국가경찰 업무 발전에 관한 사항

2. 인권보호와 관련되는 국가경찰의 운영ㆍ개선에 관한 사항

3. 국가경찰의 부패 방지와 청렴도 향상에 관한 주요 정책사항

4. 국가경찰 임무 외에 다른 국가기관으로부터의 업무협조 요청에 관한 사항

5. 제주특별자치도의 자치경찰에 대한 국가경찰의 지원ㆍ협조 및 협약 체결의 조정 등에 관한 주요 정책사항

6. 그 밖에 행정안전부장관 및 경찰청장이 중요하다고 인정하여 위원회의 회의에 부친 사항

② 행정안전부장관은 제1항에 따라 심의ㆍ의결된 내용이 적정하지 아니하다고 판단할 때에는 재의(再議)를 요구할 수 있다. <개정 2013. 3. 23., 2014. 11. 19., 2017. 7. 26.>

[전문개정 2011. 5. 30.]

　　제10조(위원회의 운영 등) ① 위원회의 사무는 경찰청에서 수행한다.

　　② 위원회의 회의는 재적위원 과반수의 출석과 출석위원 과반수의 찬성으로 의결한다.

　　③ 이 법에 규정된 것 외에 위원회의 운영 및 제9조제1항 각 호에 따른 심의·의결 사항의 구체적 범위, 재의 요구 등에 필요한 사항은 대통령령으로 정한다.

　　[전문개정 2011. 5. 30.]

제3장 경찰청 <개정 2011. 5. 30.>

　　제11조(경찰청장) ① 경찰청에 경찰청장을 두며, 경찰청장은 치안총감(治安總監)으로 보한다. <개정 2011. 5. 30.>

　　② 경찰청장은 경찰위원회의 동의를 받아 행정안전부장관의 제청으로 국무총리를 거쳐 대통령이 임명한다. 이 경우 국회의 인사청문을 거쳐야 한다. <개정 2011. 5. 30., 2013. 3. 23., 2014. 11. 19., 2017. 7. 26.>

　　③ 경찰청장은 국가경찰에 관한 사무를 총괄하고 경찰청 업무를 관장하며 소속 공무원 및 각급 국가경찰기관의 장을 지휘·감독한다. <개정 2011. 5. 30.>

　　④ 삭제 <2003. 12. 31.>

　　⑤ 경찰청장의 임기는 2년으로 하고, 중임(重任)할 수 없다. <개정 2011. 5. 30.>

　　⑥ 경찰청장이 직무를 집행하면서 헌법이나 법률을 위배하였을 때에는 국회는 탄핵 소추를 의결할 수 있다. <개정 2011. 5. 30.>

　　[제목개정 2011. 5. 30.]

　　[2003. 12. 31. 법률 제7035호에 의하여 1999. 12. 23. 헌법재판소에서 위헌 결정된 이 조를 삭제함.]

　　제12조(차장) ① 경찰청에 차장을 두며, 차장은 치안정감(治安正監)으로 보한다.

　　② 차장은 경찰청장을 보좌하며, 경찰청장이 부득이한 사유로 직무를 수행

할 수 없을 때에는 그 직무를 대행한다.

[전문개정 2011. 5. 30.]

제13조(하부조직) ① 경찰청의 하부조직은 국(局) 또는 부(部) 및 과(課)로
한다.

② 경찰청장·차장·국장 또는 부장 밑에 정책의 기획이나 계획의 입안(立
案) 및 연구·조사를 통하여 그를 직접 보좌하는 담당관을 둘 수 있다.

③ 경찰청의 하부조직의 명칭 및 분장 사무와 공무원의 정원은 「정부조직
법」 제2조제4항 및 제5항을 준용하여 대통령령 또는 행정안전부령으로 정한다.
<개정 2013. 3. 23., 2014. 11. 19., 2017. 7. 26.>

[전문개정 2011. 5. 30.]

제4장 지방경찰 <개정 2011. 5. 30.>

제14조(지방경찰청장) ① 지방경찰청에 지방경찰청장을 두며, 지방경찰청
장은 치안정감·치안감(治安監) 또는 경무관(警務官)으로 보한다.

② 지방경찰청장은 경찰청장의 지휘·감독을 받아 관할구역의 국가경찰사
무를 관장하고 소속 공무원 및 소속 국가경찰기관의 장을 지휘·감독한다.

[전문개정 2011. 5. 30.]

제15조(차장) ① 지방경찰청에 차장을 둘 수 있다.

② 차장은 지방경찰청장을 보좌하여 소관 사무를 처리하고 지방경찰청장
이 부득이한 사유로 직무를 수행할 수 없을 때에는 그 직무를 대행한다.

[전문개정 2011. 5. 30.]

제16조(치안행정협의회) ① 지방행정과 치안행정의 업무조정과 그 밖에 필
요한 사항을 협의·조정하기 위하여 시·도지사(제주특별자치도지사는 제외한
다) 소속으로 치안행정협의회를 둔다.

② 치안행정협의회의 조직·운영과 그 밖에 필요한 사항은 대통령령으로 정
한다.

[전문개정 2011. 5. 30.]

제17조(경찰서장) ① 경찰서에 경찰서장을 두며, 경찰서장은 경무관, 총경

(總警) 또는 경정(警正)으로 보한다. <개정 2012. 2. 22.>

② 경찰서장은 지방경찰청장의 지휘·감독을 받아 관할구역의 소관 사무를 관장하고 소속 공무원을 지휘·감독한다.

③ 경찰서장 소속으로 지구대 또는 파출소를 두고, 그 설치기준은 치안수요·교통·지리 등 관할구역의 특성을 고려하여 행정안전부령으로 정한다. 다만, 필요한 경우에는 출장소를 둘 수 있다. <개정 2013. 3. 23., 2014. 11. 19., 2017. 7. 26.>

[전문개정 2011. 5. 30.]

제18조(직제) 지방경찰청 및 경찰서의 명칭, 위치, 관할구역, 하부조직, 공무원의 정원, 그 밖에 필요한 사항은 「정부조직법」 제2조제4항 및 제5항을 준용하여 대통령령 또는 행정안전부령으로 정한다. <개정 2013. 3. 23., 2014. 11. 19., 2017. 7. 26.>

[전문개정 2011. 5. 30.]

제5장 삭제 <1996. 8. 8.>

제19조 삭제 <1996. 8. 8.>

제20조 삭제 <1996. 8. 8.>

제21조 삭제 <1996. 8. 8.>

제22조 삭제 <1996. 8. 8.>

제6장 국가경찰공무원 <개정 2011. 5. 30.>

제23조(국가경찰공무원) ① 국가경찰공무원의 계급은 치안총감·치안정감·치안감·경무관·총경·경정·경감(警監)·경위(警衛)·경사(警査)·경장(警長)·순경(巡警)으로 한다.

② 국가경찰공무원의 임용·교육훈련·복무·신분보장 등에 관한 사항은 따로 법률로 정한다.

[전문개정 2011. 5. 30.]

제24조(직무수행) ① 국가경찰공무원은 상관의 지휘·감독을 받아 직무를 수행하고, 그 직무수행에 관하여 서로 협력하여야 한다.

② 국가경찰공무원은 구체적 사건수사와 관련된 제1항의 지휘·감독의 적법성 또는 정당성에 대하여 이견이 있을 때에는 이의를 제기할 수 있다.

③ 국가경찰공무원의 직무수행에 필요한 사항은 따로 법률로 정한다.

[전문개정 2011. 5. 30.]

제7장 비상사태 시의 특별조치 <개정 2011. 5. 30.>

제25조(비상사태 시 자치경찰에 대한 지휘·명령) ① 경찰청장은 전시·사변, 천재지변, 그 밖에 이에 준하는 국가 비상사태, 대규모의 테러 또는 소요사태가 발생하였거나 발생할 우려가 있어 전국적인 치안유지를 위하여 긴급한 조치가 필요하다고 인정할 만한 충분한 사유가 있는 경우에는 제2항에 따라 제주특별자치도의 자치경찰공무원(이하 "자치경찰공무원"이라 한다)을 직접 지휘·명령할 수 있다. 다만, 제주특별자치도 지역 단위의 치안유지를 위하여 필요한 경우에는 제주특별자치도지방경찰청장이 지휘·명령할 수 있다.

② 경찰청장 또는 제주특별자치도지방경찰청장은 제1항에 따른 조치가 필요한 경우에는 미리 제주특별자치도지사에게 자치경찰공무원을 직접 지휘·명령하려는 사유 및 내용 등을 구체적으로 제시하여 통보하여야 한다. 이 경우 제주특별자치도지사는 정당한 사유가 없으면 즉시 소속 자치경찰공무원에게 경찰청장 또는 제주특별자치도지방경찰청장의 지휘·명령을 받을 것을 명하여야 한다.

③ 경찰청장 또는 제주특별자치도지방경찰청장이 제1항에 따라 지휘·명령권을 인수한 경우에는 경찰청장은 경찰위원회에 즉시 보고하여야 하고, 제주특별자치도지방경찰청장은 「제주특별자치도 설치 및 국제자유도시 조성을 위한 특별법」 제94조에 따른 관할 치안행정위원회에 즉시 통보하여야 한다. <개정 2015. 7. 24.>

④ 제3항에 따라 자치경찰공무원에 대한 지휘·명령권자가 변동된 사실을 보고받은 경찰위원회는 제1항에 규정된 사유에 해당되지 아니한다고 인정하면 그 지휘·명령권을 반환할 것을 의결할 수 있으며, 같은 사실을 통보받은 치안행

정위원회는 제1항에 규정된 사유에 해당되지 아니한다고 인정하면 경찰청장 또는 제주특별자치도지방경찰청장에게 그 지휘·명령권의 반환을 건의할 수 있다.

⑤ 경찰청장 또는 제주특별자치도지방경찰청장은 제1항에 따라 경찰청장 또는 제주특별자치도지방경찰청장이 자치경찰공무원을 지휘·명령할 수 있는 사유가 해소된 때에는 자치경찰공무원에 대한 지휘·명령권을 즉시 제주특별자치도지사에게 반환하여야 한다.

⑥ 제1항 및 제2항에 따라 제주특별자치도의 자치경찰공무원이 경찰청장 또는 제주특별자치도지방경찰청장의 지휘·명령을 받는 경우 그 지휘·명령의 범위에서는 국가경찰공무원으로 본다.

[전문개정 2011. 5. 30.]

제8장 치안분야의 과학기술진흥 <신설 2014. 5. 20.>

제26조(치안에 필요한 연구개발의 지원 등) ① 경찰청장은 치안에 필요한 연구·실험·조사·기술개발(이하 "연구개발사업"이라 한다) 및 전문인력 양성 등 치안분야의 과학기술진흥을 위한 시책을 마련하여 추진하여야 한다.

② 경찰청장은 연구개발사업을 효율적으로 추진하기 위하여 다음 각 호의 어느 하나에 해당하는 기관 또는 단체 등과 협약을 맺어 연구개발사업을 실시하게 할 수 있다. <개정 2016. 3. 22.>

1. 국공립 연구기관

2. 「특정연구기관 육성법」 제2조에 따른 특정연구기관

3. 「과학기술분야 정부출연연구기관 등의 설립·운영 및 육성에 관한 법률」에 따라 설립된 과학기술분야 정부출연연구기관

4. 「고등교육법」에 따른 대학·산업대학·전문대학 및 기술대학

5. 「민법」이나 다른 법률에 따라 설립된 법인으로서 치안분야 연구기관 또는 법인 부설 연구소

6. 「기초연구진흥 및 기술개발지원에 관한 법률」 제14조의2제1항에 따라 인정받은 기업부설연구소 또는 기업의 연구개발전담부서

7. 그 밖에 대통령령으로 정하는 치안분야 관련 연구·조사·기술개발 등

을 수행하는 기관 또는 단체

③ 경찰청장은 제2항 각 호의 기관 또는 단체 등에 대하여 연구개발사업을 실시하는 데 필요한 경비의 전부 또는 일부를 출연하거나 보조할 수 있다.

④ 제2항에 따른 연구개발사업의 실시와 제3항에 따른 출연금의 지급·사용 및 관리 등에 필요한 사항은 대통령령으로 정한다.

[본조신설 2014. 5. 20.]

부칙 <제15566호, 2018. 4. 17.>

이 법은 공포한 날부터 시행한다.

경찰관 직무집행법

[시행 2018. 4. 17] [법률 제15565호, 2018. 4. 17, 일부개정]

제1조(목적) ① 이 법은 국민의 자유와 권리를 보호하고 사회공공의 질서를 유지하기 위한 경찰관(국가경찰공무원만 해당한다. 이하 같다)의 직무 수행에 필요한 사항을 규정함을 목적으로 한다.

② 이 법에 규정된 경찰관의 직권은 그 직무 수행에 필요한 최소한도에서 행사되어야 하며 남용되어서는 아니 된다.

[전문개정 2014. 5. 20.]

제2조(직무의 범위) 경찰관은 다음 각 호의 직무를 수행한다. <개정 2018. 4. 17.>

　　1. 국민의 생명·신체 및 재산의 보호

　　2. 범죄의 예방·진압 및 수사

　　2의2. 범죄피해자 보호

　　3. 경비, 주요 인사(人士) 경호 및 대간첩·대테러 작전 수행

　　4. 치안정보의 수집·작성 및 배포

　　5. 교통 단속과 교통 위해(危害)의 방지

　　6. 외국 정부기관 및 국제기구와의 국제협력

　　7. 그 밖에 공공의 안녕과 질서 유지

[전문개정 2014. 5. 20.]

제3조(불심검문) ① 경찰관은 다음 각 호의 어느 하나에 해당하는 사람을 정지시켜 질문할 수 있다.

　　1. 수상한 행동이나 그 밖의 주위 사정을 합리적으로 판단하여 볼 때 어떠한 죄를 범하였거나 범하려 하고 있다고 의심할 만한 상당한 이유가 있는 사람

　　2. 이미 행하여진 범죄나 행하여지려고 하는 범죄행위에 관한 사실을 안다고 인정되는 사람

② 경찰관은 제1항에 따라 같은 항 각 호의 사람을 정지시킨 장소에서 질문을 하는 것이 그 사람에게 불리하거나 교통에 방해가 된다고 인정될 때에는 질문을 하기 위하여 가까운 경찰서·지구대·파출소 또는 출장소(지방해양경찰관서를 포함하며, 이하 "경찰관서"라 한다)로 동행할 것을 요구할 수 있다. 이 경우 동행을 요구받은 사람은 그 요구를 거절할 수 있다. <개정 2014. 11. 19., 2017. 7. 26.>

③ 경찰관은 제1항 각 호의 어느 하나에 해당하는 사람에게 질문을 할 때에 그 사람이 흉기를 가지고 있는지를 조사할 수 있다.

④ 경찰관은 제1항이나 제2항에 따라 질문을 하거나 동행을 요구할 경우 자신의 신분을 표시하는 증표를 제시하면서 소속과 성명을 밝히고 질문이나 동행의 목적과 이유를 설명하여야 하며, 동행을 요구하는 경우에는 동행 장소를 밝혀야 한다.

⑤ 경찰관은 제2항에 따라 동행한 사람의 가족이나 친지 등에게 동행한 경찰관의 신분, 동행 장소, 동행 목적과 이유를 알리거나 본인으로 하여금 즉시 연락할 수 있는 기회를 주어야 하며, 변호인의 도움을 받을 권리가 있음을 알려야 한다.

⑥ 경찰관은 제2항에 따라 동행한 사람을 6시간을 초과하여 경찰관서에 머물게 할 수 없다.

⑦ 제1항부터 제3항까지의 규정에 따라 질문을 받거나 동행을 요구받은 사람은 형사소송에 관한 법률에 따르지 아니하고는 신체를 구속당하지 아니하며, 그 의사에 반하여 답변을 강요당하지 아니한다.

[전문개정 2014. 5. 20.]

제4조(보호조치 등) ① 경찰관은 수상한 행동이나 그 밖의 주위 사정을 합리적으로 판단해 볼 때 다음 각 호의 어느 하나에 해당하는 것이 명백하고 응급구호가 필요하다고 믿을 만한 상당한 이유가 있는 사람(이하 "구호대상자"라 한다)을 발견하였을 때에는 보건의료기관이나 공공구호기관에 긴급구호를 요청하거나 경찰관서에 보호하는 등 적절한 조치를 할 수 있다.

1. 정신착란을 일으키거나 술에 취하여 자신 또는 다른 사람의 생명·신체·재산에 위해를 끼칠 우려가 있는 사람

2. 자살을 시도하는 사람

3. 미아, 병자, 부상자 등으로서 적당한 보호자가 없으며 응급구호가 필요하다고 인정되는 사람. 다만, 본인이 구호를 거절하는 경우는 제외한다.

② 제1항에 따라 긴급구호를 요청받은 보건의료기관이나 공공구호기관은 정당한 이유 없이 긴급구호를 거절할 수 없다.

③ 경찰관은 제1항의 조치를 하는 경우에 구호대상자가 휴대하고 있는 무기·흉기 등 위험을 일으킬 수 있는 것으로 인정되는 물건을 경찰관서에 임시로 영치(領置)하여 놓을 수 있다.

④ 경찰관은 제1항의 조치를 하였을 때에는 지체 없이 구호대상자의 가족, 친지 또는 그 밖의 연고자에게 그 사실을 알려야 하며, 연고자가 발견되지 아니할 때에는 구호대상자를 적당한 공공보건의료기관이나 공공구호기관에 즉시 인계하여야 한다.

⑤ 경찰관은 제4항에 따라 구호대상자를 공공보건의료기관이나 공공구호기관에 인계하였을 때에는 즉시 그 사실을 소속 경찰서장이나 해양경찰서장에게 보고하여야 한다. <개정 2014. 11. 19., 2017. 7. 26.>

⑥ 제5항에 따라 보고를 받은 소속 경찰서장이나 해양경찰서장은 대통령령으로 정하는 바에 따라 구호대상자를 인계한 사실을 지체 없이 해당 공공보건의료기관 또는 공공구호기관의 장 및 그 감독행정청에 통보하여야 한다. <개정 2014. 11. 19., 2017. 7. 26.>

⑦ 제1항에 따라 구호대상자를 경찰관서에서 보호하는 기간은 24시간을 초과할 수 없고, 제3항에 따라 물건을 경찰관서에 임시로 영치하는 기간은 10일을 초과할 수 없다.

[전문개정 2014. 5. 20.]

제5조(위험 발생의 방지 등) ① 경찰관은 사람의 생명 또는 신체에 위해를 끼치거나 재산에 중대한 손해를 끼칠 우려가 있는 천재(天災), 사변(事變), 인공구조물의 파손이나 붕괴, 교통사고, 위험물의 폭발, 위험한 동물 등의 출현, 극도의 혼잡, 그 밖의 위험한 사태가 있을 때에는 다음 각 호의 조치를 할 수 있다.

1. 그 장소에 모인 사람, 사물(事物)의 관리자, 그 밖의 관계인에게 필요한 경고를 하는 것

2. 매우 긴급한 경우에는 위해를 입을 우려가 있는 사람을 필요한 한도에서 억류하거나 피난시키는 것

3. 그 장소에 있는 사람, 사물의 관리자, 그 밖의 관계인에게 위해를 방지하기 위하여 필요하다고 인정되는 조치를 하게 하거나 직접 그 조치를 하는 것

② 경찰관서의 장은 대간첩 작전의 수행이나 소요(騷擾) 사태의 진압을 위하여 필요하다고 인정되는 상당한 이유가 있을 때에는 대간첩 작전지역이나 경찰관서·무기고 등 국가중요시설에 대한 접근 또는 통행을 제한하거나 금지할 수 있다.

③ 경찰관은 제1항의 조치를 하였을 때에는 지체 없이 그 사실을 소속 경찰관서의 장에게 보고하여야 한다.

④ 제2항의 조치를 하거나 제3항의 보고를 받은 경찰관서의 장은 관계 기관의 협조를 구하는 등 적절한 조치를 하여야 한다.

[전문개정 2014. 5. 20.]

제6조(범죄의 예방과 제지) 경찰관은 범죄행위가 목전(目前)에 행하여지려고 하고 있다고 인정될 때에는 이를 예방하기 위하여 관계인에게 필요한 경고를 하고, 그 행위로 인하여 사람의 생명·신체에 위해를 끼치거나 재산에 중대한 손해를 끼칠 우려가 있는 긴급한 경우에는 그 행위를 제지할 수 있다.

[전문개정 2014. 5. 20.]

제7조(위험 방지를 위한 출입) ① 경찰관은 제5조제1항·제2항 및 제6조에 따른 위험한 사태가 발생하여 사람의 생명·신체 또는 재산에 대한 위해가 임박한 때에 그 위해를 방지하거나 피해자를 구조하기 위하여 부득이하다고 인정하면 합리적으로 판단하여 필요한 한도에서 다른 사람의 토지·건물·배 또는 차에 출입할 수 있다.

② 흥행장(興行場), 여관, 음식점, 역, 그 밖에 많은 사람이 출입하는 장소의 관리자나 그에 준하는 관계인은 경찰관이 범죄나 사람의 생명·신체·재산에 대한 위해를 예방하기 위하여 해당 장소의 영업시간이나 해당 장소가 일반인에게 공개된 시간에 그 장소에 출입하겠다고 요구하면 정당한 이유 없이 그 요구를 거절할 수 없다.

③ 경찰관은 대간첩 작전 수행에 필요할 때에는 작전지역에서 제2항에 따

른 장소를 검색할 수 있다.

④ 경찰관은 제1항부터 제3항까지의 규정에 따라 필요한 장소에 출입할 때에는 그 신분을 표시하는 증표를 제시하여야 하며, 함부로 관계인이 하는 정당한 업무를 방해해서는 아니 된다.

[전문개정 2014. 5. 20.]

제8조(사실의 확인 등) ① 경찰관서의 장은 직무 수행에 필요하다고 인정되는 상당한 이유가 있을 때에는 국가기관이나 공사(公私) 단체 등에 직무 수행에 관련된 사실을 조회할 수 있다. 다만, 긴급한 경우에는 소속 경찰관으로 하여금 현장에 나가 해당 기관 또는 단체의 장의 협조를 받아 그 사실을 확인하게 할 수 있다.

② 경찰관은 다음 각 호의 직무를 수행하기 위하여 필요하면 관계인에게 출석하여야 하는 사유·일시 및 장소를 명확히 적은 출석 요구서를 보내 경찰관서에 출석할 것을 요구할 수 있다.

1. 미아를 인수할 보호자 확인
2. 유실물을 인수할 권리자 확인
3. 사고로 인한 사상자(死傷者) 확인
4. 행정처분을 위한 교통사고 조사에 필요한 사실 확인

[전문개정 2014. 5. 20.]

제8조의2(국제협력) 경찰청장 또는 해양경찰청장은 이 법에 따른 경찰관의 직무수행을 위하여 외국 정부기관, 국제기구 등과 자료 교환, 국제협력 활동 등을 할 수 있다. <개정 2014. 11. 19., 2017. 7. 26.>

[본조신설 2014. 5. 20.]

제9조(유치장) 법률에서 정한 절차에 따라 체포·구속된 사람 또는 신체의 자유를 제한하는 판결이나 처분을 받은 사람을 수용하기 위하여 경찰서와 해양경찰서에 유치장을 둔다. <개정 2014. 11. 19., 2017. 7. 26.>

[전문개정 2014. 5. 20.]

제10조(경찰장비의 사용 등) ① 경찰관은 직무수행 중 경찰장비를 사용할 수 있다. 다만, 사람의 생명이나 신체에 위해를 끼칠 수 있는 경찰장비(이하 이 조에서 "위해성 경찰장비"라 한다)를 사용할 때에는 필요한 안전교육과 안전검

사를 받은 후 사용하여야 한다.

② 제1항 본문에서 "경찰장비"란 무기, 경찰장구(警察裝具), 최루제(催淚劑)와 그 발사장치, 살수차, 감식기구(鑑識機具), 해안 감시기구, 통신기기, 차량·선박·항공기 등 경찰이 직무를 수행할 때 필요한 장치와 기구를 말한다.

③ 경찰관은 경찰장비를 함부로 개조하거나 경찰장비에 임의의 장비를 부착하여 일반적인 사용법과 달리 사용함으로써 다른 사람의 생명·신체에 위해를 끼쳐서는 아니 된다.

④ 위해성 경찰장비는 필요한 최소한도에서 사용하여야 한다.

⑤ 경찰청장은 위해성 경찰장비를 새로 도입하려는 경우에는 대통령령으로 정하는 바에 따라 안전성 검사를 실시하여 그 안전성 검사의 결과보고서를 국회 소관 상임위원회에 제출하여야 한다. 이 경우 안전성 검사에는 외부 전문가를 참여시켜야 한다.

⑥ 위해성 경찰장비의 종류 및 그 사용기준, 안전교육·안전검사의 기준 등은 대통령령으로 정한다.

[전문개정 2014. 5. 20.]

제10조의2(경찰장구의 사용) ① 경찰관은 다음 각 호의 직무를 수행하기 위하여 필요하다고 인정되는 상당한 이유가 있을 때에는 그 사태를 합리적으로 판단하여 필요한 한도에서 경찰장구를 사용할 수 있다.

1. 현행범이나 사형·무기 또는 장기 3년 이상의 징역이나 금고에 해당하는 죄를 범한 범인의 체포 또는 도주 방지

2. 자신이나 다른 사람의 생명·신체의 방어 및 보호

3. 공무집행에 대한 항거(抗拒) 제지

② 제1항에서 "경찰장구"란 경찰관이 휴대하여 범인 검거와 범죄 진압 등의 직무 수행에 사용하는 수갑, 포승(捕繩), 경찰봉, 방패 등을 말한다.

[전문개정 2014. 5. 20.]

제10조의3(분사기 등의 사용) 경찰관은 다음 각 호의 직무를 수행하기 위하여 부득이한 경우에는 현장책임자가 판단하여 필요한 최소한의 범위에서 분사기(「총포·도검·화약류 등의 안전관리에 관한 법률」에 따른 분사기를 말하며, 그에 사용하는 최루 등의 작용제를 포함한다. 이하 같다) 또는 최루탄을 사용할

수 있다. <개정 2015. 1. 6.>

    1. 범인의 체포 또는 범인의 도주 방지

    2. 불법집회·시위로 인한 자신이나 다른 사람의 생명·신체와 재산 및 공공시설 안전에 대한 현저한 위해의 발생 억제

    [전문개정 2014. 5. 20.]

    제10조의4(무기의 사용) ① 경찰관은 범인의 체포, 범인의 도주 방지, 자신이나 다른 사람의 생명·신체의 방어 및 보호, 공무집행에 대한 항거의 제지를 위하여 필요하다고 인정되는 상당한 이유가 있을 때에는 그 사태를 합리적으로 판단하여 필요한 한도에서 무기를 사용할 수 있다. 다만, 다음 각 호의 어느 하나에 해당할 때를 제외하고는 사람에게 위해를 끼쳐서는 아니 된다.

    1. 「형법」에 규정된 정당방위와 긴급피난에 해당할 때

    2. 다음 각 목의 어느 하나에 해당하는 때에 그 행위를 방지하거나 그 행위자를 체포하기 위하여 무기를 사용하지 아니하고는 다른 수단이 없다고 인정되는 상당한 이유가 있을 때

        가. 사형·무기 또는 장기 3년 이상의 징역이나 금고에 해당하는 죄를 범하거나 범하였다고 의심할 만한 충분한 이유가 있는 사람이 경찰관의 직무집행에 항거하거나 도주하려고 할 때

        나. 체포·구속영장과 압수·수색영장을 집행하는 과정에서 경찰관의 직무집행에 항거하거나 도주하려고 할 때

        다. 제3자가 가목 또는 나목에 해당하는 사람을 도주시키려고 경찰관에게 항거할 때

        라. 범인이나 소요를 일으킨 사람이 무기·흉기 등 위험한 물건을 지니고 경찰관으로부터 3회 이상 물건을 버리라는 명령이나 항복하라는 명령을 받고도 따르지 아니하면서 계속 항거할 때

    3. 대간첩 작전 수행 과정에서 무장간첩이 항복하라는 경찰관의 명령을 받고도 따르지 아니할 때

    ② 제1항에서 "무기"란 사람의 생명이나 신체에 위해를 끼칠 수 있도록 제작된 권총·소총·도검 등을 말한다.

    ③ 대간첩·대테러 작전 등 국가안전에 관련되는 작전을 수행할 때에는 개

인화기(個人火器) 외에 공용화기(共用火器)를 사용할 수 있다.

　　[전문개정 2014. 5. 20.]

　　제11조(사용기록의 보관) 제10조제2항에 따른 살수차, 제10조의3에 따른 분사기, 최루탄 또는 제10조의4에 따른 무기를 사용하는 경우 그 책임자는 사용 일시·장소·대상, 현장책임자, 종류, 수량 등을 기록하여 보관하여야 한다.

　　[전문개정 2014. 5. 20.]

　　제11조의2(손실보상) ① 국가는 경찰관의 적법한 직무집행으로 인하여 다음 각 호의 어느 하나에 해당하는 손실을 입은 자에 대하여 정당한 보상을 하여야 한다.

　　　　1. 손실발생의 원인에 대하여 책임이 없는 자가 재산상의 손실을 입은 경우(손실발생의 원인에 대하여 책임이 없는 자가 경찰관의 직무집행에 자발적으로 협조하거나 물건을 제공하여 재산상의 손실을 입은 경우를 포함한다)

　　　　2. 손실발생의 원인에 대하여 책임이 있는 자가 자신의 책임에 상응하는 정도를 초과하는 재산상의 손실을 입은 경우

　　　　② 제1항에 따른 보상을 청구할 수 있는 권리는 손실이 있음을 안 날부터 3년, 손실이 발생한 날부터 5년간 행사하지 아니하면 시효의 완성으로 소멸한다.

　　　　③ 제1항에 따른 손실보상신청 사건을 심의하기 위하여 손실보상심의위원회를 둔다.

　　　　④ 제1항에 따른 손실보상의 기준, 보상금액, 지급절차 및 방법, 손실보상심의위원회의 구성 및 운영, 그 밖에 필요한 사항은 대통령령으로 정한다.

　　[본조신설 2013. 4. 5.]

　　제11조의2(손실보상) ① 국가는 경찰관의 적법한 직무집행으로 인하여 다음 각 호의 어느 하나에 해당하는 손실을 입은 자에 대하여 정당한 보상을 하여야 한다. <개정 2018. 12. 24.>

　　　　1. 손실발생의 원인에 대하여 책임이 없는 자가 생명·신체 또는 재산상의 손실을 입은 경우(손실발생의 원인에 대하여 책임이 없는 자가 경찰관의 직무집행에 자발적으로 협조하거나 물건을 제공하여 생명·신체 또는 재산상의 손실을 입은 경우를 포함한다)

2. 손실발생의 원인에 대하여 책임이 있는 자가 자신의 책임에 상응하는 정도를 초과하는 생명·신체 또는 재산상의 손실을 입은 경우

② 제1항에 따른 보상을 청구할 수 있는 권리는 손실이 있음을 안 날부터 3년, 손실이 발생한 날부터 5년간 행사하지 아니하면 시효의 완성으로 소멸한다.

③ 제1항에 따른 손실보상신청 사건을 심의하기 위하여 손실보상심의위원회를 둔다.

④ 경찰청장 또는 지방경찰청장은 제3항의 손실보상심의위원회의 심의·의결에 따라 보상금을 지급하고, 거짓 또는 부정한 방법으로 보상금을 받은 사람에 대하여는 해당 보상금을 환수하여야 한다. <개정 2018. 12. 24.>

⑤ 보상금이 지급된 경우 손실보상심의위원회는 대통령령으로 정하는 바에 따라 경찰위원회에 심사자료와 결과를 보고하여야 한다. 이 경우 경찰위원회는 손실보상의 적법성 및 적정성 확인을 위하여 필요한 자료의 제출을 요구할 수 있다. <신설 2018. 12. 24.>

⑥ 경찰청장 또는 지방경찰청장은 제4항에 따라 보상금을 반환하여야 할 사람이 대통령령으로 정한 기한까지 그 금액을 납부하지 아니한 때에는 국세 체납처분의 예에 따라 징수할 수 있다. <신설 2018. 12. 24.>

⑦ 제1항에 따른 손실보상의 기준, 보상금액, 지급 절차 및 방법, 제3항에 따른 손실보상심의위원회의 구성 및 운영, 제4항 및 제6항에 따른 환수절차, 그 밖에 손실보상에 관하여 필요한 사항은 대통령령으로 정한다. <신설 2018. 12. 24.>

[본조신설 2013. 4. 5.]

[시행일 : 2019.6.25.] 제11조의2

제11조의3(보상금 지급) ① 경찰청장, 지방경찰청장 또는 경찰서장은 다음 각 호의 어느 하나에 해당하는 사람에게 보상금을 지급할 수 있다.

1. 범인 또는 범인의 소재를 신고하여 검거하게 한 사람

2. 범인을 검거하여 경찰공무원에게 인도한 사람

3. 테러범죄의 예방활동에 현저한 공로가 있는 사람

4. 그 밖에 제1호부터 제3호까지의 규정에 준하는 사람으로서 대통령령으로 정하는 사람

② 경찰청장, 지방경찰청장 및 경찰서장은 제1항에 따른 보상금 지급의 심사를 위하여 대통령령으로 정하는 바에 따라 각각 보상금심사위원회를 설치·운영하여야 한다.

③ 제2항에 따른 보상금심사위원회는 위원장 1명을 포함한 5명 이내의 위원으로 구성한다.

④ 제2항에 따른 보상금심사위원회의 위원은 소속 경찰공무원 중에서 경찰청장, 지방경찰청장 또는 경찰서장이 임명한다.

⑤ 경찰청장, 지방경찰청장 또는 경찰서장은 제2항에 따른 보상금심사위원회의 심사·의결에 따라 보상금을 지급하고, 거짓 또는 부정한 방법으로 보상금을 받은 사람에 대하여는 해당 보상금을 환수한다.

⑥ 보상 대상, 보상금의 지급 기준 및 절차, 보상금심사위원회의 구성 및 심사사항, 그 밖에 필요한 사항은 대통령령으로 정한다.

[본조신설 2016. 1. 27.]

제11조의3(범인검거 등 공로자 보상) ① 경찰청장, 지방경찰청장 또는 경찰서장은 다음 각 호의 어느 하나에 해당하는 사람에게 보상금을 지급할 수 있다.

1. 범인 또는 범인의 소재를 신고하여 검거하게 한 사람

2. 범인을 검거하여 경찰공무원에게 인도한 사람

3. 테러범죄의 예방활동에 현저한 공로가 있는 사람

4. 그 밖에 제1호부터 제3호까지의 규정에 준하는 사람으로서 대통령령으로 정하는 사람

② 경찰청장, 지방경찰청장 및 경찰서장은 제1항에 따른 보상금 지급의 심사를 위하여 대통령령으로 정하는 바에 따라 각각 보상금심사위원회를 설치·운영하여야 한다.

③ 제2항에 따른 보상금심사위원회는 위원장 1명을 포함한 5명 이내의 위원으로 구성한다.

④ 제2항에 따른 보상금심사위원회의 위원은 소속 경찰공무원 중에서 경찰청장, 지방경찰청장 또는 경찰서장이 임명한다.

⑤ 경찰청장, 지방경찰청장 또는 경찰서장은 제2항에 따른 보상금심사위원회의 심사·의결에 따라 보상금을 지급하고, 거짓 또는 부정한 방법으로 보상금

을 받은 사람에 대하여는 해당 보상금을 환수한다.

⑥ 경찰청장, 지방경찰청장 또는 경찰서장은 제5항에 따라 보상금을 반환하여야 할 사람이 대통령령으로 정한 기한까지 그 금액을 납부하지 아니한 때에는 국세 체납처분의 예에 따라 징수할 수 있다. <개정 2018. 12. 24.>

⑦ 제1항에 따른 보상 대상, 보상금의 지급 기준 및 절차, 제2항 및 제3항에 따른 보상금심사위원회의 구성 및 심사사항, 제5항 및 제6항에 따른 환수절차, 그 밖에 보상금 지급에 관하여 필요한 사항은 대통령령으로 정한다. <신설 2018. 12. 24.>

[본조신설 2016. 1. 27.]

[제목개정 2018. 12. 24.]

[시행일 : 2019.6.25.] 제11조의3

제12조(벌칙) 이 법에 규정된 경찰관의 의무를 위반하거나 직권을 남용하여 다른 사람에게 해를 끼친 사람은 1년 이하의 징역이나 금고에 처한다.

[전문개정 2014. 5. 20.]

제13조 삭제 <2014. 5. 20.>

부칙 <제15565호, 2018. 4. 17.>

이 법은 공포한 날부터 시행한다.

국가정보원법

[시행 2014.12.30.] [법률 제12948호, 2014.12.30., 일부개정]

제1조(목적) 이 법은 국가정보원의 조직 및 직무범위와 국가안전보장 업무의 효율적인 수행을 위하여 필요한 사항을 규정함을 목적으로 한다.

[전문개정 2011.11.22.]

제2조(지위) 국가정보원(이하 "국정원"이라 한다)은 대통령 소속으로 두며, 대통령의 지시와 감독을 받는다.

[전문개정 2011.11.22.]

제3조(직무) ① 국정원은 다음 각 호의 직무를 수행한다.

1. 국외 정보 및 국내 보안정보[대공(對共), 대정부전복(對政府顚覆), 방첩(防諜), 대테러 및 국제범죄조직]의 수집·작성 및 배포

2. 국가 기밀에 속하는 문서·자재·시설 및 지역에 대한 보안 업무. 다만, 각급 기관에 대한 보안감사는 제외한다.

3. 「형법」 중 내란(內亂)의 죄, 외환(外患)의 죄, 「군형법」 중 반란의 죄, 암호 부정사용의 죄, 「군사기밀 보호법」에 규정된 죄, 「국가보안법」에 규정된 죄에 대한 수사

4. 국정원 직원의 직무와 관련된 범죄에 대한 수사

5. 정보 및 보안 업무의 기획·조정

② 제1항제1호 및 제2호의 직무 수행을 위하여 필요한 사항과 같은 항 제5호에 따른 기획·조정의 범위와 대상 기관 및 절차 등에 관한 사항은 대통령령으로 정한다.

[전문개정 2011.11.22.]

제4조(조직) ① 국정원의 조직은 국가정보원장(이하 "원장"이라 한다)이 대통령의 승인을 받아 정한다.

② 국정원은 직무 수행상 특히 필요한 경우에는 대통령의 승인을 받아 특별

시·광역시·도 또는 특별자치도에 지부(支部)를 둘 수 있다.

　[전문개정 2011.11.22.]

　제5조(직원) ① 국정원에 원장·차장 및 기획조정실장과 그 밖에 필요한 직원을 둔다. 다만, 특히 필요한 경우에는 차장을 2명 이상 둘 수 있다.

　② 직원의 정원은 예산의 범위에서 대통령의 승인을 받아 원장이 정한다.

　[전문개정 2011.11.22.]

　제6조(조직 등의 비공개) 국정원의 조직·소재지 및 정원은 국가안전보장을 위하여 필요한 경우에는 그 내용을 공개하지 아니할 수 있다.

　[전문개정 2011.11.22.]

　제7조(원장·차장·기획조정실장) ① 원장은 국회의 인사청문을 거쳐 대통령이 임명하며, 차장 및 기획조정실장은 원장의 제청으로 대통령이 임명한다.

　② 원장은 정무직으로 하며, 국정원의 업무를 총괄하고 소속 직원을 지휘·감독한다.

　③ 차장은 정무직으로 하고 원장을 보좌하며, 원장이 부득이한 사유로 직무를 수행할 수 없을 때에는 그 직무를 대행한다.

　④ 기획조정실장은 별정직으로 하고 원장과 차장을 보좌하며, 위임된 사무를 처리한다.

　⑤ 원장·차장 및 기획조정실장 외의 직원 인사에 관한 사항은 따로 법률로 정한다.

　[전문개정 2011.11.22.]

　제8조(겸직 금지) 원장·차장 및 기획조정실장은 다른 직(職)을 겸할 수 없다.

　[전문개정 2011.11.22.]

　제9조(정치 관여 금지) ① 원장·차장과 그 밖의 직원은 정당이나 정치단체에 가입하거나 정치활동에 관여하는 행위를 하여서는 아니 된다.

　② 제1항에서 정치활동에 관여하는 행위란 다음 각 호의 어느 하나에 해당하는 행위를 말한다. <개정 2014.1.14.>

　　1. 정당이나 정치단체의 결성 또는 가입을 지원하거나 방해하는 행위

　　2. 그 직위를 이용하여 특정 정당이나 특정 정치인에 대하여 지지 또는 반대 의견을 유포하거나, 그러한 여론을 조성할 목적으로 특정 정당이나 특정 정

치인에 대하여 찬양하거나 비방하는 내용의 의견 또는 사실을 유포하는 행위

3. 특정 정당이나 특정 정치인을 위하여 기부금 모집을 지원하거나 방해하는 행위 또는 국가·지방자치단체 및 「공공기관의 운영에 관한 법률」에 따른 공공기관의 자금을 이용하거나 이용하게 하는 행위

4. 특정 정당이나 특정인의 선거운동을 하거나 선거 관련 대책회의에 관여하는 행위

5. 「정보통신망 이용촉진 및 정보보호 등에 관한 법률」에 따른 정보통신망을 이용한 제1호부터 제4호까지에 해당하는 행위

6. 소속 직원이나 다른 공무원에 대하여 제1호부터 제5호까지의 행위를 하도록 요구하거나 그 행위와 관련한 보상 또는 보복으로서 이익 또는 불이익을 주거나 이를 약속 또는 고지(告知)하는 행위

③ 직원은 원장, 차장과 그 밖의 다른 직원으로부터 제2항에 해당하는 행위의 집행을 지시 받은 경우 원장이 정한 절차에 따라 이의를 제기할 수 있으며, 시정되지 않을 경우 그 직무의 집행을 거부할 수 있다. <신설 2014.1.14.>

④ 직원이 전항의 규정에 따라 이의제기 절차를 거친 후 시정되지 않을 경우, 오로지 공익을 목적으로 제2항에 해당하는 행위의 집행을 지시 받은 사실을 수사기관에 신고하는 경우 「국가정보원직원법」 제17조의 규정은 적용하지 아니한다. <신설 2014.1.14.>

⑤ 누구든지 제4항의 신고자에게는 그 신고를 이유로 불이익조치(「공익신고자 보호법」 제2조제6호에 따른 불이익조치를 말한다)를 하여서는 아니 된다. <신설 2014.1.14.>

[전문개정 2011.11.22.]

제10조(겸직 직원) ① 원장은 현역 군인 또는 필요한 공무원의 파견근무를 관계 기관의 장에게 요청할 수 있다.

② 겸직 직원의 원(原) 소속 기관의 장은 겸직 직원의 모든 신분상의 권익과 보수를 보장하여야 하며, 겸직 직원을 전보(轉補) 발령하려면 미리 원장의 동의를 받아야 한다.

③ 겸직 직원은 겸직 기간 중 원 소속 기관의 장의 지시 또는 감독을 받지 아니한다.

④ 겸직 직원의 정원은 관계 기관의 장과 협의하여 대통령의 승인을 받아 원장이 정한다.

[전문개정 2011.11.22.]

제11조(직권 남용의 금지) ① 원장·차장과 그 밖의 직원은 그 직권을 남용하여 법률에 따른 절차를 거치지 아니하고 사람을 체포 또는 감금하거나 다른 기관·단체 또는 사람으로 하여금 의무 없는 일을 하게 하거나 사람의 권리 행사를 방해하여서는 아니 된다.

② 국정원 직원으로서 제16조에 따라 사법경찰관리(군사법경찰관리를 포함한다)의 직무를 수행하는 사람은 그 직무를 수행할 때에 다음 각 호의 규정을 포함하여 범죄수사에 관한 적법절차를 준수하여야 한다.

1. 「형사소송법」 제34조[피고인·피의자와의 접견·교통·수진(受診)]와 같은 법 제209조에 따라 수사에 준용되는 같은 법 제87조(구속의 통지), 제89조(구속된 피고인과의 접견·수진), 제90조(변호인의 의뢰)

2. 「군사법원법」 제63조(피고인·피의자와의 접견 등)와 같은 법 제232조의6에 따라 수사에 준용되는 같은 법 제127조(구속의 통지), 제129조(구속된 피고인과의 접견 등) 및 제130조(변호인의 의뢰)

[전문개정 2011.11.22.]

제12조(예산회계) ① 국정원은 「국가재정법」 제40조에 따른 독립기관으로 한다.

② 국정원은 세입, 세출예산을 요구할 때에 「국가재정법」 제21조의 구분에 따라 총액으로 기획재정부장관에게 제출하며, 그 산출내역과 같은 법 제34조에 따른 예산안의 첨부서류는 제출하지 아니할 수 있다. <개정 2014.1.14.>

③ 국정원의 예산 중 미리 기획하거나 예견할 수 없는 비밀활동비는 총액으로 다른 기관의 예산에 계상할 수 있으며, 그 예산은 국회 정보위원회에서 심사한다. <개정 2014.1.14.>

④ 국정원은 제2항 및 제3항에도 불구하고 국회 정보위원회에 국정원의 모든 예산(제3항에 따라 다른 기관에 계상된 예산을 포함한다)에 관하여 실질심사에 필요한 세부 자료를 제출하여야 한다. <개정 2014.1.14.>

⑤ 국회 정보위원회는 국정원의 예산심의를 비공개로 하며, 국회 정보위원

회의 위원은 국정원의 예산 내역을 공개하거나 누설하여서는 아니 된다.

[전문개정 2011.11.22.]

제13조(국회에서의 증언 등) ① 원장은 국회 예산결산 심사 및 안건 심사와 감사원의 감사가 있을 때에 성실하게 자료를 제출하고 답변하여야 한다. 다만, 국가의 안전보장에 중대한 영향을 미치는 국가 기밀 사항에 대하여는 그 사유를 밝히고 자료의 제출 또는 답변을 거부할 수 있다. <개정 2014.1.14.>

② 원장은 제1항에도 불구하고 국회 정보위원회에서 자료의 제출, 증언 또는 답변을 요구받은 경우와 「국회에서의 증언·감정 등에 관한 법률」에 따라 자료의 제출 또는 증언을 요구받은 경우에는 군사·외교·대북관계의 국가 기밀에 관한 사항으로서 그 발표로 인하여 국가 안위(安危)에 중대한 영향을 미치는 사항에 대하여는 그 사유를 밝히고 자료의 제출, 증언 또는 답변을 거부할 수 있다. 이 경우 국회 정보위원회 등은 그 의결로써 국무총리의 소명을 요구할 수 있으며, 소명을 요구받은 날부터 7일 이내에 국무총리의 소명이 없는 경우에는 자료의 제출, 증언 또는 답변을 거부할 수 없다.

③ 원장은 국가 기밀에 속하는 사항에 관한 자료와 증언 또는 답변에 대하여 이를 공개하지 아니할 것을 요청할 수 있다.

④ 이 법에서 "국가 기밀"이란 국가의 안전에 대한 중대한 불이익을 피하기 위하여 한정된 인원만이 알 수 있도록 허용되고 다른 국가 또는 집단에 대하여 비밀로 할 사실·물건 또는 지식으로서 국가 기밀로 분류된 사항만을 말한다.

[전문개정 2011.11.22.]

제14조(회계검사 및 직무감찰의 보고) 원장은 그 책임하에 소관 예산에 대한 회계검사와 직원의 직무 수행에 대한 감찰을 하고, 그 결과를 대통령과 국회 정보위원회에 보고하여야 한다.

[전문개정 2011.11.22.]

제15조(국가기관 등에 대한 협조 요청) 원장은 이 법에서 정하는 직무를 수행할 때 필요한 협조와 지원을 관계 국가기관 및 공공단체의 장에게 요청할 수 있다.

[전문개정 2011.11.22.]

제15조의2(직원의 업무수행) 직원은 다른 국가기관과 정당, 언론사 등의 민

간을 대상으로, 법률과 내부규정에 위반한 파견·상시출입 등 방법을 통한 정보활동을 하여서는 아니 된다. 그 업무수행의 절차와 방식은 내부규정으로 정한다.

[본조신설 2014.1.14.]

제16조(사법경찰권) 국정원 직원으로서 원장이 지명하는 사람은 제3조제1항제3호 및 제4호에 규정된 죄에 관하여 「사법경찰관리의 직무를 수행할 자와 그 직무범위에 관한 법률」 및 「군사법원법」의 규정에 따라 사법경찰관리와 군사법경찰관리의 직무를 수행한다.

[전문개정 2011.11.22.]

제17조(무기의 사용) ① 원장은 직무를 수행하기 위하여 필요하다고 인정할 때에는 소속 직원에게 무기를 휴대하게 할 수 있다.

② 제1항의 무기 사용에 관하여는 「경찰관 직무집행법」 제10조의4를 준용한다. <개정 2014.5.20.>

[전문개정 2011.11.22.]

제18조(정치 관여죄) ① 제9조제1항을 위반하여 정당이나 그 밖의 정치단체에 가입하거나 정치활동에 관여하는 행위를 한 사람은 7년 이하의 징역과 7년 이하의 자격정지에 처한다. <개정 2014.1.14.>

② 제1항에 규정된 죄의 미수범은 처벌한다.

③ 제1항, 제2항에 규정된 죄에 대한 공소시효의 기간은 「형사소송법」 제249조제1항에도 불구하고 10년으로 한다. <신설 2014.1.14.>

[전문개정 2011.11.22.]

제19조(직권남용죄) ① 제11조제1항을 위반하여 사람을 체포 또는 감금하거나 다른 기관·단체 또는 사람으로 하여금 의무 없는 일을 하게 하거나 사람의 권리 행사를 방해한 사람은 7년 이하의 징역과 7년 이하의 자격정지에 처한다.

② 제11조제2항을 위반하여 국정원 직원으로서 사법경찰관리(군사법경찰관리를 포함한다)의 직무를 수행하는 사람이 변호인의 피의자 접견·교통·수진, 구속의 통지, 변호인 아닌 자의 피의자 접견·수진, 변호인의 의뢰에 관한 「형사소송법」의 규정을 준수하지 아니하여 피의자, 변호인 또는 관계인의 권리를 침해한 사람은 1년 이하의 징역 또는 1천만원 이하의 벌금에 처한다. <개정 2014.12.30.>

③ 제1항에 규정된 죄의 미수범은 처벌한다.
[전문개정 2011.11.22.]

부칙 <제12948호, 2014.12.30.>
이 법은 공포한 날부터 시행한다.

군사안보지원사령부령

[시행 2018. 9. 1] [대통령령 제29114호, 2018. 8. 21, 제정]

제1조(목적) 이 영은 「국군조직법」 제2조제3항에 따라 군사보안, 군 방첩(防諜) 및 군에 관한 정보의 수집·처리 등에 관한 업무를 수행하기 위하여 군사안보지원사령부를 설치하고, 그 조직·운영 및 직무 범위에 관한 사항을 규정함을 목적으로 한다.

제2조(설치) 군사안보지원사령부(이하 "사령부"라 한다)는 국방부장관 소속으로 설치한다.

제3조(기본원칙) ① 사령부 소속의 모든 군인 및 군무원 등(이하 "군인등"이라 한다)은 직무를 수행할 때 국민 전체에 대한 봉사자로서 관련 법령 및 정치적 중립을 지켜야 한다.

② 사령부 소속의 모든 군인등은 직무를 수행할 때 다음 각 호의 행위를 해서는 아니 된다.

1. 정당 또는 정치단체에 가입하거나 정치활동에 관여하는 모든 행위

2. 이 영에서 정하는 직무 범위를 벗어나서 하는 민간인에 대한 정보 수집 및 수사, 기관 출입 등의 모든 행위

3. 군인등에 대하여 직무 수행을 이유로 권한을 오용·남용하는 모든 행위

4. 이 영에 따른 권한을 부당하게 확대 해석·적용하거나 헌법상 보장된 국민(군인 및 군무원을 포함한다)의 기본적 인권을 부당하게 침해하는 모든 행위

제4조(직무) ① 사령부는 다음 각 호의 직무를 수행한다.

1. 다음 각 목에 따른 군 보안 업무

가. 「보안업무규정」 제45조제1항 단서에 따라 국방부장관에게 위탁되는 군사보안에 관련된 인원의 신원조사

나. 「보안업무규정」 제45조제2항 단서에 따라 국방부장관에게 위탁되는 군사보안대상의 보안측정 및 보안사고 조사

다. 군 보안대책 및 군 관련 보안대책의 수립·개선 지원

라. 그 밖에 국방부장관이 정하는 군인·군무원, 시설, 문서 및 정보통신 등에 대한 보안 업무

2. 다음 각 목에 따른 군 방첩 업무

가. 「방첩업무 규정」 중 군 관련 방첩업무

나. 군 및 「방위사업법」에 따른 방위산업체 등을 대상으로 한 외국·북한의 정보활동 대응 및 군사기밀 유출 방지

다. 군 방첩대책 및 군 관련 방첩대책의 수립·개선 지원

3. 다음 각 목에 따른 군 관련 정보의 수집·작성 및 처리 업무

가. 국내외의 군사 및 방위산업에 관한 정보

나. 대(對)국가전복, 대테러 및 대간첩 작전에 관한 정보

다. 「방위사업법」에 따른 방위산업체 및 전문연구기관, 「국방과학연구소법」에 따른 국방과학연구소 등 국방부장관의 조정·감독을 받는 기관 및 단체에 관한 정보

라. 군인 및 군무원, 「군인사법」에 따른 장교·부사관 임용예정자 및 「군무원인사법」에 따른 군무원 임용예정자에 관한 불법·비리 정보

4. 「군사법원법」 제44조제2호에 따른 범죄의 수사에 관한 사항

5. 다음 각 목에 따른 지원 업무

가. 정보작전 방호태세 및 정보전(情報戰) 지원

나. 「정보통신기반 보호법」 제8조에 따라 지정된 주요정보통신 기반시설 중 국방 분야 주요정보통신기반시설의 보호 지원

다. 방위사업청에 대한 방위사업 관련 군사보안 업무 지원

라. 군사보안에 관한 연구·지원

② 제1항제5호다목에 따른 방위사업 관련 군사보안 업무 지원의 범위 및 절차는 국방부장관이 국가정보원장 또는 방위사업청장과 협의하여 정한다.

③ 제1항제5호라목에 따른 군사보안에 관한 연구·지원의 범위는 국방부장관이 국가정보원장과 협의하여 정한다.

제5조(직무 수행 시 이의제기 등) 사령부 소속의 모든 군인등은 상관 또는 사령부 소속의 다른 군인등으로부터 제3조제2항 각 호에 해당하는 행위를 하도록 지시 또는 요구를 받은 경우 국방부장관이 정하는 절차에 따라 이의를 제기

할 수 있다. 이 경우 지시 또는 요구가 시정되지 아니하면 그 직무의 집행을 거부할 수 있다.

제6조(조직) ① 사령부에 사령관 1명, 참모장 1명 및 감찰실장 1명을 둔다.

② 사령부에 사령관의 업무를 보좌하기 위하여 참모부서를 두고, 사령관 소속으로 다음 각 호의 부대 및 기관을 둔다.

　1. 국방부 본부 및 국방부 직할부대·기관의 군사안보지원부대

　2. 합동참모본부 및 각 군 본부의 군사안보지원부대

　3. 국방부장관이 정하는 부대의 군사안보지원부대. 다만, 지방 행정조직 단위로 별도의 군사안보지원부대를 둘 수 없다.

　4. 정보보호부대

　5. 군사안보지원학교

　6. 방위사업청의 군사안보지원부대

　7. 국방보안연구소

③ 제2항에 따른 참모부서, 소속 부대 및 기관의 조직과 업무 분장에 관한 사항은 국방부장관이 정한다.

제7조(사령관 등의 임명) ① 사령관 및 참모장은 장성급(將星級) 장교로 보(補)한다.

② 감찰실장은 2급 이상 군무원, 검사 또는 고위감사공무원으로 보한다.

③ 국방부장관은 감찰실의 업무를 수행하게 하기 위하여 법무부장관 또는 감사원장에게 공무원의 파견을 요청할 수 있다.

제8조(사령관 등의 임무) ① 사령관은 국방부장관의 명을 받아 사령부의 업무를 총괄하고, 소속 부대 및 기관을 지휘·감독한다.

② 참모장은 사령관을 보좌하고, 참모 업무를 조정·통제하며, 사령관이 부득이한 사유로 직무를 수행할 수 없을 때에는 그 직무를 대행한다.

③ 감찰실장은 사령부 소속 군인등에 대한 다음 각 호의 업무를 분장한다.

　1. 감사·검열 및 직무감찰

　2. 비위사항의 조사·처리

　3. 민원 및 진정사건의 처리

④ 사령부 소속 부대장 및 기관장은 사령관의 명을 받아 소관 업무를 처리

하며, 소속 부대원 및 기관원을 지휘·감독한다.

제9조(정원) ① 사령부에 두는 군인과 군무원의 정원은 국방부장관이 정한다.

② 사령부에 두는 군인의 비율은 제1항에 따른 정원의 10분의 7을 초과해서는 아니 된다. 다만, 비율을 산정할 때 병(兵)의 정원은 제외한다.

제10조(무기 휴대 및 사용) ① 사령관은 소속 부대원 및 기관원에게 직무수행을 할 때 필요한 무기를 휴대하게 할 수 있다.

② 제1항에 따라 무기를 휴대하는 사람의 무기 사용에 대해서는 「헌병무기사용령」 제3조부터 제5조까지의 규정을 준용한다. 이 경우 "헌병"은 "소속 부대원 및 기관원"으로, "헌병사령관"은 "사령관"으로 본다.

제11조(위장 명칭의 사용 금지) 제6조에 따른 사령부 소속 부대 및 기관은 위장 명칭을 사용할 수 없다.

부칙   <제29114호, 2018. 8. 21.>

제1조(시행일) 이 영은 2018년 9월 1일부터 시행한다.

제2조(군인의 비율에 관한 특례) 국방부장관은 제9조제2항에도 불구하고 2020년 8월 31일까지 사령부에 두는 군인의 비율을 단계적으로 줄여야 하며, 2020년 9월 1일부터 사령부에 두는 군인의 비율이 10분의 7을 초과하지 아니하도록 하여야 한다.

제3조(다른 법령의 개정) ① 국민보호와 공공안전을 위한 테러방지법 시행령 일부를 다음과 같이 개정한다.

제12조제2항제3호 중 "기무부대"를 "군사안보지원부대"로 한다.

제13조제2항제1호 중 "국군기무사령부"를 "군사안보지원사령부"로 한다.

② 국방개혁에 관한 법률 시행령 일부를 다음과 같이 개정한다.

제19조제1항제3호를 다음과 같이 한다.

3. 군사안보지원사령관

③ 군사기밀 보호법 시행령 일부를 다음과 같이 개정한다.

제4조제1항제5호 중 "국군기무사령관"을 "군사안보지원사령관"으로 한다.

별표 1 제3호바목 및 사목 중 "기무부대"를 각각 "군사안보지원부대"로 한다.

④ 군인사법 시행령 일부를 다음과 같이 개정한다.

제13조제1항제2호가목 중 "국군기무사령관"을 "군사안보지원사령관"으로 한다.

별표 1 직위란 중 "국군기무사령관"을 "군사안보지원사령관"으로, "국군기무사령부"를 각각 "군사안보지원사령부"로 한다.

⑤ 대외무역법 시행령 일부를 다음과 같이 개정한다.

제47조제5항제5호를 다음과 같이 한다.

5. 군사안보지원사령부

⑥ 방위산업기술 보호법 시행령 일부를 다음과 같이 개정한다.

제5조제2항제5호를 다음과 같이 한다.

5. 군사안보지원사령부

⑦ 방첩업무 규정 일부를 다음과 같이 개정한다.

제2조제3호라목을 다음과 같이 한다

라. 군사안보지원사령부

제10조제3항제3호를 다음과 같이 한다.

3. 국방정보본부장 및 군사안보지원사령관

⑧ 북한이탈주민의 보호 및 정착지원에 관한 법률 시행령 일부를 다음과 같이 개정한다.

제2조제1호 중 "국군기무사령부"를 "군사안보지원사령부"로 한다.

⑨ 통합방위법 시행령 일부를 다음과 같이 개정한다.

제8조제1항제2호 중 "국군 기무부대"를 "군사안보지원부대"로 한다.

제4조(다른 법령과의 관계) 이 법 시행 당시 다른 법령에서 "기무부대"를 인용하는 경우에는 "군사안보지원부대"를 인용한 것으로 본다.

정보 및 보안업무기획·조정 규정

[시행 2017.7.26.] [대통령령 제28211호, 2017.7.26., 타법개정]

　　제1조(목적) 이 영은 국가정보원법 제3조제2항의 규정에 의하여 정보 및 보안업무의 기획·조정에 관하여 필요한 사항을 규정함을 목적으로 한다. <개정 1999.3.31.>

　　제2조(정의) 이 영에서 사용하는 용어의 정의는 다음과 같다.

　　1. "국외정보"라 함은 외국의 정치·경제·사회·문화·군사·과학 및 지지등 각 부문에 관한 정보를 말한다.

　　2. "국내보안정보"라 함은 간첩 기타 반국가활동세력과 그 추종분자의 국가에 대한 위해 행위로부터 국가의 안전을 보장하기 위하여 취급되는 정보를 말한다.

　　3. "통신정보"라 함은 전기통신수단에 의하여 발신되는 통신을 수신·분석하여 산출하는 정보를 말한다.

　　4. "통신보안"이라 함은 통신수단에 의하여 비밀이 직접 또는 간접으로 누설되는 것을 미리 방지하거나 지연시키기 위한 방책을 말한다.

　　5. "정보사범 등"이라 함은 형법 제2편제1장 및 제2장의 죄, 군형법 제2편제1장 및 제2장의 죄, 동법 제80조 및 제81조의 죄, 군사기밀보호법 및 국가보안법에 규정된 죄를 범한 자와 그 혐의를 받는 자를 말한다.

　　6. "정보수사기관"이라 함은 제1호 내지 제5호에 규정된 정보 및 보안업무와 정보사범등의 수사업무를 취급하는 각급 국가기관을 말한다.

　　제3조(정보 및 보안업무의 기획·조정) 국가정보원장(이하 "국정원장"이라 한다)은 국가정보 및 보안업무에 관한 정책의 수립등 기획업무를 수행하며, 동 정보 및 보안업무의 통합기능수행을 위하여 필요한 합리적 범위내에서 각 정보수사기관의 업무와 행정기관의 정보 및 보안업무를 조정한다. <개정 1999.3.31.>

　　제4조(기획업무의 범위) 국정원장이 정보 및 보안업무에 관하여 행하는 기획업무의 범위는 다음과 같다. <개정 1999.3.31.>

1. 국가 기본정보정책의 수립

2. 국가 정보의 중·장기 판단

3. 국가 정보목표 우선순위의 작성

4. 국가 보안방책의 수립

5. 정보예산의 편성

6. 정보 및 보안업무의 기본지침 수립

제5조(조정업무의 범위) 국정원장이 정보 및 보안업무에 관하여 행하는 조정 대상기관과 업무의 범위는 다음과 같다. <개정 2017.7.26.>

1. 과학기술정보통신부

가. 우편검열 및 정보자료의 수집에 관한 사항

나. 북한 및 외국의 과학기술 정보 및 자료의 수집관리와 활용에 관한 사항

다. 전파감시에 관한 사항

2. 외교부

가. 국외정보의 수집에 관한 사항

나. 출입국자의 보안에 관한 사항

다. 재외국민의 실태에 관한 사항

라. 통신보안에 관한 사항

3. 통일부

가. 통일에 관한 국내외 정세의 조사·분석 및 평가에 관한 사항

나. 남북대화에 관한 사항

다. 이북5도의 실정에 관한 조사·분석 및 평가에 관한 사항

라. 통일교육에 관한 사항

4. 법무부

가. 국내 보안정보의 수집·작성에 관한 사항

나. 정보사범 등에 대한 검찰정보의 처리에 관한 사항

다. 공소보류된 자의 신병처리에 관한 사항

라. 적성압수금품등의 처리에 관한 사항

마. 정보사범 등의 보도 및 교도에 관한 사항

　바. 출입국자의 보안에 관한 사항

　사. 통신보안에 관한 사항

5. 국방부

　가. 국외정보·국내보안정보·통신정보 및 통신보안업무에 관한 사항

　나. 제4호나목부터 마목까지에 규정된 사항

　다. 군인 및 군무원의 신원조사업무지침에 관한 사항

　라. 정보사범 등의 내사·수사 및 시찰에 관한 사항

6. 행정안전부

　가. 국내 보안정보(외사정보 포함)의 수집·작성에 관한 사항

　나. 정보사범 등의 내사·수사 및 시찰에 관한 사항

　다. 신원조사업무에 관한 사항

　라. 통신정보 및 통신보안 업무에 관한 사항

7. 문화체육관광부

　가. 공연물 및 영화의 검열·조사·분석 및 평가에 관한 사항

　나. 신문·통신 그 밖의 정기간행물과 방송 등 대중전달매체의 활동 조사·
분석 및 평가에 관한 사항

　다. 대공심리전에 관한 사항

　라. 대공민간활동에 관한 사항

8. 산업통상자원부

　국외정보의 수집에 관한 사항

9. 국토교통부

　국내 보안정보(외사정보 포함)의 수집·작성에 관한 사항

10. 해양수산부

　국내 보안정보(외사정보 포함)의 수집·작성에 관한 사항

11. 삭제 <2017.7.26.>

12. 방송통신위원회

　가. 전파감시에 관한 사항

　나. 그 밖에 통신정보 및 통신보안 업무에 관한 사항

13. 그 밖의 정보 및 보안 업무 관련 기관

정보 및 보안 관련 업무에 관한 사항

[전문개정 2014.11.19.]

제6조(조정의 절차) 국정원장은 제5조의 조정을 행함에 있어 국가안보에 중대한 영향을 미치는 주요사안에 관하여는 직접 조정하고, 기타 사안에 관하여는 일반지침에 의하여 조정한다. <개정 1999.3.31.>

제7조(정보사범 등의 내사등) ① 정보수사기관이 정보사범등의 내사·수사에 착수하거나 이를 검거한 때와 관할 검찰기관(군검찰기관을 포함한다. 이하 같다)에 송치한 때에는 즉시 이를 국정원장에게 통보하여야 한다. <개정 1999.3.31.>

② 관할 검찰기관의 장은 정보사범 등에 대하여 검사의 처분이 있을 때에는 즉시 이를 국정원장에게 통보하여야 한다. <개정 1999.3.31.>

③ 관할 검찰기관의 장은 정보사범 등의 재판에 대하여 각 심급별로 그 재판결과를 국정원장에게 통보하여야 한다. <개정 1999.3.31.>

제8조(정보사범 등의 신병처리 등) ① 정보수사기관의 장은 주요 정보사범 등의 신병처리에 대하여 국정원장의 조정을 받아야 한다. <개정 1999.3.31.>

② 정보수사기관이 주요정보사범등·귀순자·불온문건 투입자·납북귀환자·망명자 및 피난사민에 대하여 신문등을 하고자 할 때에는 국정원장의 조정을 받아야 한다. <개정 1999.3.31.>

제9조(공소보류 등) ① 정보수사기관(검사를 제외한다)의 장이 주요 정보사범 등에 대하여 공소보류 의견을 붙일 필요가 있다고 인정할 때에는 국정원장에게 통보하여 조정을 받아야 한다. <개정 1999.3.31.>

② 검사는 주요 정보사범 등에 대하여 공소보류 또는 불기소 의견으로 송치된 사건을 소추하거나 기소의견으로 송치된 사건을 공소보류 또는 불기소 처분할 때에는 국정원장과 협의하여야 한다. <개정 1999.3.31.>

제10조(적성압수금품 등의 처리) 정보수사기관이 주요 적성장비 또는 불온문건 기타 금품을 압수하거나 취득한 때에는 즉시 이를 국정원장에게 통보하고 정보수집에 필요한 조정을 받아야 한다. <개정 1999.3.31.>

제11조(정보사업·예산 및 보안업무의 감사) ① 국정원장은 제5조에 규정된 각급기관에 대하여 연 1회 이상 정보사업 및 그에 따른 예산과 보안업무 감사를 실시한다. 다만, 보안업무 감사는 중앙단위 기관에 한한다. <개정 1999.3.31.>

② 국정원장은 제1항의 감사를 실시함에 있어서 정책자료 발굴에 중점을 둔다. <개정 1999.3.31.>

③ 국정원장은 제1항의 규정에 의한 감사 결과를 대통령에게 보고하고 피감사기관에 통보한다. <개정 1999.3.31.>

④ 제3항의 규정에 의하여 감사결과를 통보받은 피감사기관의 장은 감사결과에 대하여 필요한 조치를 강구하여야 한다.

제12조(시행규칙) 이 영 시행에 관하여 필요한 규칙은 정보조정협의회의 의결을 거쳐 국정원장이 정한다. <개정 1999.3.31.>

부칙 <제28211호, 2017.7.26.> (행정안전부와 그 소속기관 직제)

제1조(시행일) 이 영은 공포한 날부터 시행한다. 다만, 부칙 제8조에 따라 개정되는 대통령령 중 이 영 시행 전에 공포되었으나 시행일이 도래하지 아니한 대통령령을 개정한 부분은 각각 해당 대통령령의 시행일부터 시행한다.

제2조부터 제7조까지 생략

제8조(다른 법령의 개정) ①부터 <380>까지 생략

<381> 정보및보안업무기획·조정규정 일부를 다음과 같이 개정한다.

제5조제1호 각 목 외의 부분 중 "미래창조과학부"를 "과학기술정보통신부"로 하고, 같은 조 제6호 각 목 외의 부분 중 "행정자치부"를 "행정안전부"로 하며, 같은 조 제11호를 삭제한다.

<382>부터 <388>까지 생략

방첩업무규정

[시행 2018. 11. 20] [대통령령 제29289호, 2018. 11. 20, 일부개정]

제1조(목적) 이 영은 「국가정보원법」 제3조에 따른 방첩(防諜)에 관한 업무의 수행과 이를 위한 기관 간 협조 등에 관한 사항을 규정하여 국가안보에 이바지함을 목적으로 한다.

제2조(정의) 이 영에서 사용하는 용어의 뜻은 다음과 같다. <개정 2014. 11. 19., 2017. 7. 26., 2018. 8. 21., 2018. 11. 20.>

1. "방첩"이란 국가안보와 국익에 반하는 외국의 정보활동을 찾아내고 그 정보활동을 견제·차단하기 위하여 하는 정보의 수집·작성 및 배포 등을 포함한 모든 대응활동을 말한다.

2. "외국의 정보활동"이란 외국 정부·단체 또는 외국인이 직접 하거나 내국인을 이용하여 하는 정보 수집활동과 그 밖의 활동으로서 대한민국의 국가안보와 국익에 영향을 미칠 수 있는 모든 활동을 말한다.

3. "방첩기관"이란 방첩에 관한 업무를 수행하는 다음 각 목의 기관을 말한다.
   가. 국가정보원
   나. 법무부
   다. 관세청
   라. 경찰청
   마. 해양경찰청
   바. 군사안보지원사령부

4. "관계기관"이란 방첩기관 외의 기관으로서 다음 각 목의 기관을 말한다.
   가. 「정부조직법」 또는 그 밖의 법령에 따라 설치된 국가기관
   나. 지방자치단체 중 국가정보원장이 제10조에 따른 국가방첩전략회의의 심의를 거쳐 지정하는 지방자치단체
   다. 「공공기관의 운영에 관한 법률」 제4조에 따른 공공기관 중 국가정보원장이 제10조에 따른 국가방첩전략회의의 심의를 거쳐 지정하는 기관

제3조(방첩업무의 범위) 이 영에 따라 방첩기관이 수행하는 업무(이하 "방첩업무"라 한다)의 범위는 다음 각 호와 같다.

    1. 외국의 정보활동에 대한 정보 수집 및 색출

    2. 외국의 정보활동에 대한 견제 및 차단

    3. 외국의 정보활동에 대응하기 위한 기법 개발 및 제도 개선

    4. 다른 방첩기관 및 관계기관에 대한 방첩 관련 정보 제공

    5. 그 밖에 외국의 정보활동으로부터 국가안보 및 국익을 지키기 위한 활동

제4조(기관 간 협조) ① 방첩기관의 장은 방첩업무 수행을 위하여 필요한 경우 다른 방첩기관의 장이나 관계기관의 장에게 협조를 요청할 수 있다.

② 제1항에 따라 협조 요청을 받은 기관의 장은 협조 요청에 따르지 못할 특별한 사유가 있는 경우를 제외하고는 협조하여야 한다.

제4조의2(방첩정보 공유센터) ① 방첩기관 간 방첩 관련 정보의 원활한 공유와 제3조에 따른 방첩업무의 효율적인 수행을 위하여 국가정보원장 소속으로 방첩정보 공유센터를 둘 수 있다.

② 제1항에 따른 방첩정보 공유센터의 조직 및 운영에 관한 사항은 제6조에 따른 기본지침으로 정할 수 있다.

③ 국가정보원장은 제1항에 따른 방첩정보 공유센터의 운영을 위하여 필요한 경우 방첩기관의 장에게 소속 공무원의 파견 또는 방첩 관련 정보의 공유 등 협조를 요청할 수 있다.

[본조신설 2018. 11. 20.]

제5조(방첩업무의 기획·조정) ① 국가정보원장은 방첩업무에 관한 정책을 기획하고, 방첩업무를 통합적으로 수행하기 위하여 필요한 경우 이 영 및 관계 법령으로 정한 범위에서 방첩기관 및 관계기관(이하 "방첩기관등"이라 한다)의 방첩업무를 합리적으로 조정한다.

② 국가정보원장은 제1항에 따라 방첩업무를 조정하는 경우에 국가안보에 중대한 영향을 미치는 주요 사안에 대해서는 직접 조정하고, 그 밖의 사안에 대해서는 제6조에 따른 지침으로 정하는 바에 따라 조정한다.

제6조(국가방첩업무 지침의 수립 등) ① 국가정보원장은 국가의 방첩업무를

효율적으로 수행하기 위하여 국가방첩업무 기본지침(이하 "기본지침"이라 한다)
을 수립하여 방첩기관등의 장에게 송부하여야 한다.

② 기본지침에는 다음 각 호의 사항이 포함되어야 한다.

  1. 방첩업무의 기본 목표 및 전략에 관한 사항

  2. 방첩기관등의 방첩업무 협조에 관한 사항

  3. 그 밖에 국가 방첩업무의 원활한 수행을 위하여 필요한 사항

③ 국가정보원장은 매년 12월 20일까지 기본지침에 따라 다음 연도의 방첩
업무 수행에 관한 지침(이하 "연도별 지침"이라 한다)을 수립하여 방첩기관등의
장에게 송부하여야 한다.

④ 제3항에 따라 국가정보원장으로부터 연도별 지침을 받은 방첩기관의 장
은 연도별 지침에 따라 그 기관의 해당 연도 방첩업무계획을 수립·시행하여야
한다.

제7조(외국인 접촉 시 국가기밀등의 보호) ① 방첩기관등의 구성원은 외국
을 방문하거나 외국인을 접촉할 때에는 국가기밀, 산업기술 또는 국가안보·국익
관련 중요 정책사항(이하 "국가기밀등"이라 한다)이 유출되지 않도록 유의하여
야 한다.

② 방첩기관등의 장은 그 기관의 업무 성격을 고려하여 소속 구성원이 외국
인을 접촉하는 경우에 발생할 수 있는 국가기밀등의 유출 위험을 방지하기 위하
여 필요한 사항에 관한 규정을 마련·시행하여야 한다.

③ 방첩기관등의 장은 소속 구성원 중에서 제1항 및 제2항에 따른 업무를
전담하는 직원을 지정할 수 있다. <신설 2018. 11. 20.>

제8조(외국인 접촉 시 특이사항의 신고 등) ① 방첩기관등의 구성원(방첩기
관등에 소속된 위원회의 민간위원을 포함한다. 이하 이 조에서 같다)이 외국인
(제9조에 따른 외국 정보기관이 정보활동에 이용하는 내국인을 포함한다. 이하
이 조에서 같다)을 접촉한 경우에 그 외국인이 다음 각 호의 어느 하나에 해당한
다고 의심할 만한 상당한 이유가 있을 경우에는 지체 없이 그 사실을 소속 방첩
기관등의 장에게 신고하여야 하며, 해당 방첩기관등의 장은 그 신고 내용을 국가
정보원장에게 통보하여야 한다. <개정 2018. 11. 20.>

  1. 접촉한 외국인이 국가기밀등이나 그 밖의 국가안보 및 국익 관련 정보

를 탐지·수집하려고 하는 경우

　　2. 접촉한 외국인이 방첩기관등의 구성원을 정보활동에 이용하려고 하는 경우

　　3. 접촉한 외국인이 그 밖의 국가안보 또는 국익을 침해하는 활동을 하는 사람인 경우

　② 제1항에도 불구하고 방첩기관의 장은 법령에 따른 직무 수행과 관련하여 필요하다고 판단하는 경우에는 통보하지 아니할 수 있다.

　③ 제1항에 따른 통보를 받은 국가정보원장은 효율적인 방첩업무 수행을 위하여 필요하다고 인정하는 경우에는 통보받은 사실이나 관련 분석 자료를 작성하여 방첩기관등의 장에게 배포하여야 한다.

　④ 국가정보원장은 제1항에 따른 신고 내용이 국가안보와 방첩업무에 이바지하였다고 인정되는 경우에는 신고자에 대하여 「정부 표창 규정」 등에 따라 포상하거나 국가정보원장이 정하는 바에 따라 포상금을 지급할 수 있다. <개정 2018. 11. 20.>

　제9조(외국 정보기관 구성원 접촉절차) 방첩기관등의 구성원이 법령에 따른 직무 수행 외의 목적으로 외국 정보기관(특정국가에서 다른 국가에 대한 정보 수집을 주된 목적으로 설치된 그 국가의 기관을 말한다)의 구성원을 접촉하려는 경우 소속 방첩기관등의 장에게 미리 보고하여야 하며, 해당 방첩기관등의 장은 그 내용을 국가정보원장에게 통보하여야 한다.

　제10조(국가방첩전략회의의 설치 및 운영 등) ① 국가방첩전략의 수립 등 국가 방첩업무에 관한 중요 사항을 심의하기 위하여 국가정보원장 소속으로 국가방첩전략회의(이하 "전략회의"라 한다)를 둔다.

　② 전략회의는 의장 1명을 포함한 25명 이내의 위원으로 구성한다. <개정 2018. 11. 20.>

　③ 전략회의의 의장은 국가정보원장이 되고, 위원은 다음 각 호의 공무원이 된다. <개정 2018. 11. 20.>

　　1. 기획재정부, 과학기술정보통신부, 외교부, 통일부, 법무부, 행정안전부, 산업통상자원부, 중소벤처기업부 및 국무조정실의 차관급 공무원(차관급 공무원이 2명 이상인 경우 해당 기관의 장이 지정하는 차관급 공무원을 말한다)

    2. 인사혁신처, 관세청, 방위사업청, 경찰청 및 해양경찰청의 차장

    3. 국방정보본부의 본부장 및 군사안보지원사령부의 사령관

    4. 전략회의의 의장이 지명하는 국가정보원 소속 공무원

    5. 전략회의의 의장이 관계기관의 장과 협의하여 지명하는 관계기관 소속 공무원

    ④ 전략회의의 의장은 회의를 소집하고 그 회의를 주재한다.

    ⑤ 전략회의의 회의는 재적위원 과반수의 출석과 출석위원 과반수의 찬성으로 의결한다.

    ⑥ 제1항부터 제5항까지에서 규정한 사항 외에 전략회의의 운영에 필요한 사항은 국가정보원장이 정한다.

    제11조(국가방첩전략실무회의의 설치 및 운영 등) ① 전략회의를 효율적으로 운영하기 위하여 전략회의에 국가방첩전략실무회의(이하 "실무회의"라 한다)를 둔다.

    ② 실무회의는 의장 1명을 포함한 25명 이내의 위원으로 구성한다. <개정 2018. 11. 20.>

    ③ 실무회의의 의장은 국가정보원의 방첩업무를 담당하는 실장급 또는 국장급 부서의 장이 되고, 위원은 전략회의의 위원이 소속된 기관의 고위공무원단에 속하는 공무원 또는 이에 상당하는 공무원이 된다.

    ④ 실무회의는 전략회의에서 심의할 의안(議案)을 미리 검토·조정하고, 다음 각 호의 사항을 심의하여 그 결과를 전략회의에 보고할 수 있다.

    1. 국가 방첩업무 현안에 대한 대책의 수립 및 시행에 관한 사항

    2. 전략회의의 심의·의결을 거쳐 정해진 정책 등에 대한 시행 방안

    3. 전략회의로부터 위임받은 심의사항

    4. 그 밖에 실무회의의 의장이 회의에 부치는 방첩업무에 관한 사항

    ⑤ 제1항부터 제4항까지에서 규정한 사항 외에 실무회의의 운영에 필요한 사항은 국가정보원장이 정한다.

    제12조(지역방첩협의회의 설치 및 운영 등) ① 국가정보원장은 필요한 경우 방첩기관의 장과 협의하여 특별시·광역시·특별자치시·도 또는 특별자치도별로 방첩업무를 협의하기 위한 지역방첩협의회를 구성·운영할 수 있다.

② 제1항에 따른 지역방첩협의회의 운영 등에 필요한 사항은 국가정보원장이 지역방첩협의회의 심의·의결을 거쳐 정한다.

[시행일:2012. 7. 1.] 제12조제1항 중 특별자치시에 관한 부분

제13조(방첩교육) ① 방첩기관등의 장은 해당 기관의 업무 수행과 관련하여 그 기관 소속 구성원이 외국의 정보활동에 효율적으로 대응하기 위하여 필요한 자체 방첩교육에 관한 계획을 수립하여 시행하여야 한다.

② 방첩기관등의 장은 필요한 경우 제1항에 따른 소속 구성원에 대한 방첩교육을 국가정보원장에게 위탁하여 실시할 수 있다.

제14조(외국인 접촉의 부당한 제한 금지) 방첩기관등의 장은 이 영의 목적이 외국의 정보활동으로부터 대한민국의 국가안보와 국익을 보호하기 위한 것임을 고려하여 소속 구성원의 외국인과의 접촉을 부당하게 제한하여서는 아니 된다.

제15조(홍보) 방첩기관의 장은 홍보를 통하여 소관 방첩업무에 대한 국민의 이해를 증진시키기 위하여 노력하여야 한다.

부칙 <제29289호, 2018. 11. 20.>

제1조(시행일) 이 영은 공포한 날부터 시행한다.

제2조(외국인 접촉 시 특이사항의 신고에 관한 적용례) 제8조제1항의 개정규정은 이 영 시행 이후 외국인(제9조에 따른 외국 정보기관이 정보활동에 이용하는 내국인을 포함한다)을 접촉하는 경우부터 적용한다.

제3조(포상금 지급에 관한 적용례) 제8조제4항의 개정규정은 2018년 1월 1일 이후에 종전의 제8조제1항에 따라 신고한 경우에도 적용한다.

경찰청과 그 소속기관 직제

[시행 2019. 1. 1] [대통령령 제29308호, 2018. 11. 27, 일부개정]

제1장 총칙

제1조(목적) 이 영은 경찰청과 그 소속기관의 조직과 직무범위 기타 필요한 사항을 규정함을 목적으로 한다.

제2조(소속기관) ① 경찰청장의 관장사무를 지원하기 위하여 경찰청장 소속하에 경찰대학·경찰인재개발원·중앙경찰학교 및 경찰수사연수원을 둔다. <개정 2005. 12. 30., 2007. 3. 30., 2009. 11. 23., 2016. 12. 5., 2018. 3. 30.>

② 경찰청장의 관장사무를 지원하기 위하여 「책임운영기관의 설치·운영에 관한 법률」 제4조제1항, 동법 시행령 제2조제1항 및 동법 시행령 별표 1의 규정에 의하여 경찰청장 소속하에 책임운영기관으로 경찰병원을 둔다. <신설 1999. 12. 28., 2005. 7. 5., 2005. 12. 30., 2010. 10. 22., 2016. 12. 5.>

③ 「경찰법」 제2조제2항의 규정에 의하여 지방경찰청과 경찰서를 둔다. <개정 2005. 7. 5.>

제2장 경찰청

제3조(직무) 경찰청은 치안에 관한 사무를 관장한다.

제4조(하부조직) ① 경찰청에 생활안전국·수사국·사이버안전국·교통국·경비국·정보국·보안국 및 외사국을 둔다. <개정 1999. 5. 24., 2002. 2. 25., 2003. 12. 18., 2006. 3. 30., 2008. 2. 29., 2009. 11. 23., 2013. 3. 23., 2014. 3. 11.>

② 청장 밑에 대변인 1명을, 차장 밑에 기획조정관·경무인사기획관·감사관·정보화장비정책관 및 과학수사관리관 각 1명을 둔다. <개정 1999. 5. 24., 2001. 12. 27., 2005. 4. 15., 2006. 3. 30., 2007. 3. 30., 2008. 2. 29., 2009. 11. 23., 2013. 3.

23., 2016. 5. 10.>

③ 삭제 <2008. 2. 29.>

제5조(대변인) ① 대변인은 경무관으로 보한다. <개정 2005. 4. 15., 2008. 2. 29.>

② 대변인은 다음 사항에 관하여 청장을 보좌한다. <개정 2005. 4. 15., 2007. 8. 22., 2008. 2. 29., 2011. 10. 10.>

1. 주요정책에 관한 대국민 홍보계획의 수립·조정 및 협의·지원

2. 언론보도 내용에 대한 확인 및 정정보도 등에 관한 사항

3. 온라인대변인 지정·영 등 소셜 미디어 정책소통 총괄·점검 및 평가

4. 청내 업무의 대외 정책발표사항 관리 및 브리핑 지원에 관한 사항

5. 전자브리핑 운영 및 지원에 관한 사항

[제목개정 2008. 2. 29.]

제5조의2(기획조정관) ① 기획조정관은 치안감으로 보한다. <개정 2010. 10. 22.>

② 기획조정관은 다음 사항에 관하여 차장을 보좌한다. <개정 2010. 5. 31., 2013. 11. 5., 2015. 1. 6., 2015. 11. 20., 2016. 12. 5., 2017. 7. 26.>

1. 행정제도, 업무처리절차 및 조직문화의 개선 등 경찰행정 개선업무의 총괄·지원

2. 조직진단 및 평가를 통한 조직과 정원(의무경찰은 제외한다)의 관리

3. 정부혁신 관련 과제 발굴·선정, 추진상황 확인·점검 및 관리

4. 주요사업의 진도파악 및 그 결과의 심사평가

5. 주요정책 및 주요업무계획의 수립·종합 및 조정

5의2. 청 내 국가사무 민간위탁 현황 관리 등 총괄

6. 치안분야 과학기술진흥을 위한 시책 수립 및 연구개발사업의 총괄·조정

7. 경찰위원회의 간사업무에 관한 사항

8. 예산의 편성과 조정 및 결산에 관한 사항

9. 국유재산관리계획의 수립 및 집행

10. 경찰 관련 규제심사 및 규제개선에 관한 사항

11. 법령안의 심사 및 법규집의 편찬·발간

　　12. 법령질의·회신의 총괄

　　13. 행정심판업무와 소송사무의 총괄

　[본조신설 2009. 11. 23.]

　제5조의3(경무인사기획관) ① 경무인사기획관은 치안감 또는 경무관으로 보한다.

　　② 경무인사기획관은 다음 사항에 관하여 차장을 보좌한다.

　　1. 보안 및 관인·관인대장의 관리에 관한 사항

　　2. 소속 공무원의 복무에 관한 사항

　　3. 사무관리의 처리·지도 및 제도의 연구·개선

　　4. 기록물의 분류·수발·통제·편찬 및 기록관 운영과 관련된 기록물의 수집·이관·보존·평가·활용 등에 관한 사항

　　5. 정보공개 업무

　　6. 예산의 집행 및 회계 관리

　　7. 청사의 방호·유지·보수 및 청사관리업체의 지도·감독

　　8. 경찰박물관의 운영

　　9. 소속 공무원의 임용·상훈 및 그 밖의 인사 업무

　　10. 경찰청 소속 공무원단체에 관한 사항

　　11. 경찰공무원의 채용·승진시험과 교육훈련의 관리

　　12. 경찰교육기관의 운영에 관한 감독

　　13. 소속 공무원의 복지제도 기획 및 운영에 관한 사항

　　14. 그 밖에 청내 다른 국 또는 담당관의 주관에 속하지 아니하는 사항

　[본조신설 2013. 3. 23.]

　제6조(감사관) ① 감사관은 고위공무원단에 속하는 일반직공무원 또는 경무관으로 보한다. <개정 2010. 6. 30.>

　　② 감사관은 다음 사항에 관하여 차장을 보좌한다. <개정 2003. 12. 18., 2010. 10. 22., 2015. 11. 20.>

　　1. 경찰청과 그 소속기관 및 산하단체에 대한 감사

　　2. 다른 기관에 의한 경찰청과 그 소속기관 및 산하단체에 대한 감사결과의 처리

   3. 사정업무

   4. 경찰기관공무원(의무경찰을 포함한다)에 대한 진정 및 비위사항의 조사·
처리

   5. 민원업무의 운영 및 지도

   6. 경찰 직무수행 과정상의 인권보호 및 개선에 관한 사항

   7. 경찰 수사 과정상의 범죄피해자 보호 및 지원에 관한 사항

   8. 기타 청장이 감사에 관하여 지시한 사항의 처리

[제7조에서 이동, 종전 제6조는 삭제<1999. 5. 24.>]

   제7조(정보화장비정책관) ① 정보화장비정책관은 고위공무원단에 속하는 일
반직공무원 또는 경무관으로 보한다. <개정 2009. 11. 23., 2012. 6. 19., 2013. 3.
23.>

   ② 정보화장비정책관은 다음 사항에 관하여 차장을 보좌한다. <개정 1999. 5.
24., 2000. 9. 29., 2013. 3. 23.>

   1. 정보통신업무의 계획수립 및 추진

   2. 정보화업무의 종합관리 및 개발·운영

   3. 정보통신시설·장비의 운영 및 관리

   4. 정보통신보안에 관한 업무

   5. 정보통신교육계획의 수립 및 시행

   6. 경찰장비의 운영 및 발전에 관한 사항

   7. 경찰복제에 관한 계획의 수립 및 연구

[제목개정 2013. 3. 23.]

[제8조에서 이동, 종전 제7조는 제6조로 이동<1999. 5. 24.>]

   제8조(과학수사관리관) ① 과학수사관리관은 치안감 또는 경무관으로 보한다.

   ② 과학수사관리관은 다음 사항에 관하여 차장을 보좌한다.

   1. 과학수사의 기획 및 지도

   2. 범죄감식 및 증거분석

   3. 범죄기록 및 주민등록지문의 수집·관리

[본조신설 2016. 5. 10.]

제8조의2 삭제 <2013. 3. 23.>

제8조의3 삭제 <2009. 11. 23.>

제9조 삭제 <2009. 11. 23.>

제10조 삭제 <2013. 3. 23.>

제11조(생활안전국) ① 국장은 치안감 또는 경무관으로 보한다.

② 국장은 다음 사항을 분장한다. <개정 2000. 9. 29., 2002. 2. 25., 2004. 12. 31., 2005. 7. 5., 2005. 11. 9., 2006. 3. 30., 2010. 10. 22., 2012. 6. 19., 2013. 11. 5., 2015. 2. 26.>

    1. 범죄예방에 관한 연구 및 계획의 수립

    2. 경비업에 관한 연구 및 지도

    3. 삭제 <1999. 5. 24.>

    4. 112신고제도 기획·운영 및 112종합상황실 운영 총괄

    5. 지구대·파출소 외근업무의 기획

    6. 풍속·성매매 사범에 관한 지도 및 단속

    7. 총포·도검·화약류등의 지도·단속

    8. 즉결심판청구업무의 지도

    9. 각종 안전사고의 예방에 관한 사항

    10. 소년비행방지에 관한 업무

    11. 소년범죄의 수사지도

    12. 여성·소년에 대한 범죄의 예방에 관한 업무

    13. 가출인 및 실종아동등(「실종아동등의 보호 및 지원에 관한 법률」제2조 제2호에 따른 실종아동등을 말한다. 이하 같다)과 관련된 업무의 총괄

    13의2. 가정폭력 및 아동학대의 수사, 예방 및 피해자 보호에 관한 업무

    14. 성폭력 범죄의 수사, 성폭력·성매매의 예방 및 피해자 보호에 관한 업무

    15. 실종아동 등 찾기에 관한 업무

  [제목개정 2003. 12. 18.]

제12조(수사국) ① 수사국에 국장 1명을 두고, 국장 밑에 수사기획관 1명을 둔다. <신설 2015. 2. 26.>

② 국장은 치안감 또는 경무관으로 보하고, 수사기획관은 경무관으로 보한다. <개정 2015. 2. 26.>

③ 국장은 다음 사항을 분장한다. <개정 2000. 9. 29., 2006. 10. 31., 2015. 2. 26.>

1. 경찰수사업무에 관한 기획·지도·조정 및 통제

2. 범죄통계 및 수사자료의 분석

3. 범죄수사의 지도 및 조정

4. 삭제 <2016. 5. 10.>

5. 범죄의 수사에 관한 사항

6. 삭제 <2016. 5. 10.>

7. 삭제 <2010. 10. 22.>

8. 삭제 <2010. 10. 22.>

④ 수사기획관은 수사업무의 조정에 관하여 국장을 보좌한다. <신설 2015. 2. 26.>

[제목개정 1999. 5. 24.]

제12조의2(사이버안전국) ① 국장은 치안감 또는 경무관으로 보한다.

② 국장은 다음 사항을 분장한다.

1. 사이버공간에서의 범죄(이하 "사이버범죄"라 한다) 정보의 수집·분석

2. 사이버범죄 신고·상담

3. 사이버범죄 수사에 관한 사항

4. 사이버범죄 예방에 관한 사항

5. 사이버범죄 관련 국제경찰기구 등과의 협력

6. 전자적 증거분석 및 분석기법 연구·개발에 관한 사항

[본조신설 2014. 3. 11.]

[종전 제12조의2는 제12조의3으로 이동 <2014. 3. 11.>]

제12조의3(교통국) ① 국장은 치안감 또는 경무관으로 보한다.

② 국장은 다음 사항을 분장한다.

1. 도로교통에 관련되는 종합기획 및 심사분석

2. 도로교통에 관련되는 법령의 정비 및 행정제도의 연구

3. 교통경찰공무원에 대한 교육 및 지도

4. 도로교통시설의 관리

     5. 자동차운전면허의 관리

     6. 도로교통사고의 예방을 위한 홍보·지도 및 단속

     7. 도로교통사고조사의 지도

     8. 고속도로순찰대의 운영 및 지도

  [본조신설 2013. 3. 23.]

  [제12조의2에서 이동 <2014. 3. 11.>]

  제13조(경비국) ① 경비국에 국장 1명을 두고, 국장 밑에 대테러위기관리관을 둔다. <개정 2017. 2. 28.>

  ② 국장은 치안감 또는 경무관으로, 대테러위기관리관은 경무관으로 보한다. <신설 2017. 2. 28.>

  ③ 국장은 다음 사항을 분장한다. <개정 2001. 12. 27., 2005. 7. 5., 2013. 3. 23., 2015. 11. 20., 2016. 11. 29.>

     1. 경비에 관한 계획의 수립 및 지도

     2. 경찰부대의 운영·지도 및 감독

     3. 청원경찰의 운영 및 지도

     4. 민방위업무의 협조에 관한 사항

     5. 안전관리·재난상황 및 위기상황 관리기관과의 연계체계 구축·운영

     6. 경찰작전·경찰전시훈련 및 비상계획에 관한 계획의 수립·지도

     7. 중요시설의 방호 및 지도

     8. 예비군의 무기 및 탄약 관리의 지도

     9. 대테러 예방 및 진압대책의 수립·지도

     10. 의무경찰의 복무 및 교육훈련

     11. 의무경찰의 인사 및 정원의 관리

     12. 경호 및 요인보호계획의 수립·지도

     13. 경찰항공기의 관리·운영 및 항공요원의 교육훈련

     14. 경찰업무수행과 관련된 항공지원업무

     15. 삭제 <2001. 12. 27.>

     16. 삭제 <2001. 12. 27.>

     17. 삭제 <2001. 12. 27.>

18. 삭제 <2001. 12. 27.>

19. 삭제 <2001. 12. 27.>

④ 대테러위기관리관은 대테러 및 위기관리 업무의 조정에 관하여 국장을 보좌한다. <신설 2017. 2. 28.>

[제목개정 2001. 12. 27.]

제14조(정보국) ① 정보국에 국장 1인을 두고, 국장 밑에 정보심의관을 둔다. <개정 2010. 10. 22.>

② 국장은 치안감 또는 경무관으로, 정보심의관은 경무관으로 보한다. <개정 2010. 10. 22.>

③ 국장은 다음 사항을 분장한다. <개정 1999. 12. 28.>

1. 치안정보업무에 관한 기획·지도 및 조정

2. 정치·경제·노동·사회·학원·종교·문화 등 제분야에 관한 치안정보의 수집·종합·분석·작성 및 배포

3. 정책정보의 수집·종합·분석·작성 및 배포

4. 집회·시위등 집단사태의 관리에 관한 지도 및 조정

5. 신원조사 및 기록관리

④ 정보심의관은 기획정보업무의 조정에 관하여 국장을 보좌한다. <개정 2010. 10. 22.>

제15조(보안국) ① 국장은 치안감 또는 경무관으로 보한다.

② 국장은 다음 사항을 분장한다. <개정 1999. 5. 24.>

1. 보안경찰업무에 관한 기획 및 교육

2. 보안관찰에 관한 업무지도

3. 북한이탈 주민관리 및 경호안전대책 업무

4. 간첩등 보안사범에 대한 수사의 지도·조정

5. 보안관련 정보의 수집 및 분석

6. 남북교류와 관련되는 보안경찰업무

7. 간첩등 중요방첩수사에 관한 업무

8. 중요좌익사범의 수사에 관한 업무

제15조의2(외사국) ①국장은 치안감 또는 경무관으로 보한다.

② 국장은 다음 사항을 분장한다.

1. 외사경찰업무에 관한 기획·지도 및 조정

2. 재외국민 및 외국인에 관련된 신원조사

3. 외국경찰기관과의 교류·협력

4. 국제형사경찰기구에 관련되는 업무

5. 외사정보의 수집·분석 및 관리

6. 외국인 또는 외국인과 관련된 간첩의 검거 및 범죄의 수사지도

7. 외사보안업무의 지도·조정

8. 국제공항 및 국제해항의 보안활동에 관한 계획 및 지도

[본조신설 2006. 3. 30.]

제16조(위임규정) 「행정기관의 조직과 정원에 관한 통칙」 제12조제3항 및 제14조제4항의 규정에 의하여 경찰청에 두는 보조기관 또는 보좌기관은 경찰청에 두는 정원의 범위안에서 행정안전부령으로 정한다. <개정 2006. 12. 29., 2008. 2. 29., 2013. 5. 6., 2014. 11. 19., 2017. 7. 26.>

[전문개정 2005. 4. 15.]

제3장 경찰대학

제17조(직무) 경찰대학(이하 이 장에서 "대학"이라 한다)은 국가치안부문에 종사할 경찰간부가 될 자에게 학술을 연마하고 심신을 단련시키기 위한 교육훈련, 치안 분야 전문인력의 양성과 치안에 관한 이론·정책 및 과학기술 연구에 관한 사무를 관장한다. <개정 2016. 12. 5., 2017. 2. 28.>

제18조(학장) ① 대학에 학장 1인을 두되, 학장은 치안정감으로 보한다.

② 학장은 경찰청장의 명을 받아 대학의 사무를 통할하고, 소속공무원을 지휘·감독한다.

제19조(하부조직) 대학에 교수부 및 학생지도부를 두며, 「행정기관의 조직과 정원에 관한 통칙」 제19조제3항의 규정에 의하여 대학에 두는 보조기관 또는 보좌기관은 경찰청의 소속기관(경찰병원은 제외한다)에 두는 정원의 범위 안에서 행정안전부령으로 정한다. <개정 2006. 12. 29., 2008. 2. 29., 2010. 10. 22., 2013. 5.

6., 2014. 11. 19., 2017. 7. 26.>

[전문개정 2005. 4. 15.]

제20조(교수부) ① 교수부에 부장 1인을 두되, 부장은 경무관으로 보한다.

② 부장은 다음 사항을 분장한다.

1. 교육계획의 수립과 교육의 실시

2. 학생의 모집·등록 및 입학과 교과과정의 편성

3. 학생의 학점·성적평가·학위 및 학적관리

4. 교재의 편찬과 교육기재의 관리

5. 학칙 및 교육운영위원회에 관한 사항

6. 기타 학사지원업무에 관한 사항

제21조(학생지도부) ① 학생지도부에 부장 1인을 두되, 부장은 경무관으로 보한다.

② 부장은 다음 사항을 분장한다.

1. 학생의 학교내외 생활 및 훈련지도

2. 학생의 상훈 및 징계등 신분에 관한 사항

3. 학생의 급여품 및 대여품의 검수 및 관리

4. 학생의 급식 및 세탁등 후생업무

제22조 삭제 <2007. 3. 30.>

제23조(치안정책연구소) ① 「경찰대학설치법」 제12조의 규정에 의하여 대학에 치안정책연구소를 부설한다. <개정 2005. 7. 5., 2007. 3. 30.>

② 치안정책연구소에 소장 1인 및 연구관 2인을 두되, 소장은 고위공무원단에 속하는 일반직공무원 또는 경무관으로 보하고, 연구관 2인은 고위공무원단에 속하는 일반직공무원으로 보한다. <개정 2006. 6. 30., 2009. 11. 23., 2013. 12. 11.>

③ 치안정책연구소는 다음 사항을 분장한다. <개정 2005. 7. 5., 2015. 1. 6., 2016. 12. 5.>

1. 치안에 관한 이론 및 정책의 연구

2. 치안에 관련되는 국내외 연구기관과의 협조 및 교류

3. 치안에 관한 국내외 자료의 조사·정리 및 출판물의 간행

3의2. 통일과 관련한 치안분야의 연구

3의3. 국가안전보장과 관련된 연구

3의4. 「경찰법」제26조에 따른 연구개발사업의 기획·평가·관리 및 치안과학 분야의 시험·조사·분석 등 연구

4. 기타 치안에 관한 교육에 관련되는 학술 및 정책의 연구

④ 소장은 연구소의 사무를 통할하고, 소속공무원을 지휘·감독한다.

⑤ 치안정책연구소의 하부조직·운영 기타 필요한 사항은 학칙으로 정한다. <개정 2005. 7. 5.>

[제목개정 2005. 7. 5.]

제24조 삭제 <2005. 7. 5.>

제25조(도서관) ① 대학에 도서관을 둔다.

② 도서관에 도서관장 1인을 두되, 도서관장은 교수·부교수·조교수 또는 5급 중에서 학장이 임명하되, 교수·부교수·조교수는 겸보 할 수 있다. <개정 2005. 4. 15.>

③ 도서관은 국내외의 도서·기록물·시청각자료등의 수집·보존·분류 및 열람에 관한 사항을 분장한다.

④ 도서관장은 학장의 명을 받아 시설의 설치·유지 및 관리에 관한 사무를 관장하고, 소속공무원을 지휘·감독한다.

제26조 삭제 <2008. 8. 7.>

제4장 경찰교육훈련기관

제27조(직무) ① 경찰인재개발원은 경찰공무원에 대한 교육훈련을 관장한다. <개정 2009. 11. 23., 2018. 3. 30., 2018. 11. 27.>

② 중앙경찰학교는 경찰공무원(의무경찰을 포함한다)으로 임용될 자(경찰간부후보생을 제외한다)에 대한 교육훈련을 관장한다. <개정 2015. 11. 20.>

③ 경찰수사연수원은 수사업무에 종사하는 경찰공무원에 대한 전문연수에 관한 사항을 분장한다. <신설 2007. 3. 30.>

제28조(원장 및 교장) ① 경찰인재개발원에 원장 1명을 두되, 원장은 치안감으로 보하고, 중앙경찰학교에 교장 1명을 두되, 교장은 치안감으로 보하며, 경찰수

사연수원에 원장 1명을 두되, 원장은 경무관으로 보한다. <개정 2009. 11. 23., 2018. 3. 30.>

② 각 원장 및 교장은 경찰청장의 명을 받아 경찰인재개발원·중앙경찰학교 및 경찰수사연수원의 사무를 통할하고, 소속공무원을 지휘·감독한다. <개정 2007. 3. 30., 2009. 11. 23., 2018. 3. 30.>

[제목개정 2009. 11. 23.]

제29조(하부조직) 「행정기관의 조직과 정원에 관한 통칙」 제19조제3항에 따라 경찰인재개발원·중앙경찰학교 및 경찰수사연수원에 두는 보조기관 또는 보좌기관은 경찰청의 소속기관(경찰병원은 제외한다)에 두는 정원의 범위 안에서 행정안전부령으로 정한다. <개정 2006. 12. 29., 2007. 3. 30., 2008. 2. 29., 2009. 11. 23., 2010. 10. 22., 2013. 5. 6., 2014. 11. 19., 2017. 7. 26., 2018. 3. 30.>

[전문개정 2005. 4. 15.]

제30조 삭제 <1998. 12. 31.>

제5장 경찰병원

제31조(직무) 경찰병원은 경찰업무를 행하는 기관에 근무하는 공무원 및 그 가족과 경찰교육기관에서 교육을 받고 있는 자와 의무경찰의 질병진료에 관한 사무를 관장한다. <개정 2015. 11. 20.>

제32조 삭제 <2005. 12. 30.>

제33조(하부조직의 설치 등) ① 경찰병원의 하부조직의 설치와 분장사무는 「책임운영기관의 설치·운영에 관한 법률」 제15조제2항의 규정에 의하여 동법 제10조의 규정에 의한 기본운영규정으로 정한다.

② 「책임운영기관의 설치·운영에 관한 법률」 제16조제1항 후단에 따라 경찰병원에 두는 공무원의 종류별·계급별 정원은 이를 종류별 정원으로 통합하여 행정안전부령으로 정하고, 직급별 정원은 같은 법 제16조제2항에 따라 같은 법 제10조에 따른 기본운영규정으로 정한다. <개정 2008. 2. 29., 2009. 3. 31., 2013. 5. 6., 2014. 11. 19., 2017. 7. 26.>

③ 경찰병원에 두는 고위공무원단에 속하는 공무원으로 보하는 직위의 총수는

행정안전부령으로 정한다. <신설 2006. 6. 30., 2008. 2. 29., 2013. 5. 6., 2014. 11. 19., 2017. 7. 26.>

[전문개정 2005. 12. 30.]

제34조 삭제 <2005. 12. 30.>

제35조 삭제 <2005. 12. 30.>

제36조 삭제 <2005. 12. 30.>

제37조(일반환자의 진료) 경찰병원은 그 업무에 지장이 없는 범위 안에서 일반 민간환자에 대한 진료를 할 수 있다.

제5장의2 삭제 <2010. 10. 22.>

제37조의2 삭제 <2010. 10. 22.>

제37조의3 삭제 <2010. 10. 22.>

제6장 지방경찰관서

제1절 총칙

제38조(직무) 지방경찰청은 지방에서의 치안에 관한 사무를 수행한다.

제39조(명칭등) 지방경찰청의 명칭 및 위치는 별표 1과 같고, 그 관할구역은 행정안전부령으로 정한다. <개정 2008. 2. 29., 2013. 5. 6., 2014. 11. 19., 2017. 7. 26.>

제40조(지방경찰청장) ① 지방경찰청에 청장 1인을 둔다.

② 지방경찰청장은 경찰청장의 명을 받아 소관사무를 통할하고, 소속공무원을 지휘·감독한다.

③ 서울특별시·부산광역시·인천광역시 및 경기도남부 지방경찰청장은 치안정감으로, 그 밖의 지방경찰청장은 치안감으로 보한다. <개정 2006. 10. 31., 2012. 1. 25., 2014. 11. 4., 2016. 3. 25.>

제41조(지방경찰청 차장) ① 지방경찰청장을 보조하기 위하여 서울특별시·경기도남부·경기도북부 및 제주특별자치도의 지방경찰청에 차장 각 1명을 둔다. <개

정 1999. 5. 24., 2004. 12. 31., 2007. 6. 28., 2008. 10. 15., 2012. 1. 25., 2013. 11. 5., 2014. 11. 4., 2015. 11. 30., 2016. 3. 25., 2016. 5. 10., 2017. 2. 28.>

② 서울특별시지방경찰청 및 경기도남부지방경찰청의 차장은 치안감으로, 그 외의 지방경찰청 차장은 경무관으로 보한다. <개정 2004. 12. 31., 2016. 3. 25.>

제42조(직할대) ① 지방경찰청장은 행정안전부령이 정하는 범위내에서 차장 (차장을 두지 아니하는 경우에는 지방경찰청장) 밑에 직할대를 둘 수 있다. <개정 2008. 2. 29., 2008. 10. 15., 2013. 5. 6., 2014. 11. 19., 2016. 5. 10., 2017. 7. 26.>

② 직할대의 장은 특정한 경찰사무에 관하여 지방경찰청장 또는 지방경찰청 차장을 보좌한다. <개정 2008. 10. 15., 2016. 5. 10.>

제43조(경찰서) ① 지방경찰청장의 소관사무를 분장하기 위하여 지방경찰청장 소속하에 255개 경찰서의 범위 안에서 경찰서를 두되, 경찰서의 명칭은 별표 2와 같고, 경찰서의 하부조직, 위치·관할구역 기타 필요한 사항은 행정안전부령으로 정한다. <개정 1999. 5. 24., 1999. 12. 28., 2000. 12. 20., 2001. 12. 27., 2003. 12. 18., 2005. 11. 9., 2007. 3. 30., 2007. 6. 28., 2007. 11. 30., 2008. 2. 29., 2008. 4. 3., 2008. 8. 7., 2009. 3. 18., 2010. 5. 31., 2010. 10. 22., 2011. 5. 4., 2012. 11. 20., 2013. 5. 6., 2014. 11. 19., 2015. 10. 1., 2016. 12. 5., 2017. 7. 26., 2017. 8. 7., 2017. 11. 28., 2018. 11. 27.>

②「경찰법」제17조제1항에 따라 경찰서장은 경무관, 총경 또는 경정으로 보하되, 경찰서장을 경무관으로 보하는 경찰서는 별표 2의2와 같다. <신설 2012. 11. 20.>

제44조(지구대 등) ① 지방경찰청장은 경찰서장의 소관사무를 분장하기 위하여 행정안전부령이 정하는 바에 따라 경찰청장의 승인을 얻어 지구대 또는 파출소를 둘 수 있다. <개정 1999. 5. 24., 2004. 12. 31., 2008. 2. 29., 2013. 5. 6., 2014. 11. 19., 2017. 7. 26.>

② 지방경찰청장은 임시로 필요한 때에는 출장소를 둘 수 있다.

③ 지구대·파출소 및 출장소의 명칭·위치 및 관할구역과 기타 필요한 사항은 지방경찰청장이 정한다. <개정 1999. 5. 24., 2004. 12. 31.>

[제목개정 2004. 12. 31.]

제2절 서울특별시지방경찰청

제45조(하부조직) ① 서울지방경찰청에 경무부·생활안전부·수사부·교통지도부·경비부·정보관리부 및 보안부를 두며, 「행정기관의 조직과 정원에 관한 통칙」 제18조제5항의 규정에 의하여 서울지방경찰청에 두는 보조기관 또는 보좌기관은 경찰청의 소속기관(경찰병원은 제외한다)에 두는 정원의 범위안에서 행정안전부령으로 정한다. <개정 2005. 4. 15., 2006. 12. 29., 2008. 2. 29., 2010. 10. 22., 2013. 5. 6., 2014. 11. 19., 2017. 7. 26.>

② 제42조의 규정에 의하여 서울지방경찰청에 두는 직할대중 101경비단장 및 기동단장은 경무관으로 보한다.

제46조(경무부) ① 경무부에 부장 1인을 두되, 부장은 경무관으로 보한다.

② 부장은 다음 사항을 분장한다. <개정 1999. 5. 24., 2009. 11. 23., 2015. 11. 20.>

1. 보안
2. 관인 및 관인대장의 관수
3. 기록물의 분류·수발·통제·편찬 및 기록관 운영과 관련된 기록물의 수집·이관·보존·평가·활용 등에 관한 사항
4. 소속공무원의 복무·보수·원호 및 사기진작
5. 예산의 집행·회계·결산 및 국유재산관리
6. 삭제 <2003. 12. 18.>
7. 소속기관의 조직 및 정원의 관리(의무경찰을 제외한다)
8. 치안행정협의회에 관한 사항
9. 법제업무
10. 경찰장비의 발전 및 운영에 관한 계획의 수립·조정
11. 경찰장비 운영·보급 및 지도
12. 소속공무원의 임용·교육훈련·상훈 기타 인사업무
13. 정보화시설 및 통신시설·장비의 운영
14. 행정정보화 및 사무자동화에 관한 사항
15. 통신보안에 관한 사항

16. 기타 청내 다른 부 또는 담당관 및 직할대의 주관에 속하지 아니하는 사항

제47조(생활안전부) ① 생활안전부에 부장 1인을 두되, 부장은 경무관으로 보한다. <개정 2003. 12. 18.>

② 부장은 다음 사항을 분장한다. <개정 2000. 9. 29., 2002. 2. 25., 2004. 12. 31., 2005. 7. 5., 2005. 11. 9., 2006. 3. 30., 2010. 10. 22., 2012. 6. 19., 2013. 11. 5., 2015. 2. 26.>

1. 범죄예방에 관한 연구 및 계획의 수립

2. 경비업에 관한 지도 및 감독

3. 삭제 <1999. 5. 24.>

4. 112신고제도 및 112종합상황실의 운영·관리

5. 지구대·파출소 외근업무의 기획

6. 풍속·성매매 사범에 관한 지도 및 단속

7. 총포·도검·화약류등의 지도 및 단속

8. 즉결심판청구업무의 지도

9. 각종 안전사고의 예방에 관한 사항

10. 소년비행방지에 관한 업무

11. 소년범죄의 수사 및 지도

12. 여성·소년에 대한 범죄의 예방에 관한 업무

13. 가출인 및 실종아동등과 관련된 업무의 총괄

14. 가정폭력 및 아동학대의 수사, 예방 및 피해자 보호에 관한 업무

15. 성폭력 범죄의 수사, 성폭력·성매매의 예방 및 피해자 보호에 관한 업무

[제목개정 2003. 12. 18.]

제48조(수사부) ① 수사부에 부장 1인을 두되, 부장은 경무관으로 보한다. <개정 1999. 5. 24.>

② 부장은 다음 사항을 분장한다. <개정 1999. 12. 28., 2006. 10. 31., 2016. 5. 10.>

1. 범죄수사의 지도

2. 수사에 관한 민원의 처리

3. 유치장 관리의 지도 및 감독

4. 범죄수법의 조사·연구 및 공조

5. 범죄의 수사에 관한 사항

6. 범죄감식 및 감식자료의 수집·관리

7. 광역수사대 운영에 관한 사항

8. 사이버범죄의 예방

9. 사이버범죄의 수사 및 수사 지도

10. 전자적 증거분석 및 분석 지도

[제목개정 1999. 5. 24.]

제49조(교통지도부) ①교통지도부에 부장 1인을 두되, 부장은 경무관으로 보한다.

② 부장은 다음 사항을 분장한다. <개정 1999. 12. 28., 2002. 2. 25.>

1. 교통안전과 소통에 관한 계획의 수립 및 지도·단속

2. 교통안전을 위한 민간협력조직의 운영에 관한 지도

3. 교통시설에 관한 계획의 수립 및 지도·단속

4. 자동차운전면허관련 행정처분, 행정심판, 행정소송 및 자동차운전전문학원(일반학원을 포함한다)의 지도·감독

5. 도로교통사고조사의 지도

제50조(경비부) ① 경비부에 부장 1인을 두되, 부장은 경무관으로 보한다.

② 부장은 다음 사항을 분장한다. <개정 2015. 11. 20.>

1. 경비에 관한 계획의 수립 및 지도

2. 경찰부대의 운영에 관한 지도 및 감독

3. 민방위업무의 협조에 관한 사항

4. 청원경찰의 운영 및 지도

5. 경호경비에 관한 사항

6. 경찰작전과 비상계획의 수립 및 집행

7. 의무경찰의 복무·교육훈련

8. 의무경찰의 인사관리 및 정원의 관리

9. 중요시설의 방호 및 지도

10. 삭제 <2012. 6. 19.>

제51조(정보관리부) ① 정보관리부에 부장 1인을 두되, 부장은 경무관으로 보한다.

② 부장은 다음 사항을 분장한다. <개정 1999. 12. 28.>

1. 정치·경제·노동·사회·학원·종교·문화등 제분야에 관한 치안정보의 수집·종합·분석·작성 및 배포

2. 신원조사에 관한 사항

3. 정책정보의 수집·종합·분석·작성 및 배포

제52조(보안부) ① 보안부에 부장 1인을 두되, 부장은 경무관으로 보한다.

② 부장은 다음 사항을 분장한다. <개정 2007. 11. 30., 2010. 10. 22.>

1. 방첩계몽 및 관련단체와의 협조

2. 간첩등 보안사범에 대한 수사 및 그에 대한 지도·조정

3. 보안 관련 정보의 수집·분석 및 관리

3의2. 외사경찰업무에 관한 기획·지도 및 외국경찰기관과의 교류·협력

4. 외사정보의 수집·분석 및 외사보안업무의 계획·지도

5. 외국인 또는 외국인과 관련된 범죄의 수사 및 지도

6. 삭제 <2007. 11. 30.>

제2절의2 부산광역시·인천광역시 및 경기도남부의 지방경찰청 <개정 2016. 3. 25.>

제52조의2(하부조직) ① 부산광역시·인천광역시 및 경기도남부의 지방경찰청에 제1부·제2부·제3부를 두며, 「행정기관의 조직과 정원에 관한 통칙」 제18조제5항에 따라 준용되는 「행정기관의 조직과 정원에 관한 통칙」 제12조제3항 및 제14조제4항에 따라 부산광역시·인천광역시 및 경기도남부의 지방경찰청에 두는 보조기관 또는 보좌기관은 경찰청의 소속기관(경찰병원은 제외한다)에 두는 정원의 범위에서 행정안전부령으로 정한다. <개정 2013. 5. 6., 2014. 11. 4., 2014. 11. 19., 2016. 3. 25., 2017. 7. 26., 2017. 11. 28.>

② 제42조에 따라 인천광역시지방경찰청에 두는 직할대 중 인천국제공항경찰단장은 경무관으로 보한다. <신설 2017. 11. 28.>

[본조신설 2012. 1. 25.]

제52조의3(제1부) ① 제1부에 부장 1명을 두며, 부장은 경무관으로 보한다.

② 부장은 제46조제2항·제49조제2항 및 제50조제2항에 규정된 사항을 분장한다.

[본조신설 2012. 1. 25.]

제52조의4(제2부) ① 제2부에 부장 1명을 두며, 부장은 경무관으로 보한다.

② 부장은 제47조제2항 및 제48조제2항에 규정된 사항을 분장한다.

[본조신설 2012. 1. 25.]

제52조의5(제3부) ① 제3부에 부장 1명을 두며, 부장은 경무관으로 보한다.

② 부장은 제51조제2항 및 제52조제2항에 규정된 사항을 분장한다.

[본조신설 2012. 1. 25.]

제2절의3 대구광역시·광주광역시·대전광역시·울산광역시·강원도·충청북도·충청남도·전라북도·전라남도·경상북도 및 경상남도의 지방경찰청 <개정 2014. 11. 4., 2015. 11. 30., 2016. 5. 10., 2017. 2. 28.>

제52조의6(하부조직) 대구광역시·광주광역시·대전광역시·울산광역시·강원도·충청북도·충청남도·전라북도·전라남도·경상북도 및 경상남도의 지방경찰청에 제1부 및 제2부를 두고,「행정기관의 조직과 정원에 관한 통칙」제18조제5항에 따라 준용되는「행정기관의 조직과 정원에 관한 통칙」제12조제3항 및 제14조제4항에 따라 대구광역시·광주광역시·대전광역시·울산광역시·강원도·충청북도·충청남도·전라북도·전라남도·경상북도 및 경상남도의 지방경찰청에 두는 보조기관 또는 보좌기관은 경찰청의 소속기관(경찰병원은 제외한다)에 두는 정원의 범위에서 행정안전부령으로 정한다. <개정 2014. 11. 4., 2014. 11. 19., 2015. 11. 30., 2016. 5. 10., 2017. 2. 28., 2017. 7. 26.>

[본조신설 2013. 11. 5.]

제52조의7(제1부) ① 제1부에 부장 1명을 두며, 부장은 경무관으로 보한다.

② 부장은 제46조제2항·제51조제2항 및 제52조제2항에 규정된 사항을 분장한다.

[본조신설 2013. 11. 5.]

제52조의8(제2부) ① 제2부에 부장 1명을 두며, 부장은 경무관으로 보한다.

② 부장은 제47조제2항·제48조제2항·제49조제2항 및 제50조제2항에 규정된 사항을 분장한다.

[본조신설 2013. 11. 5.]

제3절 삭제 <2016. 3. 25.>

제53조 삭제 <2016. 3. 25.>

제53조의2 삭제 <2016. 3. 25.>

제54조 삭제 <2016. 3. 25.>

제55조 삭제 <2016. 3. 25.>

제56조 삭제 <2016. 3. 25.>

제56조의2 삭제 <2016. 3. 25.>

제4절 기타 지방경찰청

제57조(하부조직) 「행정기관의 조직과 정원에 관한 통칙」 제18조제5항의 규정에 의하여 그 밖의 지방경찰청에 두는 보조기관 또는 보좌기관은 경찰청의 소속기관(경찰병원은 제외한다)에 두는 정원의 범위안에서 행정안전부령으로 정한다. <개정 2006. 12. 29., 2008. 2. 29., 2010. 10. 22., 2013. 5. 6., 2014. 11. 19., 2017. 7. 26.>

[전문개정 2005. 4. 15.]

제7장 공무원의 정원

제58조(경찰청에 두는 공무원의 정원) ① 경찰청에 두는 공무원의 정원은 별표 3과 같다. 다만, 필요한 경우에는 별표 3에 따른 총정원의 5퍼센트를 넘지 아니하는 범위 안에서 행정안전부령으로 정원을 따로 정할 수 있다. <개정 1999. 5. 24., 2006. 12. 29., 2008. 2. 29., 2013. 5. 6., 2014. 11. 19., 2015. 11. 30., 2017. 7. 26., 2018. 2. 20., 2018. 3. 30.>

② 경찰청에 두는 공무원의 직급별 정원은 행정안전부령으로 정한다. 이 경우

총경의 정원은 45명을, 4급 공무원의 정원은 2명을 각각 그 상한으로 하고, 4급 또
는 5급 공무원 정원은 5급 공무원의 정원(4급 또는 5급 공무원 정원을 포함한다)의
3분의 1을 그 상한으로 한다. <개정 2015. 2. 26., 2017. 2. 28., 2017. 7. 26., 2018.
3. 30.>

③ 삭제 <2015. 11. 30.>

제59조(소속기관에 두는 공무원의 정원) ① 경찰청의 소속기관(경찰병원은
제외한다. 이하 같다)에 두는 공무원의 정원은 별표 4와 같다. 다만, 필요한 경우에
는 별표 4에 따른 총정원의 5퍼센트를 넘지 아니하는 범위 안에서 행정안전부령으
로 정원을 따로 정할 수 있다. <개정 1999. 5. 24., 1999. 12. 28., 2005. 12. 30.,
2006. 12. 29., 2008. 2. 29., 2010. 10. 22., 2013. 5. 6., 2014. 11. 19., 2015. 11. 30.,
2017. 7. 26., 2018. 2. 20., 2018. 3. 30.>

② 경찰청의 소속기관에 두는 공무원의 직급별 정원은 행정안전부령으로 정한
다. 이 경우 총경의 정원은 493명을, 4급 공무원의 정원은 7명을 각각 그 상한으로
하고, 4급 또는 5급 공무원 정원은 5급 공무원의 정원(4급 또는 5급 공무원 정원을
포함한다)의 100분의 15를 그 상한으로 한다. <개정 2015. 2. 26., 2015. 10. 1.,
2015. 11. 30., 2016. 3. 25., 2016. 12. 5., 2017. 2. 28., 2017. 7. 26., 2017. 8. 7.,
2017. 11. 28., 2018. 3. 30., 2018. 11. 27.>

③ 소속기관별 공무원의 정원은 경찰청의 소속기관에 두는 정원의 범위안에서
경찰청장이 따로 정한다. <개정 1999. 5. 24., 2006. 12. 29.>

④ 제3항 및 별표 4에 따라 경찰대학에 두는 공무원의 정원 중 고위공무원단에
속하는 일반직공무원 1명과 경찰인재개발원 및 중앙경찰학교에 두는 「공무원 인재
개발법」 제5조제1항에 따른 교수요원의 정원 중 3분의 1의 범위에서 필요한 인원은
임기제공무원으로 임용할 수 있다. <개정 2009. 5. 29., 2009. 11. 23., 2013. 12.
11., 2016. 2. 3., 2018. 3. 30.>

⑤ 삭제 <2018. 11. 27.>

⑥ 제1항 및 별표 4에 따른 경찰청 소속기관의 정원 중 1명(4급 또는 총경 1
명)은 과학기술정보통신부 소속 공무원으로 충원하여야 한다. 이 경우 경찰청장은
충원방법 및 절차 등에 관하여 과학기술정보통신부장관과 미리 협의하여야 한다.
<신설 2015. 11. 30., 2016. 5. 10., 2017. 7. 26.>

제60조(개방형직위에 대한 특례) 행정안전부령으로 정하는 국장급 1개 개방형직위는 임기제공무원으로 보할 수 있다. <개정 2015. 1. 6., 2017. 7. 26.>

[전문개정 2013. 12. 11.]

제8장 평가대상 조직 및 정원 <개정 2018. 3. 30.>

제61조(평가대상 조직 및 정원) ① 「행정기관의 조직과 정원에 관한 통칙」 제31조제1항에 따라 경찰청과 그 소속기관에 두는 평가대상 조직 및 정원은 별표 5와 같다.

② 제1항에 따른 평가대상 조직 및 정원의 구체적인 사항은 행정안전부령으로 정한다.

[전문개정 2018. 3. 30.]

제62조 삭제 <2018. 3. 30.>

제63조 삭제 <2015. 11. 30.>

부칙 <제29308호, 2018. 11. 27.>

이 영은 공포한 날부터 시행한다. 다만, 제43조 및 별표 2의 개정규정[인천광역시지방경찰청 소속 인천미추홀경찰서(종전의 인천남부경찰서)에 관한 사항은 제외한다]은 2018년 12월 27일부터 시행하고, 제27조제1항의 개정규정은 2019년 1월 1일부터 시행한다.

집회 및 시위에 관한 법률

[시행 2017.1.28.] [법률 제13834호, 2016.1.27., 일부개정]

제1조(목적) 이 법은 적법한 집회(集會) 및 시위(示威)를 최대한 보장하고 위법한 시위로부터 국민을 보호함으로써 집회 및 시위의 권리 보장과 공공의 안녕질서가 적절히 조화를 이루도록 하는 것을 목적으로 한다.

제2조(정의) 이 법에서 사용하는 용어의 뜻은 다음과 같다.

1. "옥외집회"란 천장이 없거나 사방이 폐쇄되지 아니한 장소에서 여는 집회를 말한다.

2. "시위"란 여러 사람이 공동의 목적을 가지고 도로, 광장, 공원 등 일반인이 자유로이 통행할 수 있는 장소를 행진하거나 위력(威力) 또는 기세(氣勢)를 보여, 불특정한 여러 사람의 의견에 영향을 주거나 제압(制壓)을 가하는 행위를 말한다.

3. "주최자(主催者)"란 자기 이름으로 자기 책임 아래 집회나 시위를 여는 사람이나 단체를 말한다. 주최자는 주관자(主管者)를 따로 두어 집회 또는 시위의 실행을 맡아 관리하도록 위임할 수 있다. 이 경우 주관자는 그 위임의 범위 안에서 주최자로 본다.

4. "질서유지인"이란 주최자가 자신을 보좌하여 집회 또는 시위의 질서를 유지하게 할 목적으로 임명한 자를 말한다.

5. "질서유지선"이란 관할 경찰서장이나 지방경찰청장이 적법한 집회 및 시위를 보호하고 질서유지나 원활한 교통 소통을 위하여 집회 또는 시위의 장소나 행진 구간을 일정하게 구획하여 설정한 띠, 방책(防柵), 차선(車線) 등의 경계 표지(標識)를 말한다.

6. "경찰관서"란 국가경찰관서를 말한다.

제3조(집회 및 시위에 대한 방해 금지) ① 누구든지 폭행, 협박, 그 밖의 방법으로 평화적인 집회 또는 시위를 방해하거나 질서를 문란하게 하여서는 아니 된다.

② 누구든지 폭행, 협박, 그 밖의 방법으로 집회 또는 시위의 주최자나 질서유지인의 이 법의 규정에 따른 임무 수행을 방해하여서는 아니 된다.

③ 집회 또는 시위의 주최자는 평화적인 집회 또는 시위가 방해받을 염려가 있다고 인정되면 관할 경찰관서에 그 사실을 알려 보호를 요청할 수 있다. 이 경우 관할 경찰관서의 장은 정당한 사유 없이 보호 요청을 거절하여서는 아니 된다.

제4조(특정인 참가의 배제) 집회 또는 시위의 주최자 및 질서유지인은 특정한 사람이나 단체가 집회나 시위에 참가하는 것을 막을 수 있다. 다만, 언론사의 기자는 출입이 보장되어야 하며, 이 경우 기자는 신분증을 제시하고 기자임을 표시한 완장(腕章)을 착용하여야 한다.

제5조(집회 및 시위의 금지) ① 누구든지 다음 각 호의 어느 하나에 해당하는 집회나 시위를 주최하여서는 아니 된다.

1. 헌법재판소의 결정에 따라 해산된 정당의 목적을 달성하기 위한 집회 또는 시위

2. 집단적인 폭행, 협박, 손괴(損壞), 방화 등으로 공공의 안녕 질서에 직접적인 위협을 끼칠 것이 명백한 집회 또는 시위

② 누구든지 제1항에 따라 금지된 집회 또는 시위를 할 것을 선전하거나 선동하여서는 아니 된다.

제6조(옥외집회 및 시위의 신고 등) ① 옥외집회나 시위를 주최하려는 자는 그에 관한 다음 각 호의 사항 모두를 적은 신고서를 옥외집회나 시위를 시작하기 720시간 전부터 48시간 전에 관할 경찰서장에게 제출하여야 한다. 다만, 옥외집회 또는 시위 장소가 두 곳 이상의 경찰서의 관할에 속하는 경우에는 관할 지방경찰청장에게 제출하여야 하고, 두 곳 이상의 지방경찰청 관할에 속하는 경우에는 주최지를 관할하는 지방경찰청장에게 제출하여야 한다.

1. 목적

2. 일시(필요한 시간을 포함한다)

3. 장소

4. 주최자(단체인 경우에는 그 대표자를 포함한다), 연락책임자, 질서유지인에 관한 다음 각 목의 사항

가. 주소

　나. 성명

　다. 직업

　라. 연락처

5. 참가 예정인 단체와 인원

6. 시위의 경우 그 방법(진로와 약도를 포함한다)

② 관할 경찰서장 또는 지방경찰청장(이하 "관할경찰관서장"이라 한다)은 제1항에 따른 신고서를 접수하면 신고자에게 접수 일시를 적은 접수증을 즉시 내주어야 한다.

③ 주최자는 제1항에 따라 신고한 옥외집회 또는 시위를 하지 아니하게 된 경우에는 신고서에 적힌 집회 일시 24시간 전에 그 철회사유 등을 적은 철회신고서를 관할경찰관서장에게 제출하여야 한다. <개정 2016.1.27.>

④ 제3항에 따라 철회신고서를 받은 관할경찰관서장은 제8조제3항에 따라 금지 통고를 한 집회나 시위가 있는 경우에는 그 금지 통고를 받은 주최자에게 제3항에 따른 사실을 즉시 알려야 한다. <개정 2016.1.27.>

⑤ 제4항에 따라 통지를 받은 주최자는 그 금지 통고된 집회 또는 시위를 최초에 신고한 대로 개최할 수 있다. 다만, 금지 통고 등으로 시기를 놓친 경우에는 일시를 새로 정하여 집회 또는 시위를 시작하기 24시간 전에 관할경찰관서장에게 신고서를 제출하고 집회 또는 시위를 개최할 수 있다.

제7조(신고서의 보완 등) ① 관할경찰관서장은 제6조제1항에 따른 신고서의 기재 사항에 미비한 점을 발견하면 접수증을 교부한 때부터 12시간 이내에 주최자에게 24시간을 기한으로 그 기재 사항을 보완할 것을 통고할 수 있다.

② 제1항에 따른 보완 통고는 보완할 사항을 분명히 밝혀 서면으로 주최자 또는 연락책임자에게 송달하여야 한다.

제8조(집회 및 시위의 금지 또는 제한 통고) ① 제6조제1항에 따른 신고서를 접수한 관할경찰관서장은 신고된 옥외집회 또는 시위가 다음 각 호의 어느 하나에 해당하는 때에는 신고서를 접수한 때부터 48시간 이내에 집회 또는 시위를 금지할 것을 주최자에게 통고할 수 있다. 다만, 집회 또는 시위가 집단적인 폭행, 협박, 손괴, 방화 등으로 공공의 안녕 질서에 직접적인 위험을 초래한 경우에는 남은 기간의 해당 집회 또는 시위에 대하여 신고서를 접수한 때부터 48시

간이 지난 경우에도 금지 통고를 할 수 있다.

    1. 제5조제1항, 제10조 본문 또는 제11조에 위반된다고 인정될 때

    2. 제7조제1항에 따른 신고서 기재 사항을 보완하지 아니한 때

    3. 제12조에 따라 금지할 집회 또는 시위라고 인정될 때

    ② 관할경찰관서장은 집회 또는 시위의 시간과 장소가 중복되는 2개 이상의 신고가 있는 경우 그 목적으로 보아 서로 상반되거나 방해가 된다고 인정되면 각 옥외집회 또는 시위 간에 시간을 나누거나 장소를 분할하여 개최하도록 권유하는 등 각 옥외집회 또는 시위가 서로 방해되지 아니하고 평화적으로 개최·진행될 수 있도록 노력하여야 한다. <개정 2016.1.27.>

    ③ 관할경찰관서장은 제2항에 따른 권유가 받아들여지지 아니하면 뒤에 접수된 옥외집회 또는 시위에 대하여 제1항에 준하여 그 집회 또는 시위의 금지를 통고할 수 있다. <신설 2016.1.27.>

    ④ 제3항에 따라 뒤에 접수된 옥외집회 또는 시위가 금지 통고된 경우 먼저 신고를 접수하여 옥외집회 또는 시위를 개최할 수 있는 자는 집회 시작 1시간 전에 관할경찰관서장에게 집회 개최 사실을 통지하여야 한다. <신설 2016.1.27.>

    ⑤ 다음 각 호의 어느 하나에 해당하는 경우로서 그 거주자나 관리자가 시설이나 장소의 보호를 요청하는 경우에는 집회나 시위의 금지 또는 제한을 통고할 수 있다. 이 경우 집회나 시위의 금지 통고에 대하여는 제1항을 준용한다. <개정 2007.12.21., 2016.1.27.>

    1. 제6조제1항의 신고서에 적힌 장소(이하 이 항에서 "신고장소"라 한다)가 다른 사람의 주거지역이나 이와 유사한 장소로서 집회나 시위로 재산 또는 시설에 심각한 피해가 발생하거나 사생활의 평온(平穩)을 뚜렷하게 해칠 우려가 있는 경우

    2. 신고장소가 「초·중등교육법」 제2조에 따른 학교의 주변 지역으로서 집회 또는 시위로 학습권을 뚜렷이 침해할 우려가 있는 경우

    3. 신고장소가 「군사기지 및 군사시설 보호법」 제2조제2호에 따른 군사시설의 주변 지역으로서 집회 또는 시위로 시설이나 군 작전의 수행에 심각한 피해가 발생할 우려가 있는 경우

    ⑥ 집회 또는 시위의 금지 또는 제한 통고는 그 이유를 분명하게 밝혀 서면

으로 주최자 또는 연락책임자에게 송달하여야 한다. <개정 2016.1.27.>

제9조(집회 및 시위의 금지 통고에 대한 이의 신청 등) ① 집회 또는 시위의 주최자는 제8조에 따른 금지 통고를 받은 날부터 10일 이내에 해당 경찰관서의 바로 위의 상급경찰관서의 장에게 이의를 신청할 수 있다.

② 제1항에 따른 이의 신청을 받은 경찰관서의 장은 접수 일시를 적은 접수증을 이의 신청인에게 즉시 내주고 접수한 때부터 24시간 이내에 재결(裁決)을 하여야 한다. 이 경우 접수한 때부터 24시간 이내에 재결서를 발송하지 아니하면 관할경찰관서장의 금지 통고는 소급하여 그 효력을 잃는다.

③ 이의 신청인은 제2항에 따라 금지 통고가 위법하거나 부당한 것으로 재결되거나 그 효력을 잃게 된 경우 처음 신고한 대로 집회 또는 시위를 개최할 수 있다. 다만, 금지 통고 등으로 시기를 놓친 경우에는 일시를 새로 정하여 집회 또는 시위를 시작하기 24시간 전에 관할경찰관서장에게 신고함으로써 집회 또는 시위를 개최할 수 있다.

제10조(옥외집회와 시위의 금지 시간) 누구든지 해가 뜨기 전이나 해가 진 후에는 옥외집회 또는 시위를 하여서는 아니 된다. 다만, 집회의 성격상 부득이하여 주최자가 질서유지인을 두고 미리 신고한 경우에는 관할경찰관서장은 질서유지를 위한 조건을 붙여 해가 뜨기 전이나 해가 진 후에도 옥외집회를 허용할 수 있다.

[헌법 불합치, 2008헌가25, 2009.9.24., 집회 및 시위에 관한 법률(2007. 5. 11. 법률 제8424호로 전부개정된 것) 제10조 중 '옥외집회' 부분 및 제23조 제1호 중 '제10조 본문의 옥외집회' 부분은 헌법에 합치되지 아니한다. 위 조항들은 2010. 6. 30.을 시한으로 입법자가 개정할 때까지 계속 적용된다.]

[한정위헌, 2010헌가2, 2014.3.27. 집회 및 시위에 관한 법률(2007. 5. 11. 법률 제8424호로 개정된 것) 제10조 본문 중 '시위'에 관한 부분 및 제23조 제3호 중 '제10조 본문' 가운데 '시위'에 관한 부분은 각 '해가 진 후부터 같은 날 24시까지의 시위'에 적용하는 한 헌법에 위반된다.]

제11조(옥외집회와 시위의 금지 장소) 누구든지 다음 각 호의 어느 하나에 해당하는 청사 또는 저택의 경계 지점으로부터 100미터 이내의 장소에서는 옥외집회 또는 시위를 하여서는 아니 된다.

　1. 국회의사당, 각급 법원, 헌법재판소

　2. 대통령 관저(官邸), 국회의장 공관, 대법원장 공관, 헌법재판소장 공관

　3. 국무총리 공관. 다만, 행진의 경우에는 해당하지 아니한다.

　4. 국내 주재 외국의 외교기관이나 외교사절의 숙소. 다만, 다음 각 목의 어느 하나에 해당하는 경우로서 외교기관 또는 외교사절 숙소의 기능이나 안녕을 침해할 우려가 없다고 인정되는 때에는 해당하지 아니한다.

　　가. 해당 외교기관 또는 외교사절의 숙소를 대상으로 하지 아니하는 경우

　　나. 대규모 집회 또는 시위로 확산될 우려가 없는 경우

　　다. 외교기관의 업무가 없는 휴일에 개최하는 경우

제12조(교통 소통을 위한 제한) ① 관할경찰관서장은 대통령령으로 정하는 주요 도시의 주요 도로에서의 집회 또는 시위에 대하여 교통 소통을 위하여 필요하다고 인정하면 이를 금지하거나 교통질서 유지를 위한 조건을 붙여 제한할 수 있다.

② 집회 또는 시위의 주최자가 질서유지인을 두고 도로를 행진하는 경우에는 제1항에 따른 금지를 할 수 없다. 다만, 해당 도로와 주변 도로의 교통 소통에 장애를 발생시켜 심각한 교통 불편을 줄 우려가 있으면 제1항에 따른 금지를 할 수 있다.

제13조(질서유지선의 설정) ① 제6조제1항에 따른 신고를 받은 관할경찰관서장은 집회 및 시위의 보호와 공공의 질서 유지를 위하여 필요하다고 인정하면 최소한의 범위를 정하여 질서유지선을 설정할 수 있다.

② 제1항에 따라 경찰관서장이 질서유지선을 설정할 때에는 주최자 또는 연락책임자에게 이를 알려야 한다.

제14조(확성기등 사용의 제한) ①집회 또는 시위의 주최자는 확성기, 북, 징, 꽹과리 등의 기계·기구(이하 이 조에서 "확성기 등"이라 한다)를 사용하여 타인에게 심각한 피해를 주는 소음으로서 대통령령으로 정하는 기준을 위반하는 소음을 발생시켜서는 아니 된다.

② 관할경찰관서장은 집회 또는 시위의 주최자가 제1항에 따른 기준을 초과하는 소음을 발생시켜 타인에게 피해를 주는 경우에는 그 기준 이하의 소음 유지 또는 확성기등의 사용 중지를 명하거나 확성기 등의 일시보관 등 필요한 조

치를 할 수 있다.

제15조(적용의 배제) 학문, 예술, 체육, 종교, 의식, 친목, 오락, 관혼상제(冠婚喪祭) 및 국경행사(國慶行事)에 관한 집회에는 제6조부터 제12조까지의 규정을 적용하지 아니한다.

제16조(주최자의 준수 사항) ①집회 또는 시위의 주최자는 집회 또는 시위에 있어서의 질서를 유지하여야 한다.

② 집회 또는 시위의 주최자는 집회 또는 시위의 질서 유지에 관하여 자신을 보좌하도록 18세 이상의 사람을 질서유지인으로 임명할 수 있다.

③ 집회 또는 시위의 주최자는 제1항에 따른 질서를 유지할 수 없으면 그 집회 또는 시위의 종결(終結)을 선언하여야 한다.

④ 집회 또는 시위의 주최자는 다음 각 호의 어느 하나에 해당하는 행위를 하여서는 아니 된다.

1. 총포, 폭발물, 도검(刀劍), 철봉, 곤봉, 돌덩이 등 다른 사람의 생명을 위협하거나 신체에 해를 끼칠 수 있는 기구(器具)를 휴대하거나 사용하는 행위 또는 다른 사람에게 이를 휴대하게 하거나 사용하게 하는 행위

2. 폭행, 협박, 손괴, 방화 등으로 질서를 문란하게 하는 행위

3. 신고한 목적, 일시, 장소, 방법 등의 범위를 뚜렷이 벗어나는 행위

⑤ 옥내집회의 주최자는 확성기를 설치하는 등 주변에서의 옥외 참가를 유발하는 행위를 하여서는 아니 된다.

제17조(질서유지인의 준수 사항 등) ① 질서유지인은 주최자의 지시에 따라 집회 또는 시위 질서가 유지되도록 하여야 한다.

② 질서유지인은 제16조제4항 각 호의 어느 하나에 해당하는 행위를 하여서는 아니 된다.

③ 질서유지인은 참가자 등이 질서유지인임을 쉽게 알아볼 수 있도록 완장, 모자, 어깨띠, 상의 등을 착용하여야 한다.

④ 관할경찰관서장은 집회 또는 시위의 주최자와 협의하여 질서유지인의 수(數)를 적절하게 조정할 수 있다.

⑤ 집회나 시위의 주최자는 제4항에 따라 질서유지인의 수를 조정한 경우 집회 또는 시위를 개최하기 전에 조정된 질서유지인의 명단을 관할경찰관서장에

게 알려야 한다.

제18조(참가자의 준수 사항) ① 집회나 시위에 참가하는 자는 주최자 및 질서유지인의 질서 유지를 위한 지시에 따라야 한다.

② 집회나 시위에 참가하는 자는 제16조제4항제1호 및 제2호에 해당하는 행위를 하여서는 아니 된다.

제19조(경찰관의 출입) ① 경찰관은 집회 또는 시위의 주최자에게 알리고 그 집회 또는 시위의 장소에 정복(正服)을 입고 출입할 수 있다. 다만, 옥내집회 장소에 출입하는 것은 직무 집행을 위하여 긴급한 경우에만 할 수 있다.

② 집회나 시위의 주최자, 질서유지인 또는 장소관리자는 질서를 유지하기 위한 경찰관의 직무집행에 협조하여야 한다.

제20조(집회 또는 시위의 해산) ① 관할경찰관서장은 다음 각 호의 어느 하나에 해당하는 집회 또는 시위에 대하여는 상당한 시간 이내에 자진(自進) 해산할 것을 요청하고 이에 따르지 아니하면 해산(解散)을 명할 수 있다. <개정 2016.1.27.>

1. 제5조제1항, 제10조 본문 또는 제11조를 위반한 집회 또는 시위

2. 제6조제1항에 따른 신고를 하지 아니하거나 제8조 또는 제12조에 따라 금지된 집회 또는 시위

3. 제8조제5항에 따른 제한, 제10조 단서 또는 제12조에 따른 조건을 위반하여 교통 소통 등 질서 유지에 직접적인 위험을 명백하게 초래한 집회 또는 시위

4. 제16조제3항에 따른 종결 선언을 한 집회 또는 시위

5. 제16조제4항 각 호의 어느 하나에 해당하는 행위로 질서를 유지할 수 없는 집회 또는 시위

② 집회 또는 시위가 제1항에 따른 해산 명령을 받았을 때에는 모든 참가자는 지체 없이 해산하여야 한다.

③ 제1항에 따른 자진 해산의 요청과 해산 명령의 고지(告知) 등에 필요한 사항은 대통령령으로 정한다.

제21조(집회·시위자문위원회) ① 집회 및 시위의 자유와 공공의 안녕 질서가 조화를 이루도록 하기 위하여 각급 경찰관서에 다음 각 호의 사항에 관하여

각급 경찰관서장의 자문 등에 응하는 집회」시위자문위원회(이하 이 조에서 "위원회"라 한다)를 둘 수 있다.

    1. 제8조에 따른 집회 또는 시위의 금지 또는 제한 통고

    2. 제9조제2항에 따른 이의 신청에 관한 재결

    3. 집회 또는 시위에 대한 사례 검토

    4. 집회 또는 시위 업무의 처리와 관련하여 필요한 사항

  ② 위원회에는 위원장 1명을 두되, 위원장을 포함한 5명 이상 7명 이하의 위원으로 구성된다.

  ③ 위원장과 위원은 각급 경찰관서장이 전문성과 공정성 등을 고려하여 다음 각 호의 사람 중에서 위촉한다.

    1. 변호사

    2. 교수

    3. 시민단체에서 추천하는 사람

    4. 관할 지역의 주민대표

  ④ 위원회의 구성·운영 등에 필요한 사항은 대통령령으로 정한다.

제22조(벌칙) ① 제3조제1항 또는 제2항을 위반한 자는 3년 이하의 징역 또는 300만원 이하의 벌금에 처한다. 다만, 군인·검사 또는 경찰관이 제3조제1항 또는 제2항을 위반한 경우에는 5년 이하의 징역에 처한다.

  ② 제5조제1항 또는 제6조제1항을 위반하거나 제8조에 따라 금지를 통고한 집회 또는 시위를 주최한 자는 2년 이하의 징역 또는 200만원 이하의 벌금에 처한다.

  ③ 제5조제2항 또는 제16조제4항을 위반한 자는 1년 이하의 징역 또는 100만원 이하의 벌금에 처한다.

  ④ 그 사실을 알면서 제5조제1항을 위반한 집회 또는 시위에 참가한 자는 6개월 이하의 징역 또는 50만원 이하의 벌금·구류 또는 과료에 처한다.

제23조(벌칙) 제10조 본문 또는 제11조를 위반한 자, 제12조에 따른 금지를 위반한 자는 다음 각 호의 구분에 따라 처벌한다.

    1. 주최자는 1년 이하의 징역 또는 100만원 이하의 벌금

    2. 질서유지인은 6개월 이하의 징역 또는 50만원 이하의 벌금·구류 또는

과료

　　3. 그 사실을 알면서 참가한 자는 50만원 이하의 벌금·구류 또는 과료

　　[헌법 불합치, 2008헌가25, 2009.9.24., 집회 및 시위에 관한 법률(2007. 5. 11. 법률 제8424호로 전부개정된 것) 제10조 중 '옥외집회' 부분 및 제23조 제1호 중 '제10조 본문의 옥외집회' 부분은 헌법에 합치되지 아니한다. 위 조항들은 2010. 6. 30.을 시한으로 입법자가 개정할 때까지 계속 적용된다.]

　　[한정위헌, 2010헌가2, 2014.3.27. 집회 및 시위에 관한 법률(2007. 5. 11. 법률 제8424호로 개정된 것) 제10조 본문 중 '시위'에 관한 부분 및 제23조 제3호 중 '제10조 본문' 가운데 '시위'에 관한 부분은 각 '해가 진 후부터 같은 날 24시까지의 시위'에 적용하는 한 헌법에 위반된다.]

　　제24조(벌칙) 다음 각 호의 어느 하나에 해당하는 자는 6개월 이하의 징역 또는 50만원 이하의 벌금·구류 또는 과료에 처한다.

　　1. 제4조에 따라 주최자 또는 질서유지인이 참가를 배제했는데도 그 집회 또는 시위에 참가한 자

　　2. 제6조제1항에 따른 신고를 거짓으로 하고 집회 또는 시위를 개최한 자

　　3. 제13조에 따라 설정한 질서유지선을 경찰관의 경고에도 불구하고 정당한 사유 없이 상당 시간 침범하거나 손괴·은닉·이동 또는 제거하거나 그 밖의 방법으로 그 효용을 해친 자

　　4. 제14조제2항에 따른 명령을 위반하거나 필요한 조치를 거부·방해한 자

　　5. 제16조제5항, 제17조제2항, 제18조제2항 또는 제20조제2항을 위반한 자

　　제25조(단체의 대표자에 대한 벌칙 적용) 단체가 집회 또는 시위를 주최하는 경우에는 이 법의 벌칙 적용에서 그 대표자를 주최자로 본다.

　　제26조(과태료) ① 제8조제4항에 해당하는 먼저 신고된 옥외집회 또는 시위의 주최자가 정당한 사유 없이 제6조제3항을 위반한 경우에는 100만원 이하의 과태료를 부과한다.

　　② 제1항에 따른 과태료는 대통령령으로 정하는 바에 따라 지방경찰청장 또는 경찰서장이 부과·징수한다.

　　[본조신설 2016.1.27.]

부칙 <제13834호, 2016.1.27.>

제1조(시행일) 이 법은 공포 후 1개월이 경과한 날부터 시행한다. 다만, 제26조의 개정규정은 공포 후 1년이 경과한 날부터 시행한다.

제2조(적용례) 제8조제4항 및 제26조의 개정규정은 각각 이 법 시행 후 최초로 접수되는 옥외집회 또는 시위의 신고분부터 적용한다.

집회 및 시위에 관한 법률 시행령

[시행 2017.1.28.] [대통령령 제27672호, 2016.12.13., 일부개정]

제1조(목적) 이 영은 「집회 및 시위에 관한 법률」에서 위임된 사항과 그 시행에 필요한 사항을 규정함을 목적으로 한다.

제2조(시위방법) 「집회 및 시위에 관한 법률」(이하 "법"이라 한다) 제6조제1항제6호에 따른 시위방법은 다음 각 호의 사항을 말한다.

1. 시위의 대형

2. 차량, 확성기, 입간판, 그 밖에 주장을 표시한 시설물의 이용 여부와 그 수

3. 구호 제창의 여부

4. 진로(출발지, 경유지, 중간 행사지, 도착지 등)

5. 약도(시위행진의 진행방향을 도면으로 표시한 것)

6. 차도·보도·교차로의 통행방법

7. 그 밖에 시위방법과 관련되는 사항

제3조(보완 통고서의 송달) 법 제6조제1항의 규정에 따른 신고서를 접수한 관할경찰서장 또는 지방경찰청장(이하 "관할 경찰관서장"이라 한다)은 법 제7조제2항에 따른 보완 통고서를 주최자나 연락책임자의 책임 있는 사유로 주최자나 연락책임자에게 직접 송달할 수 없는 때에는 다음 각 호의 방법으로 송달할 수 있다.

1. 주최자가 단체인 경우

주최자 또는 연락책임자의 대리인이나 단체의 사무소에서 근무하는 직원에게 전달하되, 대리인 또는 사무소에서 근무하는 직원에게 전달할 수 없는 때에는 단체의 사무소가 있는 건물의 관리인이나 건물 소재지의 통장 또는 반장에게 전달할 수 있다.

2. 주최자가 개인인 경우

주최자 또는 연락책임자의 세대주나 가족 중 성년자에게 전달하되, 주최자 또는 연락책임자의 세대주나 가족 중 성년자에게 전달할 수 없는 때에는 주최자

또는 연락책임자가 거주하는 건물의 관리인이나 건물 소재지의 통장 또는 반장에게 전달할 수 있다.

제4조(주거지역 등의 범위) ① 법 제8조제5항제1호에서 "이와 유사한 장소"란 주택 또는 사실상 주거의 용도로 사용되고 있는 건축물이 있는 지역과 이와 인접한 공터·도로 등을 포함한 장소를 말한다. <개정 2016.12.13.>

② 법 제8조제5항제1호에 따른 재산 또는 시설에 피해가 발생하거나 사생활의 평온을 해치는 경우란 함성, 구호의 제창, 확성기·북·징·꽹과리 등 기계·기구(이하 "확성기등"이라 한다)의 사용, 사람에게 모욕을 줄 수 있는 구호·낙서 및 유인물 배포, 돌·화염병의 투척 등 폭력행위나 그 밖의 방법으로 재산·시설에 손해를 입히거나 사생활의 평온을 해치는 것을 말한다. <개정 2016.12.13.>

③ 법 제8조제5항제2호 및 제3호에서 "주변 지역"이란 학교 또는 군사시설의 출입문, 담장 및 이와 인접한 공터·도로 등을 포함한 장소를 말한다. <개정 2016.12.13.>

제5조(주거지역 등에서의 집회 또는 시위의 제한·금지 요청) 법 제8조제5항에 따른 시설이나 장소의 보호 요청은 주거지역이나 이와 유사한 장소의 거주자나 관리자 또는 학교나 군사시설의 거주자나 관리자가 그 이유 등을 명확하게 밝혀 관할 경찰관서장이나 집회 또는 시위의 장소에 있는 국가경찰공무원에게 서면이나 구두로 하여야 한다. 이 경우 구두로 요청할 때에는 지체 없이 그 이유 등을 명확하게 밝힌 서면을 제출하여야 한다. <개정 2016.12.13.>

제6조(주거지역 등에서의 집회 또는 시위의 제한 내용) 법 제8조제5항에 따라 집회 또는 시위를 제한할 수 있는 내용은 다음 각 호와 같다. <개정 2016.12.13.>

1. 집회 또는 시위의 일시·장소 및 참가인원
2. 확성기등의 사용, 구호의 제창, 낙서, 유인물 배포 등 집회 또는 시위의 방법

제7조(금지·제한 통고서의 송달) 관할 경찰관서장은 법 제8조제6항에 따른 집회 또는 시위의 금지·제한 통고서를 주최자나 연락책임자의 책임 있는 사유로 주최자나 연락책임자에게 직접 송달할 수 없는 때에는 제3조 각 호의 방법에 준하여 송달할 수 있다. <개정 2016.12.13.>

제8조(이의 신청의 통지 및 답변서 제출) ① 법 제9조제1항에 따른 이의 신청을 받은 경찰관서장은 즉시 집회 또는 시위의 금지를 통고한 경찰관서장에게 이의 신청의 취지와 이유(이의 신청시 증거서류나 증거물을 제출한 경우에는 그 요지를 포함한다)를 알리고, 답변서의 제출을 명하여야 한다.

② 제1항에 따른 답변서에는 금지 통고의 근거와 이유를 구체적으로 밝히고 이의 신청에 대한 답변을 적되 필요한 증거서류나 증거물이 있으면 함께 제출하여야 한다.

제9조(재결의 통지) 이의 신청을 받은 경찰관서장은 법 제9조제2항에 따라 재결을 한 때에는 집회 또는 시위의 금지를 통고한 경찰관서장에게 재결 내용을 즉시 알려야 한다.

제10조(재결서 또는 판결문 사본의 첨부) 법 제9조제3항 단서에 따르거나 행정소송을 거쳐 새로 집회 또는 시위의 일시를 정하여 신고를 할 때에는 신고서에 재결서 또는 판결문의 사본을 첨부하여야 한다.

제11조(야간 옥외집회의 조건부 허용) ① 법 제10조 단서에 따라 해가 뜨기 전이나 해가 진 후의 옥외집회를 신고하는 자는 해가 뜨기 전이나 해가 진 후 옥외집회를 하여야 하는 사유를 적고 필요한 자료를 제출하여야 한다.

② 관할 경찰관서장은 법 제10조 단서에 따라 해가 뜨기 전이나 해가 진 후의 옥외집회를 허용하는 경우에는 서면으로 질서 유지를 위한 조건을 구체적으로 밝혀 주최자에게 알려야 한다.

제12조(주요 도시의 주요 도로에서의 집회·시위) ① 법 제12조제1항에 따른 주요 도시의 주요 도로의 범위는 별표 1과 같다.

② 관할 경찰관서장은 법 제12조제1항에 따라 주요 도시의 주요 도로에서의 집회 또는 시위에 대하여 교통질서를 유지하기 위한 조건을 붙여 제한하는 경우에는 서면으로 그 조건을 구체적으로 밝혀 주최자에게 알려야 한다.

제13조(질서유지선의 설정·고지 등) ① 관할 경찰관서장은 집회 및 시위의 보호와 공공의 질서 유지를 위하여 다음 각 호의 어느 하나에 해당하는 경우에는 법 제13조제1항에 따라 질서유지선을 설정할 수 있다.

1. 집회·시위의 장소를 한정하거나 집회·시위의 참가자와 일반인을 구분할 필요가 있을 경우

2. 집회·시위의 참가자를 일반인이나 차량으로부터 보호할 필요가 있을 경우

3. 일반인의 통행 또는 교통 소통 등을 위하여 필요할 경우

4. 다음 각 목의 어느 하나의 시설 등에 접근하거나 행진하는 것을 금지하거나 제한할 필요가 있을 경우

　　가. 법 제11조에 따른 집회 또는 시위가 금지되는 장소

　　나. 통신시설 등 중요시설

　　다. 위험물시설

　　라. 그 밖에 안전 유지 또는 보호가 필요한 재산·시설 등

5. 집회·시위의 행진로를 확보하거나 이를 위한 임시횡단보도를 설치할 필요가 있을 경우

6. 그 밖에 집회·시위의 보호와 공공의 질서 유지를 위하여 필요할 경우

② 법 제13조제2항에 따른 질서유지선의 설정 고지는 서면으로 하여야 한다. 다만, 집회 또는 시위 장소의 상황에 따라 질서유지선을 새로 설정하거나 변경하는 경우에는 집회 또는 시위의 장소에 있는 국가경찰공무원이 구두로 알릴 수 있다.

제14조(확성기등의 소음기준) 법 제14조제1항에 따른 확성기등의 소음기준은 별표 2와 같다.

제15조(질서유지인의 완장 등의 통일) 법 제17조제3항에 따른 질서유지인의 완장·모자·어깨띠 또는 상의 등은 종류·모양 및 색상이 통일되어야 한다.

제16조(조정된 질서유지인 명단의 통보방법) 법 제17조제4항 및 제5항에 따라 조정된 질서유지인의 명단은 서면으로 통보하여야 한다.

제17조(집회 또는 시위의 자진 해산의 요청 등) 법 제20조에 따라 집회 또는 시위를 해산시키려는 때에는 관할 경찰관서장 또는 관할 경찰관서장으로부터 권한을 부여받은 국가경찰공무원은 다음 각 호의 순서에 따라야 한다. 다만, 법 제20조제1항제1호·제2호 또는 제4호에 해당하는 집회·시위의 경우와 주최자·주관자·연락책임자 및 질서유지인이 집회 또는 시위 장소에 없는 경우에는 종결 선언의 요청을 생략할 수 있다.

1. 종결 선언의 요청

주최자에게 집회 또는 시위의 종결 선언을 요청하되, 주최자의 소재를 알 수 없는 경우에는 주관자·연락책임자 또는 질서유지인을 통하여 종결 선언을 요청할 수 있다.

2. 자진 해산의 요청

제1호의 종결 선언 요청에 따르지 아니하거나 종결 선언에도 불구하고 집회 또는 시위의 참가자들이 집회 또는 시위를 계속하는 경우에는 직접 참가자들에 대하여 자진 해산할 것을 요청한다.

3. 해산명령 및 직접 해산

제2호에 따른 자진 해산 요청에 따르지 아니하는 경우에는 세 번 이상 자진 해산할 것을 명령하고, 참가자들이 해산명령에도 불구하고 해산하지 아니하면 직접 해산시킬 수 있다.

제18조(집회·시위자문위원회의 운영 등) ① 법 제21조에 따른 집회·시위자문위원회(이하 이 조에서 "위원회"라 한다)의 위원장 및 위원의 임기는 2년으로 한다.

② 위원장은 위원회를 대표하며, 위원회의 업무를 총괄한다.

③ 위원장이 부득이한 사유로 직무를 수행할 수 없을 때에는 위원 중 연장자 순으로 위원장의 직무를 대리한다.

④ 위원회의 회의는 각급 경찰관서장의 요청에 따라 위원장이 소집한다.

⑤ 위원회의 회의는 재적위원 과반수의 출석으로 개의하고 출석위원 과반수의 찬성으로 의결한다.

⑥ 위원회는 필요하면 위원이 아닌 자를 위원회의 회의에 출석하게 하여 그 의견을 들을 수 있다.

⑦ 각급 경찰관서장은 위원회의 위원 등에 대하여 예산의 범위에서 수당, 여비, 그 밖의 필요한 경비를 지급할 수 있다.

⑧ 이 영에서 정한 사항 외에 위원회의 운영 등에 관하여 필요한 사항은 경찰청장이 정한다.

제19조(규제의 재검토) 경찰청장은 다음 각 호의 사항에 대하여 다음 각 호의 기준일을 기준으로 3년마다(매 3년이 되는 해의 기준일과 같은 날 전까지를 말한다) 그 타당성을 검토하여 개선 등의 조치를 하여야 한다. <개정 2014.7.21.>

1. 삭제 <2016.12.30.>

2. 제6조에 따른 주거지역 등에서의 집회 또는 시위의 제한 내용: 2014년 1월 1일

2의2. 제14조에 따른 확성기등의 소음기준: 2014년 7월 1일

3. 삭제 <2016.12.30.>

[본조신설 2013.12.30.]

제20조(과태료의 부과기준) 법 제26조제1항에 따른 과태료의 부과기준은 별표 3과 같다.

[본조신설 2016.12.13.]

부칙 <제27751호, 2016.12.30.> (규제 재검토기한 설정 등을 위한 가맹사업거래의 공정화에 관한 법률 시행령 등 일부개정령)

제1조(시행일) 이 영은 2017년 1월 1일부터 시행한다. <단서 생략>

제2조부터 제12조까지 생략

집회 및 시위에 관한 법률 시행규칙

[시행 2017.1.28.] [행정자치부령 제92호, 2016.12.19., 일부개정]

제1조(목적) 이 규칙은 「집회 및 시위에 관한 법률」 및 같은 법 시행령의 시행에 관하여 필요한 사항을 규정함을 목적으로 한다.

제2조(옥외집회 및 시위의 신고) ① 「집회 및 시위에 관한 법률」(이하 "법"이라 한다) 제6조제1항에 따른 옥외집회 또는 시위의 신고서는 별지 제1호서식에 따른다. 다만, 주최자(단체인 경우에는 그 대표자를 포함한다), 주관자, 참가 예정 단체 등이 둘 이상이거나 질서유지인을 두는 경우에는 별지 제1호서식에 별지 제2호서식의 신고서를 첨부하여 제출하여야 한다.

② 법 제6조제2항에 따른 옥외집회 또는 시위의 신고서 접수증은 별지 제3호서식에 따른다.

③ 관할 경찰서장 또는 지방경찰청장(이하 "관할경찰관서장"이라 한다)은 옥외집회 또는 시위의 신고를 받으면 별지 제4호서식에 따른 접수부에 그 사실을 적어야 한다. <개정 2016.12.19.>

제2조의2(철회신고서) 법 제6조제3항에 따른 철회신고서는 별지 제4호의2서식에 따른다.

[본조신설 2016.12.19.]

제3조(기재사항의 보완 통고) ① 법 제7조제1항에 따른 옥외집회 또는 시위 신고서의 기재사항 보완 통고는 별지 제5호서식에 따른다.

② 제1항에 따른 통고를 받은 자는 24시간 이내에 보완된 신고서를 제출하여야 한다.

제4조(집회 및 시위의 금지 통고) ① 법 제8조에 따른 집회 또는 시위의 금지 통고는 별지 제6호서식에 따른다.

② 관할경찰관서장은 집회 또는 시위의 금지 통고를 하였을 경우 별지 제7호서식에 따른 통고부에 그 사실을 적어야 한다. <개정 2016.12.19.>

제5조(집회 및 시위의 제한 통고) 법 제8조제3항에 따른 집회 또는 시위의

제한 통고는 별지 제8호서식에 따른다.

제6조(야간 옥외집회의 조건부 허용 통보) 법 제10조 단서 및 「집회 및 시위에 관한 법률 시행령」(이하 "영"이라 한다) 제11조제2항에 따른 야간 옥외집회의 조건부 허용 통보는 별지 제9호서식에 따른다.

제7조(교통질서 유지를 위한 조건의 통보) 법 제12조제1항 및 영 제12조제2항에 따른 교통질서를 유지하기 위한 조건의 통보는 별지 제10호서식에 따른다.

제8조(질서유지선 설정의 고지) 법 제13조 및 영 제13조제2항 본문에 따른 질서유지선 설정의 서면 고지는 별지 제11호서식에 따른다.

제9조(과태료의 부과 등) ① 법 제26조제1항에 따른 과태료 부과는 다음 각 호의 서식에 따른다.

　　1. 사전통지서: 별지 제12호서식

　　2. 과태료 부과 고지서: 별지 제13호서식

② 관할경찰관서장은 과태료 처분을 하였을 경우 별지 제14호서식에 따른 과태료 수납부에 과태료 부과 및 징수사항을 적어야 한다.

[본조신설 2016.12.19.]

부칙　＜제92호, 2016.12.19.＞

이 규칙은 2017년 1월 28일부터 시행한다.

참고문헌

▶ 국내문헌

강기택·박경정, (2006), 「치안정보론」, 경찰대학.

강원준, (2007), 「국가정보의 이해」, 도서출판 서석.

경찰대학, (2002), 「방범기본법」, 경기: 경찰대학.

경찰대학, (2002a), 「경찰정보론」.

경찰대학, (2002b), 「한국경찰사」.

경찰대학, (2004a), 「경찰보안론」.

경찰대학, (2004b), 「경찰외사론」.

경찰대학, (2004c), 「경찰정보론」.

경찰대학, (2004d), 「경찰학개론」.

경찰종합학교, (2002), 「정보실무」.

경찰청, (1995), 「警察 50年史」, 서울: 경찰청.

경찰청, (2003), 「2003년도 행정자치위원회 국정감사요구자료(Ⅲ)」, 서울: 경찰청.

경찰청, (2004), 「기획정보과정」, 지방경찰학교 교재.

경찰청, (2006), 「경찰백서 2006」, 서울: 경찰청.

경찰청, (2007), 「경찰백서 2007」 서울: 경찰청.

경찰청, (2010a), 「정보외근과정」, 지방경찰학교 교재.

경찰청, (2010b), 「정보채증과정」, 지방경찰학교 교재.

경찰청, (2011), 「경찰서 정보과장 매뉴얼」.

경찰청, 각 연도, 「경찰사료연감」, 서울: 경찰청.

경찰청, 각 연도, 「경찰통계연보」, 서울: 경찰청.

경찰청 외사관리관실, (2006), 「각국의 집회시위문화 비교검토」, 서울: 경찰청.

고광의, (1992), 「정보의 이론과 실제」, 도서출판 이상학습.

고진영, (1994), "정보의 개념과 범죄정보의 수집방법 및 기술,"「검찰」, 105: 259 – 292.

고헌환, (2012), 「경찰행정법」, 경기: 한국학술정보(주).

국가정보포럼, (2007), 「국가정보학」, 박영사.

宮田三郎 著, 한실현 역, (2003), 「日本警察法」, 서울: 한국법제연구원.

권두섭, (2001), "헌법 정신을 짓밟는 정부 – 집회, 시위자유 보장하라," 「노동사회」, 제57권, 한국노동사회연구소.

_____, (2002), "집회 및 시위에 관한 법률의 운용과 개정에 관한 연구," 광운대학교 대학원 석사학위 논문.

권영성, (2002), 「헌법학원론」, 서울: 법문사.

김광린. (2011). 러시아의 정보기구의 현황과 활동 : FSB와 SVR을 중심으로. 국가정보연구 4(1), 185–220.

김남진, (2008), 「행정법(제12판)」, 서울: 법문사.

김대환, (1998), "기본권의 본질적 내용 침해금지에 관한 연구," 서울대 대학원 박사학위 논문.

김병우, (2003), 정책결정과정에서 정보경찰의 역할방안 연구, 고려대학교 석사학위 논문.

_____, (2007), 정보분석과정에서 미래예측 방법연구, 「경찰학연구」, 제7권(2):200–227.

김병준, (2002), "집회, 시위 중 소음규제에 관한 연구," 「한국공안행정학회보」, 제14권, 2002.

_____, (2004), 변형 집회시위의 피해경감 방안에 관한 연구, 「피해자학연구」, 제12권(1): 231–255.

김상겸, (2004), "미국 헌법상 집회의 자유에 관한 연구," 「미국헌법연구」, 제15권, 제1호.

김상배, (2001), 정보화시대의 거버넌스: 탈집중 관리양식과 국가의 재조정, 「한국정치학회보」, 제35집(4): 359–458.

김상희, (2001), 집회시위 관리를 위한 경찰작용의 법적 정당성에 관한 연구, 고려대학교 법무대학원 석사학위 논문.

김선미. (2011). 일본의 정보기관 : 연혁, 조직, 활동. 국가정보연구 4(1), 141–183.

김성수 등, (2010), 「한국경찰사」, 경기: 경찰대학.

김성종, (2005), 정보경찰의 실태분석 및 발전방안에 관한 연구, 동국대학교 석사학위 논문.

김성태, (2003), "개인관련 정보에 대한 경찰작용 – 독일 구경찰법에서의 규율," 「한국경찰법연구」, 창간호: 96–119.

김성훈, (2004), "경찰정보의 법적근거와 한계에 관한 연구," 동아대학교 박사학위 논문.

김연태, (2000), 「치안정보의 효율적인 관리방안에 관한 연구 – 경찰의 정보관리에 대한 입법적 개선방안을 중심으로」, 치안연구소 연구보고서, 용인: 치안연구소.

김왕식. (2011). 영국 보안부와 비밀정보부의 조직과 활동양상. 국가정보연구 4(1), 107−140.

김용주, (2002), "독일 경찰법상 정보수집 및 처리에 관한 경찰의 임무와 권한, 고려대학교 대학원 석사학위 논문.

김윤덕, (2006), 「국가정보학」, 박영사.

김일환, (2003), "독일 기본법상 정보기관과 경찰의 조직과 역할에 관한 연구,"「토지공법연구」, 한국토지공법학회, 18: 97−111.

김재광, (2003), 「경찰관직무집행법의 개선방안 연구」, 서울: 한국법제연구원.

김종양, (2004), 집회시위로 인한 타인의 법익보호에 관한 연구, 동국대학교 대학원 박사학위 논문.

김준호·김선애, (1992), 「한국인의 폭력에 대한 태도 연구」, 서울: 한국형사정책연구원.

김충남, (2006), 「경찰학개론」, 서울: 박영사.

김태진, (2005), 중국 공안기관의 수사절차와 시사점, 「한국경찰학회보」, 제9호: 12−13.

김형만 외 8인, (2007), 「비교경찰제도론」, 서울: 법문사.

내무부치안국 (1972). 「한국경찰사」, 서울: 내무부 치안국.

노호래, (2004), 정보경찰의 역사적 변천과정에 관한 비판적 검토, 한국경찰연구, 한국경찰발전연구학회, 3(2): 31−60.

류도현, (2005), "중국경찰제도에 관한 연구," 한서대학교 석사학위 논문.

류지태·박종수, (2010), 「행정법신론」, 서울: 박영사.

마인섭, (2002), 왜 민주화 이후 한국 민주주의는 위기에 처하게 되었나, 「한국정치학회보」, 제36권(4): 395−415.

문경환, (2009), 경찰정보기능의 실태분석 및 역량 제고방안 연구, 「경찰과 사회」, 경찰대학.

문경환·백창현, (2012), 경찰정보활동의 공공갈등 조정 역할에 대한 법적 근거 연구, 「한국경찰연구」 제11권 제4호, 151−178면

문경환·이창무, (2009), 국정원 국내정보활동의 법적 근거 및 활동방향 연구, 「국가정보연구」 제2권 제2호, 한국국가정보학회.

문정인 외, (2003), 「국가정보론」, 서울: 박영사.

박용상, (1999), "집회의 자유−집단적 표현의 자유,"「헌법논총」 제10집.

박은정·김수진, (2002), 「경찰권 행사관련 판례연구」, 용인: 치안연구소, 연구보고서, 2002−08.

박화병, (2004), 집회 및 시위문화 개선을 위한 입법정책적 연구, 부산대 행정대학원 석사학위 논문.

방석현, (1993), 「행정정보체계론」, 법문사.

배종대·조성용, (2001), 화염병시위 대책에 관한 연구: 선진 각국의 시위관련법을 중심으로, 치안연구소 연구보고서, 용인: 치안연구소.

백창현·문경환, (2013), 집시법상 해산명령에 관한 연구, 경찰법연구 제11권 제1호, 103 - 126.

백초현, (2006), 경찰의 정보수집권에 관한 헌법적 고찰, 연세대학교 대학원 석사학위 논문.

볼프 R. 쉔케(서정범 역), (2008), 「독일경찰법론」, 서울: 세창출판사.

서동주. (2007). 러시아 정보기관의 개편과 역할 변화 : FSB(연방보안부)를 중심으로. 중소연구 31(2), 135 - 161.

서문기, (2004), 한국의 사회갈등 구조 연구, 「한국사회학」, 제38집(6): 195 - 218.

서울지방경찰청, 「91, 격동 63일」, 서울: 서울지방경찰청.

서정범, (2011), 경찰의 정보수집의 법적 근거. 「경찰대학 논문집」, 제31권, 99 - 121.

성낙인, (2003), 「헌법학」, 서울: 법문사.

손동권, (2000), 평화적 집회 및 시위 문화의 정착, 「2000년도 한국경찰학회 학술세미나 자료집」.

손호영, (2007), "개인정보의 사법상 보호에 관한 연구," 중앙대학교 대학원 박사학위 논문.

손호중·채원호, (2005), 정부신뢰의 영향요인에 관한 연구: 부안군 원전수거물 처리장 입지사례를 중심으로, 「한국행정학보」, 제39권(3): 87 - 113.

송은희. (2009). 정보환경의 변화 및 세계 주요 정보기관의 비교. 서석사회과학논총 2(2), 293 - 312.

신동호, (2003), "경찰재량의 한계와 통제에 관한 연구," 경기대학교 대학원 박사학위 논문.

신명순, (1982), 한국정치에 있어서 정치시위의 효율성: 정치시위의 주동세력, 요구내용, 방법, 규모 및 대상과 이에 대한 정부의 반응, 「한국정치학회보」, 제16권: 25 - 44.

_____, (1986), 한국에서 발생한 정치시위의 원인, 「국제정치논총」, 제26집(1): 121 - 146.

심우선, (2003), "건전한 시위문화 정착을 위한 집회 및 시위에 관한 법 운용 방향," 영남대 대학원 석사학위 논문.

심희기, (2004), 치안현장에서의 법질서 침해실태와 효율적 대응방안, 치안연구소 연구보고서, 용인: 치안연구소.

안완기, (2001), 정치시위 이론에 관한 고찰, 「정치정보연구」, 제4권(1): 205 - 228.

안황권 외, (2007), 「비교시큐리티제도론」, 서울: 진영사.

양수영, (2004), "집회 및 시위의 자유제한과 한계," 서울대 대학원 석사학위 논문.

양태규, (2001), "집시법상의 문제점 및 그 개선 방안에 관한 연구," 한국형사정책연구, 제12권 제4호.

연현식. (2005). 일본의 국가정보기구에 대한 소연구 : 역사, 조직, 기능과 활동을 중심으로. 일본학보 63, 287-303.

오병두, (2006), "경찰의 일반정보활동에 대한 검토,"「민주법학」, 제30호.

유사원, (1955),「사찰경찰제요」, 백조사.

유윤종, (2003), 집시법 운용상의 문제점과 개선방안에 관한 연구, 연세대 행정대학원 석사학위 논문.

윤덕중, (1998),「현대사회학: 격동하는 사회의 이해와 대응과학」, 서울: 형설출판사.

윤영민 외 4인, (2004),「개인정보와 사생활의 비밀과 자유보호를 위한 정책연구」, 국가인권위원회 연구보고서, 서울: 국가인권위원회.

윤정구·석현호·이재혁, (2004), 한국사회 무질서의 사회심리적 메커니즘 연구: 기초질서 위반과 뇌물공여 행위를 중심으로,「한국사회학」, 제38집(2): 63-99.

윤태영. (2010). 영국의 대테러리즘 위기관리 체계와 전략. 한국위기관리논집 6(1), 82-100.

이극찬, (2004),「정치학개론」, 서울: 법문사.

이기덕·문경환. (2011). 대테러 관련 법제와 대응체계의 문제점 및 개선방향: 테러정보 수집권을 중심으로. 국가정보연구 4(1), 7-34.

이기백, (1990),「한국사신론」, 서울: 일조각.

이대성. (2004). 테러방지법의 필요성에 관한 연구. 한국경찰학회보 9, 105-134.

이병곤, (1995),「정보개론」, 서울, 정양사.

이병화, (1997),「정치이론과 한국정치」, 세종출판사.

이상안, (1999),「신경찰행정학」, 서울: 대명출판사.

이성용, (2012), 경찰 정보활동의 법적 문제에 관한 해석론적 고찰,「경찰법연구」, 제10권 제1호, 125-150.

이운주, (2003),「경찰학개론」, 용인: 경찰대학.

_____, (2005), 경찰법상의 개괄수권조항에 관한 연구, 서울대학교 박사학위 논문.

이운주·김성수·박기남, (2000),「한국경찰사」, 용인: 경찰대학.

이정은, (2003), "한국현상: 촛불시위에 관한 철학적 고찰",「시대와 철학」, 제14권, 제2호.

이종윤, (2004), "집회, 시위시 효과적인 소음규제 방안에 관한 연구," 연세대 행정대학원 석사학위 논문.

이주민, (2002),「정보화시대 경찰정보의 발전방안에 관한 연구」, 연세대학교 석사학위 논문.

이창무, (2007), 각국 경찰의 집회시위 관리방식의 변천과정에 대한 비교 연구: 미국·영국·독일·일본 사례를 중심으로, 「한국공안행정학회보」, 제26호: 11-39.

_____, (2008a), 집회시위의 단기적 경제효과에 관한 연구, 「한국공안행정학회보」, 제33호: 247-280.

_____, (2008b), 집회시위 대응을 위한 경찰력 동원이 범죄발생에 미치는 영향 분석, 「형사정책」, 제20권 제1호: 229-252.

이창무·남재성, (2006), 경찰의 집회·시위관리에 대한 인식태도 비교 연구, 「공안행정학회보」, 제23호: 109-147.

이창수, (2003), 평화적 집회 및 시위문화 정착에 관한 연구 - 경찰의 집회, 시위 보호 및 관리를 중심으로, 고려대 정책대학원 석사학위 논문.

이현종, (1986), 「한국의 역사」, 서울: 대왕사.

이호용, (2009). 효율적인 국가대테러조직체계의 구성방향에 관한 연구. 한양법학 20(1), 231-254.

이호철. (2008). 중국의 정보조직과 정보활동 : 國家安全部 중심으로. 국가정보연구 1(2), 117-138.

임준태, (2004a), 독일형사사법론, 서울: 도서출판 21세기사.

_____, (2004b), 집회시위시 발생하는 소음의 합리적 규제기준에 관한 연구, 「치안논총」, 경찰청 치안연구소, 20: 360-489.

_____, (2006), 한국 정보기관의 발전방향에 관한 연구: 독일 사례를 통한 시사점 도출, 「한국공안행정학회보」, 22: 377-419.

장노순. (2009). 9.11 이후 미국의 방첩전략과 조직에 관한 연구: ODNI와 국방부를 중심으로. 국가정보연구 2(2), 181-216.

장수찬, (2002), 한국사회에 나타난 악순환의 사이클: 결사체 참여, 사회자본, 그리고 정부신뢰, 「한국정치학회보」, 제36집(1): 87-112.

赤坂正浩, (2006), "일본국 헌법하의 집회규제와 평화적 집회," 「평화적 집회시위 문화정착을 위한 노력과 과제」, 경찰청·한국경찰학회 국제학술세미나 자료집: 119-132.

전광석, (2003), "집회 및 시위의 자유와 자율, 그리고 경찰개입의 한계," 「연세법학연구」, 제9권, 제2호.

전재호, (2004), 1991년 5월 투쟁과 한국 민주주의: 실패의 구조적 원인과 그 의미, 「한국정치학회보」, 제38집(5): 153-176.

정상화. (2009). 일본의 테러리즘 대응책: 정보기구의 관련법규의 분석. 국가정보연구 1(2), 175-206.

정정길, (2001), 「정책학원론」, 대명출판사.

정진수 외 15인, (2004), 「21세기 형사사법개혁의 방향과 대국민 법률서비스 개선 방안 – 형사사법기관의 선진화를 위한 기초연구」, 서울: 한국형사정책연구원.

정희선, (2004), "서울시 집회, 시위 발생공간의 특성과 변화 – 1990~2003," 「지리학 연구」, 제38권, 제4호.

조덕선, (2005), 집시법의 문제점과 개선방안에 관한 연구, 한경대학교 전자정부대학원 석사학위 논문.

조병인, (2002), 집회시위의 보장과 규제에 관한 연구, 「한국형사정책연구원 연구보고서」 02 – 09, 서울: 한국형사정책연구원.

주성수, (2005), 국가정책결정에 국민여론이 저항하면?: 심의민주주의 참여제도의 탐색, 「한국정치학회보」, 제39권(3): 147 – 165.

최성진, (1989), 「정보학원론」, 아세아문화사.

최종고, (1995), 「근대사법이 낳은 한국의 법률가 像」, 서울: 길안사.

치안본부, (1987), 「경찰대사전」, 서울: 치안본부.

_____, (1988), 「1987, 그 격동과 경찰」, 서울: 치안본부.

치안연구소, (2003a), 선진 집회시위문화 정착을 위한 시민과 경찰의 역할, 2003년도 상반기 공청회 자료집, 용인: 치안연구소.

_____, (2003b), 치안현장의 법질서 침해실태와 효율적인 대응방안, 2003년도 하반기 학술세미나 자료집, 용인: 치안연구소.

프레드 러스트만, 박제동 역, (2004. 3), 「CIA 주식회사」, 수희재.

하워드 라인골드, 이운경 역, (2003), 「참여군중: 휴대폰과 인터넷으로 무장한 새로운 군중」, 서울: 황금가지.

韓鳳春, (2006), "대규모 국제행사 및 집회의 질서유지 방안," 「평화적 집회시위 문화정착을 위한 노력과 과제」, 경찰청·한국경찰학회 국제학술세미나 자료집: 148.

한국국가정보학회, (2013), 「국가정보학」, 서울: 박영사.

한상희, (2006), "경찰과거청산의 올바른 방향," 「경찰개혁론」, 서울: 법문사.

합동참모본부, (1998), 「합동정보: 합동교범」 2 – 0; 전석호, (1997), 「정보사회론」, 나남 출판.

허경미, (2002), "정보경찰 교육의 피이드백 시스템 확보 방안," 「한국공안행정학회보」, 13: 333 – 366.

허남오, (1998), 「한국경찰제도사」, 서울: 동도원.

허 영, (2002), 「한국헌법론」, 서울: 박영사.

____, (2003), 「헌법이론과 헌법」, 서울: 박영사.

홍정선, (1996), 「행정법원론(하)」, 서울: 박영사.

Knemeyer, F. L., 서정범 역, (2001), 「경찰법사례연구 –독일이론을 중심으로」, 서울: 고시연구원.

▶ 외국문헌

Alesina, Alberto, Sule Ozler, Nouriel Roubini and Phillip Swagel, (1995), "Political Instability and Economic Growth," Journal of Economic Growth, Vol. 1, No. 2.

Barro, R., (1973), "The Control of Politicians: An Economic Model," Public Choice, Vol. 14: 19−42.

Beirne, Piers, and Joan Hill, (1991), Comparative Criminology: An Annotated Bibliography, New York: Greenwood Press.

Berkowitz, Bruce D., (1989), Goodman, Allan E., Strategic Intelligence, Princeton, NJ, Princeton University.

Berkowitz, Bruce D., (1991), Strategic Intelligence for American National Security, Princeton, NJ, Princeton University.

Bill, James A., and Robert L. Hardgrave, Jr., (1973), Comparative Politics: The Quest for Theory, Columbus, OH: Charles E. Merrill Publishing Co.

Boix, Charles, and Daniel Posner. (1998). "The Origins and Political Consequences of Social Capital," British Journal of Political Science, Vol.28: 686−693.

Braithewaite, John, and Philip Pettit, (1998), Not Just Deserts: A Republican Theory of Criminal Justice, Oxford, England: Clarendon Press.

Burch, James, (2007), A Domestic Intelligence Agency for the United States : A Comparative Analysis of Domestic Intelligence Agencies and Their Implications for Homeland Security, Homeland Security Affairs Vol.3, No.2.

Button, Mark, Tim John, and Nigel Brearley, (2002), New Challenges in Public Order Policing: The Professionalization of Environmental Protest and the Emergence of the Militant Environmental Activist, International Journal of the Sociology of Law, Vol. 30: 17−32.

Ca, Leo D., (1990), International Dictionary of Intelligence, McLean, VA, Maven Books.

Champion, Dean John, (2004), The American Dictionary of Criminal Justice: Key Terms and Major Court Cases(3rd ed), LA: Roxbury Publishing Company.

Chang, N., (2002), Silencing Political Dissent. New York: Seven Stories Press.

CIA, (1994), A Consumer's Guide to Intelligence, Washington, DC.

Clark, Robert M., (2007), Intelligence Analysis, a Target−centric approach, 2nd edition, CQ press.

Cope, Nina., (2004), "Intelligenc Led Policing or Policing Led Intelligence?" The

British Journal of Criminology, Vol. 44: 188−203.

Culbertson, Robert G., and Mark R. Tezak, (1981), Order Under Law, Prospect Heights, IL: Waveland Press, Inc.

Didier, Bigo, (2006), "Intelligence, Police and Democratic Control: European and Transatlantic Collaboration, Liberty and Security, November 2006.

Dogan, Mattei, and Dominique Pelassy, (1984), How to Compare Nations, Chatham, NJ: Chatham House Publishers, Inc.

Durkeim, Emile, (1964), The Division of Labor in Society, New York: The Free Press.

Ebbe, Obi N. Ibnatius, (2000), Comparative & International Criminal Justice: Policing, Judiciary, and Corrections, Boston: Butterworth−Heinemann.

Fain, Tyrus G., (1977), Intelligence Community, New York, NW, P.R. Bowker.

Falcone, David N., (2005), Dictionary of American Criminal Justice, Criminology, & Criminal Law, NJ: Prentice Hall's.

Flam, Helena, (1994), Political Responses to the Anti−Nuclear Challenge: Democratic Experiences and the Use of Force, In States and Anti−nuclear Movement, edited by Helena Flam, Edinburgh, UK: Edinburgh University Press.

Ford, Harold P., (1993), Estimative Intelligence, Washington, DC, University of America.

Fukuyama, Francis, (1995), Trust: The Social Virtues and the Creation of Prosperity, NY: Free Press.

Geary, Roger, (1985), Policing Industrial Disputes: 1893 to 1985, Cambridge, UK: Cambridge University Press.

Gillham, Patrick F. and Gary T. Marx, (2000), Complexity and Irony in Policing and Protesting: The World Trade Organization in Seattle, Social Justice, Vol. 27: 212−236.

Graham, Hugh D. and Ted R. Gurr, (1969), The History of Violence in America: Historical and Comparative Perspective, New York: Frederick A. Praeger, Publishers.

Gurr, Ted R., (1970), Why Men Rebel, Princeton, NJ: Princeton Univ. Press.

Gurr, Ted R., (1993), Why Minorities Rebel: A Global Analysis of Communal Mobilization and Conflict Since 1945, International Political Science Review, Vol. 14: 161−201.

Hancock, Barry W. & Sharp, Paul M., (2000), Public Policy, Crime, and Criminal

Justice(2nd ed), NJ: Prentice Hall's.

Hank, Johnston and Bert Klandermans(eds.), (1995), Social Movements and Culture: Social Movements, Protest and Contention Minneapolis, MN: University of Minnesota Press.

Harfield, Clive & Harfield, (2008), Karen, Intelligence: investigation, community and partnership, Oxford university press.

Herman, Michael, (1996), Intelligence Power in Peace and War, Cambridge, NY, Cambridge University Press.

Heuer, Richards J., (1999), Psychology of Intelligence Analysis, Washington, DC, Center for the Study of Intelligence, CIA.

Hirschi, Travis, (1969), Causes of Delinquency, Berkeley, CA: University of California Press.

Holdaway, Simon, (1984), Inside the British Police, Oxford, UK: Basil Blackwell.

Howard, Gregory J., Graeme Newman, and William Alex Pridemore, (2000), Theory, Method, and Data in Comparative Criminology, Criminal Justice, Vol. 4: 139- 211.

Hulnick, Arthur S., (1987), Relations Between Intelligence Producers and Policy consumers, Intelligence and Intelligence Policy in a Democratic Society, Transnational Publishers.

Jackson, Arrick L., (2007), "Ensuring Efficiency, Interagency Cooperation, and Protection of Civil Liberties: Shifting from a Traditional Model of Policing to an Intelligence−Led Policing Paradigm," Criminal Justice Studies, Vol. 20(2): 111- 129.

Jackson, Brian A., (2009). The Challenge of Domestic Intelligence in a Free Society : a multidisciplinary look at the creation of a U.S. domestic counterterrorism intelligence agency, The RAND Corporation,

Jaggers, Keith, and Ted Robet Gurr, (1995), Polity III: Regime Type and Political Authority, 1800−1994(ICPSR).

Johnson, Loch K., (1989), America's Secret Power, New York, NY, Oxford University Press.

Kent, Sherman, (1966), Strategic Intelligence for American World Policy, Princeton, NJ, Princeton University.

Lowenthal, Mark M., (2006), Intelligence; From Secrets to Policy(3rd ed.), Washington, DC, CQ Press.

Maguire, Mike, (2006), "Intelligence Led Policing, Managerialism and Community

Engegement: Competing Priorities and the Role of the National Intelligence Model in the UK," Policing and Society, Vol. 16(1): 67−85.

Manning, Peter K., (1997), Police Work: The Social Organization of Policing, Prospect Heights, IL: Waveland Press, Inc.

McDdam, Doug and David A. Snow, (1997), Social Movements: Readings on their Emergence, Mobilization and Dynamics New York: Roxbury Publishing Company.

McGarrell, Edmund F., Joshua D. Freilich, and Steven Chermak. (2007), "Intelligence− Led Policing As a Framework for Responding to Terrorism," Journal of Contemporary Criminal Justice, Vol. 23(3): 142−158.

McPhail, Clark, David Schweingruber, and John McCarthy, (1998), Policing Protest in the United States: 1960−1995, In Donatella della Porta and Herbert Reiter, (1998), (eds.), The Control of Mass Demonstrations in Western Democracies, Minneapolis, MN: University of Minnesota Press.

Merton, Robert K., (1968), Social Theory and Social Structure, New York: The Free Press.

Porta, Donatella della and Herbert Reiter, (1998), (eds.), The Control of Mass Demonstrations in Western Democracies, Minneapolis, MN: University of Minnesota Press.

Przeworski, Adam, Democracy and Development(Princeton University Press, 2000).

Ratcliffe, Jerry H. (2002), "Intelligence−Led Policing and the Problems of Turning Rhetoric into Practice. Policing," Policing and Society, Vol. 12(1): 53−66.

Ratcliffe, Jerry H., (2005), "The Effectiveness of Police Intelligence Management: A New Zealand Case Study," Police Practice and Research, Vol. 6(5): 435−451.

Ratcliffe, Jerry H., (2008), Intelligence−Led Policing. In Wortley, R. Mazerolle, and Rombouts, S. (eds.), Environmental Criminology and Crime Analysis. Cullompton, Devon: Willan Publishing.

Reiner, Robert, (1998), Policing, Protest, and Disorder in Britain, In Donatella della Porta and Herbert Reiter, (1998), (eds.), The Control of Mass Demonstrations in Western Democracies, Minneapolis, MN: University of Minnesota Press.

Richelson, Jeffery T., (2008), The US intelligence community, 5th edition, westview press.

Ruddell, Rick, Matthew O. Thomas, and Lori B. Way, (2005), Breaking the Chain:

Confronting Issueless College Town Disturbances and Riots, Journal of Criminal Justice, Vol. 33: 549−560.

Shulsky, Abram N. and Schmitt, Gary J., (2002), Silent Warfare: Understanding the world of Intelligence, 3rd edition, Potomac Books.

Siqueira, Kevin, (2003), Participation in Organized and Unorganized Protests and Rebellions, European Journal of Political Economy, Vol. 19: 861−874.

Skolnick, Jerom H., (1966), Justice without Trial: Law Enforcement in Democratic Society, New York: John Wiley and Sons.

Smelser, Neil, (1962), Theory of Collective Behavior, New York: Free Press.

Spiller, Suzel, (2006), "The FBI's Field Intelligence Groups and Police: Joining Forces," FBI Law Enforcement Bulletin, May 2006: 1−6.

Svendsen, Adam D.M., (2012). The Federal Bureau of Investigation and Change : Addressing US Domestic Counter−terrorism Intelligence. Intelligence and National Security, 27(3), 371−397.

Thibault, Edward A., Lawrence M. Lynch, and R. Bruce McBride, (2003), Proactive Police Management, Upper Saddle River, NJ: Prentice Hall.

Tilly, Charles, (1990), Coercion, Capital, and European States, AD 990−1990, Cambridge, MA: Basil Blackwell, Inc.

Tyler, Tom, (1990), Why People Obey the Law, New Haven, CT: Yale University Press.

van Creveld, Martin, (1999), The Rise and Decline of the State, New York: Cambridge University Press.

van Vugt, Mark, Mark Snyder, Tom R. Tyler, and Anders Biel, (2000), Cooperation in Modern Society: Promoting the Welfare of Communities, States and Organization, New York: Routledge.

Verba, Sidney and Norman H. Nie, (1972), Participation in America: Political Democracy and Social Equality, New York: Harper & Row, Publishers.

Vitale, Alex S., (2005), From Negotiated Management to Command and Control: How the New York Police Department Polices Protests, Policing & Society, Vol. 15(3): 283−304.

Waddington, David, (1992), Contemporary Issues in Public Disorders: A Comparative and Historical Approach, London: Routledge.

Waddington, David, (1994), Liberty and Order: Public Order Policing in a Capital City, London: U. C. L., Press.

Walker, Samuel, (2004), The Police in America, New York: McGraw−Hill.

Winter, Martin, (1998), Police Philosophy and Protest Policing in the Federal
    Republic of Germany, 1960−1990, In Donatella della Porta and Herbert
    Reiter, (1998), (eds.), The Control of Mass Demonstrations in Western
    Democracies, Minneapolis, MN: University of Minnesota Press.
Wolf, B. John, (1975), The Police Intelligence System, New York, NY, The John
    Jay Press.
Woods, Michael, (2003), Deconstructing Rural Protest: the Emergence of a New
    Social Movement, Journal of Rural Studies, Vol. 19: 309−325.
Yashar, Deborah, (1996), "Indigenous Protest and Democracy in Latin America,"
    in Dominguez and Lowenthal, eds., Constructing Democratic Governance,
    Johns Hopkins University Press.
谷川葉, (2002),「警察が狙撃された日 ─ 国松長官狙撃事件の闇」, 日本: 講談社.
日本警察廳, (2001),「警察白書」, 平成13年, 東京: 警察廳.
河上和雄 외, 日本の警察(제 4 권), 立花書房, 1993.

▶ 인터넷 자료(URL)

http://kr.encycl.yahoo.com/final.html?id=65967
http://finance1.daum.net/news/bank/200308/27/yonhap/v4888195.html
http://munhwa.co.kr/content/2003090301013125002002.html2003.9.26
http://myhome.naver.com/chokilh/start.htm
http://news.hankooki.com/lpage/opinion/200308/h2003083117365624200.htm
http://news.naver.com/nmagazine/nm_read.php?section=42&no=432.
http://www.hannara.or.kr/hannara/policy/hannara_assembly/law_data/read.jsp?no
    =25085&search_item1=0&search_item2=0&search_content
http://www.hannara.or.kr/hannara/policy/hannara_assembly/law_data_read.jsp?no
    =24982 &search_item1=0&search_item2=0&search_content=
http://www.lapdonline.org/lapd_manual
http://www.police.go.kr/data/white/white2000_07_02_1.jsp.
http://www.police.go.kr/data/white/white2003_06_01_1.jsp.
http://www.shuncolle.nifty.com.
http://www.togenkyo.net/culture+index.content_id+139.htm.
http://www.reiki.metro.tokyo.jp/reiki_honbun/g1012206001.html.
http://www.ja.wikipedia.org/wiki.

http://www.ja.wikipedia.org/wiki/%E5%85%AC%E5%AE%89%E8%AD%A6%E5%AF%
　　9F

http://www.ja.wikipedia.org/wiki/%E8%AD%A6%E5%82%99%E8%AA%B2.

http://www.ja.wikipedia.org/wiki/%E8%AD%A6%E5%82%99%E9%83%A8.

http://www.npa.go.jp/hakusyo/h18/index.html.

http://www.police.pref.hokkaido.jp/koukai/tuutatu/keiji/keiji−119.html.

http://www.policeenter−blog.269g.net/article/3628518.html.

http://www.pref.kanagawa.jp/osirase/johokokai/kojinsingikai/seidokentoukiroku
　　20031225.htm.

http://www.r25.jp/index.php/m/WB/a/WB001120/id/200706141105.

http://www.sanmedia.or.jp/nakagawa/%8Es %8C%F6%88%C0%8F%F0%97%E1.htm.

http://www.japan.donga.com/srv/service.php3?biid＝2007040583218.

http://www.chimuchyo.egloos.com/1120908

일본경찰청(www.npa.go.jp/saiyou/npa_html/about/shoukai/gaiji.html).

일본 내각정보조사실(www.cas.go.jp/jp/gaiyou/jimu/jyouhoutyousa.html).

일본 동경경시청(www.keishicho.metro.tokyo.jp/sikumi/gaiyo/sosikizu.htm).

일본 법무부 공안조사청 홈페이지(www.moj.go.jp/KOUAN).

일본 외무성 정보분석국(www.mofa.go.jp/mofaj/annai/honsho/sosiki/kokujhtml).

일본 최고재판소(www.courts.go.jp).

홋카이도 경찰국(www.police.pref.hokkaido.jp).

ウィキペディアはオープンコンテントの百科事典(www.ja.wikipedia.org).

日本 法輪大法情報センター(www.faluninfo.jp).

찾아보기

공저자 약력

문경환(文京煥)

경찰대학 법학과 졸업
연세대학교 행정대학원 졸업(행정학 석사)
동국대학교 경찰행정학과 졸업(경찰학 박사)

現 경찰청(경정)
　한국국가정보학회 연구이사
　한국경찰연구학회·한국경찰학회·산업보안학회 등 이사

前 경찰대학교 경찰학과 교수
　경찰대학교 경찰교육연구센터장
　경찰대학교 경찰학연구 편집위원
　한국산업인력공단 국가자격시험 경비지도사 출제위원
　용인대학교 및 목원대학교 외래교수
　서울디지털대학교 외래교수
　경찰청 기획단, 지방청 정보과, 경찰서 정보계장 등

저서 및 논문
경찰정보론(경찰대학, 2009 – 2016)
경찰정체성에 대한 재조명(경찰대학, 2012)
해양경찰의 정보활동 실태 및 발전방안 연구(치안정책연구, 2017)
일본의 집회시위 참가인원 추산사례 연구(경찰학논총, 2017)
경찰대학생의 역량모델 개발(경찰학연구, 2017)
경찰대학 커리큘럼에 대한 인식 연구(경찰학논총, 2017)
경찰 학습조직의 운영실태 및 발전방안 연구(치안정책연구, 2016)
경찰의 집회시위 관리 성과지표의 문제점 및 개선방향(경찰학논총, 2016)
경찰의 사이버학습이 직무성과에 미치는 영향(한국경찰학회보, 2016)
정보경찰의 공공갈등 관리에 대한 인식 연구(경찰학논총, 2016)
경찰교육의 효과성 측정도구 개발과 적용(한국경찰연구, 2015)
경찰교육훈련 평가지표에 관한 연구(경찰학논총, 2015)
주요 국가의 국내정보활동 및 조직체계 연구(한국경호경비학회지, 2014)
영국과 독일의 위기대응체계 연구(한국경찰연구, 2014)
프랑스 정보경찰의 개혁과 갈등조정 역할에 관한 연구(경찰법연구, 2014)
집시법상 해산명령에 관한 연구(경찰법연구, 2013)
경찰 지식관리체계의 운영실태 및 발전방안 연구(경찰학연구, 2013)
경찰정보활동의 공공갈등조정 역할에 대한 법적 근거 연구(한국경찰연구, 2012)
민간조사제도 도입 시 주요 쟁점 연구(치안정책연구, 2011)
미국 정보경찰활동에 관한 연구(한국경찰연구, 2011)
대테러 관련 법제와 대응체계의 문제점 및 개선방향(국가정보연구, 2011)

국정원 국내정보활동의 법적 근거 및 활동방향 연구(국가정보연구, 2009)
경찰정보기능의 실태분석 및 역량제고방안 연구(경찰과 사회, 2009)
개정 경비업법 상 민간조사관의 업무범위 및 한계 연구(경찰법연구, 2009) 등

이창무(李昌茂)

연세대 정치외교학과 졸업
미국 뉴욕시립대(CUNY) 졸업(형사사법학 박사)
現 중앙대학교 산업보안학과 교수

前 한국산업보안연구학회 회장
前 아시아경찰학회 회장
前 한국경찰연구학회장

저서 및 논문
왜 그들은 우리를 파괴하는가(서울: 메디치, 2016)
호모사피엔스씨의 위험한 고민(서울: 메디치, 2015)
크라임이펙트(서울: 위즈덤하우스, 2014)
산업보안이론(서울: 법문사, 2013)
산업보안학(서울: 박영사, 2012)
패러독스 범죄학(서울: 메디치, 2009)
비교시큐리티 제도론(서울: 도서출판 진영사, 2007, 공저)
경찰행정학(서울: 법문사, 2005)
Application of sensor network system to prevent suicide from the bridge.(Multimedia Tools
    and Applications, 2016)
산업기술유출과 자기통제력, 조직애착도와의 관계에 관한 연구(한국경호경비학회지, 2016)
정보경찰의 공공갈등 관리에 대한 인식 연구(경찰학논총, 2016)
산업기술보호정책의 법제화 과정 분석: 역사적 신제도주의 관점(정책분석평가학회보, 2015)
인터넷 직거래 사기의 실태 및 보안대책(한국전자거래학회지, 2015)
Criminal Profiling and Industrial Security(Multimedia Tools and Applications, 2015)
The Strategic Measures for the Industrial Security of Small and Medium Business(SMB)(The
    Scientific World Journal, 2014)
Factors affecting likelihood of hiring private investigators (PI): Citizens' traits and attitudes
    toward police and PI.(International Journal of Law, Crime and Justice, 2014)
A Study on Security Strategy in ICT Convergence Environment(The Journal of
    Supercomputing, 2014)
프랑스 정보경찰의 개혁과 갈등조정 역할에 관한 연구(경찰법연구, 2014)
The Strategic Measures for the Industrial Security of Small and Medium Business(SMB)(The
    Scientific World Journal, 2014) 외 다수

감수자

조희현(曺喜賢)

前 경찰청 정보국장
　　전북지방경찰청장
　　경북지방경찰청장
　　경찰청 생활안전국장
　　서울경찰청 생활안전부장
　　경북경찰청 차장
　　경찰청 정보국 정보심의관
　　서울경찰청 정보관리부 정보2과장
　　서울 서대문경찰서장
　　대구북부경찰서장
　　대구지방경찰청 경비교통과장
　　경찰청 정보국 정보3과 경제계장 및 정보2과 기획정보계장 등

제3판
경찰정보학

초판발행	2011년 6월 5일
제2판발행	2014년 3월 5일
제3판발행	2019년 2월 25일
중판발행	2022년 9월 20일

지은이	문경환·이창무
펴낸이	안종만·안상준

편 집	전채린
기획/마케팅	오치웅
표지디자인	권효진
제 작	고철민·조영환

펴낸곳	(주) 박영사
	서울특별시 금천구 가산디지털2로 53, 210호(가산동, 한라시그마밸리)
	등록 1959. 3. 11. 제300-1959-1호(倫)
전 화	02)733-6771
f a x	02)736-4818
e-mail	pys@pybook.co.kr
homepage	www.pybook.co.kr
ISBN	979-11-303-0737-4 93350

* 파본은 구입하신 곳에서 교환해 드립니다. 본서의 무단복제행위를 금합니다.
* 저자와 협의하여 인지첩부를 생략합니다.

정 가   26,000원